Physica-Lehrbuch

Physica-Lehrbuch

Basler, Herbert
Aufgabensammlung zur statistischen Methodenlehre und Wahrscheinlichkeitsrechnung
4. Aufl. 1991. 190 S.

Basler, Herbert
Grundbegriffe der Wahrscheinlichkeitsrechnung und Statistischen Methodenlehre
11. Aufl. 1994. X, 292 S.

Bloech, Jürgen u.a.
Einführung in die Produktion
3. Aufl. 1998. XX, 410 S.

Bossert, Rainer und Manz, Ulrich L.
Externe Unternehmensrechnung
Grundlagen der Einzelrechnungslegung, Konzernrechnungslegung und internationalen Rechnungslegung
1997. XVIII, 407 S.

Dillmann, Roland
Statistik II
1990. XIII, 253 S.

Endres, Alfred
Ökonomische Grundlagen des Haftungsrechts
1991. XIX, 216 S.

Farmer, Karl und Wendner, Ronald
Wachstum und Außenhandel
Eine Einführung in die Gleichgewichtstheorie der Wachstums- und Außenhandelsdynamik
2. Aufl. 1999. XVIII, 423 S.

Ferschl, Franz
Deskriptive Statistik
3. Aufl. 1985. 308 S.

Gaube, Thomas u.a.
Arbeitsbuch Finanzwissenschaft
1996. X, 282 S.

Gemper, Bodo B.
Wirtschaftspolitik
1994. XVIII, 196 S.

Graf, Gerhard
Grundlagen der Volkswirtschaftslehre
1997. VIII, 324 S.

Graf, Gerhard
Grundlagen der Finanzwissenschaft
1999. X, 319 S.

Hax, Herbert
Investitionstheorie
5. Aufl. korrigierter Nachdruck 1993. 208 S.

Heno, Rudolf
Jahresabschluß nach Handels- und Steuerrecht
2. Auflage 1998. XVI, 408 S.

Huch, Burkhard u.a.
Rechnungswesen-orientiertes Controlling
Ein Leitfaden für Studium und Praxis
3. Aufl. 1998. III, 504 S.

Kistner, Klaus-Peter
Produktions- und Kostentheorie
2. Aufl. 1993. XII, 293 S.

Kistner, Klaus-Peter
Optimierungsmethoden
Einführung in die Unternehmensforschung für Wirtschaftswissenschaftler
2. Aufl. 1993. XII, 222 S.

Kistner, Klaus-Peter und Steven, Marion
Produktionsplanung
2. Aufl. 1993. XII, 361 S.

Kistner, Klaus-Peter und Steven, Marion
Betriebswirtschaftslehre im Grundstudium
Band 1: Produktion, Absatz, Finanzierung
3. Aufl. 1999. XVI, 514 S.
Band 2: Buchführung, Kostenrechnung, Bilanzen
1997. XVI, 451 S.

Kortmann, Walter
Mikroökonomik
Anwendungsbezogene Grundlagen
2. Auflage 1999. XVIII, 674 S.

Kraft, Manfred und Landes, Thomas
Statistische Methoden
3. Aufl. 1996. X, 236 S.

Michaelis, Peter
Ökonomische Instrumente in der Umweltpolitik
Eine anwendungsorientierte Einführung
1996. XII, 190 S.

Nissen, Hans-Peter
Makroökonomie I
3. Aufl. 1995. XXII, 331 S.

Nissen, Hans-Peter
Einführung in die makroökonomische Theorie
1999. XVI, 341 S.

Schäfer, Henry
Unternehmensfinanzen
Grundzüge in Theorie und Management
1998. XVI, 404 S.

Schäfer, Henry
Unternehmensinvestitionen
Grundzüge in Theorie und Management
1999. XVI, 434 S.

Sesselmeier, Werner
Blauermel, Gregor
Arbeitsmarkttheorien
2. Auflage 1998. XIV, 308 S.

Steven, Marion
Hierarchische Produktionsplanung
2. Aufl. 1994. X, 262 S.

Swoboda, Peter
Betriebliche Finanzierung
3. Aufl. 1994. 305 S.

Weise, Peter u.a.
Neue Mikroökonomie
3. Aufl. 1993. X, 506 S.

Zweifel, Peter und Heller, Robert H.
Internationaler Handel
Theorie und Empirie
3. Aufl. 1997. XXII, 418 S.

Marion Steven
Klaus-Peter Kistner

Übungsbuch zur Betriebswirtschaftslehre im Grundstudium

Mit 27 Abbildungen

Springer-Verlag Berlin Heidelberg GmbH

Prof. Dr. Marion Steven
Ruhr-Universität Bochum
Fakultät für Wirtschaftswissenschaft
Lehrstuhl Produktionswirtschaft, GC4/60
44780 Bochum

Prof. Dr. Klaus-Peter Kistner
Universität Bielefeld
Fakultät für Wirtschaftswissenschaften
Lehrstuhl Unternehmensforschung
Universitätsstraße
33615 Bielefeld

ISBN 978-3-7908-1259-6

Die Deutsche Bibliothek – CIP-Einheitsaufnahme
Steven, Marion: Übungsbuch zur Betriebswirtschaftslehre im Grundstudium / Marion Steven; Klaus-Peter Kistner. – Heidelberg: Physica-Verl., 2000
(Physica-Lehrbuch)
ISBN 978-3-7908-1259-6   ISBN 978-3-642-57668-3 (eBook)
DOI 10.1007/978-3-642-57668-3

Dieses Werk ist urheberrechtlich geschützt. Die dadurch begründeten Rechte, insbesondere die der Übersetzung, des Nachdrucks, des Vortrags, der Entnahme von Abbildungen und Tabellen, der Funksendung, der Mikroverfilmung oder der Vervielfältigung auf anderen Wegen und der Speicherung in Datenverarbeitungsanlagen, bleiben, auch bei nur auszugsweiser Verwertung, vorbehalten. Eine Vervielfältigung dieses Werkes oder von Teilen dieses Werkes ist auch im Einzelfall nur in den Grenzen der gesetzlichen Bestimmungen des Urheberrechtsgesetzes der Bundesrepublik Deutschland vom 9. September 1965 in der jeweils geltenden Fassung zulässig. Sie ist grundsätzlich vergütungspflichtig. Zuwiderhandlungen unterliegen den Strafbestimmungen des Urheberrechtsgesetzes.

© Springer-Verlag Berlin Heidelberg 2000
Ursprünglich erschienen bei Physica-Verlag Heidelberg 2000

Die Wiedergabe von Gebrauchsnamen, Handelsnamen, Warenbezeichnungen usw. in diesem Werk berechtigt auch ohne besondere Kennzeichnung nicht zu der Annahme, daß solche Namen im Sinne der Warenzeichen- und Markenschutz-Gesetzgebung als frei zu betrachten wären und daher von jedermann benutzt werden dürften.

Umschlaggestaltung: Erich Kirchner, Heidelberg
SPIN 10747777   88/2202-5 4 3 2 1 0 – Gedruckt auf säurefreiem Papier

Vorwort

Nach dem Erscheinen der beiden Bände der „Betriebswirtschaftslehre im Grundstudium" wurde von verschiedenen Seiten der Wunsch nach einem begleitenden Übungsbuch geäußert, das wir hiermit vorlegen. Wir hoffen, damit vor allem dem Bedürfnis der Studierenden nach einer vertieften, zum Teil theoretischen und zum Teil anwendungsorientierten Auseinandersetzung mit den Inhalten der Lehrbücher nachzukommen sowie ihnen eine zusätzliche Hilfestellung zur gezielten Prüfungsvorbereitung zu geben.

Die Zielsetzung des Übungsbuchs besteht in der Wiederholung und Vertiefung des Lehrbuchstoffs aus beiden Bänden durch verschiedene Typen von Übungsaufgaben: Teilweise erfolgt eine eher repetitiv orientierte Abfrage von wesentlichen Wissenselementen, teilweise steht die Anwendung des zuvor erworbenen Wissens auf konkrete Problemstellungen im Vordergrund; einige Aufgaben verlangen Transferleistungen, die in wenigen Fällen auch über das im Lehrbuch vermittelte Wissen hinausgehen. Die Aufgaben und Lösungen stammen weitgehend aus unseren vorlesungsbegleitenden Übungen sowie aus Grundstudiumsklausuren.

Das Buch ist wie folgt aufgebaut: Durch die entsprechend den Lehrbuchkapiteln angeordneten 241 Aufgaben wird der Lehrbuchstoff aus beiden Bänden weitgehend abgedeckt. Um dem Leser die Orientierung zu erleichtern, erfolgt eine Zuordnung zu den Abschnitten der Lehrbücher bis zur ersten bzw. teilweise der zweiten Gliederungsebene. Die Kopfzeilen der Seiten im Übungsbuch geben jeweils den Themenbereich an, dem die auf der Seite behandelte Aufgabe zuzuordnen ist, der zugehörige Begriff ist im Inhaltsverzeichnis unterstrichen. Die Aufgaben sind kapitelweise durchnumeriert und erhalten zur eindeutigen Identifizierung das Kürzel des jeweiligen Themenbereichs vorangestellt. Aus Gründen der Übersichtlichkeit folgen Aufgabe und Lösung jeweils direkt aufeinander. Entsprechend der Gewichtung in unseren Vorlesungen werden einige Sachgebiete mehr, andere weniger ausführlich behandelt. Auf ein eigenständiges Literatur- und Stichwortverzeichnis für das Übungsbuch wurde aus Platzgründen verzichtet; bei Bedarf kann auf die entsprechenden Verzeichnisse in den Lehrbüchern zurückgegriffen werden.

Das Buch kann sowohl begleitend zu einer Lehrveranstaltung als auch im Selbststudium eingesetzt werden. Da im Übungsbuch selbst keine Stoffvermittlung erfolgt, wird vorausgesetzt, daß die für die Bearbeitung der Aufgaben erforderlichen Grundkenntnisse zuvor durch die Lektüre des Lehrbuchs oder auf andere

Weise erworben wurden. Es versteht sich von selbst, daß der Lerneffekt dann am größten ist, wenn vor dem Lesen der Lösungen versucht wird, die Aufgaben eigenständig zu bearbeiten. Durch einen anschließenden Vergleich von eigener Lösung und Musterlösung ist eine Leistungskontrolle möglich. Selbstverständlich ist die hier angegebene Lösung – vor allem bei verbal zu beantwortenden Aufgaben – nicht in allen Fällen die einzige Möglichkeit der Bearbeitung.

Das Buch richtet sich an Studierende im Grundstudium der Wirtschaftswissenschaften im Haupt- oder Nebenfach sowie an interessierte Praktiker, die ihre betriebswirtschaftlichen Kenntnisse vertiefen wollen. Das Lernziel ist neben der Wiederholung und Vertiefung von Grundlagenwissen die Befähigung zur selbständigen Anwendung der vermittelten Methoden sowie zum Transfer von Wissenselementen auf neuartige Problemstellungen. Durch die vertiefte Auseinandersetzung mit den Inhalten des Lehrbuchs soll die Sicherheit im Umgang mit dem Lernstoff gefördert und das erworbene Wissen gefestigt werden.

Wir danken allen, die auf unterschiedliche Weise zur Entstehung dieses Buchs beigetragen haben: Unsere Mitarbeiter und Studierenden haben durch ihre kritische Auseinandersetzung mit den Aufgaben und Lösungen dafür gesorgt, daß diese (hoffentlich) verständlich formuliert und in angemessener Zeit eigenständig lösbar sind. Herr Dr. SVEN BEHRENS hat uns bei der Ausarbeitung der Lösungen tatkräftig unterstützt, Herr Dipl.-Ök. LARS OTTERPOHL und Frau AUGUSTE LAMERS haben sehr sorgfältig Korrekturen gelesen, verschiedene studentische Hilfskräfte waren für die Erstellung der Abbildungen zuständig. Frau Dr. MARTINA BIHN vom Springer-Verlag danken wir für die Bereitschaft, dieses Buch herauszubringen, und für ihre verlegerische Betreuung während der Entstehungsphase.

Für die mit Sicherheit trotz aller Sorgfalt noch vorhandenen Unklarheiten übernehmen wir selbst die Verantwortung und schieben uns die Fehler gegenseitig in die Schuhe. Daher sind wir dankbar für kritische Kommentare, Anregungen, Hinweise auf Fehler und sonstige Verbesserungsvorschläge, die wir gerne beim zukünftigen Einsatz der Aufgaben berücksichtigen werden.

Essen und Steinhagen, im September 1999
Marion Steven
Klaus-Peter Kistner

Inhaltsverzeichnis

Band 1: Produktion, Absatz, Finanzierung 1

1. Teil: Der Gegenstand der Betriebswirtschaftslehre 3
(Grundlagen: G1 – G10)

1. **Wirtschaften** 3
   - G1: Wirtschaften 3
   - G2: Güterbegriff und ökonomisches Prinzip 4
   - G3: Maßskalen 5
   - G4: Effizienz von Tauschalternativen 6
   - G5: Bewertung 8
2. **Betrieb und Unternehmen** 10
   - G6: Betrieblicher Kreislauf 10
   - G7: Betrieb und Unternehmung 12
   - G8: Systematik der Wirtschaftszweige 13
3. **Betriebswirtschaftslehre als Wissenschaft** 14
   - G9: Induktion und Deduktion 14
   - G10: Deskription 15

2. Teil: Der güterwirtschaftliche Bereich 16

1. **Die Leistungserstellung** (Produktion: P1 – P32) 16
   - 1.1 Grundlagen 16
     - P1: Produktion und Produktionsfaktoren 16
     - P2: Aktivitäten 17
     - P3: Produktionsprozesse 18
     - P4: Effizienz von Aktivitäten und Prozessen 19
     - P5: Effizienz bei gemischten Prozessen 22
     - P6: Effizienz bei Berücksichtigung von Schadstoffen 25
     - P7: Effizienz bei linearer Technologie 28
   - 1.2 Die Produktionsfunktion 29
     - P8: Neoklassische Produktionsfunktion 29
     - P9: Homogenität einer Produktionsfunktion 30
     - P10: Skalenerträge 32
     - P11: Isoquante 33
     - P12: Grenzrate der Substitution 36

P13: Limitationalität und Substitutionalität 38
P14: Partielle Faktorvariation 39
P15: Grenzproduktivität 40
P16: Neoklassische Produktionsfunktion 41

1.3 Die Kostenfunktion 43
P17: Minimalkostenkombination 43
P18: Ermittlung der Minimalkostenkombination 44
P19: Kostenbegriffe 46
P20: Grenzkosten und Durchschnittskosten 49
P21: Gewinnmaximale Ausbringungsmenge 50
P22: Ermittlung der gewinnmaximalen Ausbringungsmenge 52

1.4 Die Theorie der Anpassungsformen 53
P23: Anpassungsformen, zeitlich-quantitative Anpassung 53
P24: Zeitlich-selektive Anpassung 56
P25: Verbrauchsfunktionen 58
P26: Intensitätsmäßige Anpassung 59
P27: Kosten bei intensitätsmäßiger Anpassung 61
P28: Zeitlich-intensitätsmäßige Anpassung 64

1.5 Die Kosteneinflußgrößen 66
P29: Kosteneinflußgrößen und langfristige Kostenfunktion 66

1.6 Technisch-organisatorische Produktionsbedingungen 68
P30: Klassifikation von Produktionssituationen 68
P31: Profildarstellung eines Produktionsprozesses 70
P32: Organisationstypen der Fertigung 71

2. **Die Leistungsverwertung** (Absatz: A1 – A30) 73
    2.1 Grundlagen 73
    A1: Handel 73
    A2: Märkte 74

    2.2 Preistheorie 77
    A3: Preis-Absatzfunktion 77
    A4: Monopol 79
    A5: Preissetzung im Monopol 81
    A6: Verhalten des Monopolisten 82
    A7: Vollkommener Markt 83
    A8: Preisbildung im Polypol 85
    A9: Oligopol 86
    A10: GUTENBERG-Oligopol 88

      A11: Preisbildung im GUTENBERG-Oligopol 89
      A12: COURNOT-Punkt und Preisbildung 91
  2.3 Das Marketing von Produkten 93
      A13: Marketingbegriff 93
      A14: Marktsegmentierung 94
      A15: Gap-Analyse und ANSOFF-Matrix 95
      A16: Produktlebenszyklus 95
      A17: Produkt-Portfolio 97
      A18: Erfahrungskurve 98
      A19: Produktpolitik 99
      A20: Produktpositionierung 100
      A21: Preiskalkulation 101
      A22: Einführungspreise 102
      A23: Konditionen 104
      A24: Distributionspolitik 105
      A25: Absatzformen 106
      A26: Kommunikationspolitik 107
      A27: Werbebudgetierung 107
      A28: Werbung 109
      A29: Marketing-Mix 109
      A30: Werbetheorie 110

3. Die Beschaffung (B1 – B21) 112
  3.1 Materialwirtschaft und Lagerhaltung 112
      B1: Funktionen der Beschaffung 112
      B2: Materialwirtschaft 113
      B3: Eigenfertigung oder Fremdbezug 113
      B4: Beschaffungsstrategien 115
      B5: ABC-Analyse 116
      B6: Lager 117
      B7: Kosten der Lagerhaltung 119
      B8: Klassisches Losgrößenmodell 120
      B9: Optimale Bestellmenge 124
      B10: Optimale Losgröße 127
      B11: Materialbedarfsplanung 128
      B12: Materialbedarfsermittlung 129
  3.2 Investitionen und Wirtschaftlichkeitsrechnung 132
      B13: Grundbegriffe 132
      B14: Statische Investitionsrechenverfahren 133

B15: Dynamische Investitionsrechenverfahren 136
B16: Investitionsentscheidung 138
B17: Methode des internen Zinsfußes 139
B18: Dynamische Amortisationsdauer 140
B19: Kapitalwert- und Annuitätenmethode 140
B20: Optimale Nutzungsdauer 141
B21: Optimaler Ersatzzeitpunkt 142

3. Teil: Die Organisation des Unternehmens 145

1. Die Aufbauorganisation (Organisation: O1 – O8) 145
O1: Organisationsbegriff 145
O2: Generelle und fallweise Regelungen 146
O3: Arbeitsteilung 147
O4: Stellenbildung 148
O5: Zentralisation 149
O6: Elemente der Aufbauorganisation 150
O7: Organisationsformen 152
O8: Sparten- und Matrixorganisation 153

2. Die Unternehmensverfassung (U1 – U14) 155
2.1 Grundmodelle der Unternehmensverfassung 155
    U1: Transaktionskostentheorie 155
    U2: Eigentümer-Unternehmen 156
    U3: Unternehmen als Koalition 157

2.2 Die Rechtsform des Unternehmens 159
    U4: Grundbegriffe 159
    U5: Personenbezogene Unternehmen 160
    U6: Wahl der Rechtsform 162
    U7: Aktiengesellschaft 164
    U8: Vertretung 166
    U9: Gläubigerschutz 167
    U10: GmbH & Co. KG 167
    U11: Genossenschaften 169
    U12: Konzerne 170

2.3 Die Mitbestimmung der Arbeitnehmer 171
    U13: Grundlagen der Mitbestimmung 171
    U14: Ausprägungen der Mitbestimmung 172

4. Teil: Der finanzwirtschaftliche Bereich ... 174

1. **Die Finanzierung** (F1 – F25) ... 174
   - 1.1 Grundbegriffe ... 174
     - F1: Investition und Finanzierung ... 174
     - F2: Finanzierungsbegriffe ... 175
     - F3: Finanzierungsarten ... 175
     - F4: Liquidität ... 176
     - F5: Kreditsicherheiten ... 178
     - F6: Wertpapierbörsen ... 179
   - 1.2 Die Außenfinanzierung mit Eigenkapital ... 181
     - F7: Eigenkapital bei personenbezogenen Unternehmen ... 181
     - F8: Eigenkapitalfinanzierung bei der GmbH ... 182
     - F9: Kapitalerhöhung bei der Aktiengesellschaft ... 183
     - F10: Bezugsrecht ... 184
     - F11: Kapitalherabsetzung bei der Aktiengesellschaft ... 186
   - 1.3 Die Außenfinanzierung mit langfristigem Fremdkapital ... 188
     - F12: Darlehen ... 188
     - F13: Langfristiges Fremdkapital ... 189
     - F14: Leasing ... 191
     - F15: Leasing ... 193
   - 1.4 Die Außenfinanzierung mit kurzfristigen Krediten ... 195
     - F16: Kontokorrent- und Diskontkredit ... 195
     - F17: Wechsel ... 196
     - F18: Lieferantenkredit ... 197
     - F19: Factoring ... 199
   - 1.5 Die Innenfinanzierung ... 201
     - F20: Formen der Innenfinanzierung ... 201
     - F21: Selbstfinanzierung ... 202
     - F22: Finanzierung aus Rückstellungen ... 203
   - 1.6 Grundzüge der Finanzierungstheorie ... 204
     - F23: Leverage-Effekt ... 204
     - F24: MODIGLIANI/MILLER-Theorem ... 205
     - F25: Investitions- und Finanzierungsprogramm ... 206

2. **Grundzüge der Unternehmensbesteuerung** (Steuern: S1 – S3) ... 208
   - S1: Klassifikation von Steuern ... 208
   - S2. Einkommensteuer ... 209
   - S3: Gewerbesteuer ... 211

Band 2: Buchführung, Kostenrechnung, Bilanzen 213

1. Teil: Grundzüge der kaufmännischen Buchführung
(BF1 – BF10) 215

1. Grundlagen 215
BF1: Aufgaben der Buchführung 215
BF2: Buchführungspflicht 215
BF3: Grundsätze ordnungsmäßiger Buchführung 216

2. Das System der doppelten Buchführung 217
BF4: Inventur, Inventar und Bilanz 217
BF5: Grundtypen von Geschäftsvorfällen 219
BF6: Buchungssätze 220
BF7: Konten 221
BF8: Rechnungsabgrenzung 223

3. Die Organisation der doppelten Buchführung 225
BF9: Organisation der Buchführung 225
BF10: Kontenrahmen 226

2. Teil: Die Kostenrechnung (K1 – K46) 227

1. Einleitung 227
K1: Teilbereiche des Rechnungswesens 227
K2: Wertebenen 228
K3: Beispiele zu Wertebenen 230
K4: Kostenbegriff 232
K5: Mengen- und Wertgerüst 233
K6: Gliederung der Kosten 234
K7: Systeme der Kostenrechnung 235

2. Die Technik der Kostenverrechnung 236
K8: Stufen der Kostenrechnung 236
K9: Kostenartenplan 237
K10: Materialkosten 238
K11: Personalkosten 241
K12: Kalkulatorische Kosten 242
K13: Kalkulatorische Abschreibungen 243
K14: Kalkulatorische Abschreibung 245
K15: Kostenstellenplan 247

K16: Gemeinkosten 248
K17: Innerbetriebliche Leistungsverrechnung 249
K18: Kostenträgerrechnung 253
K19: Divisionskalkulation 254
K20: Äquivalenzziffernrechnung 256
K21: Zuschlagskalkulation 258
K22: Bezugsgrößenkalkulation 259
K23: Kalkulation von Kuppelprodukten 261
K24: Integrierte Kostenstellen- und Kostenträgerrechnung 262
K25: Kurzfristige Erfolgsrechnung 264
K26: Vollkostenrechnung 265
K27: Voll- und Teilkostenrechnung 267
K28: Kalkulation 269

3. **Die Teilkostenrechnung** 272
K29: Behandlung der Fixkosten 272
K30: Einzelkosten- und Deckungsbeitragsrechnung 273
K31: Blockkostenrechnung 274
K32: Stufenweise Fixkostendeckung 276
K33: Opportunitätskosten 277
K34: Kalkulation von Zusatzaufträgen 278
K35: Produktionsprogrammplanung 281
K36: Grenzerfolgssätze 283
K37: Simultane Produktionsprogrammplanung 284
K38: Ziele der Kostenrechnung 286

4. **Die Plankostenrechnung** 289
K39: Entwicklung der Kostenrechnung 289
K40: Sollkostenkurve 290
K41: Abweichungsanalyse 292
K42: Abweichungsinterdependenz 293
K43: Preisabweichungen 295
K44: Vollkosten- und Grenzplankostenrechnung 298

5. **Weiterentwicklungen der Kostenrechnung** 301
K45: Prozeßkostenrechnung 301
K46: Target Costing 302

3. Teil: Der Jahresabschluß (J1 – J42) 304

1. Einleitung 304
- J1: Einordnung des Jahresabschlusses 304
- J2: Ziele des Jahresabschlusses 305
- J3: Aufbau des Jahresabschlusses 306
- J4: Größenklassen 307

2. Bilanztheorie 309
- J5: Formale Bilanztheorie 309
- J6: Statische Bilanztheorie 310
- J7: Neostatische Bilanztheorie 311
- J8: Dynamische Bilanztheorie 312
- J9: Bilanzpositionen in der dynamischen Bilanztheorie 314
- J10: Bewertung in der dynamischen Bilanztheorie 316
- J11: Organische Bilanztheorie 317
- J12: Geldwertschwankungen 318
- J13: Synthetische Bilanz 319
- J14: Theorie der Bilanzzwecke 320

3. Grundzüge des Bilanzrechts 321
- J15: Allgemeine Vorschriften 321
- J16: Maßgeblichkeit 322
- J17: Grundsätze ordnungsmäßiger Bilanzierung 322
- J18: GAAP 324
- J19: Bilanzgliederung 326
- J20: Einordnung von Geschäftsvorfällen 327
- J21: Bilanzansatz 329
- J22: Bilanzansatz 331
- J23: Bilanzausweis 332
- J24: Sonderposten mit Rücklageanteil 333
- J25: Wertansätze 334
- J26: Niederstwertprinzip 336
- J27: Bewertungsprobleme 336
- J28: Abschreibungen 338
- J29: Anschaffungs- und Herstellungskosten 340
- J30: Gewinn- und Verlustrechnung 341
- J31: Gewinn- und Verlustrechnung 344
- J32: Anhang und Lagebericht 345

4. Konzernbilanzen ... 347
- J33: Konzernbegriff ... 347
- J34: Konsolidierungspflicht ... 347
- J35: Handelsbilanz II ... 348
- J36: Konsolidierung ... 350
- J37: Erfolgswirksame Konsolidierung ... 350
- J38: Schuldenkonsolidierung ... 352
- J39: Erfolgskonsolidierung ... 353

5. Bilanzanalyse ... 354
- J40: Aufgaben der Bilanzanalyse ... 354
- J41: Aufbereitung der Bilanzdaten ... 355
- J42: Kennzahlen ... 356

Band 1

Produktion
Absatz
Finanzierung

1. Teil: Der Gegenstand der Betriebswirtschaftslehre

1. Wirtschaften

> Aufgabe G1: Wirtschaften
> a) Was wird in der Betriebswirtschaftslehre unter dem Begriff des Wirtschaftens verstanden?
> b) Welche Informationen benötigt man für wirtschaftliche Entscheidungen?
> c) Welche Kriterien für wirtschaftliche Entscheidungen kennen Sie?

Lösung:

a) Wirtschaften kann als Entscheidung über die Verwendung knapper Güter definiert werden.

b) Wirtschaften erfordert Informationen hinsichtlich
   - der alternativen Verwendungsmöglichkeiten von Gütern,
   - der verfügbaren Mengen und ggf. auch der Preise der einzelnen Güter als Ausdruck ihrer Knappheit,
   - Entscheidungskriterien.

c) Grundlage wirtschaftlicher Entscheidungen ist das ökonomische Prinzip (Wirtschaftlichkeitsprinzip, Rationalprinzip), das in zwei Varianten formuliert werden kann:
   - Beim Minimalprinzip soll ein vorgegebener Zielerreichungsgrad mit möglichst geringem Mitteleinsatz erzielt werden (Beispiel: Minimalkostenkombination).
   - Das Maximalprinzip strebt bei vorgegebenem Mitteleinsatz einen möglichst hohen Zielerreichungsgrad an.

   Die Umsetzung des ökonomischen Prinzips in konkrete Entscheidungskriterien kann auf zwei Ebenen erfolgen:
   - Bei einer rein mengenmäßigen Betrachtung läßt sich das Effizienzkriterium zur Vorauswahl von nicht dominierten Alternativen anwenden.
   - Im Fall einer wertmäßigen Betrachtung steht insbesondere bei erwerbswirtschaftlichen Unternehmen das Gewinnkriterium als operationalisierbares Entscheidungskriterium im Vordergrund.

Aufgabe G2: Güterbegriff und ökonomisches Prinzip
a) Was versteht man unter einem Gut?
b) Ist Wasser ein freies oder ein knappes Gut?
c) Definieren Sie die beiden Ausprägungen des ökonomischen Prinzips und geben Sie je zwei Beispiele an!

Lösung:

a) Unter einem Gut versteht man ein Mittel zur unmittelbaren oder mittelbaren Befriedigung von Bedürfnissen. Güter lassen sich unter anderem in freie Güter und knappe Güter klassifizieren. Ein Gut ist knapp, wenn es einem Wirtschaftssubjekt nicht ohne zusätzliche Aktivitäten in der gewünschten Qualität, am gewünschten Ort, zur gewünschten Zeit und in der benötigten Menge zur Verfügung steht. In einer solchen Knappheitssituation werden Güter zum Objekt wirtschaftlichen Handelns, z.B. von Tausch- oder Kaufaktivitäten.

b) Vordergründig scheint Wasser in ausreichendem Umfang zur Verfügung zu stehen und damit ein freies Gut zu sein. Tatsächlich erfüllt Wasser jedoch meist nicht die Eigenschaften eines freien Gutes. So ist Wasser häufig nicht in der benötigten Menge, in der gewünschten Qualität (z.B. Trinkwasser) und/oder am gewünschten Ort (z.B. in einer Wüste) verfügbar. Die Knappheit von Wasser spiegelt sich in einem positiven Preis wider (z.B. Gebühren der Stadtwerke für Trinkwasser).

c) Die beiden Ausprägungen des ökonomischen Prinzips sind:

Minimalprinzip: Ein vorgegebener Zielerreichungsgrad soll mit minimalem Mitteleinsatz erreicht werden.

Beispiele:
- Für eine bestimmte Bahnstrecke soll der günstigste Tarif ermittelt werden.
- Eine Fahrstrecke ist mit möglichst wenig Kraftstoff zurückzulegen.

Maximalprinzip: Ein maximaler Zielerreichungsgrad soll mit einem vorgegebenen Mitteleinsatz erreicht werden.

Beispiele:
- In einer vorgegebenen Zeit soll ein möglichst großes Arbeitspensum bewältigt werden.
- Mit einer Tankfüllung ist eine möglichst große Strecke zurückzulegen.

Grundlagen

Aufgabe G3: Maßskalen
a) Welche Maßskalen kennen Sie? Wodurch unterscheiden sie sich?
b) Vier Objekten sind die Zahlen 3, 7, 15 und 19 als Meßwerte zugeordnet. Nennen Sie für jeden der vorgestellten Skalentypen vier Zahlen, die gleichwertige Meßwerte sind!
c) Welches Skalenniveau ist notwendig, um effiziente Alternativen charakterisieren zu können?

Lösung:

a) Für die Messung von Objekten mit Hilfe von Zahlen können vier verschiedene Maßskalen herangezogen werden, die sich jeweils durch ihren Aussagegehalt unterscheiden:

- Bei der Nominalskala werden den Objekten Zahlen als Namen zugewiesen, die lediglich der Unterscheidung unterschiedlicher Objekte dienen, d.h. der Feststellung von Gleichheit oder Ungleichheit.
- Durch eine Ordinalskala werden den Objekten Rangziffern bezüglich eines Merkmals zugeordnet. Dadurch ist die Aussage möglich, ob ein Objekt besser oder schlechter als ein anderes Objekt ist.
- Bei einer Intervallskala ist neben der Rangordnung auch der Abstand zwischen den Meßwerten bestimmbar, so daß Aussagen darüber getroffen werden können, um wie viele Maßeinheiten ein Objekt von einem anderen abweicht.
- Eine Verhältnisskala weist einen Nullpunkt auf, wodurch der relative Abstand zweier Meßpunkte ermittelt werden kann.

b) Je nach der zugrunde liegenden Maßskala können für die Meßwerte 3, 7, 15 und 19 folgende gleichwertige Alternativen verwendet werden:

- Bei einer Nominalskala sind beliebige andere (sich unterscheidende) Zahlen gleichwertige Meßwerte, z.B. 234, 23, 68 und 1.001.
- Bei der Ordinalskala muß lediglich die vorliegende Rangfolge erkennbar sein, z.B. durch die Werte 1, 2, 3 und 4.
- Die Intervallskala stellt auf die absoluten Abstände zwischen den einzelnen Meßgrößen ab. Alternative Werte wären hier z.B. 103, 107, 115, 119 oder auch 276, 280, 288, 292.
- Bei einer Verhältnisskala müssen die Quotienten der Meßwerte erhalten bleiben. Als gleichwertige Meßgrößen können in diesem Fall z.B. die Werte 30.000, 70.000, 150.000 und 190.000 verwendet werden.

c) Zur Charakterisierung effizienter Alternativen müssen die zu vergleichenden Merkmale der Alternativen mindestens auf einer Ordinalskala angeordnet werden, um die Operatoren >, < und = des Effizienzkriteriums anwenden zu können.

Aufgabe G4: Effizienz von Tauschalternativen

a) Definieren Sie den Begriff der Effizienz einer Tauschalternative!

b) Welche der folgenden Tauschalternativen $\underline{a} = (\underline{b}, \underline{c})$ sind effizient, wenn $\underline{b}$ die Einsatzgüter und $\underline{c}$ die im Tauschprozeß erhaltenen Güter bezeichnet?

Alternativen	1	2	3	4	5	6
b_1	1	2	2	0	2	1
b_2	1	0	1	0	1	1
b_3	1	1	1	4	1	4
b_4	1	1	2	5	1	5
c_1	1	2	1	1	1	1
c_2	1	0	1	0	0	1
c_3	1	0	1	0	0	2

c) Gibt es optimalere bzw. effizientere Alternativen?

Lösung:

a) Eine Tauschalternative $\underline{a}^o = (\underline{b}^o, \underline{c}^o)$ heißt effizient, wenn es keine andere Tauschalternative $\underline{a} = (\underline{b}, \underline{c})$ gibt, für die gilt:

$$b_i \leq b_i^o \quad \text{für alle } i = 1, \ldots, n$$
$$c_j \geq c_j^o \quad \text{für alle } j = 1, \ldots, m$$

und $\quad b_k < b_k^o \quad$ für mindestens ein Einsatzgut k

oder $\quad c_l > c_l^o \quad$ für mindestens ein erhaltenes Gut l

b) Die Überprüfung des Effizienzkriteriums erfolgt durch paarweisen Vergleich der verschiedenen Tauschalternativen:

Grundlagen

Alternativen	1		2	1		3	1		4	1		5	1		6
b_1	1	<	2	1	<	2	1	>	0	1	<	2	1	=	1
b_2	1	>	0	1	=	1	1	>	0	1	=	1	1	=	1
b_3	1	=	1	1	=	1	1	<	4	1	=	1	1	<	4
b_4	1	=	1	1	<	2	1	<	5	1	=	1	1	<	5
c_1	1	<	2	1	=	1	1	=	1	1	=	1	1	=	1
c_2	1	>	0	1	=	1	1	>	0	1	>	0	1	=	1
c_3	1	>	0	1	=	1	1	>	0	1	>	0	1	<	2
Ergebnis	1	≈	2	1	≻	3	1	≈	4	1	≻	5	1	≈	6

Der Vergleich von Alternative 1 mit allen anderen Alternativen ergibt, daß diese die Alternativen 3 und 5 dominiert. Diese sind daher nicht effizient und können damit auch für die weiteren Effizienzüberprüfungen vernachlässigt werden. Alternative 1 dagegen ist effizient, da keine sie dominierende Alternative existiert.

Alternativen	2		4	2		6
b_1	2	>	0	2	>	1
b_2	0	=	0	0	<	1
b_3	1	<	4	1	<	4
b_4	1	<	5	1	<	5
c_1	2	>	1	2	>	1
c_2	0	=	0	0	<	1
c_3	0	=	0	0	<	2
Ergebnis	2	≈	4	2	≈	6

Die Alternative 2 ist effizient, da auch sie von keiner anderen Alternative dominiert wird. Der Vergleich mit Alternative 1 fand bereits oben statt. Ein Vergleich mit den Alternativen 3 und 5 erübrigt sich, weil diese bereits als nicht effizient ausgeschieden sind und aufgrund der Transitivität der Ordnungsrelation ≻ die Alternative 2 nicht dominieren können.

Alternativen	4		6
b_1	0	<	1
b_2	0	<	1
b_3	4	=	4
b_4	5	=	5
c_1	1	=	1
c_2	0	<	1
c_3	0	<	2
Ergebnis	4	≈	6

Auch die Alternativen 4 und 6 sind effizient.

c) Mit dem Effizienzkriterium können nur eindeutig unterlegene Alternativen identifiziert werden. Eine Rangordnung innerhalb der effizienten Alternativen läßt sich jedoch nicht aufstellen, da die Mengen verschiedener Güter aufgrund einer fehlenden Bewertung nicht miteinander verglichen werden können.

Aufgabe G5: Bewertung

a) Warum ist für betriebliche Entscheidungen eine Bewertung von Gütermengen erforderlich?

b) Welche Ansätze zur Bewertung kennen Sie? Stellen Sie die diesen Ansätzen zugrunde liegenden Annahmen dar und kritisieren Sie diese!

Lösung:

a) Liegen einer betrieblichen Entscheidung verschiedene Güterbündel zugrunde, die sich nicht direkt vergleichen lassen, hilft das Effizienzkriterium nicht weiter. Diese Situation besteht bei vielen betrieblichen Entscheidungen. Erst wenn die Mengen der unterschiedlichen Güter durch eine Bewertung in eine einheitliche Maßeinheit transformiert sind, ist Vergleichbarkeit gegeben und eine Entscheidung möglich.

b) In der Betriebswirtschaftslehre werden vor allem die folgenden vier Wertansätze verwendet:

- Arbeitswertlehre
- Subjektive Wertlehre
- Bewertung mit Marktpreisen
- Bewertung mit Verrechnungspreisen

In der Arbeitswertlehre, die vor allem von RICARDO und MARX vertreten wurde, ergibt sich der Wert eines Guts allein aus der menschlichen Arbeit, die zu seiner Bereitstellung geleistet wurde. Bergmännisch gefördertes Gold unterscheidet sich beispielsweise in seinem Wert von Kohle nur insofern, als mit seiner Förderung ein höherer Aufwand verbunden ist. Dagegen fließen andere Determinanten, wie beispielsweise die relative Knappheit eines Guts, nicht in die Bewertung ein. Ferner scheitert die Arbeitswertlehre daran, daß die für die Hervorbringung eines Guts notwendige Arbeit aufgrund von Meß- und Homogenitätsproblemen nicht objektiv bestimmt werden kann.

Die subjektive Wertlehre verzichtet auf die Angabe objektiver Wertmaßstäbe und mißt den Gütern einen subjektiv empfundenen Nutzen bei. Eine subjektive Bewertung kann sehr flexibel eingesetzt werden und auch schwer quantifizierbare Elemente einbeziehen. Problematisch ist, daß subjektive Wertvorstellungen nicht objektiv nachvollzogen werden können und nicht interpersonell vergleichbar sind. Ferner sind subjektive Bewertungen im Zeitverlauf starken Schwankungen unterworfen.

Die Bewertung mit Marktpreisen überläßt die Bewertung dem Markt. Auf einem vollkommenen Markt spiegeln sie die Knappheitsrelationen der einzelnen Güter wider. Wiederbeschaffungspreise entsprechen in dieser Marktsituation nicht nur externen Knappheiten, sondern auch der Knappheit eines Guts innerhalb des Unternehmens, da es zu diesem Preis jederzeit in beliebiger Menge gekauft werden kann. Marktpreise sind einfach zu ermitteln und unabhängig von persönlichen Präferenzen. Die Voraussetzungen des vollkommenen Marktes sind allerdings meist nicht erfüllt, so daß die beobachteten Preise nicht notwendig die tatsächlichen Knappheitsrelationen widerspiegeln. Auch entsprechen die Knappheitsverhältnisse auf dem Markt nicht immer den Knappheitsverhältnissen im Betrieb. Problematisch an einer Bewertung mit Marktpreisen ist somit deren Abhängigkeit von der Wahl des relevanten Marktes und die Tatsache, daß nicht alle Güter auf Märkten gehandelt werden (z.B. Leistungen von selbsterstellten Maschinen).

Die Bewertung mit Verrechnungspreisen versucht, innerbetriebliche Knappheiten zu erfassen und in den Preisen widerzuspiegeln. Dies ist vor allem wichtig bei Gütern, die nicht oder nicht beliebig am Markt beschaffbar sind. Durch Verrechnungspreise soll eine optimale Steuerung des Einsatzes von Gütern im Unternehmen erreicht werden.

2. Betrieb und Unternehmen

> Aufgabe G6: Betrieblicher Kreislauf
> Nennen Sie die wichtigsten betrieblichen Funktionen und erarbeiten Sie ein Schema des betrieblichen Kreislaufs, aus dem die Beziehungen zwischen den einzelnen Funktionen ersichtlich werden!

Lösung:

Die wesentlichen betrieblichen Funktionen sind Produktion, Absatz, Beschaffung, Finanzwirtschaft, Rechnungswesen.

In der Produktion vollzieht sich die betriebliche Leistungserstellung. In einem Kombinationsprozeß werden die verschiedenen produktiven Faktoren (Werkstoffe, Betriebsmittel, Personal) in Produkte (Güter und Dienstleistungen) transformiert. Die Aufgabe des Absatzes ist die Verwertung der betrieblichen Leistungen, d.h. es werden Produkte gegen Entgelt veräußert. Auf der anderen Seite sorgt die Beschaffung für die Bereitstellung der produktiven Faktoren. Sie läßt sich in Anlehnung an die Gliederung der Produktionsfaktoren in die Materialwirtschaft, die Anlagenwirtschaft und das Personalwesen unterteilen.

Die Steuerung der Geldströme, die durch Beschaffungs- und Absatzvorgänge ausgelöst werden, erfolgt durch die Finanzwirtschaft. Ihr obliegt ferner die Sicherstellung der betrieblichen Liquidität, ohne die eine betriebliche Tätigkeit nicht möglich ist. Neben den durch die Güterwirtschaft ausgelösten Geldströmen treten externe Zu- und Abflüsse von Zahlungsmitteln auf: Der Betrieb erhält finanzielle Mittel insbesondere aus der Zuführung von Eigenkapital und durch Kredite. Aus dem Betrieb fließen finanzielle Mittel in Form von Steuern, Zinsen und Gewinnausschüttungen sowie für Finanzanlagen ab.

Im Rechnungswesen findet eine fortlaufende Abbildung der Geld- und Güterströme statt. Es dient als Grundlage für die zielgerichtete Planung und Steuerung und vor allem für die Kontrolle des betrieblichen Geschehens sowie zu Dokumentationszwecken. Die Finanzbuchhaltung erfaßt systematisch die Zu- und Abflüsse finanzieller Mittel, die Betriebsbuchhaltung verfolgt die Güterströme durch den Betrieb.

Die Beziehungen zwischen den betrieblichen Funktionen gibt das nachfolgende Schema wieder:

Grundlagen

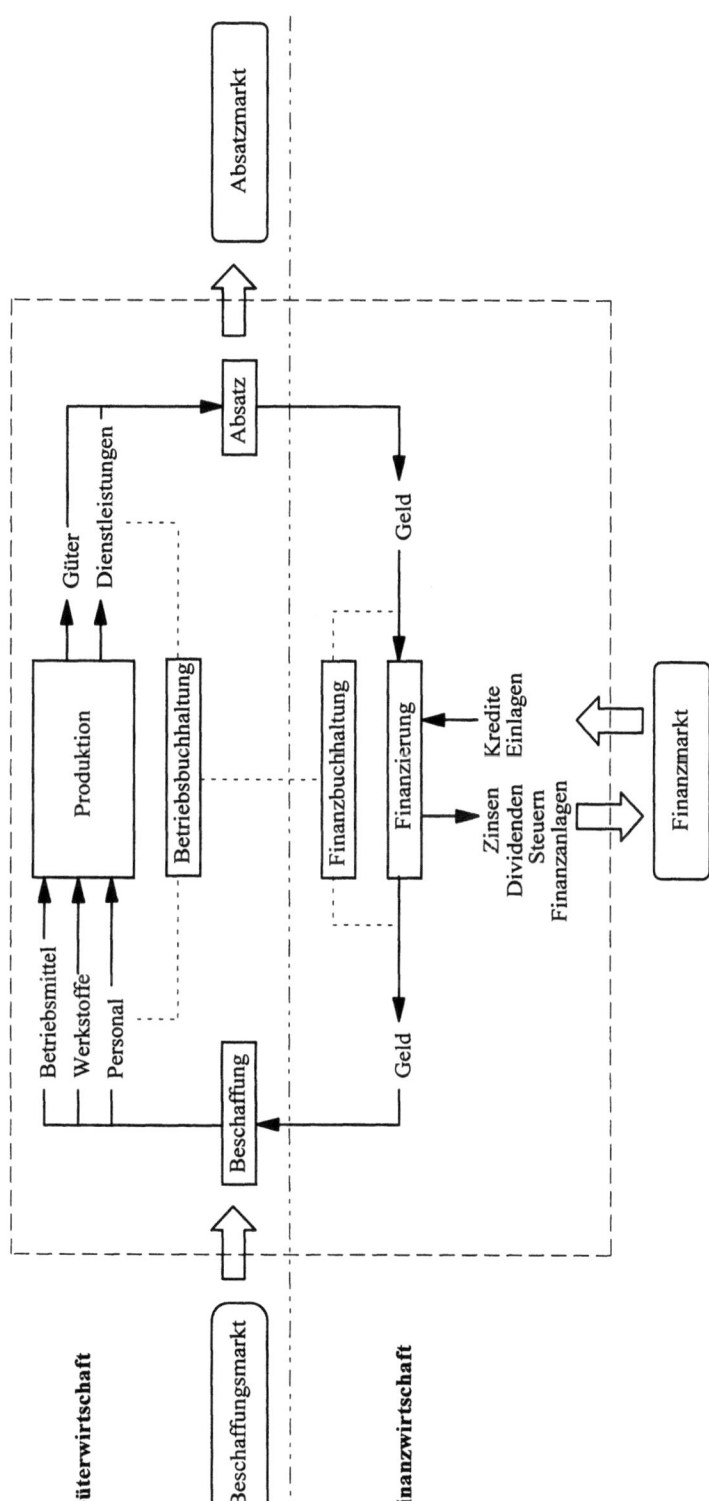

Abb. 1: Der betriebliche Umsatzprozeß und die betrieblichen Funktionen

> **Aufgabe G7**: Betrieb und Unternehmung
>
> In welchem Verhältnis stehen die Begriffe „Betrieb" und „Unternehmung" zueinander?

Lösung:

Nach GUTENBERG sind Betriebe Wirtschaftseinheiten, die

- durch Produktion als Prozeß der Faktorkombination,
- durch Beachtung des Wirtschaftlichkeitsprinzips und
- durch Aufrechterhaltung des finanziellen Gleichgewichts

charakterisiert sind. Diese Charakterisierungsmerkmale sind unabhängig von der vorliegenden Wirtschaftsordnung (systemindifferente Tatbestände). Als Unternehmungen bezeichnet GUTENBERG Betriebe in marktwirtschaftlichen Systemen, d.h. in Wirtschaftsordnungen mit folgenden Merkmalen (systembezogenen Tatbeständen):

- autonome Entscheidung der Betriebe über die Art der Leistungserstellung (Autonomieprinzip)
- Prinzip der Alleinbestimmung der privaten Eigentümer eines Betriebs über die betriebliche Planung
- Gewinnerwartung als Orientierung für einzelwirtschaftliche Aktivitäten (erwerbswirtschaftliches Prinzip)

LOHMANN dagegen versteht unter einem Betrieb eine örtliche und technische Einheit, in der die Produktion durchgeführt wird. Die Unternehmung als übergeordnete rechtlich-organisatorische Einheit umfaßt neben dem betrieblichen Bereich alle kaufmännischen Funktionen (Geschäft) sowie die Planung und Kontrolle (Führung).

> Aufgabe G8: Systematik der Wirtschaftszweige
> In welche Wirtschaftsbereiche unterteilt das Statistische Bundesamt die empirisch auftretenden Unternehmen und Betriebe?

Lösung:

Die Systematik der Wirtschaftszweige in der Fassung von 1979 sieht folgende Abteilungen vor:

0 Land- und Forstwirtschaft; Fischereiwesen
1 Energie- und Wasserversorgung; Bergbau
2 Verarbeitendes Gewerbe
3 Baugewerbe
4 Handel
5 Verkehr und Nachrichtenübermittlung
6 Kreditinstitute und Versicherungsgewerbe
7 Dienstleistungen, soweit von Unternehmen und freien Berufen erbracht
8 Organisationen ohne Erwerbszweck
9 Gebietskörperschaften und Sozialversicherungen

In der Klassifikation der Wirtschaftszweige von 1993, die die Systematik von 1979 schrittweise ablösen wird, gibt es als oberste Gliederungsstufe 17 Abschnitte, die von A bis Q numeriert sind.

3. Betriebswirtschaftslehre als Wissenschaft

Aufgabe G9: Induktion und Deduktion

a) Worin besteht das Charakteristikum der induktiven Methode?
b) Warum vermitteln Induktionsschlüsse keine Gewißheit?
c) Welche Schwierigkeiten sehen Sie in einer Anwendung der induktiven Methode in der Betriebswirtschaftslehre?
d) Führen Deduktionen zu Aussagen, die in jedem Fall Geltung besitzen?
e) Welche Aufgaben haben Verifikation und Falsifikation im Zusammenhang mit induktiven und deduktiven Schlüssen?
f) Charakterisieren Sie das Wesen der hypothetisch-deduktiven Methode.

Lösung:

a) Bei der induktiven Methode werden aus Einzeltatbeständen allgemeine Aussagen abgeleitet. Die Tatbestände können durch Beobachtung oder durch Experimente erhoben werden.

b) Der Gültigkeitsnachweis eines Induktionsschlusses kann nur durch eine vollständige Induktion, d.h. durch die Überprüfung aller möglichen Fälle, erbracht werden. Andernfalls gilt eine durch Induktion gewonnene Aussage lediglich als bewährt, solange kein Fall beobachtet wird, der diese Aussage falsifiziert.

c) Die alleinige Anwendung der induktiven Methode innerhalb der Betriebswirtschaftslehre ist problematisch. Eine vollständige Induktion ist nur im Fall mathematischer Beweise möglich. Einer Systematisierung der Beobachtung von Einzeltatbeständen durch ein experimentelles Vorgehen sind in den Sozialwissenschaften enge Grenzen gesetzt. Induktive Aussagen lassen sich somit lediglich aus einzelnen Beobachtungen ableiten.

d) Deduktiv gewonnene Aussagen besitzen dann Gültigkeit, wenn die zugrunde liegenden Prämissen wahr sind und die Schlußfolgerung logisch richtig durchgeführt wurde.

e) Bei der induktiven Methode ist eine Verifikation nicht möglich. Induktiv gewonnene Ergebnisse werden bereits durch ein Gegenbeispiel falsifiziert. Ebenso werden deduktive Schlüsse durch ein Gegenbeispiel widerlegt. Hier kann sich die Verifikation auch auf die Eignung der der Deduktion zugrunde gelegten Annahmen beziehen.

f) Bei der hypothetisch-deduktiven Methode werden zunächst durch induktives Vorgehen Hypothesen entwickelt, aus denen anschließend deduziert wird. Eine Überprüfung der Ergebnisse ist allein durch Tatsachen zulässig. Die Theorien sind nicht endgültig verifizierbar. Es ist lediglich möglich, daß sie sich durch mißlungene Falsifikationsversuche bewähren.

Aufgabe G10: Deskription

Welche Rolle spielt die Deskription in der Betriebswirtschaftslehre?

Lösung:

Die Deskription bildet eine unverzichtbare Grundlage für die Betriebswirtschaftslehre. Ihre Aufgabe besteht darin, Sachverhalte so zu beschreiben, daß sie einem vorgegebenen Untersuchungsziel auf systematische Weise zugänglich sind.

Dies geschieht zum einen, indem Begriffe gebildet und normiert werden (Terminologie), zum anderen dadurch, daß durch Abstraktion Bilder geschaffen werden, in denen ausgewählte Aspekte zusammengestellt werden (Modellbildung). Modelle können in Form von Abbildungen veranschaulicht oder verbal bzw. mit Hilfe mathematischer Symbole formuliert werden.

Deskriptive Aussagen stellen Sachverhalte und Zusammenhänge dar. Auf dieser Grundlage ist es dann möglich, Hypothesen, also theoretische Aussagen, zu formulieren.

In der betrieblichen Praxis hat die Deskription ebenfalls eine herausragende Bedeutung. Ein Beispiel für ein betriebliches Beschreibungsmodell ist die Buchhaltung, die die Zahlungsvorgänge einer Periode mit Hilfe von Buchungssätzen abbildet.

2. Teil: Der güterwirtschaftliche Bereich
1. Die Leistungserstellung
1.1 Grundlagen

Aufgabe P1: Produktion und Produktionsfaktoren

a) Wie kann der Begriff der Produktion definiert werden?

b) Wie werden in der Betriebswirtschaftslehre die Produktionsfaktoren gegliedert und wodurch werden diese voneinander abgegrenzt?

c) Ein Unternehmer betreibt einen Betrieb mit einem Beschäftigten, in dem er aus zwei Rohstoffen ein Endprodukt herstellt, das auf einer einzelnen Maschine gefertigt wird. Diese Maschine wird mit Strom betrieben. Ordnen Sie alle Faktoren der oben angegebenen Produktionssituation in das Produktionsfaktorsystem nach GUTENBERG ein.

Lösung:

a) Der Begriff Produktion wird definiert als Kombination von Gütern und Dienstleistungen (Produktionsfaktoren, Input) und deren Transformation in andere Güter und Dienstleistungen (Produkte, Output).

b) GUTENBERG unterscheidet drei Gruppen von Produktionsfaktoren: Werkstoffe, Betriebsmittel und menschliche Arbeitsleistungen: Werkstoffe sind Güter, die im Produktionsprozeß eingesetzt werden und sich den Produkten direkt zurechnen lassen. Betriebsmittel sind Güter, die in der Produktion genutzt werden, ohne daß sie direkt in das Produkt eingehen. Menschliche Arbeitskraft wird als objektbezogene Arbeit direkt in der Produktion eingesetzt und steuert als dispositive Arbeit den Betriebsablauf.

c) Die beiden Rohstoffe und der Strom für die Maschine sind Werkstoffe, die Maschine ist ein Betriebsmittel, der Beschäftigte erbringt objektbezogene menschliche Arbeitsleistungen und der Unternehmer selbst ist dispositiv tätig.

Aufgabe P2: Aktivitäten

a) Definieren Sie die Begriffe:
   - Aktivität
   - Technologiemenge
   - Produktionsprozeß

b) Welche Eigenschaften charakterisieren eine lineare Technologie?

c) Was versteht man unter einem Produktionskoeffizienten bzw. einer Produktivität?

Lösung:

a) Eine Aktivität $\underline{y}$ ist ein Verfahren zur Transformation einer gegebenen Kombination von Faktoreinsatzmengen $(r_1,...,r_n)$ in eine bestimmte Kombination von Ausbringungsmengen $(x_1,...,x_m)$.

Formale Darstellung einer Aktivität: $\quad \underline{y} := (r_1,...,r_n; x_1,...,x_m)$

Die Technologiemenge T ist die Menge aller technisch realisierbaren Aktivitäten eines Betriebs:

$$T := \{\underline{y} \mid \underline{y} \text{ ist technisch realisierbar}\}$$

Ein Produktionsprozeß π^0 ist die Menge aller Aktivitäten, die sich durch proportionale Variation sämtlicher Faktoreinsatzmengen aus einer technisch möglichen Aktivität $\underline{y}^0$ ergibt, d.h. die Menge aller technologisch verwandten Produktionspunkte.

Formale Darstellung eines Produktionsprozesses:

$$\pi^0 := \{\underline{y} \mid \underline{y} = \lambda \cdot \underline{y}^0, \lambda \geq 0\} \quad \text{mit} \quad \underline{y}^0 = (\underline{r}^0; \underline{x}^0) \in T$$

b) Eine lineare Technologie ist durch folgende Eigenschaften charakterisiert:

(1) Proportionalität von Aktivitäten:

Falls eine Aktivität $\underline{y}^0$ technisch möglich ist,

$$\underline{y}^0 = (\underline{r}^0; x^0) = (r_1^0,...,r_n^0; x^0) \in T$$

dann ist auch das λ-fache dieser Aktivität technisch möglich:

$$\lambda \cdot \underline{y}^0 = (\lambda \cdot \underline{r}^0; \lambda \cdot x^0) = (\lambda \cdot r_1^0,...,\lambda \cdot r_n^0; \lambda \cdot x^0) \in T \quad \text{für alle } \lambda \geq 0$$

Im Fall der Proportionalität führt also eine proportionale Veränderung der Einsatzmengen aller Faktoren einer Aktivität zu einer entsprechenden Veränderung der Ausbringungsmenge.

(2) Additivität von Aktivitäten:

Sind zwei Aktivitäten $\underline{y}^1$ und $\underline{y}^2$ technisch möglich,

$$\underline{y}^1 = (\underline{r}^1;x^1) = (r_1^1,\ldots,r_n^1;x^1) \in T$$

$$\underline{y}^2 = (\underline{r}^2;x^2) = (r_1^2,\ldots,r_n^2;x^2) \in T$$

dann sind auch beide Aktivitäten gemeinsam durchführbar:

$$\underline{y} = \underline{y}^1 + \underline{y}^2 = (r_1^1 + r_1^2,\ldots,r_n^1 + r_n^2;x^1 + x^2) \in T$$

(3) Möglichkeit der Verschwendung:
Produktionsfaktoren können verbraucht werden, ohne daß ein Produkt hergestellt wird, d.h.:

$$\underline{y} = (\underline{r};0) \in T$$

c) Ein Produktionskoeffizient a_i gibt an, wieviel vom Einsatzfaktor i benötigt wird, um eine Einheit des Produkts herzustellen:

$$a_i = \frac{r_i}{x}$$

Die Produktivität b_i gibt an, welche Produktmenge sich mit einer Einheit des Einsatzfaktors i herstellen läßt. Sie ist Kennzahl für die Ergiebigkeit eines Faktors und entspricht dem Kehrwert des Produktionskoeffizienten:

$$b_i = \frac{x}{r_i} = \frac{1}{a_i}$$

Aufgabe P3: Produktionsprozesse

a) Was wird in der Aktivitätsanalyse unter einem Produktionsprozeß verstanden?

b) Worin unterscheidet sich ein reiner Produktionsprozeß von einem gemischten Produktionsprozeß?

c) Aufgrund welcher Eigenschaften von Technologiemengen lassen sich reine und gemischte Produktionsprozesse konstruieren?

Lösung:

a) Unter einem Produktionsprozeß wird die Menge aller Aktivitäten verstanden, die sich aus der Multiplikation einer verfügbaren Aktivität mit einem beliebigen $\lambda \geq 0$ ergibt. Die zu einem Produktionsprozeß gehörenden Aktivitäten basieren auf der gleichen Produktionstechnologie.

Produktion 19

b) Ein reiner Produktionsprozeß basiert auf einer einzelnen verfügbaren Aktivität.

$$\pi^{\text{rein}} := \{\underline{y} \mid \underline{y} = \lambda \cdot \underline{y}^0, \lambda \geq 0\} \quad \text{mit} \quad \underline{y}^0 = (\underline{r}^0; \underline{x}^0) \in T$$

Ein gemischter Prozeß dagegen ergibt sich aus der Mischung (Linearkombination) zweier verfügbarer Aktivitäten bzw. der entsprechenden reinen Prozesse.

$$\pi^{\text{gemischt}} := \{\underline{y} \mid \underline{y} = \lambda \cdot \underline{y}^*, \lambda \geq 0\}$$

mit: $\underline{y}^* = \alpha \cdot \underline{y}^1 + (1-\alpha) \cdot \underline{y}^2 \qquad 0 < \alpha < 1$

$\underline{y}^1 = (\underline{r}^1; \underline{x}^1) \in T$

$\underline{y}^2 = (\underline{r}^2; \underline{x}^2) \in T$

c) Zur Konstruktion reiner Produktionsprozesse muß die Eigenschaft der Proportionalität von Aktivitäten gelten. Für die Bildung gemischter Prozesse wird zusätzlich die Eigenschaft der Additivität von Aktivitäten benötigt.

Aufgabe P4: Effizienz von Aktivitäten und Prozessen

a) Definieren Sie den Begriff der Effizienz von Aktivitäten und von Produktionsprozessen für den Einproduktfall. In welchem Verhältnis steht die Effizienz von Aktivitäten zu der Effizienz von Tauschalternativen?

b) Gegeben seien folgende Aktivitäten $\underline{y}^k = (r_1^k, r_2^k; x)$ zur Herstellung eines Produkts:

$\underline{y}^1 = (1,2;1) \qquad \underline{y}^2 = (2,1;1)$

$\underline{y}^3 = (4,3;2) \qquad \underline{y}^4 = (7,7;4)$

Prüfen Sie die Effizienz dieser Aktivitäten und der ihnen zugehörigen Produktionsprozesse.

c) Worin unterscheidet sich die Effizienz von Produktionsprozessen von der Effizienz von Aktivitäten?

Lösung:

a) Effizienzkriterium für Aktivitäten im Einproduktfall:

Eine Aktivität $\underline{y}^0 = (\underline{r}^0; x^0)$ heißt effizient, wenn es keine andere Aktivität $\underline{y} = (\underline{r}; x)$ gibt, für die gilt:

$$r_i \leq r_i^0 \quad \text{für alle } i=1,\ldots,n$$
$$x \geq x^0$$

und $\quad r_i < r_i^0 \quad$ für mindestens ein i

oder $\quad x > x^0$

Im Einproduktfall ist auf der Outputseite lediglich eine Dimension relevant.

Effizienzkriterium für Prozesse im Einproduktfall:

Ein Prozeß π^0 mit den Produktionskoeffizienten $\underline{a}^0$ heißt effizient, wenn es keinen anderen Prozeß π mit Produktionskoeffizienten $\underline{a}$ gibt, für den gilt:

$$a_i \leq a_i^0 \quad \text{für alle } i=1,\ldots,n$$

und $\quad a_i < a_i^0 \quad$ für mindestens ein i.

Durch den Übergang zu den Produktionskoeffizienten werden die Aktivitäten auf die Ausbringungsmenge 1 normiert, so daß die Outputseite nicht mehr überprüft werden muß.

Die Effizienz von Aktivitäten stimmt formal mit der Effizienz von Tauschalternativen überein, da es sich bei einer Aktivität um einen speziellen Tauschprozeß handelt.

b) Die Effizienzüberprüfung der Aktivitäten findet durch paarweisen Vergleich statt:

Aktivitäten	$\underline{y}^1$		$\underline{y}^2$	$\underline{y}^1$		$\underline{y}^3$	$\underline{y}^1$		$\underline{y}^4$
r_1	1	<	2	1	<	4	1	<	7
r_2	2	>	1	2	<	3	2	<	7
x	1	=	1	1	<	2	1	<	4
Ergebnis	$\underline{y}^1$	$\approx$	$\underline{y}^2$	$\underline{y}^1$	$\approx$	$\underline{y}^3$	$\underline{y}^1$	$\approx$	$\underline{y}^4$

Da die Aktivität $\underline{y}^1$ von keiner anderen Aktivität dominiert wird, ist sie effizient.

Aktivitäten	$\underline{y}^2$		$\underline{y}^3$	$\underline{y}^2$		$\underline{y}^4$
r_1	2	<	4	2	<	7
r_2	1	<	3	1	<	7
x	1	<	2	1	<	4
Ergebnis	$\underline{y}^2$	$\approx$	$\underline{y}^3$	$\underline{y}^2$	$\approx$	$\underline{y}^4$

Die Aktivität $\underline{y}^2$ ist also ebenfalls effizient.

Aktivitäten	$\underline{y}^3$		$\underline{y}^4$
r_1	4	<	7
r_2	3	<	7
x	2	<	4
Ergebnis	$\underline{y}^3$	$\approx$	$\underline{y}^4$

Auch $\underline{y}^3$ und $\underline{y}^4$ sind effizient. Insgesamt sind damit alle betrachteten Aktivitäten effizient.

Für die Effizienzbetrachtung der Produktionsprozesse müssen die Aktivitäten auf das Ausbringungsniveau $x = 1$ normiert werden:

$$\pi = (a_1, a_2; 1) = (a_1, a_2) \quad \text{mit} \quad a_i = \frac{r_i}{x}$$

$$\pi^1 = (1, 2) \quad \pi^2 = (2, 1) \quad \pi^3 = (2, 1.5) \quad \pi^4 = (1.75, 1.75)$$

Die Effizienzüberprüfung erfolgt wieder – wie bereits bei den Aktivitäten – durch paarweisen Vergleich:

Prozesse	π^1		π^2	π^1		π^3	π^1		π^4
a_1	1	<	2	1	<	2	1	<	1.75
a_2	2	>	1	2	>	1.5	2	>	1.75
Ergebnis	π^1	$\approx$	π^2	π^1	$\approx$	π^3	π^1	$\approx$	π^4

Der Vergleich von π^1 mit allen anderen Prozessen zeigt, daß π^1 effizient ist.

Prozesse	π^2		π^3	π^2		π^4
a_1	2	=	2	2	>	1.75
a_2	1	<	1.5	1	<	1.75
Ergebnis	π^2	$\succ$	π^3	π^2	$\approx$	π^4

Der Prozeß π^3 wird vom Prozeß π^2 dominiert und scheidet damit als nicht effizient aus. Da zwischen π^2 und π^4 keine Dominanzbeziehung besteht, sind diese beiden Prozesse effizient (die Vergleiche mit π^1 wurden schon durchgeführt; π^3 ist bereits als ineffizient ausgeschieden).

Obwohl also die Aktivität $\underline{y}^3$ in der vierelementigen Technologiemenge $\{\underline{y}^1, \underline{y}^2, \underline{y}^3, \underline{y}^4\}$ effizient ist, ist der von $\underline{y}^3$ aufgespannte reine Prozeß π^3 ineffizient.

c) Während aus der Effizienz eines Produktionsprozesses die Effizienz der zugehörigen Aktivitäten folgt, gilt die Umkehrung nicht: Aktivitäten, die isoliert betrachtet effizient sind, können beim Übergang zu Produktionsprozessen durch Aktivitäten mit gleicher Ausbringung, aber geringeren Faktoreinsatzmengen dominiert werden, wie das Beispiel in b) zeigt.

Aufgabe P5: Effizienz bei gemischten Prozessen

Folgende Aktivitäten $\underline{y}^k = (r_1^k, r_2^k; x)$ zur Herstellung eines Produkts sind gegeben:

$\underline{y}^1 = (3,1;2)$ $\quad$ $\underline{y}^2 = (1,3;2)$

$\underline{y}^3 = (5,5;4)$ $\quad$ $\underline{y}^4 = (4,6;4)$

a) Stellen Sie diese Aktivitäten graphisch dar. Welche Aktivitäten sind effizient?

b) Welche Voraussetzung muß erfüllt sein, damit aus den Aktivitäten reine Produktionsprozesse hergeleitet werden können? Welche der aus den oben gegebenen Aktivitäten abgeleiteten Prozesse sind effizient?

c) Welche Voraussetzung muß zusätzlich gegeben sein, damit aus den Aktivitäten reine und gemischte Produktionsprozesse hergeleitet werden können? Ändert sich Ihre Antwort zu b), wenn die Möglichkeit der Prozeßkombination besteht?

Lösung:

a) Effizienz der Aktivitäten

Sämtliche reinen Aktivitäten sind effizient, da sich beim (hier nicht explizit durchgeführten) Paarvergleich keine Aktivität finden läßt, die bei gleicher oder höherer Ausbringungsmenge geringere Faktoreinsatzmengen benötigt. Dies wird auch – zumindest für die Aktivitäten mit gleicher Ausbringungsmenge – aus der graphischen Darstellung deutlich.

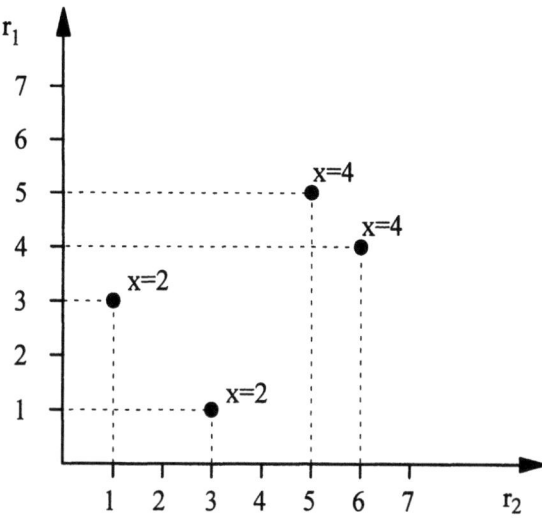

b) Für die Herleitung reiner Prozesse aus den Aktivitäten muß die Eigenschaft der Proportionalität gelten. Beim Übergang auf die Prozesse erfolgt eine Normierung der Aktivitäten auf die Ausbringungsmenge 1:

$$\pi^1 = (1.5, 0.5; 1) \qquad \pi^2 = (0.5, 1.5; 1)$$
$$\pi^3 = (1.25, 1.25; 1) \qquad \pi^4 = (1, 1.5; 1)$$

Wie auch aus der nachfolgenden Abbildung hervorgeht, wird π^4 von π^2 dominiert, da π^2 bei gleichem Einsatz von Faktor 2 weniger von Faktor 1 je Outputeinheit benötigt. Effizient sind die Prozesse π^1, π^2 und π^3.

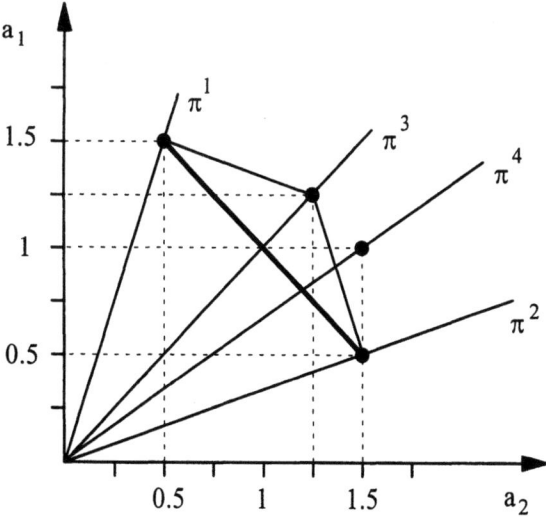

c) Um aus Aktivitäten gemischte Prozesse bilden zu können, muß neben der Proportionalität die Eigenschaft der Additivität gelten.

Als effiziente Prozeßkombinationen kommen lediglich

$\pi^{1,2} = \alpha \cdot \pi^1 + (1-\alpha) \cdot \pi^2$ mit $0 < \alpha < 1$

$\pi^{1,3} = \beta \cdot \pi^1 + (1-\beta) \cdot \pi^3$ mit $0 < \beta < 1$

$\pi^{2,3} = \gamma \cdot \pi^2 + (1-\gamma) \cdot \pi^3$ mit $0 < \gamma < 1$

in Betracht. Der reine Prozeß π^4 wurde bereits als ineffizient identifiziert und kann daher für die Konstruktion gemischter Prozesse vernachlässigt werden. Die Effizienzüberprüfung der genannten Prozeßkombinationen kann graphisch oder rechnerisch erfolgen.

Aus der Graphik ist erkennbar, daß von den möglichen Prozeßkombinationen lediglich

$\pi^{1,2} = \alpha \cdot \pi^1 + (1-\alpha) \cdot \pi^2$ für alle α

effizient ist. Ferner kann man sehen, daß π^3 jetzt durch diese Prozeßkombination dominiert wird.

Für die rechnerische Dominanzanalyse müssen die gemischten Prozesse in die Vektorschreibweise überführt werden. Es gilt:

$\pi^{1,2} = (0.5 + \alpha, 1.5 - \alpha)$,

$\pi^{1,3} = (1.25 + 0.25\beta, 1.25 - 0.75\beta)$,

$\pi^{2,3} = (1.25 - 0.75\gamma, 1.25 + 0.25\gamma)$.

Die Effizienzüberprüfung erfolgt paarweise. Zuerst sollen die gemischten Prozesse miteinander verglichen werden:

Prozesse	$\pi^{1,2}$		$\pi^{1,3}$	$\pi^{1,2}$		$\pi^{2,3}$
a_1	$0.5 + \alpha$	<	$1.25 + 0.25\beta$	$0.5 + \alpha$	<	$1.25 - 0.75\gamma$
a_2	$1.5 - \alpha$	<	$1.25 - 0.75\beta$	$1.5 - \alpha$	<	$1.25 + 0.25\gamma$
Ergebnis	$\pi^{1,2}$	$\succ$	$\pi^{1,3}$	$\pi^{1,2}$	$\succ$	$\pi^{2,3}$

Wählt man für festes β den festen Wert $\alpha = 0.5 + 0.5\beta$, so liegt $0 < \alpha < 1$, solange $0 < \beta < 1$, und es gilt: $0.5 + \alpha = 1 + 0.5\beta < 1.25 + 0.25\beta$ sowie $1.5 - \alpha = 1 - 0.5\beta < 1.75 - 0.75\beta$ weil $\beta < 1$. Dies zeigt, daß zu jedem β ein α gefunden werden kann, so daß der gemischte Prozeß $\pi^{1,3}$ durch einen gemischten Prozeß $\pi^{1,2}$ dominiert wird. Somit ist der gemischte Prozeß $\pi^{1,3}$ für jeden Wert von β ineffizient und muß im folgenden nicht weiter beachtet werden.

Wählt man analog für festes γ den festen Wert $\alpha = 0{,}5 - 0{,}5\gamma$ so zeigt die gleiche Überlegung, daß zu jedem gemischten Prozeß aus den Prozessen π^2 und π^3 ein dominierender gemischter Prozeß aus den Prozessen π^1 und π^2 existiert. Somit ist auch der gemischte Prozeß $\pi^{2,3}$ für jeden Wert von γ ineffizient.

Nun ist noch zu klären, ob der gemischte Prozeß $\pi^{1,2}$ einen reinen Prozeß dominiert.

Prozesse	$\pi^{1,2}$		π^1	$\pi^{1,2}$		π^2	$\pi^{1,2}$		π^3
a_1	$0{,}5+\alpha$	<	$1{,}5$	$0{,}5+\alpha$	>	$0{,}5$	$0{,}5+\alpha$	<	$1{,}25$
a_2	$1{,}5-\alpha$	>	$0{,}5$	$1{,}5-\alpha$	<	$1{,}5$	$1{,}5-\alpha$	<	$1{,}25$
Ergebnis	$\pi^{1,2}$	$\approx$	π^1	$\pi^{1,2}$	$\approx$	π^2	$\pi^{1,2}$	$\succ$	π^3

Man erkennt, daß für jeden zugelassenen Wert von α keine Dominanzbeziehungen zwischen $\pi^{1,2}$, π^1 oder π^2 bestehen. Wählt man jedoch $\alpha = 0{,}5$, so zeigt sich, daß es einen gemischten Prozeß $\pi^{1,2}$ gibt, der den reinen Prozeß π^3 dominiert. Dies zeigt, daß π^3 nicht mehr effizient ist. Dagegen erweist sich der gemischte Prozeß $\pi^{1,2}$ als effizient für jeden Wert von α.

Aufgabe P6: Effizienz bei Berücksichtigung von Schadstoffen

a) Definieren und erläutern Sie den Begriff der Effizienz für Aktivitäten $\underline{y} = (\underline{r}; \underline{x})$. Wie ist die Definition bei Berücksichtigung eines Schadstoffs zu erweitern?

b) Ein Betrieb stellt unter Einsatz von drei Rohstoffen r_1, r_2, r_3 zwei Endprodukte x_1 und x_2 her, dabei fällt ein Schadstoff a an. Es stehen folgende 4 Aktivitäten für die Produktion zur Verfügung:

	$\underline{y}^1$	$\underline{y}^2$	$\underline{y}^3$	$\underline{y}^4$
r_1	0	1	2	1
r_2	1	2	2	1
r_3	2	2	1	2
x_1	2	1	1	2
x_2	2	2	0	1
a	1	0	2	3

> Geben Sie an, welche dieser Aktivitäten effizient sind:
> - ohne Berücksichtigung des Schadstoffs
> - mit Berücksichtigung des Schadstoffs

Lösung:

a) Eine Aktivität $\underline{y}^o = (\underline{r}^o; \underline{x}^o)$ heißt effizient, wenn es keine andere Aktivität $\underline{y} = (\underline{r}; \underline{x})$ gibt, bei der höchstens genauso viele Produktionsfaktoreinheiten verbraucht und mindestens genauso viele Produkteinheiten hervorgebracht werden und bei der zusätzlich mindestens ein Faktor in geringerem Umfang verbraucht oder ein Produkt in größerer Menge erzeugt wird.

Dieser Effizienzbegriff hebt allein auf Produktionsfaktoren r_i und erwünschte Produkte x_j ab. Schadstoffe fallen aber unter keine dieser beiden Kategorien. Für diese Aufgabe ist der Effizienzbegriff daher geeignet zu erweitern. Enthält eine Aktivität

$$\underline{y}^o = (\underline{r}^o; \underline{x}^o; \underline{a}^o)$$

auch den Ausstoß von Schadstoffen a_k, $k = 1,...,K$ so heißt sie effizient, wenn es keine andere Aktivität $\underline{y} = (\underline{r}; \underline{x}; \underline{a})$ gibt, so daß gilt:

	$r_i \leq r_i^o$	für alle $i = 1,...,I$
	$x_j \geq x_j^o$	für alle $j = 1,...,J$
	$a_k \leq a_k^o$	für alle $k = 1,...,K$
und	$r_i < r_i^o$	für mindestens ein i
oder	$x_j > x_j^o$	für mindestens ein j
oder	$a_k < a_k^o$	für mindestens ein k

b) Zunächst wird die Effizienzbetrachtung ohne Berücksichtigung des Schadstoffs durchgeführt:

	$\underline{y}^1$		$\underline{y}^2$	$\underline{y}^1$		$\underline{y}^3$	$\underline{y}^1$		$\underline{y}^4$
r_1	0	<	1	0	<	2	0	<	1
r_2	1	<	2	1	<	2	1	=	1
r_3	2	=	2	2	>	1	2	=	2
x_1	2	>	1	2	>	1	2	=	2
x_2	2	=	2	2	>	0	2	>	1
Ergebnis	$\underline{y}^1$	$\succ$	$\underline{y}^2$	$\underline{y}^1$	$\approx$	$\underline{y}^3$	$\underline{y}^1$	$\succ$	$\underline{y}^4$

Die Aktivitäten $\underline{y}^2$ und $\underline{y}^4$ werden von $\underline{y}^1$ dominiert. Damit bleiben als effiziente Aktivitäten $\underline{y}^1$ und $\underline{y}^3$ übrig.

Anschließend findet die Effizienzbetrachtung mit Berücksichtigung des Schadstoffs statt: Durch die Berücksichtigung eines zusätzlichen Merkmals kann eine Dominanzbeziehung zwischen zwei Aktivitäten lediglich aufgehoben, nicht aber neu geschaffen werden. Die Anzahl der effizienten Aktivitäten erhöht sich somit gegebenenfalls durch die Berücksichtigung des Schadstoffs, sie kann sich jedoch keinesfalls verringern, d.h. bisher effiziente Aktivitäten bleiben auch weiterhin effizient.

Daher ist lediglich zu überprüfen, ob die bisher ineffizienten Aktivitäten $\underline{y}^2$ und $\underline{y}^4$ durch die Berücksichtigung des Schadstoffs effizient werden:

	$\underline{y}^1$		$\underline{y}^2$	$\underline{y}^1$		$\underline{y}^4$
r_1	0	<	1	0	<	1
r_2	1	<	2	1	=	1
r_3	2	=	2	2	=	2
x_1	2	>	1	2	=	2
x_2	2	=	2	2	>	1
a	1	>	0	1	<	3
Ergebnis	$\underline{y}^1$	$\approx$	$\underline{y}^2$	$\underline{y}^1$	$\succ$	$\underline{y}^4$

Die Aktivität $\underline{y}^2$ wird aufgrund des bei ihr fehlenden Schadstoffausstoßes nicht mehr von $\underline{y}^1$ dominiert. Die Aktivität $\underline{y}^4$ bleibt dagegen weiterhin ineffizient. Zu überprüfen bleibt nun, ob $\underline{y}^2$ nicht durch $\underline{y}^3$ dominiert wird.

	$\underline{y}^2$		$\underline{y}^3$
r_1	1	<	2
r_2	2	=	2
r_3	2	>	1
x_1	1	=	1
x_2	2	>	0
a	0	<	2
Ergebnis	$\underline{y}^2$	$\approx$	$\underline{y}^3$

Zwischen y^2 und y^3 besteht keine Dominanzbeziehung. Die Aktivität $\underline{y}^2$ ist damit effizient. Die Anzahl der effizienten Aktivitäten erhöht sich also durch die Berücksichtigung des Abfallstoffs auf drei ($\underline{y}^1$, $\underline{y}^2$ und $\underline{y}^3$).

Aufgabe P7: Effizienz bei linearer Technologie

a) Der Produktionskoeffizient des Faktors i ist definiert als $\dfrac{r_i}{x}$ (r_i – Faktoreinsatzmenge, x – Ausbringungsmenge). Ist es ceteris paribus wünschenswert, daß dieser Koeffizient klein oder daß er groß ist?

b) Es seien die folgenden zwei Produktionspunkte (Aktivitäten) gegeben:

| Produktions- | Einsatzmenge | | Ausbringungs- |
punkt	Faktor 1	Faktor 2	menge
A	3,5	4	5
B	3,6	4,1	5,05

Welcher der beiden Produktionspunkte ist effizient, falls es sich um eine lineare Technologie handelt?

Lösung:

a) Je kleiner der Produktionskoeffizient, desto geringer ist der zur Erzielung einer Ausbringungseinheit erforderliche Faktoreinsatz. Damit ist ein möglichst kleiner Produktionskoeffizient wünschenswert.

b) Da die beiden Produktionspunkte A und B zu einer linearen Technologie gehören, gilt die Eigenschaft der Proportionalität. Sie sind somit jeweils Bestandteil eines Produktionsprozesses, d.h. durch eine proportionale Variation aller Faktoreinsatzmengen lassen sich beliebige Ausbringungsmengen realisieren. Die Produktionsmöglichkeit A benötigt für eine Ausbringungsmenge von 5,05 lediglich 3,535 Einheiten des ersten Faktors und 4,04 Einheiten des zweiten Faktors (proportionale Erhöhung um 1%). Der zu A gehörige Prozeß dominiert daher die Produktionsmöglichkeit B, d.h. B ist ineffizient.

1.2 Die Produktionsfunktion

> Aufgabe P8: Neoklassische Produktionsfunktion
> a) Was versteht man im Einproduktfall unter einer Produktionsfunktion?
> b) Welche Eigenschaften charakterisieren eine neoklassische Produktionsfunktion?

Lösung:

a) Eine Produktionsfunktion $x = \phi(r_1,...,r_n)$ beschreibt den funktionalen Zusammenhang zwischen den Faktoreinsatzmengen $r_1,...,r_n$ und der damit maximal erzielbaren Ausbringungsmenge x. Durch eine Produktionsfunktion werden somit ausschließlich effiziente Aktivitäten abgebildet.

b) Eine neoklassische Produktionsfunktion ist durch folgende Eigenschaften charakterisiert:

- Produktionsfunktion bei totaler Faktorvariation:

  Eine neoklassische Produktionsfunktion weist konstante oder abnehmende Skalenerträge auf. Falls es sich um eine homogene Funktion handelt, so ist sie homogen vom Grad $k \leq 1$:

  $$\phi(\lambda \cdot r_1,...,\lambda \cdot r_n) = \lambda^k \cdot \phi(r_1,...,r_n)$$

- Isoquante:

  Die Grenzrate der Substitution einer neoklassischen Produktionsfunktion ist abnehmend, d.h. die Isoquante ist konvex:

  $$\frac{d\Gamma}{dr_i} < 0 \qquad \frac{d^2\Gamma}{dr_i^2} > 0$$

- Produktionsfunktion bei partieller Faktorvariation:

  Für neoklassische Produktionsfunktionen gilt das Ertragsgesetz, d.h. sie sind monoton steigend und konkav. Daraus folgt unmittelbar, daß die Grenzproduktivitäten nicht-negativ sind und nicht zunehmen:

  $$\frac{\partial \phi}{\partial r_i} \geq 0 \qquad \text{für alle } i = 1,...,n$$

  $$\frac{\partial^2 \phi}{\partial r_i^2} \leq 0 \qquad \text{für alle } i = 1,...,n$$

Aufgabe P9: Homogenität einer Produktionsfunktion

a) Was versteht man unter einer homogenen Produktionsfunktion?

b) Setzen Sie den Begriff der Homogenität einer Produktionsfunktion in Beziehung zu den Skalenerträgen.

c) Zeigen Sie, daß die Cobb-Douglas-Produktionsfunktion
$$x = f(r_1, r_2) = 30 \cdot r_1^{0,25} \cdot r_2^{0,75}$$
konstante Skalenerträge hat.

d) Geben Sie an, für welche Parameterkonstellationen die unten angegebene Produktionsfunktion homogen ist und wann sie zunehmende, konstante bzw. abnehmende Skalenerträge aufweist:
$$x = f(r_1, r_2) = \alpha_0 \cdot r_1^{\alpha_1} \cdot r_2^{\alpha_2} + \alpha_3 \cdot r_1^{\alpha_4} \cdot r_2^{\alpha_5}$$

Lösung:

a) Eine Produktionsfunktion $\phi(r_1, \ldots, r_n)$ heißt homogen vom Grad k, falls gilt:
$$\phi(\lambda \cdot r_1, \ldots, \lambda \cdot r_n) = \lambda^k \cdot \phi(r_1, \ldots, r_n) = \lambda^k \cdot x$$
Homogenität vom Grad $k = 1$ bedeutet, daß die Ausbringungsmenge bei totaler Faktorvariation, d.h. bei gleichzeitiger Variation der Faktoreinsatzmengen um einen konstanten Faktor, proportional zum Faktoreinsatzniveau ansteigt (Linearhomogenität). Bei $k < 1$ dagegen steigt die Ausbringungsmenge unterproportional, bei $k > 1$ überproportional zum Faktoreinsatzniveau an.

b) Unter Skalenerträgen versteht man die Niveau-Grenzproduktivitäten der Produktionsfunktion bei totaler Faktorvariation. Skalenerträge geben also die Veränderung der Ausbringungsmenge bei einer infinitesimal kleinen Veränderung des Faktoreinsatzniveaus an. Geometrisch gesehen entsprechen sie der Steigung der Produktionsfunktion bei totaler Faktorvariation:
$$\text{Skalenerträge} := \frac{d\,x(\lambda)}{d\,\lambda}$$

Die Beziehung zur Homogenität einer Produktionsfunktion besteht darin, daß sich bei homogenen Produktionsfunktionen aus dem Homogenitätsgrad ablesen läßt, ob zunehmende, konstante oder abnehmende Skalenerträge vorliegen. Die Umkehrung gilt hingegen nicht, da nicht alle Produktionsfunktionen homogen sind.

Geht man von einer homogenen Produktionsfunktion bei totaler Faktorvariation aus,

$$x(\lambda) = \phi(\lambda \cdot r_1, \ldots, \lambda \cdot r_n) = \lambda^k \cdot \phi(r_1, \ldots, r_n) = \lambda^k \cdot x(1)$$

dann ergeben sich die Skalenerträge aus der ersten Ableitung dieser Funktion:

$$\frac{dx(\lambda)}{d\lambda} = k \cdot \lambda^{k-1} \cdot x(1)$$

Die zweite Ableitung gibt an, wie sich die Skalenerträge im Funktionsverlauf ändern:

$$\frac{d^2 x(\lambda)}{d\lambda^2} = (k-1) \cdot k \cdot \lambda^{k-2} \cdot x(1)$$

Konstante Skalenerträge liegen vor, wenn diese zweite Ableitung Null ist, also für $k = 1$:

$$\frac{d^2 x(\lambda)}{d\lambda^2} = \underbrace{(k-1)}_{=0} \cdot k \cdot \lambda^{k-2} \cdot x(1) = 0$$

Analog dazu treten abnehmende bzw. zunehmende Skalenerträge auf, wenn die zweite Ableitung der Produktionsfunktion bei totaler Faktorvariation kleiner bzw. größer Null ist, d.h. für $0 < k < 1$ bzw. $k > 1$.

$$\frac{d^2 x(\lambda)}{d\lambda^2} = \underbrace{(k-1)}_{<0} \cdot k \cdot \lambda^{k-2} \cdot x(1) < 0 \quad \Rightarrow \text{ abnehmende Skalenerträge}$$

$$\frac{d^2 x(\lambda)}{d\lambda^2} = \underbrace{(k-1)}_{>0} \cdot k \cdot \lambda^{k-2} \cdot x(1) > 0 \quad \Rightarrow \text{ zunehmende Skalenerträge}$$

Der Fall $k = 0$ würde bedeuten, daß sich die Ausbringungsmenge durch eine Erhöhung des Faktoreinsatzniveaus nicht verändert, was per definitionem ausgeschlossen ist, da eine Produktionsfunktion nur effiziente Produktionsmöglichkeiten abbildet.

c) Da die Produktionsfunktion

$$x = f(r_1, r_2) = 30 \cdot r_1^{0,25} \cdot r_2^{0,75}$$

homogen ist, läßt sich der Nachweis konstanter Skalenerträge über die Bestimmung des Homogenitätsgrads erbringen:

$$\begin{aligned} x(\lambda) = f(\lambda r_1, \lambda r_2) &= 30 \cdot (\lambda \cdot r_1)^{0,25} \cdot (\lambda \cdot r_2)^{0,75} \\ &= 30 \cdot \lambda^{0,25} \cdot r_1^{0,25} \cdot \lambda^{0,75} \cdot r_2^{0,75} \\ &= \lambda^{0,25+0,75} \cdot 30 \cdot r_1^{0,25} \cdot r_2^{0,75} \\ &= \lambda \cdot f(r_1, r_2) \end{aligned}$$

Aufgrund des Homogenitätsgrads $k=1$ weist die betrachtete Produktionsfunktion konstante Skalenerträge auf.

Bei nicht-homogenen Produktionsfunktionen müßte für die Bestimmung der Skalenerträge die zweite Ableitung der Produktionsfunktion bei totaler Faktorvariation betrachtet werden.

d) Für die Untersuchung der Produktionsfunktion

$$x = f(r_1, r_2) = \alpha_0 \cdot r_1^{\alpha_1} \cdot r_2^{\alpha_2} + \alpha_3 \cdot r_1^{\alpha_4} \cdot r_2^{\alpha_5}$$

auf Homogenität wird angesetzt:

$$f(\lambda \cdot r_1, \lambda \cdot r_2) = \alpha_0 \cdot (\lambda \cdot r_1)^{\alpha_1} \cdot (\lambda \cdot r_2)^{\alpha_2} + \alpha_3 \cdot (\lambda \cdot r_1)^{\alpha_4} \cdot (\lambda \cdot r_2)^{\alpha_5}$$
$$= \lambda^{\alpha_1+\alpha_2} \cdot \alpha_0 \cdot r_1^{\alpha_1} \cdot r_2^{\alpha_2} + \lambda^{\alpha_4+\alpha_5} \cdot \alpha_3 \cdot r_1^{\alpha_4} \cdot r_2^{\alpha_5}$$

Die Produktionsfunktion ist homogen, falls $\alpha_1 + \alpha_2 = \alpha_4 + \alpha_5$, da in diesem Fall λ ausgeklammert werden kann:

$$x(\lambda) = f(\lambda r_1, \lambda r_2) = \lambda^{\alpha_1+\alpha_2} \cdot \left(\alpha_0 \cdot r_1^{\alpha_1} \cdot r_2^{\alpha_2} + \alpha_3 \cdot r_1^{\alpha_4} \cdot r_2^{\alpha_5} \right)$$

Für alle anderen Koeffizientenkombinationen ist die Produktionsfunktion inhomogen. Aus dem Homogenitätsgrad $k = \alpha_1 + \alpha_2$ ergibt sich dann der Verlauf der Skalenerträge:

- zunehmende Skalenerträge für $\alpha_1 + \alpha_2 > 1$
- konstante Skalenerträge für $\alpha_1 + \alpha_2 = 1$
- abnehmende Skalenerträge für $0 < \alpha_1 + \alpha_2 < 1$

Aufgabe P10: Skalenerträge

Gegeben seien drei verschiedene Produktionsfunktionen, bei denen eine proportionale Faktorvariation realisierbar ist. Die Ausbringung in Abhängigkeit vom Niveau λ des Faktoreinsatzes sei durch folgende Funktionen dargestellt:

a) $x(\lambda) = 2 \cdot \lambda + 5 \cdot \lambda$

b) $x(\lambda) = (2 \cdot \lambda)^2 \cdot (5 \cdot \lambda)^3$

c) $x(\lambda) = (4 \cdot \lambda)^{0,5} \cdot (16 \cdot \lambda)^{0,25}$

Charakterisieren Sie die Skalenerträge der drei betrachteten Produktionsfunktionen mit Hilfe von $\dfrac{dx(\lambda)}{d\lambda}$ und $\dfrac{d^2 x(\lambda)}{d\lambda^2}$!

Lösung:

a) $x(\lambda) = 2 \cdot \lambda + 5 \cdot \lambda$

$\dfrac{dx(\lambda)}{d\lambda} = 2 + 5 = 7 \qquad \dfrac{d^2x(\lambda)}{d\lambda^2} = 0$

$\Rightarrow$ konstante Skalenerträge

b) $x(\lambda) = (2\lambda)^2 (5\lambda)^3 = 4\lambda^2 \cdot 125\lambda^3 = 500\lambda^5$

$\dfrac{dx(\lambda)}{d\lambda} = 2.500 \cdot \lambda^4 \qquad \dfrac{d^2x(\lambda)}{d\lambda^2} = 10.000 \cdot \lambda^3 > 0$

$\Rightarrow$ zunehmende Skalenerträge

c) $x(\lambda) = (4 \cdot \lambda)^{0,5} \cdot (16 \cdot \lambda)^{0,25} = 2 \cdot \lambda^{0,5} \cdot 2 \cdot \lambda^{0,25} = 4 \cdot \lambda^{0,75}$

$\dfrac{dx(\lambda)}{d\lambda} = 3 \cdot \lambda^{-0,25} \qquad \dfrac{d^2x(\lambda)}{d\lambda^2} = -0,75 \cdot \lambda^{-1,25} < 0$

$\Rightarrow$ abnehmende Skalenerträge

Aufgabe P11: Isoquante

a) Was verstehen Sie unter einer Isoquante?

b) Bestimmen Sie die Isoquante folgender Produktionsfunktion für $x = 30$:

$x = f(r_1, r_2) = 30 \cdot r_1^{0,25} \cdot r_2^{0,75}$

c) Warum ist eine Isoquante negativ geneigt?

d) Skizzieren Sie den Verlauf einer Isoquante in einer linearen Technologie bei
- einem Produktionsprozeß,
- zwei Produktionsprozessen,
- endlich vielen Produktionsprozessen,
- unendlich vielen Produktionsprozessen.

e) Gegeben sind drei Produktionsprozesse zur Herstellung eines Produkts unter Einsatz von zwei Faktoren mit den folgenden Produktionskoeffizienten:

$\pi^1 = (3, 1) \qquad \pi^2 = (1.5, 2) \qquad \pi^3 = (1, 3)$

Stellen Sie die Prozesse graphisch dar und zeichnen Sie die Isoquanten für die Ausbringungsmengen $x = 1$ und $x = 2$ ein. (Voraussetzung: lineare Technologie)

Lösung:

a) Eine Isoquante ist die Menge aller effizienten Faktoreinsatzmengenkombinationen zur Erzielung einer fest vorgegebenen Ausbringungsmenge $x = \bar{x}$.

Sie gibt also für eine vorgegebene Menge des einen Produktionsfaktors an, wieviel vom anderen Faktor benötigt wird, um die Ausbringungsmenge $x = \bar{x}$ zu erzielen.

b) Bestimmung der Isoquante für $x = f(r_1, r_2) = 30 \cdot r_1^{0,25} \cdot r_2^{0,75}$ mit $x = 30$:

Einsetzen von $x = 30$ und Auflösen nach r_1 ergibt:

$$x = f(r_1, r_2) = 30 \cdot r_1^{0,25} \cdot r_2^{0,75}$$

$$\Leftrightarrow r_1^{0,25} = \frac{1}{r_2^{0,75}}$$

$$\Leftrightarrow r_1 = \frac{1}{r_2^3}$$

Analog dazu ergibt sich:

$$r_2 = \frac{1}{\sqrt[3]{r_1}} = \frac{1}{r_1^{\frac{1}{3}}}$$

c) Eine Isoquante ist immer negativ geneigt, da sie sonst auch ineffiziente Produktionsmöglichkeiten enthalten würde.

Beispiel:

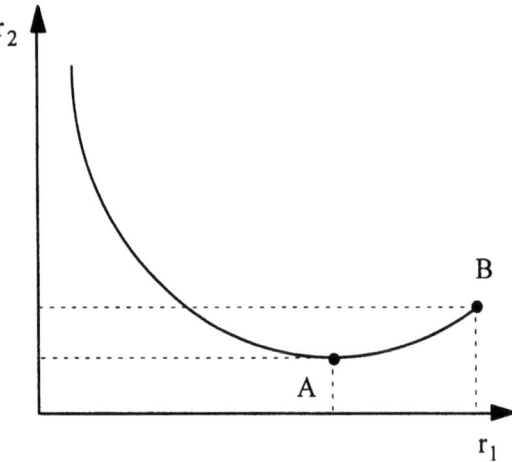

Die abgebildete Isoquante hat zwischen den Punkten A und B einen Bereich mit positiver Steigung. Die Produktionsmöglichkeiten dieses Bereichs werden jedoch durch die Aktivität A dominiert, sie sind also nicht effizient.

f) Verlauf der Isoquante bei einem Produktionsprozeß: Die Isoquante zu jeder Ausbringungsmenge besteht aus einem einzigen Punkt.

Verlauf der Isoquante bei zwei (effizienten) Produktionsprozessen: Auf jedem Prozeß führt genau eine Aktivität zur Ausbringungsmenge x. Die Isoquante zu x erhält man durch Konvexkombination dieser beiden Aktivitäten.

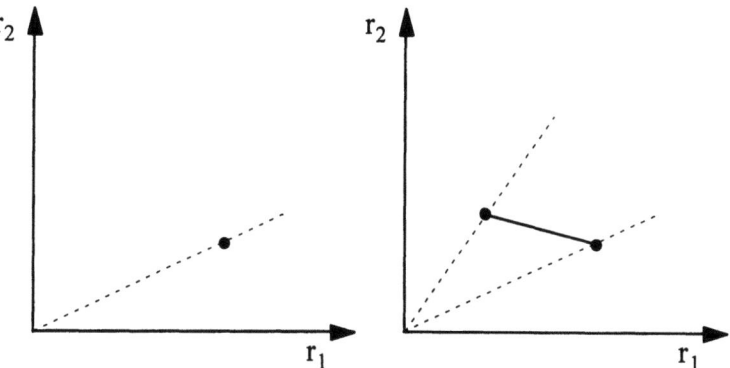

Verlauf der Isoquante bei endlich vielen (effizienten) Produktionsprozessen: Durch Konvexkombination der jeweils benachbarten effizienten Aktivitäten, die zur Ausbringungsmenge x führen, erhält man die zugehörige Isoquante bei n reinen Prozessen als einen Linienzug aus $n-1$ Abschnitten.

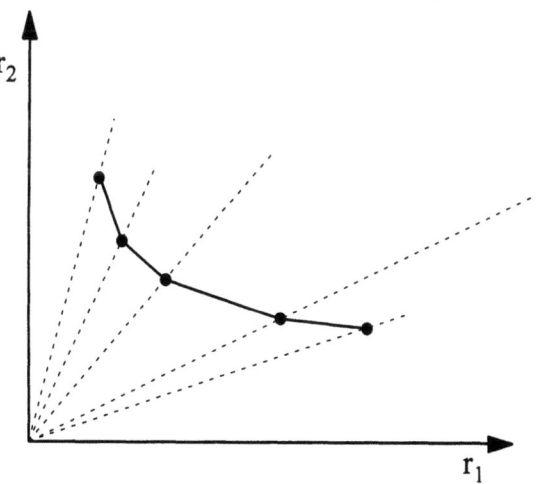

Verlauf der Isoquante bei unendlich vielen Produktionsprozessen: Bei unendlich vielen effizienten Produktionsprozessen geht der Linienzug in eine monoton fallende, streng konvexe Funktion über.

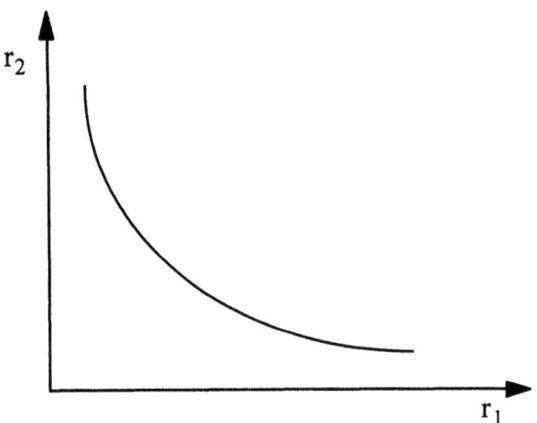

e) Die beiden Isoquanten sind nachfolgend dargestellt:

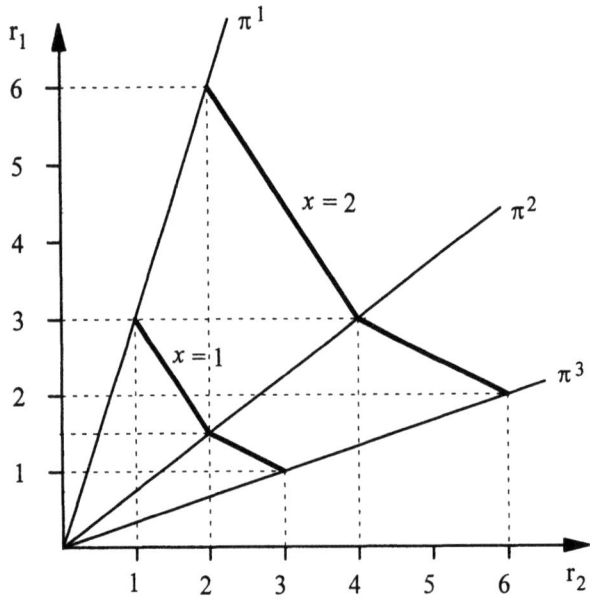

Aufgabe P12: Grenzrate der Substitution

a) Welche Aussage enthält die Grenzrate der Substitution?

b) Zeigen Sie, daß für die Grenzrate der Substitution bei der Cobb-Douglas-Produktionsfunktion $\bar{x} = \alpha_0 \cdot r_1^{\alpha_1} \cdot r_2^{\alpha_2}$ mit $\alpha_0, \alpha_1, \alpha_2 > 0$ und $\alpha_1 + \alpha_2 \leq 1$ gilt:

$$s_{12} = \frac{\alpha_2}{\alpha_1} \cdot \frac{r_1}{r_2}$$

Lösung:

a) Die Grenzrate der Substitution gibt an, um wieviel die Einsatzmenge des einen Faktors erhöht werden muß, um – bei konstant bleibender Ausbringungsmenge – eine infinitesimal kleine Einheit des anderen Faktors zu ersetzen. Sie entspricht somit dem Absolutwert der Steigung der Isoquante:

$$s_{12} = -\frac{dr_1}{dr_2}$$

b) Die Grenzrate der Substitution wird über die Ableitung der Isoquante bestimmt. Hierfür wird die Produktionsfunktion zunächst nach r_1 aufgelöst:

$$r_1^{\alpha_1} = \frac{\bar{x}}{\alpha_0 \cdot r_2^{\alpha_2}} = \frac{\bar{x}}{\alpha_0} \cdot r_2^{-\alpha_2}$$

$$\Leftrightarrow r_1 = \frac{(\bar{x})^{1/\alpha_1}}{\alpha_0^{1/\alpha_1}} \cdot r_2^{-\alpha_2/\alpha_1}$$

Die erste Ableitung der Isoquante lautet:

$$\frac{dr_1}{dr_2} = -\frac{\alpha_2}{\alpha_1} \cdot \frac{(\bar{x})^{1/\alpha_1}}{\alpha_0^{1/\alpha_1}} \cdot r_2^{-\alpha_2/\alpha_1 - 1}$$

$$= -\frac{\alpha_2}{\alpha_1} \cdot \underbrace{\frac{(\bar{x})^{1/\alpha_1}}{\alpha_0^{1/\alpha_1}} \cdot r_2^{-\alpha_2/\alpha_1}}_{=r_1} \cdot r_2^{-1}$$

$$= -\frac{\alpha_2}{\alpha_1} \cdot r_1 \cdot r_2^{-1} = -\frac{\alpha_2}{\alpha_1} \cdot \frac{r_1}{r_2}$$

Für die Grenzrate der Substitution gilt damit:

$$s_{12} = -\frac{dr_1}{dr_2} = \frac{\alpha_2}{\alpha_1} \cdot \frac{r_1}{r_2}$$

Alternativ läßt sich die Grenzrate der Substitution als Verhältnis der Grenzproduktivitäten herleiten:

$$x_j' = \alpha_0 \cdot \alpha_j \cdot r_i^{\alpha_i} \cdot r_j^{\alpha_j - 1}$$

$$s_{12} = \frac{x_2'}{x_1'} = \frac{\alpha_0 \cdot \alpha_2 \cdot r_1^{\alpha_1} \cdot r_2^{\alpha_2 - 1}}{\alpha_0 \cdot \alpha_1 \cdot r_1^{\alpha_1 - 1} \cdot r_2^{\alpha_2}} = \frac{\alpha_2}{\alpha_1} \cdot \frac{r_1}{r_2}$$

Aufgabe P13: Limitationalität und Substitutionalität

a) Definieren Sie die Begriffe
   - Limitationalität
   - partielle Substitutionalität
   - totale Substitutionalität

   und geben Sie jeweils ein Beispiel an.

b) Geben Sie für alle Einsatzfaktoren der folgenden Produktionsfunktionen bzw. Isoquanten an, ob partielle Substitutionalität, totale Substitutionalität oder Limitationalität vorliegt (kurze Begründungen!):

   (1) $x = 20 \cdot r_1^{0,2} \cdot r_2^{0,8}$

   (2) $x = 20 \cdot r_1 + 10 \cdot r_2$

   (3) $r_1 = \begin{cases} 6 - r_2 & \text{für } 1 \leq r_2 \leq 3 \\ 4,5 - \dfrac{1}{2} r_2 & \text{für } 3 \leq r_2 \leq 5 \end{cases}$

   (4) $x = 2 \cdot r$

   (5) $x = 5 r_1 \cdot r_2 + 2 r_2$

   (6) $x = 30 \cdot r_1^{0,1} \cdot r_2^{0,8} \cdot r_3^{0,2}$

Lösung:

a) Limitationalität liegt vor, wenn die Einsatzmengen der einzelnen Produktionsfaktoren durch die Ausbringungsmenge determiniert werden, d.h. die Faktoren nicht gegenseitig substituierbar sind. Ein Beispiel hierfür ist der Fahrzeugbau: Bei Herstellung eines PKW stehen die Bauteile in einem festen Mengenverhältnis zueinander. So werden z.B. für jeden PKW vier Räder benötigt.

Von Substitutionalität spricht man, wenn eine vorgegebene Ausbringungsmenge durch unterschiedliche Faktoreinsatzmengenkombinationen effizient erzeugt werden kann, d.h. Einsatzfaktoren ganz oder teilweise durch andere am Produktionsprozeß beteiligte Einsatzfaktoren ersetzt werden können.

Bei partieller Substitutionalität ist die Möglichkeit zur gegenseitigen Substitution von Einsatzfaktoren begrenzt. Der vollständige Ersatz eines Einsatzfaktors durch einen anderen ist zumindest bei bestimmten Faktoren nicht möglich. So sind z.B. in der Landwirtschaft die Faktoren Arbeit, Boden und Dünger lediglich begrenzt substituierbar.

Im Fall der totalen Substitutionalität können Einsatzfaktoren vollständig durch andere Faktoren ersetzt werden. Z.B. kann bei der Stromerzeugung ein Energieträger vollständig durch einen anderen substituiert werden, wenn man über geeignete Anlagen verfügt.

b) Die angegebenen Funktionen lassen sich wie folgt beurteilen:

(1) Es liegt partielle Substitutionalität bezüglich beider Einsatzfaktoren vor. Die Produktionsfunktion läßt sich nach den Faktoren auflösen und beschreibt eine Isoquante. Die Fälle $r_1 = 0$ oder $r_2 = 0$ sind jedoch nicht erreichbar, die Faktoren also nicht total substituierbar.

(2) Es liegt totale Substitutionalität bezüglich beider Einsatzfaktoren vor. Sowohl die Faktorkombination $(r_1, r_2) = (x/20, 0)$ als auch $(r_1, r_2) = (0, x/10)$ führen zu der Ausbringung x.

(3) Es liegt partielle Substitutionalität vor. Die angegebene Isoquante beschreibt alternative Faktorkombinationen. Die Fälle $r_1 = 0$ oder $r_2 = 0$ werden aber nicht erreicht.

(4) Es besteht Limitationalität. Da nur ein Einsatzfaktor vorhanden ist, kann er nicht substituiert werden.

(5) Es besteht totale Substitutionalität hinsichtlich des ersten Faktors und partielle Substitutionalität bezüglich des zweiten Faktors. Während eine beliebige Ausbringungsmenge x mit der Faktorkombination $(r_1, r_2) = (0, x/2)$ erzielt werden kann, führt der Fall $r_2 = 0$ zur Ausbringungsmenge $x = 0$.

(6) Es liegt partielle Substitutionalität bezüglich aller drei Faktoren vor. Die angegebene COBB-DOUGLAS-Produktionsfunktion läßt sich in Isoquanten bezüglich jedes einzelnen Faktors auflösen.

Aufgabe P14: Partielle Faktorvariation

a) Was versteht man unter der Produktionsfunktion bei partieller Faktorvariation?

b) Welche Eigenschaften hat diese Funktion?

c) Welche Eigenschaften hat diese Funktion in einer linearen Technologie mit einer endlichen Zahl von Produktionsprozessen?

Lösung:

a) Die Produktionsfunktion bei partieller Faktorvariation gibt an, wie sich die maximal erzielbare Ausbringungsmenge verändert, wenn lediglich die Einsatzmenge eines Produktionsfaktors verändert wird. Die Einsatzmengen der anderen Faktoren werden konstant gehalten.

b) Die Produktionsfunktion bei partieller Faktorvariation ist monoton steigend und konkav, weil sonst Ineffizienzen auftreten würden (Widerspruch zur Definition der Produktionsfunktion).

c) Bei endlich vielen Produktionsprozessen verläuft die Produktionsfunktion bei partieller Faktorvariation stückweise linear. Die Übergänge zu flacheren Geradenstücken erfolgen immer dann, wenn bei einem Prozeß der konstante Faktor voll ausgeschöpft ist. Dann muß ein anderer Prozeß gewählt werden, der den konstant gehaltenen Faktor sparsamer einsetzt. Das Anschlußstück muß flacher verlaufen, weil sonst der neue Prozeß den vorherigen dominiert.

Aufgabe P15: Grenzproduktivität

a) Wie sind die Grenzproduktivitäten einer Produktionsfunktion zu interpretieren?

b) Berechnen Sie die Grenzproduktivitäten der Produktionsfunktion:
$$x = f(r_1, r_2) = r_1^{0,6} \cdot r_2^{0,4}$$

c) Welche Charakteristika weisen die Verläufe der obigen Grenzproduktivitäten auf?

Lösung:

a) Die Grenzproduktivitäten geben die relative Änderung der Ausbringungsmenge in bezug auf eine Variation der Einsatzmenge des variablen Faktors an.

b) Grenzproduktivitäten der Produktionsfunktion $x = f(r_1, r_2) = r_1^{0,6} \cdot r_2^{0,4}$:

$$\frac{\partial f}{\partial r_1} = 0,6 \cdot r_1^{-0,4} \cdot r_2^{0,4}$$

$$\frac{\partial f}{\partial r_2} = 0,4 \cdot r_1^{0,6} \cdot r_2^{-0,6}$$

c) Charakteristika der Grenzproduktivitäten:

Da $\frac{\partial^2 f}{\partial r_1^2} = -0{,}24 \cdot r_1^{-1,4} \cdot r_2^{0,4} < 0$ und analog $\frac{\partial^2 f}{\partial r_2^2} = -0{,}24 \cdot r_1^{0,6} \cdot r_2^{-1,6} < 0$

gilt, sind die Grenzproduktivitäten positiv und monoton fallend. Für sehr kleine Faktormengen werden die Grenzproduktivitäten beliebig groß.

Aufgabe P16: Neoklassische Produktionsfunktion

Gegeben sei eine Cobb-Douglas-Produktionsfunktion $x = 2 \cdot r_1^{1/4} \cdot r_2^{3/4}$.

a) Welche Skalenerträge weist diese Funktion auf?
b) Bestimmen Sie für diese Produktionsfunktion die Isoquante und zeigen Sie, daß das Gesetz von der abnehmenden Grenzrate der Substitution gilt.
c) Leiten Sie die Produktionsfunktion bei partieller Faktorvariation her und zeigen Sie, daß das Ertragsgesetz gilt.

Lösung:

a) Die Produktionsfunktion hat konstante Skalenerträge, da sie homogen vom Grade 1 ist:

$$x(\lambda) = 2 \cdot (\lambda \cdot r_1)^{1/4} \cdot (\lambda \cdot r_2)^{3/4} = 2 \cdot \lambda^{1/4} \cdot r_1^{1/4} \cdot \lambda^{3/4} \cdot r_2^{3/4}$$

$$= \lambda^{1/4} \cdot \lambda^{3/4} \cdot 2 \cdot r_1^{1/4} \cdot r_2^{3/4} = \lambda^1 \cdot x$$

b) Die Isoquante gibt alle möglichen Faktorkombinationen zu einer festen (maximalen) Ausbringung $\bar{x}$ an. Die Grenzrate der Substitution des ersten Faktors durch den zweiten Faktor ist als Ableitung der nach r_1 aufgelösten Isoquantengleichung definiert. Deshalb wird zunächst diese Isoquante berechnet und anschließend abgeleitet.

$$\bar{x} = 2 \cdot r_1^{1/4} \cdot r_2^{3/4}$$

$$\Leftrightarrow r_1^{1/4} = \frac{\bar{x}}{2 \cdot r_2^{3/4}}$$

$$\Rightarrow r_1 = \frac{\bar{x}^4}{16 \cdot r_2^3}$$

Hieraus folgt für die Grenzrate der Substitution:

$$s_{12} = -\frac{dr_1}{dr_2} = 3 \cdot \frac{\bar{x}^4}{16 \cdot r_2^4}$$

und

$$\frac{ds_{12}}{dr_2} = -\frac{d^2 r_1}{dr_2^2} = (-4) \cdot 3 \cdot \frac{\bar{x}^4}{16 \cdot r_2^5} < 0$$

Die Grenzrate der Substitution nimmt also ab.

c) Zur Herleitung der Produktionsfunktion bei partieller Faktorvariation wird jeweils ein Produktionsfaktor konstant gehalten. Durch Ableiten der Produktionsfunktion bei partieller Faktorvariation wird gezeigt, daß diese monoton wachsend und konkav ist, also das Ertragsgesetz erfüllt. Im folgenden wird dies zunächst für den ersten und anschließend für den zweiten Faktor gezeigt:

Produktionsfunktion bei partieller Variation des ersten Faktors:

$$f(r_1) = 2 \cdot r_1^{1/4} \cdot \left(r_2^0\right)^{3/4}$$

$$\frac{df}{dr_1} = 0{,}5 \cdot r_1^{-3/4} \cdot \left(r_2^0\right)^{3/4} > 0$$

Die erste Ableitung ist strikt positiv, also ist f monoton wachsend.

$$\frac{d^2 f}{dr_1^2} = -0{,}375 \cdot r_1^{-7/4} \cdot \left(r_2^0\right)^{3/4} < 0$$

Die zweite Ableitung ist strikt negativ. Dies zeigt, daß f konkav ist.

Produktionsfunktion bei partieller Variation des zweiten Faktors:

$$f(r_2) = 2 \cdot \left(r_1^0\right)^{1/4} \cdot r_2^{3/4}$$

$$\frac{df}{dr_2} = 1{,}5 \cdot \left(r_1^0\right)^{1/4} \cdot r_2^{-1/4} > 0$$

Die erste Ableitung ist strikt positiv, also ist f monoton wachsend.

$$\frac{d^2 f}{dr_2^2} = -0{,}375 \cdot \left(r_1^0\right)^{1/4} \cdot r_2^{-5/4} < 0$$

Die zweite Ableitung ist strikt negativ. Dies zeigt, daß f konkav ist.

1.3 Die Kostenfunktion

> Aufgabe P17: Minimalkostenkombination
> a) Was versteht man unter einer Minimalkostenkombination?
> b) Gegeben seien eine neoklassische Produktionsfunktion $x = \phi(r_1, r_2)$ und die Faktorpreise q_1 und q_2. Leiten Sie die Bedingung für die Minimalkostenkombination graphisch und analytisch her.

Lösung:

a) Die Minimalkostenkombination ist diejenige Faktorkombination zur Herstellung einer bestimmten Ausbringungsmenge x, die die geringsten Kosten verursacht.

b) Alle Faktorkombinationen, mit denen die gleiche Ausbringung x erzielt werden kann, liegen auf einer Isoquante. Bei einer neoklassischen Produktionsfunktion sind die Isoquanten stetig differenzierbare, monoton fallende, konvexe Kurven. Die Kurven, die Faktorkombinationen mit gleichen Kosten verbinden, sind strikt monoton fallende Geraden, weil mengenunabhängige positive Preise zugrunde gelegt sind.

Die Minimalkostenkombination auf einer gegebenen Isoquante ergibt sich geometrisch als Tangentialpunkt der am weitesten rechts gelegenen Kostengeraden K^0, die die Isoquante gerade erreicht. Keine geringere Kostenhöhe K^1 kann durch Faktorkombinationen zum vorgegebenen Ausbringungsniveau $x = \bar{x}$ erreicht werden.

Analytisch bedeutet die Herleitung der Minimalkostenkombination zur vorgegebenen Ausbringungsmenge $x = \bar{x}$ die Minimierung der durch die Definitionsgleichung $K = q_1 \cdot r_1 + q_2 \cdot r_2$ gegebenen Kosten unter der Nebenbedingung $\bar{x} = \phi(r_1, r_2)$. Löst man die Produktionsfunktion nach r_1 auf, dann erhält man die Gleichung der Isoquante:

$$r_1 = \Gamma(r_2, \bar{x}).$$

Notwendige Bedingung für die Minimierung der Kosten ist also:

$$\frac{dK}{dr_2} = \frac{d\Gamma}{dr_2} \cdot q_1 + q_2 \stackrel{!}{=} 0$$

Berücksichtigt man, daß die Grenzrate der Substitution gleich dem Betrag des Anstiegs der Isoquante $s_{12} = -d\Gamma/dr_2$ und gleich dem umgekehrten

Verhältnis der Grenzproduktivitäten $s_{12} = x'_2 / x'_1$ ist, dann erhält man nach Umstellen:

$$s_{12} = \frac{x_2'}{x_1'} = \frac{q_2}{q_1}$$

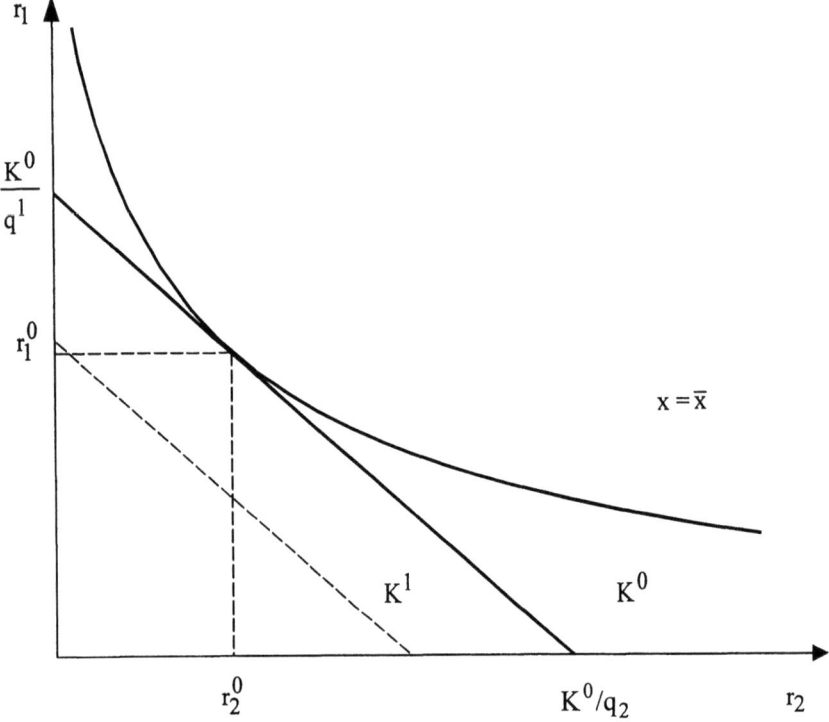

Notwendige Bedingung für die Minimalkostenkombination bei einer neoklassischen Produktionsfunktion ist also, daß die Grenzrate der Substitution gleich dem umgekehrten Verhältnis der Faktorpreise ist, bzw. daß das Verhältnis der Faktorpreise gleich dem Verhältnis der Grenzproduktivitäten ist.

Aufgabe P18: Ermittlung der Minimalkostenkombination

Gegeben sei die Produktionsfunktion

$$x = f(r_1, r_2) = 5 \cdot r_1^{0,5} \cdot r_2^{0,25}$$

Die Preise der Einsatzfaktoren betragen $q_1 = 4$ und $q_2 = 9$. Ermitteln Sie die Minimalkostenkombination für die Ausbringungsmenge $\bar{x} = 30$ sowohl analytisch als auch graphisch.

Lösung:

Zur Bestimmung derjenigen Faktoreinsatzmengen (r_1, r_2), mit denen die vorgegebene Ausbringungsmenge kostenminimal erstellt wird, kann hier auf die Hilfsmittel der Analysis zugegriffen werden, weil die Produktions- und die Kostenfunktion stetig differenzierbar sind. Notwendige Bedingung für ein Kostenminimum ist eine Nullstelle der ersten Ableitung der Kostenfunktion. Der Extremalpunkt stellt ein Minimum dar, wenn zusätzlich die hinreichende Bedingung erfüllt ist, daß die zweite Ableitung positiv ist.

Die Kostenfunktion lautet:

$$K(r_1, r_2) = 4 \cdot r_1 + 9 \cdot r_2$$

Sie soll unter der Nebenbedingung $30 = 5 \cdot r_1^{0,5} \cdot r_2^{0,25}$ minimiert werden. Hierfür ist die Produktionsfunktion nach einer Variable (hier beispielhaft nach r_1) in die Isoquantengleichung aufzulösen:

$$30 = 5 \cdot r_1^{0,5} \cdot r_2^{0,25}$$

$$\Rightarrow \quad r_1^{0,5} = \frac{30}{5 \cdot r_2^{0,25}}$$

$$\Rightarrow \quad r_1 = \frac{900}{25 \cdot r_2^{0,5}} = \frac{36}{r_2^{0,5}}$$

Einsetzen dieser umgeformten Isoquantengleichung in die Kostenfunktion ergibt:

$$K(r_2) = 4 \cdot \frac{36}{r_2^{0,5}} + 9 \cdot r_2$$

Für die Bedingung 1. Ordnung ist die Kostenfunktion abzuleiten:

$$\frac{dK}{dr_2} = -0,5 \cdot \frac{144}{r_2^{1,5}} + 9 \stackrel{!}{=} 0$$

$$\Rightarrow \quad 9 = \frac{72}{r_2^{1,5}} \quad \Rightarrow \quad r_2^{1,5} = 8 \quad \Rightarrow \quad r_2 = 4$$

Die Bedingung zweiter Ordnung ist erfüllt, da:

$$\frac{d^2 K}{dr_2^2}(4) = 0,75 \frac{144}{4^{2,5}} = \frac{27}{8} > 0$$

Aus der Isoquantengleichung ergibt sich die Faktormenge des ersten Faktors:

$$r_1 = \frac{36}{4^{0,5}} = 18$$

Die minimalen Kosten zur Produktion der Ausbringungsmenge $\bar{x} = 30$ betragen folglich:

$$K(18,4) = 4 \cdot 18 + 9 \cdot 4 = 108$$

Graphisch ergibt sich die nachfolgende Darstellung:

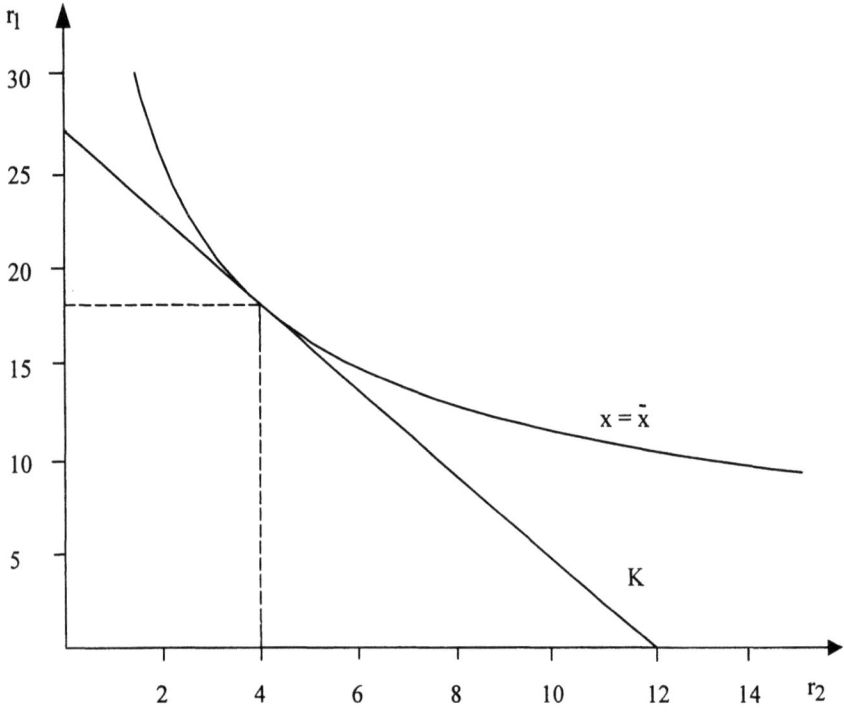

Aufgabe P19: Kostenbegriffe

a) Was versteht man unter einer Kostenfunktion?

b) Erläutern Sie die folgenden Begriffe:
- Kosten
- Grenzkosten
- Fixkosten
- Durchschnittskosten
- variable Kosten
- variable Durchschnittskosten

c) Welchen Verlauf haben die
   - Grenzkosten
   - Durchschnittskosten
   - variablen Durchschnittskosten

   bei einer neoklassischen Produktionsfunktion mit einem fixen und einem variablen Faktor?

d) Begründen Sie, daß die Grenzkosten die Durchschnittskosten in ihrem Minimum schneiden!

Lösung:

a) Die Kostenfunktion gibt den funktionalen Zusammenhang zwischen der Ausbringungsmenge und den damit verbundenen Kosten an. Hierbei wird unterstellt, daß jeweils die kostenminimale Faktorkombination zur Erstellung einer vorgegebenen Ausbringungsmenge gewählt wird.

b) Kosten sind der bewertete Verzehr von Gütern und Dienstleistungen (Produktionsfaktoren) zur Erstellung der betrieblichen Leistung einer Periode.

Grenzkosten sind die Kosten, die für die Produktion einer marginalen zusätzlichen Leistungseinheit anfallen. Bei einer stetig differenzierbaren Kostenfunktion ergeben sie sich als Ableitung nach der Ausbringungsmenge.

Fixkosten sind Kosten der Betriebsbereitschaft, die unabhängig von der Ausbringungsmenge entstehen. Die Fixkosten fallen also insbesondere auch dann an, wenn keine Leistungen erstellt werden (z.B. Mieten für Gebäude, Versicherungsprämien, Fremdkapitalzinsen).

Durchschnittskosten sind der Quotient aus den Kosten und der jeweiligen Ausbringungsmenge. Sie sind nur für positive Ausbringungen definiert.

Variable Kosten sind die Differenz aus den Kosten und den Fixkosten. Hierunter fallen alle Kostenbestandteile, die von der Ausbringungsmenge abhängen (z.B. Kosten für Werkstoffe).

Variable Durchschnittskosten ergeben sich als Quotient aus den variablen Kosten und der Ausbringungsmenge. Auch sie sind nur für positive Ausbringungsmengen definiert.

c) Die Kostenfunktion ergibt sich aus der neoklassischen Produktionsfunktion bei partieller Faktorvariation durch eine Spiegelung an der Winkelhalbierenden des ersten Quadranten. Anschließend muß sie noch um die Fixkosten K_F nach oben verschoben werden. Da die Produktionsfunktion monoton steigend und konkav ist, verläuft die Kostenfunktion K monoton steigend und konvex. Die Grenzkosten K' geben die Steigung der Kostenfunktion an. Sie sind positiv und aufgrund der Konvexität der Kostenfunktion monoton steigend.

Die Durchschnittskosten k ergeben sich als Quotient aus Kosten und Ausbringung. Sie sind ebenfalls konvex. Da positive Fixkosten unterstellt waren, werden die Durchschnittskosten für kleine Ausbringungsmengen beliebig groß. Aufgrund der Konvexität der Kostenfunktion steigen die Durchschnittskosten für große Ausbringungsmengen erneut an, so daß sich insgesamt ein u-förmiger Verlauf ergibt.

Die variablen Durchschnittskosten k_v sind konvex und monoton steigend. Für kleine Ausbringungsmengen (x nahe Null) stimmen sie mit den Grenzkosten überein.

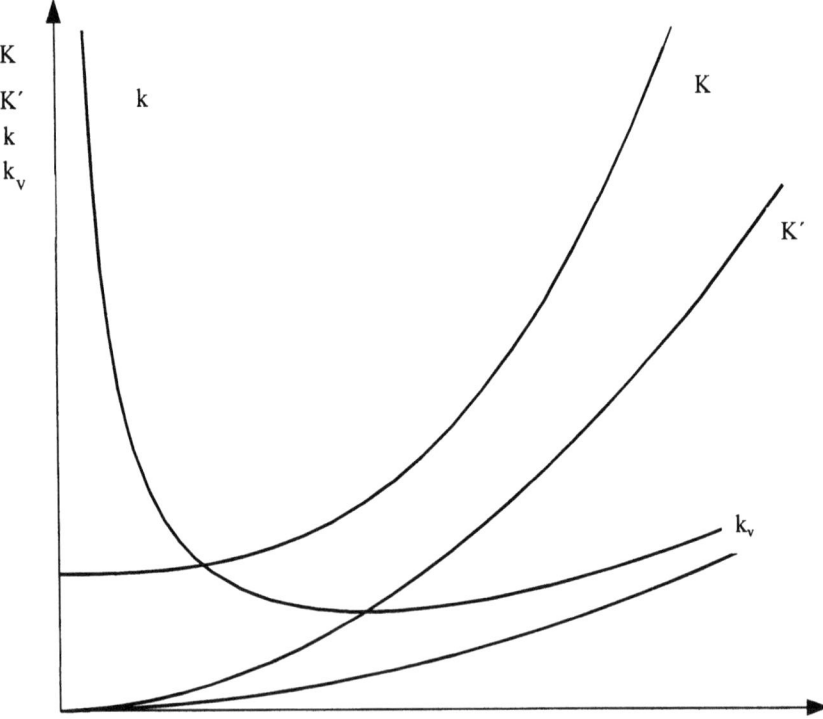

d) Die ökonomische Interpretation dieser Aussage lautet: Solange die Grenzkosten (als Kosten der letzten marginalen Einheit) geringer sind als die Durchschnittskosten, führt die Ausdehnung der Produktion zur Verringerung der Durchschnittskosten. Im Minimum der Durchschnittskosten sind die Durchschnitts- und Grenzkosten gleich, d.h. die Kosten der letzten Einheit sind gleich den durchschnittlichen Kosten. Da die Grenzkosten monoton steigen, führt jede weitere Erhöhung der Produktion über x hinaus zu einem Anstieg der Durchschnittskosten.

Aufgabe P20: Grenzkosten und Durchschnittskosten

a) Gegeben sei die Kostenfunktion:

$$K(x) = 0{,}01 \cdot x^3 - 1{,}5 \cdot x^2 + 100 \cdot x + 1000$$

Bestimmen Sie die Grenzkosten, die Durchschnittskosten und die variablen Durchschnittskosten!

b) Bestimmen Sie die gewinnoptimale Produktionsmenge bei einem Marktpreis von 400 €. Wie hoch ist der Gewinn bei dieser Produktionsmenge?

Lösung:

a) Die Grenzkosten K' ergeben sich aus der Kostenfunktion

$$K(x) = 0{,}01 \cdot x^3 - 1{,}5 \cdot x^2 + 100 \cdot x + 1000$$

durch Ableiten nach x:

$$K'(x) = 0{,}03 \cdot x^2 - 3 \cdot x + 100$$

Die Durchschnittskosten k sind der Quotient aus der Kostenfunktion und der Ausbringungsmenge. Die variablen Durchschnittskosten k_v sind der Quotient aus den variablen Kosten und der Ausbringungsmenge:

$$k(x) = \frac{K(x)}{x} = 0{,}01 \cdot x^2 - 1{,}5 \cdot x + 100 + \frac{1000}{x}$$

$$k_v(x) = \frac{K(x) - 1000}{x} = 0{,}01 \cdot x^2 - 1{,}5 \cdot x + 100$$

b) Für die gewinnoptimale Produktionsmenge x gilt, daß die Ableitung der Gewinnfunktion $G(x) = p \cdot x - K(x)$ verschwindet. Äquivalent ist die Bedingung, daß Preis und Grenzkosten übereinstimmen:

$$p \stackrel{!}{=} K'(x)$$

Mit $p = 400$ und der in Aufgabenteil a) hergeleiteten Grenzkostenfunktion ergibt sich hier:

$$400 = 0{,}03 \cdot x^2 - 3 \cdot x + 100$$

$\Leftrightarrow \quad 0{,}03 \cdot x^2 - 3 \cdot x - 300 = 0$

$\Leftrightarrow \quad x^2 - 100x - 10.000 = 0$

$$x_{1/2} = -\frac{p}{2} \pm \sqrt{\frac{p^2}{4} - q} = -50 \pm \sqrt{12.500}$$

$\Rightarrow \quad x_1 = 61{,}8 \qquad x_2 = -161{,}8$

Die zweite Ableitung der Gewinnfunktion $G''(x) = -K''(x)$ nimmt die Werte $G''(61{,}8) = -0{,}708$ und $G''(-161{,}8) = 12{,}708$ an. Dies zeigt, daß nur für die Lösung $x_1 = 61{,}8$ ein Maximum der Gewinnfunktion vorliegt.

Der maximale Gewinn liegt dann bei:

$$G(61{,}8) = 100 \cdot 61{,}8 - 0{,}01 \cdot 61{,}8^3 + 1{,}5 \cdot 61{,}8^2 - 100 \cdot 61{,}8 - 1.000 = 2.368{,}57 \text{ €}$$

Aufgabe P21: Gewinnmaximale Ausbringungsmenge

a) Gegeben seien eine zweimal differenzierbare und konvexe Kostenfunktion K und der Preis p für das Produkt. Bestimmen Sie die Bedingung für die gewinnmaximale Ausbringungsmenge x und interpretieren Sie diese!

b) Stellen Sie die Bedingung für die gewinnmaximale Ausbringungsmenge mit Hilfe der Grenzerlösfunktion und der Grenzkostenfunktion graphisch dar. Gehen Sie dabei von einer linearen Erlösfunktion und einer konvexen Kostenfunktion aus!

Lösung:

a) Der Gewinn aus dem Produkt ergibt sich als Differenz aus den Erlösen und den Kosten. Die Erlöse werden durch einen Absatz zum mengenunabhängigen Preis p erzielt, sie sind also proportional zur Ausbringung. Somit ergibt sich die folgende Gewinnfunktion:

$$G(x) = E(x) - K(x) = p \cdot x - K(x)$$

Da die Kostenfunktion und damit auch die Gewinnfunktion stetig differenzierbar sind, nimmt die Ableitung der Gewinnfunktion bei der gewinnmaximalen Ausbringung den Wert Null an:

$$G'(x) = p - K'(x) \stackrel{!}{=} 0 \qquad \Leftrightarrow \qquad p = K'(x)$$

Dieser Extremalpunkt ist ein Maximum, wenn die zweite Ableitung negativ ist:

$$G''(x) = -K''(x) \overset{!}{<} 0 \quad \Leftrightarrow \quad K''(x) > 0$$

Dies gilt aufgrund der Konvexität der Kostenfunktion.

Bei der gewinnmaximalen Ausbringungsmenge stimmen also Preis und Grenzkosten überein. Solange die Grenzkosten (Kosten der letzten produzierten Einheit) kleiner sind als der Preis, läßt sich mit jeder zusätzlichen Produktion der Gewinn erhöhen. Die Produktion sollte daher so weit erhöht werden, bis der Erlös der letzten produzierten Einheit gerade noch die (Grenz-)Kosten decken kann. Jede darüber hinaus produzierte Einheit verringert den bisher erzielten Gewinn, da nun diese zusätzlichen Einheiten nicht mehr die dadurch entstehenden Kosten decken können.

b) Die lineare Erlösfunktion ergibt eine konstante Grenzerlösfunktion. Die konvexe Kostenfunktion führt zu einer monoton steigenden Grenzkostenfunktion. Im allgemeinen Fall, das heißt, wenn die Grenzkosten im Nullpunkt unter dem Preis p liegen und mit zunehmender Ausbringungsmenge unbegrenzt anwachsen, gibt es einen Schnittpunkt. Aufgrund der strengen Monotonie der Grenzkostenfunktion ist er eindeutig. Er stellt die gewinnmaximale Produktionsmenge dar, wie in Aufgabenteil a) gezeigt wurde.

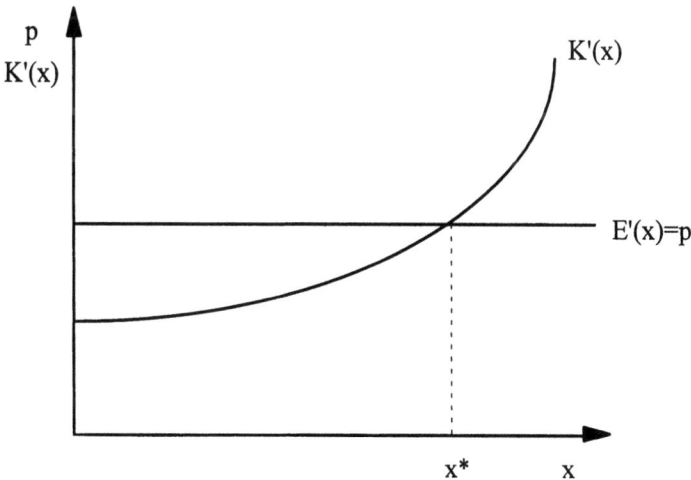

Aufgabe P22: Ermittlung der gewinnmaximalen Ausbringungsmenge

a) Gegeben sei die Kostenfunktion $K(x) = 2/3 \cdot x^3 + x^2 + 100$. Bestimmen Sie die gewinnmaximale Produktionsmenge bei einem Preis $p = 4$!

b) Bestimmen Sie den maximalen Gewinn und interpretieren Sie Ihr Ergebnis!

Lösung:

a) Der Gewinn ergibt sich als Differenz von Erlösen und Kosten:

$G(x) = E(x) - K(x)$

$= 4 \cdot x - \left(\dfrac{2}{3} \cdot x^3 + x^2 + 100\right)$

$= 4 \cdot x - \dfrac{2}{3} \cdot x^3 - x^2 - 100$

Eine notwendige Bedingung für ein lokales Maximum der Gewinnfunktion ist eine Nullstelle der ersten Ableitung:

$G'(x) = 4 - 2 \cdot x^2 - 2 \cdot x \overset{!}{=} 0$

Durch äquivalentes Umformen ergibt sich daraus:

$x^2 + x - 2 = 0$

$\Leftrightarrow \quad x_{1,2} = -\dfrac{1}{2} \pm \sqrt{\left(\dfrac{1}{2}\right)^2 + 2} = -\dfrac{1}{2} \pm \dfrac{3}{2}$

$\Rightarrow \quad x_1 = 1; \quad x_2 = -2$

Ökonomisch sinnvoll ist lediglich die Lösung x_1. Hier liegt auch ein Gewinnmaximum vor, wie eine Überprüfung der hinreichenden Bedingung zeigt. Es gilt:

$G''(x) = -4 \cdot x - 2$, also insbesondere $G''(1) = -6 < 0$.

b) Einsetzen in die Gewinnfunktion $G(x) = 4 \cdot x - 2/3 \cdot x^3 - 2 \cdot x^2 - 100$ ergibt:

$G(1) = -98\dfrac{2}{3}$

Es ergibt sich somit ein negativer Gewinn. Eine Produktion in Höhe von $x = 1$ ist aber dennoch sinnvoll, weil zumindest ein Teil der Fixkosten abgetragen wird und also ein positiver Deckungsbeitrag entsteht.

1.4 Die Theorie der Anpassungsformen

Aufgabe P23: Anpassungsformen, zeitlich-quantitative Anpassung

a) Welche Möglichkeiten zur Anpassung der Leistung einer Maschine an die Beschäftigung kennen Sie?

b) Charakterisieren Sie den Kostenverlauf bei rein zeitlicher, rein quantitativer und zeitlich-quantitativer Anpassung (jeweils für identische und verschiedene Aggregate)!

c) Bei Einschaltung einer Maschine entstehen fixe Kosten von 8.000 €, innerhalb der normalen Arbeitszeit können 80 Produkteinheiten zu Grenzkosten von 400 € hergestellt werden. Weitere 50 Einheiten können in Sonderschichten zu Grenzkosten von 600 € hergestellt werden. Bei welcher Produktionsmenge $x > 80$ ist die zeitliche, bei welcher die quantitative Anpassung kostengünstiger?

d) Angenommen, der Betrieb habe sich zum Einsatz einer weiteren verfügbaren Maschine entschieden, die tatsächlich realisierte Ausbringungsmenge liege jedoch weit unter der geplanten. Welche Auswirkungen hat dies auf die in Aufgabenteil c) dargestellte Kostenfunktion?

<u>Lösung</u>:

a) Nach GUTENBERG werden die intensitätsmäßige, die zeitliche und die quantitative Anpassung unterschieden. Bei der intensitätsmäßigen Anpassung wird die Leistung je Zeiteinheit, z.B. die Geschwindigkeit, mit der die Maschine arbeitet, variiert. Zeitliche Anpassung erfolgt durch eine Änderung der Maschinenlaufzeit. Quantitative Anpassung liegt demgegenüber vor, wenn eine unterschiedliche Anzahl von Aggregaten eingesetzt wird.

b) Bei rein zeitlicher Anpassung eines einzelnen Aggregats verläuft die Kostenfunktion linear bis zum Erreichen der Kapazitätsgrenze. Unterstellt man, daß diese Kapazitätsgrenze durch die Zahlung von Überstundenzuschlägen überschritten werden kann, so ergibt sich bei der Kapazitätsgrenze ein Knick in der Kostenkurve, so daß diese anschließend steiler, aber weiterhin linear verläuft.

Bei rein quantitativer Anpassung wird jedem Aggregat eine feste Produktionsdauer und Intensität zugewiesen. Es sind also nur endlich viele diskrete Ausbringungen möglich. Die Kostenfunktion besteht aus einer aufsteigenden endlichen Folge von Punkten. Sind die Aggregate identisch, liegen alle Punkte auf einer Geraden, sonst nicht.

Zeitlich-quantitative Anpassung bei identischen Aggregaten bedeutet eine lineare Kostenkurve bis zum Erreichen der Kapazitätsgrenze des ersten Aggregats. Mit dem Einschalten des zweiten Aggregats sind sprungfixe Kosten verbunden, so daß die Kostenkurve nach oben verschoben mit gleicher Steigung wie bisher verläuft. Dieser Verlauf mit den Sprüngen beim Erreichen der jeweiligen Kapazitätsgrenze setzt sich bis zum Erreichen der Kapazitätsgrenze des letzten Aggregats fort. Durch die Einführung von Überstundenzuschlägen können die Unstetigkeitsstellen der Kostenfunktion geglättet werden. Die Kostenfunktion wird dann nach dem Erreichen einer Kapazitätsgrenze steiler fortgeführt, bis sie auf den parallel verlaufenden Zweig, der zum nachfolgenden Aggregat gehört, trifft.

Bei verschiedenen Aggregaten ändert sich die Kostenkurve nur insofern, daß der Anstieg unterschiedlich steil verläuft.

c) Die Lösung erfolgt durch eine Break-Even-Analyse. Dafür wird zunächst die Kostenfunktion bei zeitlicher Anpassung und Überstunden bzw. bei zeitlich-quantitativer Anpassung aufgestellt. Anschließend wird festgestellt, welche Anpassungsform für welche Ausbringungsmenge kostengünstiger ist.

Bei zeitlicher Anpassung entstehen für bis zu 80 Produkteinheiten fixe Kosten von 8.000 € und variable Stückkosten von 400 €. Bei einer Produktion über 80 Produkteinheiten hinaus ist für die zusätzlichen Einheiten der Überstundensatz von 600 € anzusetzen:

$$K_z(x) = \begin{cases} 8.000 + 400 \cdot x & \text{für } 0 < x \leq 80 \\ 8.000 + \underbrace{400 \cdot 80}_{\text{Normalarbeitszeit}} + \underbrace{600 \cdot (x-80)}_{\text{Sonderschichten}} & \text{für } 80 < x \leq 130 \end{cases}$$

$$= \begin{cases} 8.000 + 400 \cdot x & \text{für } 0 < x \leq 80 \\ -8.000 + 600 \cdot x & \text{für } 80 < x \leq 130 \end{cases}$$

Bei quantitativer Anpassung muß eine weitere Maschine eingeschaltet werden, um eine Ausbringung von mehr als 80 Produkteinheiten zu erzielen. Es fallen also doppelte fixe Kosten an:

$$K_q(x) = \underbrace{8.000 + 400 \cdot 80}_{\text{1.Maschine}} + \underbrace{8.000 + 400 \cdot (x-80)}_{\text{2.Maschine}}$$

$$= 16.000 + 400 \cdot x \quad \text{für } 80 < x \leq 160$$

Für Ausbringungsmengen, die nur geringfügig über 80 Produkteinheiten liegen, ist die zeitliche Anpassung günstiger, denn es gilt:

$K_z(80) = 40.000 < 48.000 = K_q(80)$

Für eine Ausbringung von 130 Produkteinheiten, d.h. die mit Überstunden maximal erzielbare Ausbringung, entstehen jedoch durch eine quantitative Anpassung geringere Kosten, denn es gilt:

$K_z(130) = 70.000 > 68.000 = K_q(130)$

Für Ausbringungsmengen über 130 Einheiten hinaus ist nur die quantitative Anpassung möglich. Es verbleibt die Frage, bis zu welcher Ausbringungsmenge die zeitliche Anpassung günstiger ist. Dazu wird der Schnittpunkt der beiden Kostengeraden bestimmt (Break-Even-Analyse):

$$-8.000 + 600 \cdot x = K_z(x) \stackrel{!}{=} K_q(x) = 16.000 + 400 \cdot x$$

$$\Leftrightarrow \quad x = 120$$

Daher ist bis zu einer Ausbringung von 120 Produkteinheiten eine zeitliche Anpassung kostengünstiger als eine quantitative Anpassung. Als gemeinsame Kostenfunktion bei zeitlich-quantitativer Anpassung ergibt sich:

$$K(x) = \begin{cases} 8.000 + 400 \cdot x & \text{für } 0 < x \leq 80 \\ -8.000 + 600 \cdot x & \text{für } 80 < x \leq 120 \\ 16.000 + 400 \cdot x & \text{für } 120 < x \leq 160 \end{cases}$$

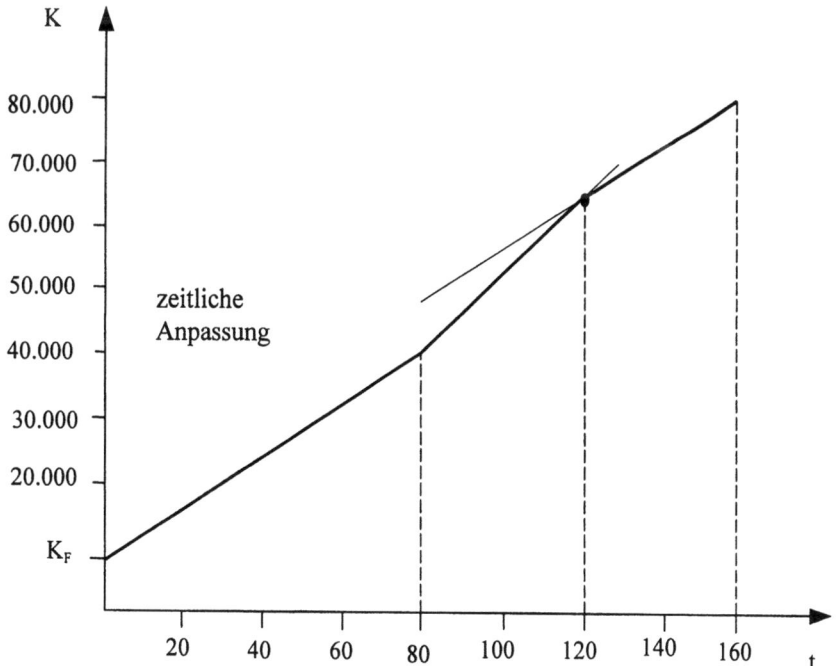

d) Die tatsächlich erzielte Ausbringung liegt in dem Bereich, in dem eine Fertigung auf dem ersten Aggregat mit Sonderschichten kostengünstiger gewesen wäre. Die Entscheidung für den Einsatz einer weiteren Maschine führt nicht nur dazu, daß das Kostenminimum nicht erreicht wird, sondern aufgrund der Kostenremanenz bei der quantitativen Anpassung ist die einmal getroffene Entscheidung auch nicht kurzfristig revidierbar.

Aufgabe P24: Zeitlich-selektive Anpassung

Ein Unternehmen verfügt zur Herstellung eines Produktes über zwei funktionsgleiche Aggregate mit folgenden Kostenfunktionen:

Aggregat 1: $K_1(x) = \begin{cases} 0 & \text{falls } x = 0 \\ 10 + 3x & \text{falls } 0 < x \leq 10 \end{cases}$

Aggregat 2: $K_2(x) = \begin{cases} 0 & \text{falls } x = 0 \\ 20 + x & \text{falls } 0 < x \leq 10 \end{cases}$

Geben Sie (graphisch oder analytisch) die minimalen Gesamtkosten bei der Kombination von zeitlicher und selektiver Anpassung an.

Lösung:

Zunächst wird der Bereich $0 < x \leq 10$ untersucht. Hier ist die kostenminimale Möglichkeit aus zwei Alternativen zu bestimmen. Es wird entweder nur Aggregat 1 oder nur Aggregat 2 eingesetzt. Aus diesen Alternativen resultieren die folgenden Kostenfunktionen:

Aggregat 1: $K_1(x) = 10 + 3 \cdot x$ für $0 < x \leq 10$

Aggregat 2: $K_2(x) = 20 + x$ für $0 < x \leq 10$

Man sieht, daß Aggregat 1 aufgrund der geringeren Fixkosten für kleine Ausbringungsmengen vorzuziehen ist. Die geringeren variablen Kosten bei Aggregat 2 führen jedoch dazu, daß dieses bei Ausbringungsmengen in der Nähe von 10 kostengünstiger arbeitet. Es ist folglich eine Break-Even-Analyse durchzuführen, um festzustellen, bei welcher Ausbringung welches Aggregat vorzuziehen ist. Gesucht ist also der Schnittpunkt der beiden Kostengeraden.

$K_1(x) = K_2(x)$
$\Leftrightarrow 10 + 3 \cdot x = 20 + x$
$\Leftrightarrow 2 \cdot x = 10$
$\Leftrightarrow x = 5$

Dies zeigt, daß für Ausbringungsmengen bis zu 5 allein Aggregat 1 und für Ausbringungen zwischen 5 und 10 allein Aggregat 2 einzusetzen ist.

Für $10 < x \leq 20$ müssen auf jeden Fall beide Aggregate eingesetzt werden. Auch hier sind zwei Strategien möglich. Entweder kann Aggregat 1 voll und Aggregat 2 nur zum Teil ausgelastet werden. In diesem Fall entstehen folgende Kosten:

$$K_3(x) = \underbrace{10 + 3 \cdot 10}_{\text{Aggregat 1}} + \underbrace{20 + x - 10}_{\text{Aggregat 2}} = 50 + x \qquad \text{für } 10 < x \leq 20$$

Alternativ kann auch Aggregat 2 voll und Aggregat 1 nur zum Teil ausgelastet werden. Dann gilt die folgende Kostenfunktion:

$$K_4(x) = \underbrace{20 + 1 \cdot 10}_{\text{Aggregat 2}} + \underbrace{10 + 3 \cdot (x - 10)}_{\text{Aggregat 1}} = 10 + 3 \cdot x \qquad \text{für } 10 < x \leq 20$$

Für Ausbringungsmengen nahe 10 ist die zweite Alternative kostengünstiger, da $K_3(10) = 60 > 40 = K_4(10)$. Bei einer Ausbringungsmenge von 20 sind beide Alternativen gleichwertig, weil $K_3(20) = 70 = K_4(20)$. Dies zeigt, daß es im gesamten Bereich $10 < x \leq 20$ günstiger ist, Aggregat 2 voll auszulasten. Eine Break-Even-Analyse ist deshalb in diesem Fall nicht notwendig.

Die gesamte Kostenfunktion bei zeitlich-selektiver Anpassung lautet:

$$K(x) = \begin{cases} 0 & \text{für } x = 0 \\ 10 + 3 \cdot x & \text{für } 0 < x \leq 5 \\ 20 + x & \text{für } 5 < x \leq 10 \\ 10 + 3 \cdot x & \text{für } 10 < x \leq 20 \end{cases}$$

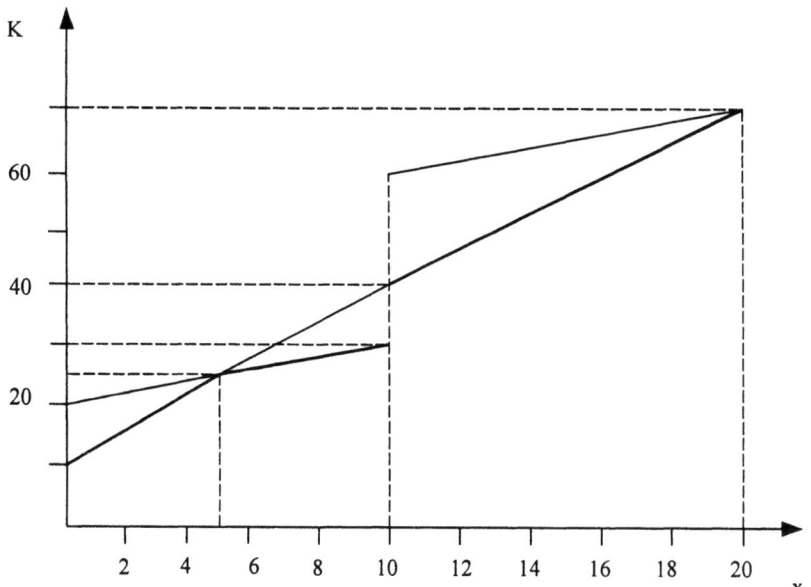

Die analytisch berechneten Zusammenhänge sind oben nochmals graphisch dargestellt. In der Graphik sind die jeweils minimalen Kostenverläufe fett und die ungünstigeren Alternativen feiner gezeichnet.

Aufgabe P25: Verbrauchsfunktionen

a) Was versteht man unter einer Verbrauchsfunktion?

b) Wie leitet man Faktoreinsatzfunktionen aus Verbrauchsfunktionen her? Welchen generellen Verlauf haben Faktoreinsatzfunktionen?

c) Wie leitet man Kostenfunktionen aus Verbrauchsfunktionen her? Welchen generellen Verlauf haben solche Kostenfunktionen?

Lösung:

a) Eine Verbrauchsfunktion gibt einen funktionalen Zusammenhang zwischen den Produktionskoeffizienten a_i und der Produktionsgeschwindigkeit d an. Dabei wird die Produktionsgeschwindigkeit in einem technisch zulässigen Intervall variiert. Die Produktionskoeffizienten geben den Verbrauch der Produktionsfaktoren je Produkteinheit an, der somit in Abhängigkeit von der Produktionsgeschwindigkeit variiert.

b) Eine Faktoreinsatzfunktion gibt einen funktionalen Zusammenhang zwischen dem Faktorverbrauch r_i und der Ausbringung x an. Nach Definition der Produktionskoeffizienten gilt: $a_i = r_i / x$. Hat also die Verbrauchsfunktion die Gestalt $a_i = a_i(d)$, so ergibt sich eine Faktoreinsatzfunktion $r_i(x) = a_i(d) \cdot x$. Wegen $x = d \cdot t$ kann man die Faktoreinsatzfunktionen auch in der Form $r_i(t \cdot d) = a_i(d) \cdot t \cdot d$ schreiben, also in Abhängigkeit von der Produktionsgeschwindigkeit d. Durch Normierung der Produktionsdauer t auf eine Zeiteinheit erhält man den Faktoreinsatz je Zeiteinheit $R_i(d) = a_i(d) \cdot d$.

Faktoreinsatzfunktionen können unterschiedliche Verläufe haben. Ist die Verbrauchsfunktion konstant, so ist die Faktoreinsatzfunktion linear steigend. Hat die Verbrauchsfunktion einen u-förmigen Verlauf, so ist die Faktoreinsatzfunktion entweder konvex, konkav oder s-förmig ansteigend. Bei speziellen Verläufen der Verbrauchsfunktion ist es sogar möglich, daß die Faktoreinsatzfunktion abschnittsweise fällt, also ein lokales Maximum und Minimum aufweist.

Produktion

c) Die Kostenfunktion ergibt sich aus der Faktoreinsatzfunktion durch eine Multiplikation der Faktoreinsatzmengen r_i mit den Faktorpreisen q_i, eine anschließende Addition über alle Faktoren und eine Addition von anderen Kosten, die nicht über die Faktoreinsatzfunktionen erfaßt werden (z.B. fixe Kosten).

Wie im Falle der Faktoreinsatzfunktion kann auch die Kostenfunktion in Abhängigkeit von der Produktionsgeschwindigkeit formuliert werden. Dafür müssen auch die Lohnkosten in einen Zusammenhang zur Produktionsgeschwindigkeit gebracht werden: $L = L(d)$. Normiert man nun die Produktionsdauer auf eine Zeiteinheit und läßt die Fixkosten beiseite, so ergibt sich als Kostenfunktion:

$$K(d) = \sum_{i=1}^{n} R_i(d) q_i + L(d) = \sum_{i=1}^{n} a_i(d) \cdot d \cdot q_i + L(d)$$

In dieser Formulierung wird der Einfluß der Verbrauchsfunktionen $a_i(d)$ deutlich.

Da $L(d)$ bei Zeitlohn konstant und bei Akkordlohn linear steigend ist, hängt der Verlauf der Kostenfunktion hauptsächlich vom Verlauf der Verbrauchsfunktionen $a_i(d)$ ab. Sind alle Verbrauchsfunktionen konstant, so ergibt sich eine linear steigende Kostenfunktion. Bei u-förmigen Verbrauchsfunktionen können wieder unterschiedliche Verläufe auftreten. Die Kostenfunktion kann sowohl konvex als auch konkav oder s-förmig ansteigen. Im letzten Fall kann es auch wieder ein lokales Minimum geben.

Aufgabe P26: Intensitätsmäßige Anpassung

Für den Treibstoffverbrauch eines stationären Motors gilt die folgende Verbrauchsfunktion:

$$a = 4d^2 - 20d + 80$$

Hierin gibt a den Treibstoffverbrauch in ccm pro 1.000 Umdrehungen an, während mit d die Intensität in 1.000 Umdrehungen pro Minute ausgedrückt wird. So entspricht z.B. $d = 3$ einer Intensität von 3.000 U/Min.

a) Stellen Sie eine Wertetabelle für den Treibstoffverbrauch pro 1.000 Umdrehungen auf, die von der Minimalintensität $d = 1$ über $d = 2$, 3 und 4 bis zur Maximalintensität $d = 5$ reicht. Stellen Sie mit Hilfe dieser Wertetabelle die Verbrauchsfunktion graphisch dar.

b) Wie hoch ist der Treibstoffverbrauch pro Stunde, wenn der Motor mit 4.000 U/Min. läuft?

c) Wie hoch ist der Treibstoffverbrauch pro Stunde, wenn der Motor mit im Hinblick auf den Treibstoff optimaler Intensität läuft?

Lösung:

a) Es gilt:

d	1	2	3	4	5
a	64	56	56	64	80

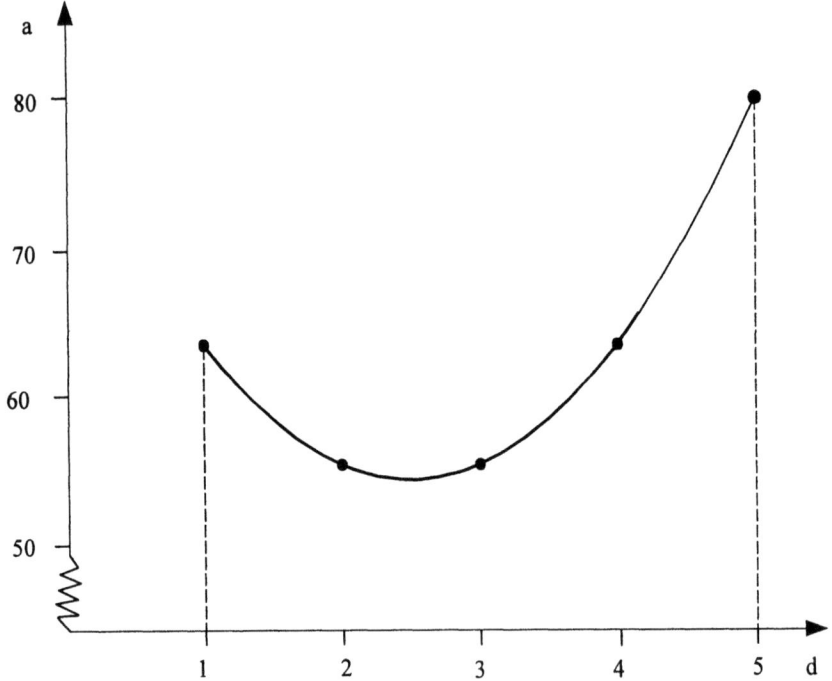

b) In einer Stunde werden $60 \cdot a(4) = 60 \cdot 64$ ccm $= 3.840$ ccm $= 3,84\ l$ Treibstoff verbraucht.

c) Die im Hinblick auf den Treibstoffverbrauch optimale Intensität ergibt sich als Nullstelle der ersten Ableitung:

$$a'(d) = 8d - 20 \stackrel{!}{=} 0 \Leftrightarrow d = 2,5$$

Der Verbrauch pro Minute liegt dann bei 55 ccm. Der Treibstoffverbrauch in einer Stunde liegt bei 3,3 l.

Aufgabe P27: Kosten bei intensitätsmäßiger Anpassung

Gegeben sind die folgenden Verbrauchsfunktionen:

$a_1 = d^2 - 8d + 20$

$a_2 = \frac{1}{4}d^2 - d + 2$

$a_3 = \frac{11}{10}d^2 - 12d + 34$

$d^{\min} = 0,5$ $\quad\quad d^{\max} = 8,0$

Die Faktorpreise für die drei Produktionsfaktoren sind gegeben durch $p = (3, 4, 10)'$. Das Maschinenbedienungspersonal wird im Stückakkord bezahlt. Der Akkordlohn beträgt 200 GE/Stück.

a) Stellen Sie die drei Verbrauchsfunktionen graphisch dar.
b) Berechnen Sie die Faktoreinsatzfunktionen je Zeiteinheit und stellen Sie diese graphisch dar.
c) Berechnen Sie aus den Verbrauchsfunktionen die Funktion der variablen Stückkosten und stellen Sie diese graphisch dar.
d) Berechnen Sie die Gesamtkosten pro Zeiteinheit und stellen Sie diese graphisch dar.
e) Gegeben sei $t = 4$. Berechnen Sie die Gesamtkosten für diese Annahme. Warum lohnt es sich nicht, diese Funktion graphisch darzustellen?

Lösung:
a)
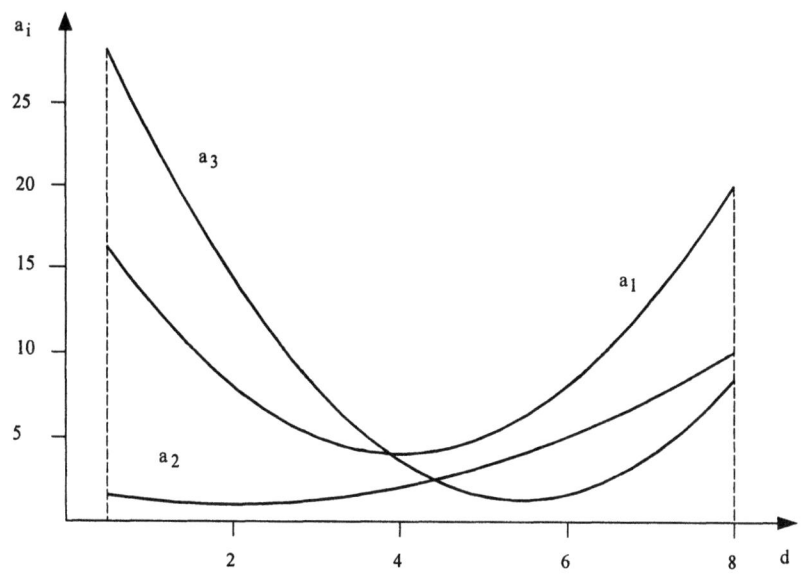

b) Die Faktoreinsatzfunktionen je Zeiteinheit lauten:

$$R_1(d) = a_1(d) \cdot d = d^3 - 8d^2 + 20d$$

$$R_2(d) = a_2(d) \cdot d = \frac{1}{4}d^3 - d^2 + 2d$$

$$R_3(d) = a_3(d) \cdot d = \frac{11}{10}d^3 - 12d^2 + 34d$$

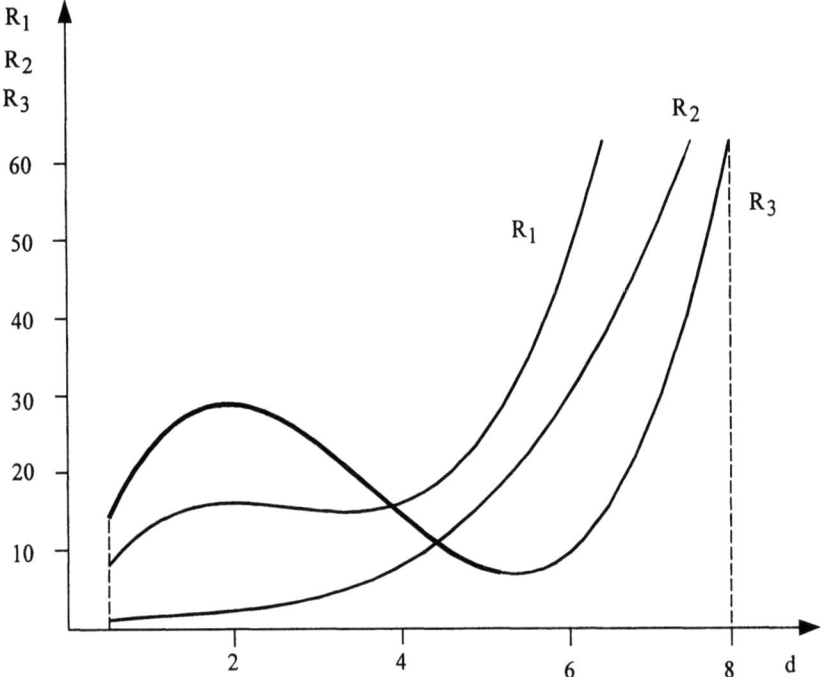

c) Die Funktion der variablen Stückkosten umfaßt auch die Lohnkosten:

$$k_v(d) = \sum_{i=1}^{3} a_i(d) \cdot q_i + l(d)$$

$$= 3 \cdot \left(d^2 - 8d + 20\right) + 4 \cdot \left(\frac{1}{4}d^2 - d + 2\right) + 10 \cdot \left(\frac{11}{10}d^2 - 12d + 34\right) + 200$$

$$= 15 \cdot d^2 - 148 \cdot d + 608$$

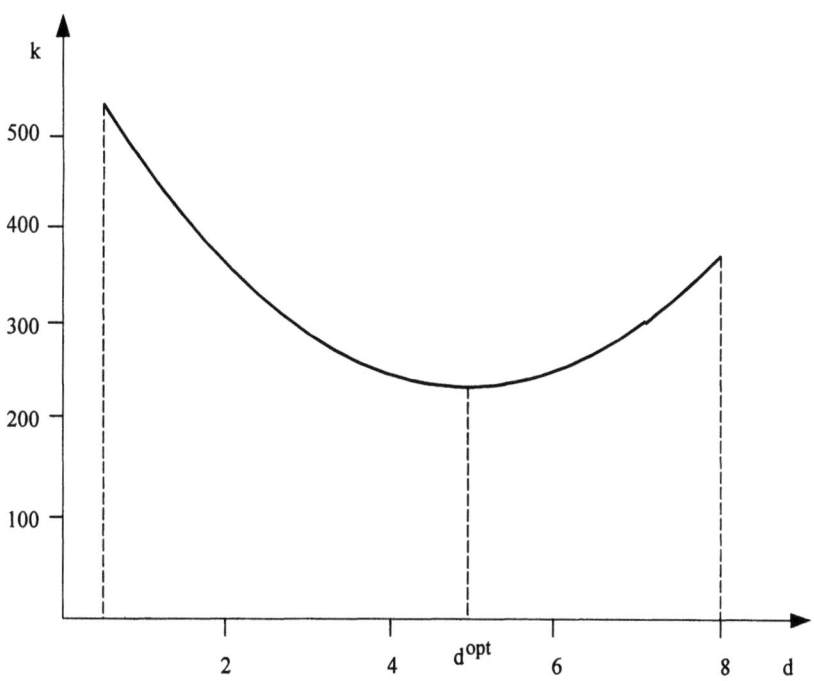

d) Die Gesamtkosten pro Zeiteinheit entsprechen hier den variablen Kosten pro Zeiteinheit, weil keine fixen Kosten angegeben sind:

$$K^o(d) = d \cdot k_v(d) = 15 \cdot d^3 - 148 \cdot d^2 + 608 \cdot d$$

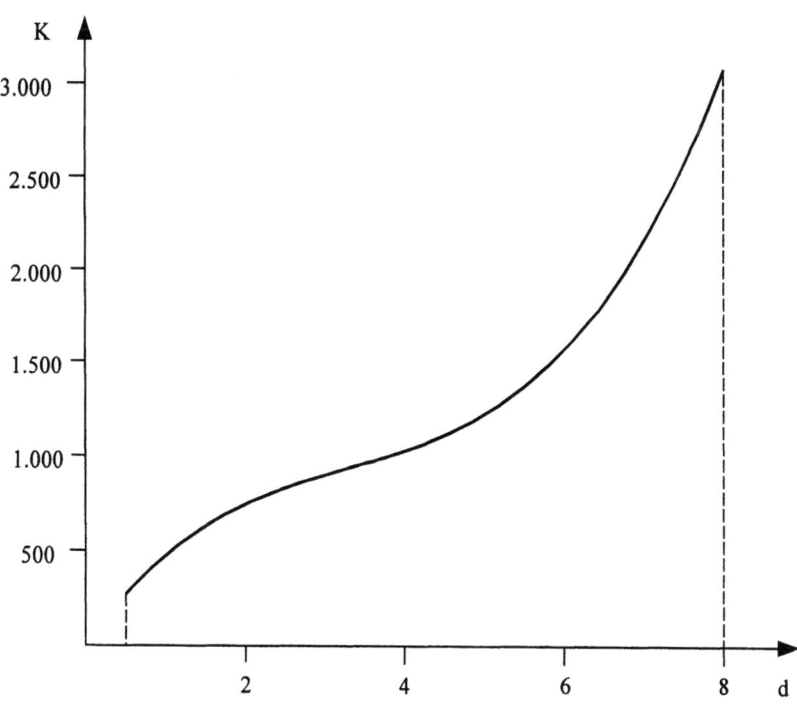

e) Die Gesamtkosten bei einem Zeiteinsatz von $t = 4$ betragen:

$$K(x) = K(4 \cdot d) = \sum_{i=1}^{3} R_i(d) \cdot q_i \cdot 4 + L(d) \cdot 4 + K_F$$

$$= 60 \cdot d^3 - 592 \cdot d^2 + 2.432 \cdot d$$

$$= \frac{15}{16} \cdot x^3 - 37 \cdot x^2 + 608 \cdot x$$

Als Funktion der Produktionsgeschwindigkeit stimmt diese Funktion bis auf den konstanten Faktor $t = 4$ mit der Funktion der Gesamtkosten pro Zeiteinheit überein.

Aufgabe P28: Zeitlich-intensitätsmäßige Anpassung

a) Zeigen Sie, daß bei Gültigkeit einer Faktorverbrauchsfunktion nach GUTENBERG eine Kombination von zeitlicher und intensitätsmäßiger Anpassung optimal sein kann!

b) Was versteht man unter Intensitätssplitting? Zeigen Sie graphisch, unter welchen Voraussetzungen Intensitätssplitting sinnvoll sein kann!

Lösung:

a) Es wird unterstellt, daß die Verbrauchsfunktion des Faktors eine u-förmige Gestalt hat, das heißt, es gibt eine optimale Intensität d^{opt}. Weiterhin wird angenommen, daß eine zeitliche Anpassung in einem Zeitintervall $0<t<T$ möglich ist. Eine zeitliche Anpassung zu erhöhten Kosten über T hinaus sei ausgeschlossen.

Dann ist für alle Ausbringungsmengen $0 < x < d^{opt} \cdot T$ eine zeitliche Anpassung auf der Grundlage der optimalen Intensität d^{opt} kostenminimal. Für größere Ausbringungen hingegen verbleibt annahmegemäß lediglich die Möglichkeit einer intensitätsmäßigen Anpassung. Insofern kann man von einer Kombination aus zeitlicher und intensitätsmäßiger Anpassung sprechen.

b) Jeder festen Kombination aus Produktionsdauer und Intensität ist ein reiner Produktionsprozeß zugeordnet. Durch die Konvexkombination zweier Prozesse werden gemischte Prozesse erzeugt. Hält man die Produktionsdauer fest, nennt man dies Intensitätssplitting. Der gemischte Prozeß bedeutet, daß die Maschine zeitweise mit der Geschwindigkeit d^1 und zeitweise mit der

Geschwindigkeit d^2 gefahren wird. Die Summe der Zeitdauern ergibt die vorgegebene Produktionsdauer.

Gemischte Prozesse führen bei konvexen Kostenfunktionen immer zu höheren Kosten als reine Prozesse. Bei intensitätsmäßiger Anpassung kann es jedoch vorkommen, daß die Kostenfunktion nicht konvex verläuft. Ist die Verbrauchsfunktion u-förmig, so kann die resultierende Kostenfunktion s-förmig oder sogar konkav sein. Es sei hier unterstellt, daß die Kostenfunktion s-förmig ist. Dann gibt es eine Geschwindigkeit d^1, so daß die Gerade durch $(d^{\min}, K(d^{\min}))$ und $(d^1, K(d^1))$ die Kostengerade in $(d^1, K(d^1))$ tangiert. Ein gemischter Prozeß aus $d^{\min}$ und d^1 ist dann kostengünstiger als alle reinen Prozesse zu Intensitäten d mit $d^{\min} < d < d^1$. In diesem Fall kann Intensitätssplitting sinnvoll sein.

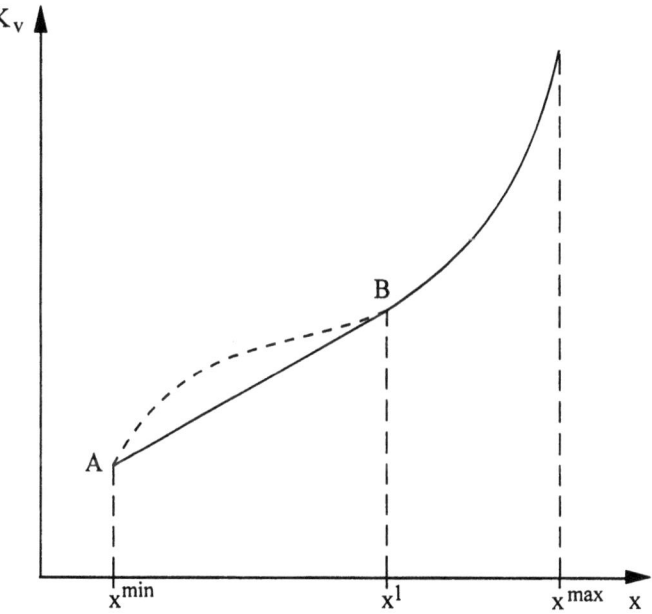

Intensitätssplitting wird also immer dann durchgeführt, wenn die zeitliche Anpassung aus verfahrenstechnischen Gründen ausscheidet und gleichzeitig die Kostenfunktion bei rein intensitätsmäßiger Anpassung konkave Abschnitte enthält. Der Kostenverlauf beim Intensitätssplitting sieht ähnlich aus wie bei kombinierter zeitlich-intensitätsmäßiger Anpassung. Anders als bei dieser gemischten Anpassung kann die Ausbringungsmenge x allerdings nicht beliebig kleine Werte annehmen, weil als untere Schranke $x_{\min} = d^{\min} \cdot \overline{t}$ verfahrensbedingt fest vorgegeben ist. Ferner ist zu beachten, daß gilt:

$d^{\mathrm{opt}} > d^1$

1.5 Die Kosteneinflußgrößen

> Aufgabe P29: Kosteneinflußgrößen und langfristige Kostenfunktion
> a) Nennen Sie die Kosteneinflußgrößen nach GUTENBERG und charakterisieren Sie diese.
> b) Charakterisieren Sie die langfristige Kostenfunktion eines Betriebs. Wie erklären Sie den aufsteigenden Ast? Ist ein solcher Verlauf mit den Prämissen der linearen Aktivitätsanalyse vereinbar? Begründen Sie Ihre Antwort!

Lösung:

a) Nach GUTENBERG werden fünf Kosteneinflußgrößen unterschieden:
- Beschäftigungsgrad
- Faktorpreise
- Faktorqualität
- Fertigungsprogramm
- Betriebsgröße

Der Beschäftigungsgrad gibt die Auslastung der Produktion an. Die Gesamtkosten hängen von der Ausbringungsmenge in dem Maße ab, wie es variable Kostenbestandteile gibt.

Die Faktorpreise wirken auf zwei Wegen auf die Gesamtkosten ein. Zum einen ergibt sich ein direkter Bezug, weil die Faktorpreise in die Ermittlung der Kosten eingehen (pretialer Effekt). Zum anderen führt eine Änderung der relativen Faktorpreise dazu, daß sich die Minimalkostenkombination verschiebt (Substitutionseffekt).

Eine Abweichung der Faktorqualität von der zweckgemäßen Norm führt zu Kostensteigerungen. Bei zu guter Qualität muß mit unnötig hohen Faktorpreisen gerechnet werden. Bei zu geringer Qualität kann Ausschuß entstehen.

Der Einfluß des Fertigungsprogramms auf die Produktionskosten besteht darin, daß die maschinellen Anlagen auf die an sie gerichteten Produktionsanforderungen abgestimmt werden müssen. Deckt das Fertigungsprogramm nicht die vorhandenen Kapazitäten ab, entstehen Leerkosten. Werden auf der anderen Seite die betrieblichen Kapazitäten durch die geplante Fertigung überfordert, müssen zusätzliche Maschinen beschafft werden. Ferner wirken sich die Breite und Tiefe des Fertigungsprogramms auch auf die Lagerhaltungskosten aus.

Ein Wachstum der Betriebsgröße kann die Stückkosten verringern helfen, weil dann leistungsstärkere Maschinen angeschafft werden können und einige Fixkostenarten nicht im gleichem Maße ansteigen wie der Umsatz.

b) Die langfristige Kostenkurve ergibt sich als Einhüllende mehrerer aufeinander folgender kurzfristiger Kostenkurven. Da mit einer Ausweitung der Betriebsgröße und mit dem technischen Fortschritt im Zeitverlauf kostengünstigere Faktorkombinationen realisiert werden können, ergibt sich insgesamt eine fallende Stückkostenkurve.

Auf der anderen Seite kann argumentiert werden, daß die Stückkostenvorteile großer Betriebe nicht beliebig gesteigert werden können, sondern schließlich Grenzen des Wachstums erreicht werden. Diese Grenzen liegen zum einen im Management oder anderen langfristigen Fixkosten begründet, werden zum anderen teilweise auch exogen erzeugt, etwa in Form progressiver Ökosteuersätze für die Inanspruchnahme der natürlichen Umwelt. Insofern ist für sehr große Ausbringungsmengen mit einem erneuten Ansteigen der Stückkosten zu rechnen.

Fallende und steigende Stückkosten sind mit der linearen Aktivitätsanalyse nicht vereinbar. Die Additivität und Homogenität der Faktoreinsätze führt vielmehr zu konstanten Stückkosten. Im Falle der langfristigen Kostenfunktion liegt jedoch keine Substituierbarkeit der Prozesse vor, weil die unterschiedlich kostengünstigen Prozesse nicht zeitgleich oder zu sonst gleichen Bedingungen realisiert werden können. Insofern geht die langfristige Kostenfunktion über die Überlegungen der linearen Aktivitätsanalyse hinaus, die ja Prozesse unter der Prämisse konstanter sonstiger Kosteneinflußgrößen vergleicht.

1.6 Technisch-organisatorische Produktionsbedingungen

> Aufgabe P30: Klassifikation von Produktionssituationen
>
> Nennen Sie jeweils fünf
> - faktorbezogene Eigenschaften
> - prozeßbezogene Eigenschaften
> - produktbezogene Eigenschaften
>
> der Produktion und erläutern Sie diese!

Lösung:

Faktorbezogene Eigenschaften der Produktion sind beispielsweise:

- vorherrschender Einsatzfaktor: Hier wird insbesondere materialintensive, anlagenintensive und arbeitsintensive Produktion unterschieden.

- Qualifikation der Arbeitskräfte: Hier werden Produktionen, die mit ungelernten Kräften betrieben werden können, von solchen, die auf qualifiziertes Personal zurückgreifen müssen, unterschieden.

- Werkstoffqualität: Man unterscheidet identisch wiederbeschaffbare Werkstoffe, wie etwa Stahl, von Werkstoffen schwankender Qualität, wie etwa in der Lebensmittelindustrie.

- Flexibilität des Faktoreinsatzes: Neben Spezialmaschinen oder stark spezialisierten Arbeitnehmern, die nur für eine bestimmte Produktion eingesetzt werden können, gibt es Universalmaschinen, die eine größere Flexibilität ihres Einsatzes erlauben.

- Anzahl der Vorprodukte: Hier werden einteiligen Produktionen, z.B. der Drahtindustrie, mehrteilige Produktionen, z.B. die Automobilindustrie, gegenübergestellt.

Beispiele für prozeßorientierte Eigenschaften der Produktion sind:

- Anzahl der Produktionsstufen: Neben einstufige Produktionen wie etwa Gießereien treten die (häufigeren) mehrstufigen Produktionen, bei denen erst Zwischenprodukte erstellt und anschließend montiert werden (z.B. Textilien) oder in denen ein Produkt mehrere Bearbeitungen erfährt (z.B. Schrauben). Die Anzahl der Produktionsstufen hängt wesentlich von der Tiefe des Leistungsprogramms ab. So kann etwa eine prinzipiell mehrstufige Produktion wie die eines Kraftfahrzeugs in einem Endmontagebetrieb, in dem vorgefertigte Bauteile zusammengesetzt werden, einstufig erfolgen.

- Mechanisierungsgrad: Man unterscheidet manuelle, mechanisierte und automatisierte Produktionen mit wachsendem Mechanisierungsgrad. Während manuelle Produktionen von menschlichen Arbeitsleistungen beherrscht sind, beschränkt sich der Einfluß des Menschen bei vollautomatisierten Fertigungen weitgehend auf die Rüstphasen.

- Struktur des Materialflusses: Während bei glatter Produktion ein Werkstoff zu einem Produkt verarbeitet wird, münden bei konvergierender Fertigung mehrere Werkstoffe in ein Produkt, wird bei divergierender Produktion ein Werkstoff in mehrere Produkte aufgespalten und findet bei umgruppierender Produktion eine Umsetzung mehrerer Werkstoffe in mehrere Produkte statt.

- Abstimmung des Materialflusses: Werden bei mehrstufiger Fertigung die Zwischenprodukte ohne Zwischenlager weiterverarbeitet, spricht man von einer kontinuierlichen Produktion. Sie wird häufig auf Fließbändern durchgeführt. Der Gegenpol ist die diskontinuierliche Produktion, bei der die Zwischenprodukte zunächst zwischengelagert und je nach dem Bedarf der nächsten Produktionsstufe abgerufen werden.

- Wiederholungsgrad der Fertigung: Hier werden Einzel-, Serien- und Massenfertigung unterschieden. Während bei Einzelfertigung jedes Produkt eine eigene Konstruktion, einen eigenen Rüstvorgang und Produktionsvorgang erfordert, werden bei Serien- und Massenproduktion mehrere bzw. viele gleiche Produkte nach derselben Konstruktion und nach einem gemeinsamen Rüstvorgang in Losen oder kontinuierlich gefertigt.

Als produktbezogene Eigenschaften der Produktion sind zu nennen:

- Auslösung der Produktion: Bei einer auftragsorientierten Produktion wird die Produktion oder zumindest die Endmontage erst durch einen konkreten Kundenauftrag ausgelöst. Dies trifft etwa in der Automobilindustrie zu. Eine marktorientierte Produktion hingegen wird unabhängig von einer konkret geäußerten Nachfrage vollzogen. Dies gilt beispielsweise für Massengüter.

- Spezifizierung der Produkte: Hier werden die kundenindividuelle und die Standardproduktion unterschieden. Während sich erstere vorrangig bei Dienstleistungen findet, erfolgt die industrielle Produktion vorwiegend auf der Grundlage von Standardisierung, zumindest auf Komponentenebene.

- Güterart: Neben materiellen Gütern wie z.B. Schrauben gelten in der Betriebswirtschaftslehre auch immaterielle Leistungen wie z.B. Vermietungen als Güter.

- Anzahl der Endprodukte: Ein Einproduktbetrieb erstellt lediglich eine Güterart, während in Mehrproduktbetrieben mehrere Güter produziert werden.

- Branchenzugehörigkeit: Neben der grundlegenden Unterscheidung von Investitionsgütern und Konsumgütern kann die vorherrschende Güterart, die ein Betrieb erstellt, auch feiner differenziert werden, z.B. nach der Systematik der Wirtschaftszweige des Statistischen Bundesamtes.

Aufgabe P31: Profildarstellung eines Produktionsprozesses

Nehmen Sie eine Einordnung der Herstellung von Fruchtjoghurt hinsichtlich der wesentlichen faktor-, prozeß- und produktbezogenen Eigenschaften der Produktion vor und geben Sie die zugehörige Profildarstellung unter Verwendung des reduzierten Kriterienkatalogs an!

Lösung:

faktorbezogene Kriterien:
- vorherrschender Einsatzfaktor: Werkstoffe (Milch, Becher usw.)
- Qualifikation der Arbeitskräfte: angelernt
- Konstanz der Werkstoffqualität: Partieproduktion
- Flexibilität des Faktoreinsatzes: Spezialproduktion
- Anzahl der Vorprodukte: mehrere Rohstoffe

prozeßbezogene Kriterien:
- Anzahl der Produktionsstufen: wenige, Extremfall: Fließfertigung
- Automatisierungsgrad der Produktion: hoch
- vorherrschende Produktionstechnologie: biologische Verfahren (Fermentierung)
- Organisationstyp: künstliche Fließfertigung
- Verbundenheit des Produktionsprozesses: Kuppelproduktion verschiedener Sorten
- Struktur des Materialflusses: umgruppierend (zunächst Herstellung von Naturjoghurt, dann Diversifizierung der verschiedenen Sorten)
- Abstimmung des Materialflusses: quasi-kontinuierliche Produktion
- Prozeßfolge: Flow Shop
- Wiederholungsgrad der Produktion: Massenfertigung

produktbezogene Kriterien:
- Auslösung der Produktion: marktorientierte Fertigung
- Spezifizierung der Produkte: Standardproduktion
- Güterart: materiell

- Anzahl der Endprodukte: mehrere
- Verwendung der Erzeugnisse: Konsumgut

Bei der Profildarstellung anhand des reduzierten Kriterienkatalogs ergibt sich folgendes Bild:

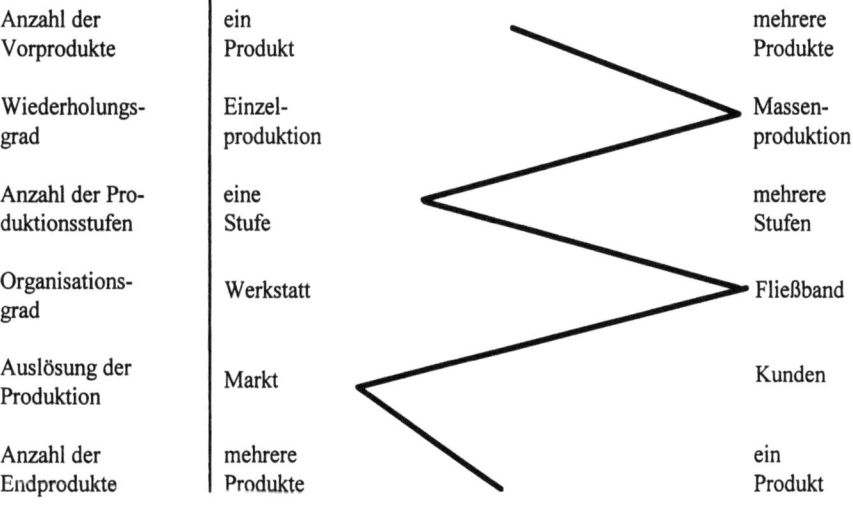

Aufgabe P32: Organisationstypen der Fertigung

Nennen Sie die wichtigsten Formen der Organisation des Betriebsablaufs und charakterisieren Sie den Einfluß auf die Produktionskosten!

Lösung:

Bei der Baustellenfertigung erzwingt das Produkt eine Produktion an einem vorgegebenen Standort. Beispiele dafür sind Hoch- und Tiefbau sowie einige Dienstleistungen (Betreuungswesen). Die Produktionsfaktoren müssen zum Produktionsstandort gebracht werden und können nur unter Schwierigkeiten gleichzeitig für andere Prozesse verwendet werden. Dadurch entstehen zusätzliche Kosten. In vielen Bereichen läßt sich daher ein Trend dahin beobachten, die Kunden in den Betrieb zu holen (z.B. Spezialeinzelhandel, Rechtsberatung).

Bei der Werkstattfertigung richtet sich der Fluß der Produkte nach der vorgegebenen Anordnung der Betriebsmittel (Verrichtungsprinzip). Dadurch wird die Abstimmung des Materialflusses erschwert. Es kann zu ausgeprägten Zwischenlagern und den damit verbundenen Kapitalbindungskosten kommen. Auf der anderen Seite erfordert eine Umstellung des Fertigungsprogramms keine aufwendigen Änderungen in der innerbetrieblichen Standortplanung. Eine Werkstattfertigung empfiehlt sich also bei stark wechselnder Erzeugnisstruktur (z.B. handwerklich orientierte Spezialanfertigungen), ferner bei ortsfesten Betriebsmitteln (z.B. Brauerei) oder wenn die Durchlaufzeit geringe Relevanz aufweist (z.B. Krankenhaus).

Bei der Fließfertigung wird umgekehrt die Aufstellung der Betriebsmittel ganz auf das Fertigungsprogramm ausgerichtet (Objektprinzip). An einem Fließband werden die für die Fertigung eines Guts benötigten Maschinen und Handarbeitsplätze in der notwendigen Reihenfolge zusammengestellt. Diese Form der Fertigung empfiehlt sich bei fester Produktpalette und hoher Relevanz der Durchlaufzeiten, also z.B. in der Lebensmittelproduktion oder in anderen Massenfertigungen. Während der laufende Betrieb hier besonders kostengünstig durchgeführt werden kann, ist eine Umstellung der Abläufe mit erheblichem Aufwand verbunden.

Eine abgeschwächte Form der Fließfertigung ist die Reihenfertigung. Hier erfolgt zwar eine Ausrichtung der Betriebsmittelanordnung nach den Erzeugnissen. Der Transport zwischen den Produktionsstufen ist jedoch nicht kontinuierlich, sondern erfolgt nach den Bedürfnissen der nachfolgenden Stufe.

Die Gruppenfertigung versucht, die Vorteile von Werkstatt- und von Reihenfertigung zu verbinden. Sämtliche Betriebsmittel, die für die Bearbeitung eines Produkts oder Bauteils benötigt werden, werden räumlich zusammengezogen. Im Vergleich zur Reihenfertigung ist keine feste Reihenfolge der Produktionsstufen vorgesehen, so daß der Prozeß flexibel auf wechselnde Anforderungen umgestellt werden kann. Ähnlich wie bei der Baustellenfertigung erfolgt die Produktionssteuerung dezentral. Durch die räumliche Nähe ist jedoch auch ein Austausch zwischen den Gruppen möglich.

2. Die Leistungsverwertung

2.1 Grundlagen

Aufgabe A1: Handel

a) Grenzen Sie die Begriffe Leistungsverwertung, Absatz und Umsatz gegeneinander ab!

b) Welche Funktionen übt der Handel in einer arbeitsteiligen Wirtschaft aus?

Lösung:

a) Die Leistungsverwertung ist die entgeltliche Veräußerung der im Unternehmen erstellten Leistungen. Handelt es sich bei den betrieblichen Leistungen um Sachgüter, bezeichnet man diesen Vorgang als Absatz. Der erlöste Geldwert aus der Leistungsverwertung ist der Umsatz.

b) Dem Handel können aus Sicht der Produktionsbetriebe und der Endabnehmer sechs Funktionen zugeschrieben werden:
- räumliche Funktion
- zeitliche Funktion
- quantitative Funktion
- Sortimentsfunktion
- Werbefunktion
- Kreditfunktion

Der Handel schafft die Verbindung zwischen den von den Produktionsbetrieben erstellten Sachgütern und den von den Endabnehmern nachgefragten Produkten. Im Regelfall stimmen weder Ort noch Zeitpunkt noch Menge zwischen Herstellung und Abnahme überein. Der Handel schafft hier einen räumlichen, zeitlichen und mengenmäßigen Ausgleich. Weiterhin erleichtert er den Abnehmern durch die bedarfsgerechte Zusammensetzung der präsentierten Waren in seinem Sortiment und durch die Vermittlung zusätzlicher Informationen mittels Werbung den Überblick über die angebotenen Produkte. Zudem übernimmt der Handel eine Zwischenfinanzierung für die Produkte für den Zeitraum zwischen ihrer Erstellung und dem Absatz. Er kann auch noch über den Zeitpunkt des Weiterverkaufs hinaus den Endabnehmern einen Kredit einräumen.

Aufgabe A2: Märkte

a) Was versteht man unter einem Markt?
b) Welche Arten der Organisation von Märkten kennen Sie?
c) Entwickeln und erläutern Sie das morphologische Marktformenschema und geben Sie für jedes Feld ein Beispiel an!
d) Grenzen Sie die Marktformen auf der Nachfrageseite nach den Kriterien Zahl der Anbieter, Verhaltensweise der Anbieter und Beweglichkeit der Nachfrage voneinander ab!

Lösung:

a) Unter einem Markt versteht man nach KRELLE die Gesamtheit aller Gelegenheiten, bei denen bestimmte Güter an einen bestimmten Abnehmerkreis verkauft werden. Wesentliche Marktteilnehmer sind die Anbieter, die Güter gegen Geld veräußern, und die Nachfrager, die für ihr Geld Güter erwerben wollen.

b) Grundlegend ist zunächst die Unterscheidung zwischen Märkten, die durch zentrale Marktinstanzen organisiert werden, und solchen, die allein von den Marktteilnehmern getragen werden (Einzelabsatz).

Als organisierte Märkte sind im wesentlichen Börsen und Auktionen zu nennen. Bei einer Börse legt ein Makler die Preise der Güter anhand von Angebot und Nachfrage fest. Gehandelt werden homogene, vertretbare Güter, die in der Regel nicht physisch anwesend sind. Auf Auktionen werden im Gegensatz dazu Einzelstücke oder Lose, die in der Regel vor Auktionsbeginn besichtigt werden können, gehandelt. Der Zuschlag erfolgt durch einen Auktionator gegen Höchstgebot. Neben dieser Grundregel zur Preisfestsetzung auf Auktionen existieren Varianten.

Der Einzelabsatz kann völlig unorganisiert, aber auch in Institutionen erfolgen, die entweder von den Anbietern oder von den Nachfragern geschaffen werden. Beispiele für Anbieterinstitutionen sind Ladenlokale oder die Tätigkeit von Handelsvertretern bzw. Reisenden; Nachfrager können einen Markt durch Einkaufsgenossenschaften oder durch öffentliche Ausschreibungen erzeugen. Eine Sonderrolle nehmen Wochen- oder Trödelmärkte ein, die auf neutralem Grund abgehalten werden und auf denen Anbieter und Nachfrager zu festgesetzten Zeitpunkten zusammentreffen können.

c) Im morphologischen Marktformenschema werden Märkte nach der Anzahl der Anbieter und Nachfrager klassifiziert. Je nachdem, ob ein, mehrere oder viele Anbieter und ein, mehrere oder viele Nachfrager auftreten, ergeben sich insgesamt neun verschiedene Marktformen:

Nachfrager Anbieter	viele	wenige	einer
viele	Polypol	Nachfrageoligopol	Nachfragemonopol
wenige	Angebotsoligopol	zweiseitiges Oligopol	beschränktes Nachfragemonopol
einer	Angebotsmonopol	beschränktes Angebotsmonopol	zweiseitiges Monopol

Ein Beispiel für ein Polypol ist eine Wertpapierbörse. Hier treffen viele Anbieter mit vielen Nachfragern zusammen. Ein Nachfrageoligopol bildet beispielsweise der Arbeitsmarkt für Wirtschaftswissenschaftler. Hier haben wenige Unternehmen die Wahl zwischen einer großen Anzahl von Bewerbern. Nachfragemonopolist ist der Staat zum Beispiel für Rüstungsgüter.

Ein Angebotsoligopol liegt z.B. vor, wenn an einer Straßenkreuzung mehrere Tankstellen Kraftstoff anbieten. Ein zweiseitiges Oligopol gibt es bei vielen Investitionsgütern, etwa im Maschinenbau. Ein beschränktes Nachfragemonopol entsteht wiederum, wenn der Staat als einziger Nachfrager gegenüber wenigen Anbietern auftritt, zum Beispiel im Straßenbau.

Angebotsmonopole gibt es dort, wo nur ein Anbieter zugelassen ist, etwa bei der Briefpost. Richtet sich ein einzigartiges Angebot an wenige Interessenten, entsteht ein beschränktes Angebotsmonopol. Dies gilt etwa für die Verwertung von Patenten. Beispiele für zweiseitige Monopole finden sich wiederum bei der staatlichen Beschaffung, z.B. bei aufwendiger Wehrtechnik, die von einem eigens gegründeten Konsortium entwickelt und produziert wird.

d) Auf der Anbieterseite unterscheidet man nach den genannten Kriterien folgende Marktformen:

- Monopol: Es gibt nur einen Anbieter, bzw. es gibt keine weiteren Anbieter, mit deren Reaktionen der Monopolist rechnen muß, d.h. die Nachfrage ist nicht fühlbar beweglich.
- Oligopol: Auf dem Markt agieren mehrere Anbieter, so daß jeder bei seinen absatzpolitischen Maßnahmen damit rechnen muß, daß die Konkur-

renten darauf reagieren, da die Nachfrage zwischen ihnen fühlbar beweglich ist.

- Polypol: Es treten viele Anbieter auf dem Markt auf. Dabei sind zwei Fälle zu unterscheiden:
  - Bei monopolistischer Konkurrenz muß ein einzelner Anbieter nicht mit Konkurrenzreaktionen auf seine Preisänderungen rechnen, weil die Konkurrenten aufgrund der unvollkommenen Beweglichkeit der Nachfrage die Wirkung dieser Maßnahmen nicht spüren. Andererseits reagiert der Anbieter auf gemeinsame Preisänderungen aller Konkurrenten, weil diese für ihn wegen der Beweglichkeit der Nachfrage fühlbar sind.
  - Bei vollkommener Konkurrenz ist die Nachfrage vollkommen beweglich, daher kann auf dem Markt nur ein Preis existieren (vollkommener Markt). Weicht ein Anbieter mit seinem Preis nach unten vom Marktpreis ab, so zieht er die gesamte Nachfrage auf sich; die Konkurrenten werden ihm entweder folgen, oder er wird aufgrund des Anstiegs seiner Grenzkosten gezwungen, die Preissenkung wieder rückgängig zu machen. Erhöht ein einzelner Anbieter seinen Preis, dann verliert er seine gesamte Nachfrage.

2.2 Preistheorie

> Aufgabe A3: Preis-Absatzfunktion
> a) Was versteht man unter einer Responsefunktion bzw. unter einer Nachfragefunktion? In welchem Verhältnis stehen diese zur Preis-Absatzfunktion?
> b) Was versteht man unter der Preiselastizität der Nachfrage? Berechnen Sie die Preiselastizität der Nachfrage für den Fall einer linearen Nachfragefunktion und charakterisieren Sie den Verlauf dieser Funktion. Welche fünf Fälle lassen sich bei der Preiselastizität der Nachfrage unterscheiden und wie sind diese zu interpretieren?
> c) Gegeben sei die Preis-Absatzfunktion $p(x) = 20 - 0{,}25\,x$. Ermitteln Sie den Ausschlußpreis und die Sättigungsmenge. Charakterisieren Sie die Abschnitte mit unterschiedlicher Preiselastizität!
> d) Was verstehen Sie unter einer Kreuzpreiselastizität?

Lösung:

a) Die Nachfragefunktion oder synonym Responsefunktion gibt einen funktionalen Zusammenhang an zwischen der nachgefragten Menge eines Produkts und verschiedenen Parametern, die die Nachfrage beeinflussen können. Dabei können der Preis des Produkts, die weiteren absatzpolitischen Instrumente, der Preis von Konkurrenzprodukten sowie der Einsatz der absatzpolitischen Instrumente seitens der konkurrierenden Anbieter als Parameter auftreten.

Hält man alle Parameter bis auf den eigenen Preis fest, so erhält man eine Nachfragefunktion $x(p)$, die nur von einer Variablen abhängt. Ist diese Funktion invertierbar, erhält man als Inverse eine Funktion $p(x)$, die angibt, welcher Preis gefordert werden kann, wenn eine bestimmte Menge abgesetzt werden soll. Diese Inverse der Nachfragefunktion wird als Preis-Absatzfunktion bezeichnet.

b) Als Preiselastizität der Nachfrage bezeichnet man die relative Veränderung der nachgefragten Menge eines Guts in bezug auf eine relative Änderung seines Preises:

$$\varepsilon = \lim_{\Delta \to 0} -\frac{\frac{\Delta x}{x}}{\frac{\Delta p}{p}} = -\frac{dx}{dp} \cdot \frac{p}{x}$$

Im Falle einer linearen Nachfragefunktion $x(p) = c - d \cdot p$ ergibt sich:

$$\varepsilon = d \cdot \frac{p}{x} = \frac{d \cdot p}{c - d \cdot p}$$

Diese Funktion verläuft in Abhängigkeit vom Preis p monoton steigend. Für $p = 0$ ergibt sich mit $\varepsilon = 0$ eine völlig unelastische Nachfrage. Steigt der Preis auf $p = c/2d$ an, so steigt die Preiselastizität auf $\varepsilon = 1$; die Nachfrage wechselt somit aus dem unelastischen in den elastischen Bereich. Steigt der Preis weiter bis auf einen Wert von $p = c/d$, so erreicht die Preiselastizität den Wert $\varepsilon = +\infty$, d.h. die Nachfrage verhält sich völlig elastisch. Für noch höhere Preise gibt es keine positive Nachfrage mehr; somit erübrigt sich die Frage nach der Preiselastizität.

Die Preiselastizität der Nachfrage ist für Werte von $0 \leq \varepsilon \leq +\infty$ definiert. Man unterscheidet folgende Wertebereiche:

$\varepsilon = 0$: vollkommen unelastische Nachfrage

$0 < \varepsilon < 1$: unelastische Nachfrage

$\varepsilon = 1$: Übergang zwischen unelastischer und elastischer Nachfrage

$1 < \varepsilon < +\infty$: elastische Nachfrage

$\varepsilon = +\infty$: vollkommen elastische Nachfrage

c) Der Ausschlußpreis p^A ist derjenige Preis, zu dem das Gut nicht mehr nachgefragt wird. Er läßt sich berechnen, indem in der Preis-Absatzfunktion die Nachfrage x gleich Null gesetzt wird:

$$p^A = 20 - 0{,}25 \cdot 0 = 20$$

Die Sättigungsmenge $\hat{x}$ ist die maximal absetzbare Produktmenge, die erreicht wird, wenn der Preis p bis auf Null absinkt:

$$0 = 20 - 0{,}25\, x \quad \Leftrightarrow \quad \hat{x} = 80$$

Die angegebene Nachfragefunktion ist linear. Für $p = 0$ liegt vollkommene Unelastizität vor. Im Bereich $0 < p < 10$ ist die Nachfrage unelastisch, für $10 < p < 20$ ist die Nachfrage elastisch. Im Ausschlußpreis $p = 20$ liegt schließlich vollkommene Elastizität vor.

d) Unter der Kreuzpreiselastizität ε_{ij} versteht man die Reaktion der abgesetzten Menge von Produkt i auf eine Preisänderung bei Produkt j:

$$\varepsilon_{ij} = \frac{dx_i}{dp_j} \cdot \frac{p_j}{x_i}$$

Ist ε_{ij} positiv, d.h. steigt bei einer Preiserhöhung von Produkt j die Nachfrage nach Produkt i, so handelt es sich um substitutive Güter. Bei $\varepsilon_{ij} < 0$ stehen die Produkte i und j in komplementärer Beziehung.

Aufgabe A4: Monopol

a) Definieren Sie die Marktform des Monopols. Geben Sie Beispiele für monopolistische Märkte an!

b) Gegeben seien eine lineare Preis-Absatzfunktion

$$p(x) = d - c \cdot x$$

und eine neoklassische Kostenfunktion mit:

$$K'(x) > 0 \quad \text{und} \quad K''(x) \geq 0$$

Leiten Sie die Bedingung für die optimale Preispolitik (COURNOT-Punkt) analytisch und graphisch her!

Lösung:

a) In einem monopolistischen Markt ist ein Anbieter allein tätig bzw. es gibt keine weiteren Anbieter, mit deren Reaktionen auf seine absatzpolitischen Maßnahmen er rechnen muß. Der Absatz ist daher allein vom Verhalten des Monopolisten und von der Gesamtnachfrage abhängig. Beispiele für monopolistische Märkte finden sich zum einen bei Versorgungsunternehmen, denen per Gesetz eine Monopolstellung eingeräumt wurde, etwa bei Post, Bahn oder Elektrizitätserzeugung. Zum anderen können Monopole aus der alleinigen Ausnutzung von Patenten entstehen, etwa bei Arzneimitteln. In einigen Fällen kann eine marktbeherrschende Stellung durch die Verdrängung von Konkurrenten zu einem Monopol ausgebaut werden, etwa bei regionalen Tageszeitungen. Eine monopolistische Stellung ergibt sich auch dann, wenn für die Nachfrager die Kosten des Wechsels zu einem anderen Anbieter zu hoch sind, z.B. bei einer Tankstelle an einer Autobahnraststätte.

b) Als optimale Preispolitik wird die Festsetzung desjenigen Preises p^o bezeichnet, bei dem der Gewinn G sein Maximum annimmt. Der Gewinn ist definiert als Differenz aus dem Erlös E und den Kosten K:

$$G(x) = E(x) - K(x)$$

Der Erlös ergibt sich als Produkt aus der abgesetzten Menge und dem erzielten Preis:

$$E = p(x) \cdot x$$

Setzt man die angegebene Preis-Absatzfunktion in die Erlösfunktion ein, hängt diese nur noch von der Absatzmenge x ab. Somit lautet die Gewinnfunktion in Abhängigkeit von der Absatzmenge:

$$G(x) = (d - c \cdot x) \cdot x - K(x)$$

Zur Bestimmung des Gewinnmaximums wird die Gewinnfunktion abgeleitet und die Ableitung gleich Null gesetzt:

$$G'(x) = E'(x) - K'(x) = d - 2\,c\,x - K'(x) \stackrel{!}{=} 0$$

Die gewinnmaximale Angebotsmenge des Monopolisten liegt also dort, wo der Grenzerlös gleich den Grenzkosten ist.

Diese Nullstelle x^o der Gewinnfunktion ist aufgrund der Konvexität der Kostenfunktion ein Maximum:

$$G''(x^o) = -2c - K''(x^o) < 0$$

Da die zweite Ableitung des Gewinns sogar für alle x negativ ist, ist die erste Ableitung der Gewinnfunktion monoton fallend, d.h. sie hat nur eine Nullstelle, und damit existiert nur ein Gewinnmaximum.

Der zugehörige Preis ergibt sich durch Einsetzen der optimalen Absatzmenge in die Preis-Absatzfunktion, damit ist der COURNOT-Punkt bestimmt:

$$p^o = d - c \cdot x^o$$

Zur graphischen Herleitung des COURNOT-Punkts (x^o, p^o) kann man sich den Sachverhalt zunutze machen, daß die Grenzerlösfunktion bei einer linearen Preis-Absatzfunktion linear verläuft und ihre Steigung doppelt so groß wie die der Preis-Absatzfunktion ist:

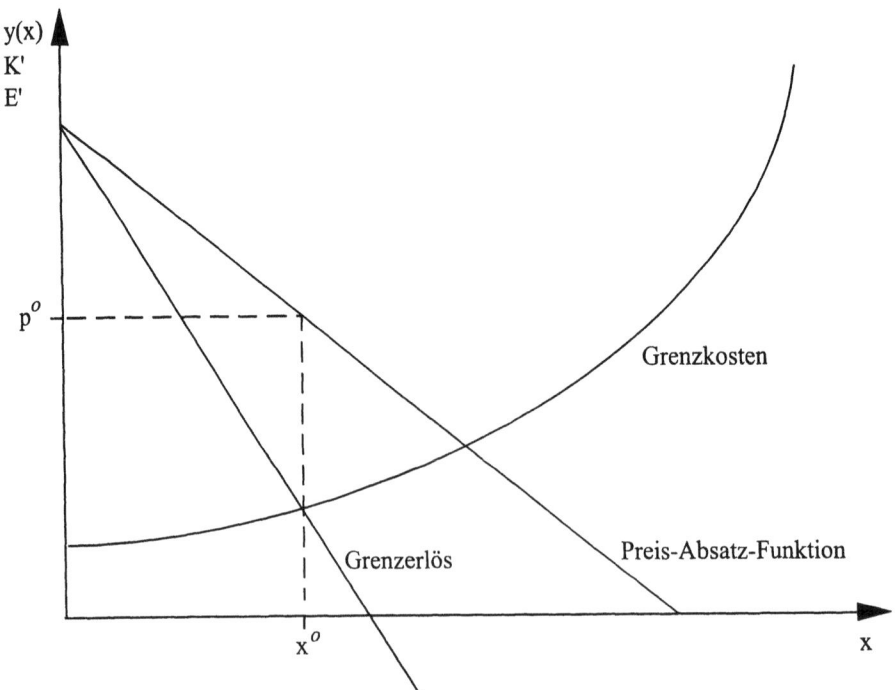

$E'(x) = d - 2cx$

Der Schnittpunkt dieser Grenzerlösfunktion mit der gemäß Annahme monoton steigend verlaufenden Grenzkostenfunktion liefert die COURNOT'sche Menge, den zugehörigen COURNOT'schen Preis erhält man, indem man von diesem Punkt das Lot auf die Preis-Absatzfunktion fällt und den entsprechenden Wert auf der Ordinate bestimmt.

Aufgabe A5: Preissetzung im Monopol

Ein Unternehmer sieht sich einer Nachfragesituation gegenüber, die sich im relevanten Preisbereich durch die Funktion

$p(x) = 102 - 0{,}02x$

beschreiben läßt. Seine Kostenfunktion lautet:

$K(x) = 0{,}02x^2 + 30x + 30.500$

a) Welche Menge könnte abgesetzt werden, wenn ein Preis in Höhe der Grenzkosten verlangt würde?

b) Bei welchem Preis würde das Unternehmen sein Gewinnmaximum realisieren? Wie hoch ist dieser Gewinn?

c) Ermitteln Sie für die oben angegebene Preis-Absatzfunktion die Preiselastizität der Nachfrage. Wo liegt der elastische bzw. der unelastische Nachfragebereich?

Lösung:

a) Wird der Preis in Höhe der Grenzkosten gewählt, so ergibt sich die zugehörige Angebotsmenge als:

$p(x) = 102 - 0{,}02x = 0{,}04x + 30 = K'(x)$

$\Leftrightarrow \quad x = 1.200$

b) Der gewinnmaximale Preis ergibt sich mit Hilfe der COURNOT'schen Bedingung, daß im Optimum Grenzerlös und Grenzkosten übereinstimmen:

$E'(x) = K'(x)$

$102 - 0{,}04x = 0{,}04x + 30 \qquad \Leftrightarrow \quad x^0 = 900$

$\Rightarrow \quad p^0 = 102 - 0{,}02 \cdot 900 = 84$

Die Gewinnfunktion lautet:

$$G(x) = (102 - 0{,}02x) \cdot x - (0{,}02x^2 + 30x + 30.500)$$

Daraus ergibt sich als maximaler Gewinn $G(900) = 1.900$.

c) Um die Preiselastizität der Nachfrage berechnen zu können, muß die angegebene Preis-Absatzfunktion zunächst in die zugehörige Nachfragefunktion umgeformt werden:

$$p = 102 - 0{,}02 \cdot x \quad \Leftrightarrow \quad x = 5100 - 50 \cdot p$$

Daraus ergibt sich als Preiselastizität der Nachfrage:

$$\varepsilon = -\frac{dx}{dp} \cdot \frac{p}{x} = 50 \cdot \frac{p}{5100 - 50 \cdot p} = \frac{p}{102 - p}$$

Der Übergang zwischen dem unelastischen und dem elastischen Nachfragebereich liegt also bei einem Preis von $p = 51$. Für niedrigere Preise ist $\varepsilon < 1$, die Nachfrage ist also unelastisch. Für höhere Preise (bis hin zum Ausschlußpreis $p = 102$) ist die Nachfrage elastisch, weil dann $\varepsilon > 1$ gilt.

Aufgabe A6: Verhalten des Monopolisten

a) Welche Rolle spielen Menge und Preis für die Unternehmensstrategie im Monopol?

b) Warum ist die Preiselastizität positiv?

c) Gegeben sei die Nachfragefunktion:

$$x(p) = 10 - 2p$$

Wie ermittelt man den Ausschlußpreis? Berechnen Sie die Preiselastizität im Punkt $p = 2{,}5$!

Lösung:

a) In der Preistheorie wird die Entscheidungssituation des Monopolisten durch eine Nachfragefunktion abgebildet. Es wird angenommen, daß es einen funktionalen Zusammenhang zwischen dem Preis und der absetzbaren Menge gibt. Setzt der Monopolist einen Preis für sein Produkt fest, so antworten ihm die Nachfrager mit einer bestimmten Abnahmemenge. Diese Reaktion erfolgt im Monopol ohne Einflußnahme anderer Anbieter. Will der Monopolist eine bestimmte Menge absetzen, so gibt die Preis-Absatzfunktion als Inverse der Nachfragefunktion an, welchen Preis die Nachfrager akzeptieren. Dies zeigt, daß ein Monopolist entweder den Preis oder die Menge festlegen kann. Durch den Einsatz weiterer absatzpolitischer Instrumente, die die Lage seiner Preis-Absatzfunktion verschieben, kann der Monopolist auch andere Preis-Mengen-Relationen erzielen.

b) Die Preiselastizität der Nachfrage ist definiert als:

$$\varepsilon = -\frac{dx}{dp} \cdot \frac{p}{x}$$

Da Preis und Menge immer positiv sind, hängt ihr Vorzeichen vom Vorzeichen der Ableitung der Nachfragefunktion ab. Da die nachgefragte Menge in der Regel bei steigendem Preis sinkt, verläuft die Nachfragefunktion fallend, die Ableitung ist negativ und die Preiselastizität positiv.

c) Der Ausschlußpreis ist derjenige Preis, zu dem das Produkt nicht mehr nachgefragt wird. Er läßt sich dadurch bestimmen, daß die Nachfragefunktion gleich Null gesetzt wird, oder indem in die Preis-Absatzfunktion die Menge Null als Argument eingesetzt wird. In diesem Fall ist eine Nachfragefunktion gegeben. Der Maximalpreis ergibt sich als:

$$0 = 10 - 2 \cdot p_{max} \qquad \Leftrightarrow \qquad p_{max} = 5$$

Die Preiselastizität der Nachfrage lautet:

$$\varepsilon = -\frac{dx}{dp} \cdot \frac{p}{x} = -(-2) \cdot \frac{p}{10 - 2 \cdot p} = \frac{p}{5 - p}$$

Für $p = 2,5$ folgt also $\varepsilon = 1$.

Aufgabe A7: Vollkommener Markt

a) Durch welche Bedingungen ist ein vollkommener Markt gekennzeichnet? Nehmen Sie kritisch dazu Stellung!

b) Erläutern Sie, wie der Gleichgewichtspreis auf einem vollkommenen Markt zustande kommt!

Lösung:

a) Ein vollkommener Markt ist dadurch charakterisiert, daß die Nachfrage vollkommen beweglich ist, d.h. sie fließt vollständig dem jeweils preisgünstigsten Anbieter zu. Voraussetzung für das Modell des vollkommenen Markts ist ein homogenes Gut, das von vielen Anbietern in exakt der gleichen Qualität hergestellt wird. Die Nachfrager richten sich allein nach dem Preis der Anbieter, es gibt keine anderen Präferenzen. Sie verfügen jederzeit über vollkommene Informationen bezüglich der Preise der Anbieter. Transaktionskosten spielen keine Rolle, so daß ein Wechsel zu einem anderen Anbieter für die Nachfrager keine Konsequenzen außer dem Preisunterschied für das zugrunde gelegte Gut hat. Die Kapazität des einzelnen Anbieters ist gering im Vergleich zur Gesamtnachfrage.

Die genannten Modellbedingungen sind zwar bei Börsen und anderen Märkten für vertretbare Güter weitgehend erfüllt, jedoch auf den Absatzmärkten, denen sich produzierende Unternehmen gegenübersehen, in der Regel nicht gegeben: Vollkommen identische Güter sind selten, weil selbst Massengüter Qualitätsunterschiede aufweisen. Hinzu tritt, daß Produkte meist als Leistungsbündel aus dem Gut selbst und einer Reihe von Zusatznutzen (Markenimage, Service, Verpackung, Kundeninformationen usw.) angeboten werden, so daß auch homogene Güter in zunehmenden Maße ausdifferenziert werden. Weiter verfügen die Nachfrager in der Regel nicht über vollständige Informationen, und Transaktionskosten spielen beim Wechsel des Anbieters durchaus eine Rolle.

Der Wert des Modells des vollkommenen Markts liegt also nicht darin, daß es als Beschreibungsmodell einen Ausschnitt der Realität wiedergibt. Es kann aber als Erklärungsmodell dienen, das die Auswirkungen unterschiedlicher Prämissen auf die Entwicklung von Preisen veranschaulicht.

b) Bei vollkommener Beweglichkeit der Nachfrage verliert ein Anbieter, dessen Preis geringfügig über dem Preis eines Konkurrenten liegt, seine gesamte Nachfrage. Liegt sein Preis geringfügig unter dem Preis eines Konkurrenten, so fließt ihm die gesamte Nachfrage dieses Konkurrenten zu. Bei vollkommener Beweglichkeit der Nachfrage müssen daher alle Anbieter den gleichen Marktpreis fordern. Dieser Preis wird als Gleichgewichtspreis bezeichnet.

Der Gleichgewichtspreis ist stabil, wenn man konvexe Kostenfunktionen unterstellt. Überschreitet nämlich ein Anbieter den Marktpreis, fließt seine Nachfrage von ihm ab. Die Konkurrenten können die zusätzliche Nachfrage zum Gleichgewichtspreis bedienen, weil der Mengenzuwachs angesichts der großen Zahl der Konkurrenten so gering ausfällt, daß der Anstieg der Kostenfunktion noch nicht ins Gewicht fällt. Senkt ein Anbieter seinen Preis unter den Marktpreis, so zieht er die gesamte Marktnachfrage auf sich. Die nachgefragte Menge wächst so stark an, daß die Grenzkosten spürbar zunehmen und die Grenzerlöse überschreiten. In beiden Fällen scheidet ein Anbieter, der vom Marktpreis abweicht, aus dem Markt aus.

Absatz

> **Aufgabe A8**: Preisbildung im Polypol
> Bestimmen Sie den optimalen Preis und die optimale Ausbringungsmenge
> a) bei vollkommener Konkurrenz,
> b) bei monopolistischer Konkurrenz.
> Gehen Sie auf Unterschiede und Gemeinsamkeiten der beiden Marktformen ein!
> c) Wann ist die Kreuzpreiselastizität negativ?

Lösung:

a) Bei vollkommener Konkurrenz können die Anbieter keine eigenständige Preispolitik betreiben, weil ein Abweichen vom Gleichgewichtspreis nach oben oder unten zu ihrem Ausscheiden aus dem Markt führt. Anbieter auf einem vollkommenen Markt sind also reine Mengenanpasser, sie bestimmen ihre optimale Absatzmenge unter Berücksichtigung des Marktpreises und ihrer Kostenfunktion. Gemäß der für das Monopol aufgestellten COURNOT'schen Bedingung gilt, daß die gewinnmaximale Ausbringungsmenge dort liegt, wo ihre Grenzkosten dem Grenzerlös entsprechen. Der Grenzerlös ist bei vollkommener Konkurrenz durch den Marktpreis gegeben, d.h. die Bedingung lautet:

$$p = K'(x)$$

b) Im Modell der monopolistischen Konkurrenz existiert für den einzelnen Anbieter ein begrenzter Spielraum für seine eigene Preispolitik. Aufgrund der unvollkommenen Beweglichkeit der Nachfrage verliert ein Anbieter bei einer Preiserhöhung zwar einen Teil der latenten Nachfrage, und einige Kunden wechseln zur Konkurrenz, er verschwindet jedoch nicht völlig vom Markt. Analog kann ein einzelner Anbieter durch eine Preissenkung einen Teil der latenten Nachfrage und Kunden der konkurrierenden Anbieter gewinnen.

Es existiert also eine Nachfragefunktion, d.h. ein funktionaler Zusammenhang zwischen Preis und Nachfrage. Wie beim Monopol läßt sich diese Funktion zu einer Preis-Absatzfunktion $p = \varphi(x)$ invertieren. Für die Bestimmung des gewinnmaximalen Preises und der gewinnmaximalen Ausbringungsmenge bedeutet dies, daß der Preis p in der Gewinnfunktion nicht konstant, sondern eine Funktion der angebotenen Menge ist. Daher lassen sich der optimale Preis und die optimale Menge wie im Monopol mit Hilfe der COURNOT'schen Bedingung als der Punkt bestimmen, in dem Grenzerlös und Grenzkosten übereinstimmen:

$E'(x) = K'(x)$

Zusammengefaßt läßt sich festhalten, daß die optimalen Angebotsmengen bei vollkommener bzw. monopolistischer Konkurrenz nicht übereinstimmen. Der wichtigste Unterschied zwischen den beiden Modellen ist die Existenz einer Nachfragefunktion und damit die Möglichkeit einer eigenständigen Preispolitik bei der monopolistischen Konkurrenz. Die Optimalitätsbedingung entspricht in beiden Fällen dem für das Monopol hergeleiteten COURNOT-Punkt, wenn man berücksichtigt, daß bei vollkommener Konkurrenz der Grenzerlös dem Marktpreis entspricht.

c) Die Kreuzpreiselastizität ist definiert als die Reaktion der Absatzmenge eines Produkts i auf eine Preisänderung bei einem anderen Produkt j:

$$\varepsilon_{ij} = \frac{dx_i}{dp_j} \cdot \frac{p_j}{x_i}$$

Da Preise und Mengen positive Zahlen sind, hängt das Vorzeichen der Kreuzpreiselastizität allein vom Vorzeichen der Ableitung der Nachfrage von Produkt i nach dem Preis von Produkt j ab. Eine negative Ableitung dieser Funktion bedeutet, daß mit steigendem Preis von j die Absatzmenge von i abnimmt. Dies ist dann der Fall, wenn i und j komplementäre Güter sind. Mit steigendem Preis für j sinkt dessen Nachfrage und damit auch die des verbundenen Produktes i.

Aufgabe A9: Oligopol

a) Durch welche Reaktionsannahme ist ein oligopolistischer Markt gekennzeichnet?

b) Welche Lösungsansätze für die Preisbildung im Oligopol werden in der Literatur diskutiert? Stellen Sie diese kurz dar!

Lösung:

a) Im Oligopol wird die Nachfrage nach den Produkten eines Unternehmens nicht allein durch den eigenen Preis beeinflußt, sondern auch durch die Preise der konkurrierenden Anbieter. Anders als im Polypol hat jede Preisänderung eines Anbieters spürbare Rückwirkungen auf die Nachfrage bei anderen Anbietern. Daraus folgt, daß auf jede Aktion eine Reaktion der Konkurrenten zu erwarten ist.

b) Man kann drei Lösungsansätze für die Preisbildung im Oligopol unterscheiden:

- Bei den Irrtumslösungen agieren die Anbieter so, als befänden sie sich in einer Monopolsituation, und realisieren ihren COURNOT-Punkt. Durch jede Preisänderung eines Anbieters verändern sich jedoch die Preis-Absatzfunktionen der Konkurrenten, wodurch diese wiederum zu Preiskorrekturen veranlaßt werden. Dieser Prozeß der wechselseitigen Beeinflussung kann unter bestimmten Voraussetzungen an die Kostenfunktionen in ein Gleichgewicht konvergieren.

- Bei den spieltheoretischen Ansätzen ziehen die Anbieter die Reaktionen der Konkurrenten auf ihre Aktionen explizit mit ins Kalkül. Preisänderungen werden nur dann vollzogen, wenn sich ein Anbieter davon auch nach den Reaktionen der Konkurrenz noch Vorteile verspricht.

- Das GUTENBERG-Oligopol ist ein Modell, in dem in Abhängigkeit vom Preis drei Bereiche mit verschieden hoher Beweglichkeit der Nachfrage unterschieden werden. Im mittleren Preisbereich reagiert nur ein Teil der Nachfrager, die sogenannte Laufkundschaft, auf Preisänderungen mit einem Wechsel des Anbieters. Die Stammkundschaft hingegen reagiert auf Preisänderungen lediglich im Rahmen ihrer latenten Nachfrage, solange sie nicht über bestimmte Preisober- und -untergrenzen hinaus reichen. Erst bei einer Preisänderung über die Preisgrenzen hinaus ruft er auch Reaktionen der anderen Anbieter hervor. Zwischen diesen Grenzen kann sich ein Anbieter also wie bei monopolistischer Konkurrenz verhalten.

Unterschreitet ein Anbieter seine Preisuntergrenze, so zieht er Stammkunden der anderen Anbieter an sich. Diese werden ihrerseits mit Preissenkungen reagieren, um ihre Stammkunden zurückzugewinnen. Mit diesen Preisänderungen verschieben sich die individuellen Preis-Absatzfunktionen und auch ihre Preisunter- und -obergrenzen der Anbieter entlang der jeweiligen Gleitkurve. Dieser Preiskampf dauert so lange, bis sich die Preise aller Anbieter wieder innerhalb ihrer monopolistischen Bereiche befinden.

Erhöht ein Anbieter seinen Preis über seine Preisobergrenze hinaus, so wandern seine Stammkunden zur Konkurrenz ab. Durch die zunehmende Nachfrage steigen die Grenzkosten dieser Anbieter, so daß sie ihrerseits zu Preiserhöhungen veranlaßt werden. Dadurch wird ebenfalls ein Anpassungsprozeß in Gang gesetzt, der erst dann endet, wenn sich die Preise aller Anbieter wieder innerhalb ihrer monopolistischen Bereiche befinden.

> **Aufgabe A10**: GUTENBERG-Oligopol
>
> a) Was versteht man unter einer doppelt geknickten Preis-Absatzfunktion? Wie lassen sich die einzelnen Bereiche erklären?
>
> b) Warum kann im GUTENBERG-Oligopol ein Gleichgewichtspreis nur im monopolistischen Bereich der Preis-Absatzfunktion liegen?
>
> c) Erläutern Sie den Begriff des akquisitorischen Potentials nach GUTENBERG und stellen Sie den Zusammenhang dar, in dem er verwendet wird!

Lösung:

a) Eine doppelt geknickte Preis-Absatzfunktion ist eine stückweise lineare, monoton fallende Funktion, mit der nach GUTENBERG der Zusammenhang zwischen Preis und Absatzmenge im Oligopol beschrieben werden kann. Sie weist zwei Knickstellen auf, durch die zwei kritische Preise definiert werden. Zwischen den Knickstellen verläuft sie steiler als außerhalb. Der mittlere Bereich der doppelt geknickten Preis-Absatzfunktion wird als monopolistischer Bereich bezeichnet. Preisänderungen innerhalb des monopolistischen Bereichs beeinflussen nur die Nachfrage der Laufkundschaft und die latente Nachfrage der Stammkunden. Sie bewegen aber keinen Stammkunden dazu, den Anbieter zu wechseln. Aus diesem Grund ist hier die Nachfrage relativ unbeweglich, und die Preis-Absatzfunktion verläuft ziemlich steil. Wird der Preis dagegen aus dem monopolistischen Bereich hinaus geändert, wechselt auch die Stammkundschaft den Anbieter. Dadurch wird eine stärkere Bewegung der Nachfrage hervorgerufen, die für die Konkurrenten fühlbar wird, so daß sich deren Preis-Absatzfunktionen verschieben. Die anderen Anbieter werden somit zu Reaktionen herausgefordert.

b) Solange die Preise aller Anbieter im jeweiligen monopolistischen Bereich verbleiben, beeinflussen Preisschwankungen eines Anbieters nicht fühlbar die Preis-Absatzfunktion der anderen Anbieter. Die Preise weisen also eine gewisse Stabilität auf und können als Gleichgewichtspreise gedeutet werden. Sobald aber nur ein Anbieter den monopolistischen Bereich seiner Preis-Absatzfunktion verläßt, löst er eine Nachfragebewegung aus, die zu einer Verschiebung aller Preis-Absatzfunktionen führt. Wollen die Konkurrenten weiterhin ihren COURNOT-Punkt realisieren, müssen sie ihrerseits ihre Preise verändern. Diese instabile Situation dauert solange an, wie die COURNOT-Punkte einzelner Anbieter außerhalb ihres monopolistischen Bereichs liegen. Unter gewissen Voraussetzungen konvergiert der Prozeß der wechselseitigen Preisanpassung. In diesem Fall werden die neuerlichen Gleichgewichtspreise wieder im jeweiligen monopolistischen Bereich liegen.

c) Im GUTENBERG-Oligopol spielt der Begriff der Stammkundschaft eine zentrale Rolle. Er führt dazu, daß es einen Bereich geringerer Beweglichkeit der Nachfrage gibt, den monopolistischen Bereich. Die Begründung für die Existenz der Stammkundschaft liegt in dem akquisitorischen Potential eines Anbieters. Es umfaßt alle Aspekte, die zur Bindung eines Stammkunden an einen Anbieter beitragen. Dazu zählen z.B. Zusatznutzen, die mit den Produkten eines Anbieters verbunden sind, wie Kundendienst und Zahlungskonditionen. Darüber hinaus kann es persönliche Gründe geben, die einen Kunden an einem Anbieter festhalten lassen, wie etwa langjährige Geschäftsbeziehungen oder Vertrauen auf der Grundlage guter Erfahrungen. Durch den abgestimmten Einsatz der absatzpolitischen Instrumente versucht das Unternehmen, seine Stammkunden an sich zu binden sowie neue Stammkunden zu gewinnen.

Aufgabe A11: Preisbildung im GUTENBERG-Oligopol

Ein Anbieter auf einem oligopolistischen Markt sieht sich einer doppelt geknickten Preis-Absatzfunktion gegenüber. Im monopolistischen Bereich hat sie die Form:

$p = 30 - 3x$

Der monopolistische Bereich der Preis-Absatzfunktion wird durch folgende Grenzpreise begrenzt:

$p^u = 21$ und $p^o = 27$

Oberhalb des monopolistischen Bereichs lautet die Preis-Absatzfunktion:

$p = 27{,}5 - 0{,}5x$

Unterhalb des monopolistischen Bereichs ist sie gegeben durch:

$p = 22{,}8 - 0{,}6x$

a) Bestimmen Sie den Verlauf der Erlösfunktion und der Grenzerlösfunktion; ermitteln Sie die erlösmaximale Ausbringungsmenge!

b) Bestimmen Sie die gewinnmaximale Ausbringungsmenge, den gewinnmaximalen Angebotspreis sowie den zugehörigen Gewinn für die Kostenfunktion:

$K(x) = 4x^2 + 2x + 5$

c) Wie ändert sich die optimale Preispolitik für die Kostenfunktion:

$K(x) = 1{,}5x^2 + 1{,}8x + 5$

Lösung:

a) Die Erlösfunktion ergibt sich durch Multiplikation der Preis-Absatzfunktion mit der Ausbringungsmenge. Es gilt also:

$$E(x) = \begin{cases} 27{,}5x - 0{,}5x^2 & \text{für } 0 < x \leq 1 \\ 30x - 3x^2 & \text{für } 1 \leq x \leq 3 \\ 22{,}8x - 0{,}6x^2 & \text{für } 3 \leq x \end{cases}$$

Für $0 < x \leq 1$ und für $1 \leq x \leq 3$ ist die Erlösfunktion monoton steigend. Das Erlösmaximum liegt daher im dritten Bereich der Erlösfunktion. Notwendige Bedingung ist eine Nullstelle der Ableitung. Es gilt:

$$E'(x) = 22{,}8 - 1{,}2x = 0 \quad \wedge \quad x \geq 3 \quad \Leftrightarrow \quad x = 19$$

Es liegt ein Erlösmaximum vor, weil die zweite Ableitung negativ ist. Der maximale Erlös beträgt:

$$E_{\max} = E(19) = 216{,}60$$

b) Die Gewinnfunktion ist die Differenz der Erlös- und Kostenfunktion. Zur Bestimmung des Gewinnmaximums muß die Gewinnfunktion abgeleitet werden. Da unklar ist, in welchem Bereich das Gewinnmaximum liegt, ist für jeden Bereich separat das Gewinnmaximum zu bestimmen.

$0 < x \leq 1$: $G(x) = -4{,}5 \cdot x^2 + 25{,}5 \cdot x - 5$

$\Rightarrow G'(x) = -9 \cdot x + 25{,}5$

Die Ableitung ist im gesamten Definitionsbereich positiv. Das Gewinnmaximum liegt für diesen Bereich also am rechten Rand.

$1 \leq x \leq 3$: $G(x) = -7 \cdot x^2 + 28 \cdot x - 5$

$\Rightarrow G'(x) = -14 \cdot x + 28$

Die Ableitung hat eine Nullstelle für $x = 2$. Es handelt sich dabei um ein Gewinnmaximum, weil die zweite Ableitung negativ ist.

$x \geq 3$: $G(x) = -4{,}6 \cdot x^2 + 20{,}8 \cdot x - 5$

$\Rightarrow G'(x) = -9{,}2 \cdot x + 20{,}8$

Die Ableitung ist im gesamten Definitionsbereich negativ. Das Gewinnmaximum für diesen Bereich liegt also am linken Rand.

Aus $G(1) = 16$, $G(2) = 23$ und $G(3) = 16$ folgt, daß die gewinnmaximale Ausbringungsmenge bei $x = 2$ liegt. Der gewinnmaximale Preis ist $p(2) = 24$. Der maximale Gewinn beträgt $G(2) = 23$.

c) Mit der veränderten Kostenfunktion ändert sich auch die Gewinnfunktion und damit die Lage des Optimums. Wiederum ist zunächst für jeden Bereich gesondert das Gewinnmaximum zu bestimmen.

$0 < x \leq 1$: $G(x) = -2 \cdot x^2 + 25{,}7 \cdot x - 5$

$G'(x) = -4 \cdot x + 25{,}7$

Die Ableitung ist im gesamten Definitionsbereich positiv. Das Gewinnmaximum liegt für diesen Bereich also am rechten Rand.

$1 \leq x \leq 3$: $G(x) = -4{,}5 \cdot x^2 + 28{,}2 \cdot x - 5$

$G'(x) = -9 \cdot x + 28{,}2$

Die Ableitung ist im gesamten Definitionsbereich positiv. Das Gewinnmaximum liegt für diesen Bereich also am rechten Rand.

$x \geq 3$: $G(x) = -2{,}1 \cdot x^2 + 21 \cdot x - 5$

$G'(x) = -4{,}2 \cdot x + 21$

Die Ableitung hat eine Nullstelle für $x = 5$. Es handelt sich um ein Maximum, weil die zweite Ableitung negativ ist.

Ein Vergleich der Werte der Gewinnfunktion zeigt, daß hier das Gewinnmaximum im dritten Bereich angenommen wird. Die gewinnmaximale Ausbringungsmenge beträgt $x = 5$, der optimale Preis $p = 19{,}8$. Daraus resultiert ein maximaler Gewinn von $G = 47{,}5$. In diesem Fall liegt also der COURNOT-Punkt außerhalb des monopolistischen Bereichs.

Aufgabe A12: COURNOT-Punkt und Preisbildung

Welche Bedeutung hat der COURNOT-Punkt für die Preisbildung

a) im Monopol,

b) bei vollkommener Konkurrenz,

c) im GUTENBERG-Oligopol?

Lösung:

Der COURNOT-Punkt ist ein Punkt der Preis-Absatzfunktion eines Anbieters, der durch die Übereinstimmung von Grenzerlös und Grenzkosten gekennzeichnet ist. Unter gewissen Voraussetzungen, z. B. bei einer konvexen Kostenfunktion, gibt es genau einen COURNOT-Punkt.

a) Ein Monopolist kann alternativ den Preis oder die Absatzmenge festlegen. In beiden Fällen bilden der gewinnmaximale Preis und die gewinnmaximale Absatzmenge den COURNOT-Punkt.

b) Anders als im Monopol kann der Anbieter im vollkommenen Markt den Preis nicht bestimmen. Daher entspricht sein Grenzerlös dem Marktpreis, die Optimalitätsbedingung „Preis = Grenzkosten" ist also ein Spezialfall des COURNOT-Punkts.

c) Im GUTENBERG-Oligopol existieren individuelle Preis-Absatzfunktionen. Der COURNOT-Punkt ist auch hier eine Bedingung für die optimale Preispolitik.

2.3 Das Marketing von Produkten

Aufgabe A13: Marketingbegriff
a) Was versteht man unter Marketing?
b) Erläutern Sie die Entwicklung des Marketingbegriffs anhand des Bedürfniswandels auf den relevanten Märkten!
c) Welche absatzpolitischen Instrumente werden im Rahmen des taktischen Marketing eingesetzt?

Lösung:

a) Unter Marketing versteht man die marktorientierte Führung des gesamten Unternehmens. Diese Konzeption zielt auf die Befriedigung von Kundenbedürfnissen durch die Bereitstellung von geeigneten Leistungsbündeln ab und wurde durch den Wandel von Verkäufer- zu Käufermärkten hervorgerufen.

b) Ausgangspunkt der Entwicklung waren ungesättigte Verkäufermärkte, auf denen die hergestellten Produkte – meist wenig differenzierte Massengüter – leicht abgesetzt werden können und daher die Produktionsorientierung, d.h. die Steigerung der Produktion, im Vordergrund steht. Auf der nächsten Stufe, der Produktorientierung, gewinnt aufgrund des Auftretens von Konkurrenz die Qualität der Produkte an Bedeutung für die Befriedigung der Kundenbedürfnisse. Tritt eine Marktsättigung ein, so wird der Markt zum Käufermarkt, auf dem die Verkaufsorientierung als Absatzstrategie vorherrscht. Dabei werden die weiteren absatzpolitischen Instrumente, insbesondere die Kommunikation und die Distribution, so eingesetzt, daß potentielle Kunden gezielt angesprochen und von der Konkurrenz abgezogen werden können. Die Konzeption des Marketing geht darüber hinaus, sie setzt an den Bedürfnissen der Kunden auf segmentierten Märkten an, für die geeignete Produkte entwickelt und mit adäquaten Absatzstrategien langfristige Bindungen an das Unternehmen erzeugt werden sollen.

c) Als absatzpolitische Instrumente werden Produkt, Preis, Distribution und Kommunikation unterschieden. Die taktische Produktpolitik umfaßt alle Entscheidungen von der Produktentwicklung über die Produktgestaltung und -differenzierung bis hin zur Eliminierung aus dem Unternehmenssortiment. Die Preispolitik umfaßt neben der Festsetzung des Verkaufspreises auch Rabatte und Zahlungskonditionen. Die Distribution entscheidet über die Organisation des Vertriebs. Mit der Kommunikation ist neben Werbung und Produktinformation auch die Gestaltung der Public Relations verbunden.

> Aufgabe A14: Marktsegmentierung
> a) Was versteht man unter Marktsegmentierung? Welche Anforderungen sind an operationale Marktsegmente zu stellen?
> b) Nach welchen Kriterien wird die Marktsegmentierung vorgenommen?

Lösung:

a) Unter der Marktsegmentierung versteht man die Aufteilung des gesamten Absatzmarkts in Teilmärkte. Dahinter steht die Überlegung, daß der Gesamtmarkt zu heterogen ist, um das absatzpolitische Instrumentarium einheitlich einsetzen zu können. Es wird also angestrebt, weitgehend homogene Teilmärkte zu erhalten, die separat bearbeitet werden können. Dann kann das Unternehmen die sich aufgrund der unterschiedlichen Preiselastizität der Nachfrage in den verschiedenen Marktsegmenten ergebende Rente abschöpfen. Dazu muß allerdings jeder Teilmarkt eine für den Betrieb relevante Größe aufweisen.

Um dies zu erreichen, sind anhand von wichtigen Kenngrößen der Teilmärkte, z. B. der Kaufkraft, der Preisbereitschaft oder der Bedarfsstruktur, Trennkriterien zu formulieren, durch die sich die relevanten Unterschiede zwischen den Marktsegmenten beschreiben lassen. Zu dem jeweiligen Teilmarkt ist ein spezieller Zuschnitt der absatzpolitischen Instrumente festzulegen.

b) Gebräuchliche Merkmale für die Marktsegmentierung sind geographische, demographische und psychographische Kriterien.
- Bei der geographischen Marktsegmentierung wird der Markt in räumlich getrennte Segmente unterteilt. Unterschiede können sich hier etwa bei der Distribution oder bei der Kommunikation in unterschiedlichen Kultur- oder Sprachkreisen ergeben.
- Bei der demographischen Marktsegmentierung erfolgt die Aufteilung nach objektiv feststellbaren Merkmalen wie Alter, Geschlecht, Einkommen, Berufsgruppe oder Familiensituation der Käufer. Unterschiede können hier etwa bei den Ansprüchen an das Produkt oder bei der Ansprechbarkeit durch verschiedene Kommunikationsformen bestehen.
- Eine bessere Erklärung des Kaufverhaltens erfolgt durch den Übergang zur psychographischen Marktsegmentierung, der schwerer meßbare Kriterien wie Lebensstil, Einstellungen und Verhalten zugrunde liegen. Diese Merkmale erlauben eine sehr genaue Abstimmung der Produkt- und Kommunikationspolitik auf die Marktsegmente.

Aufgabe A15: Gap-Analyse und ANSOFF-Matrix

In welchem Verhältnis stehen die strategischen Planungsinstrumente Gap-Analyse und ANSOFF-Matrix zueinander?

Lösung:

Grundlage der Gap-Analyse sind Planvorgaben für den Marktanteil, den Umsatz, den Bruttogewinn oder andere Größen, durch die die Entwicklung in einem Absatzmarkt beschrieben wird. Die aktuelle Unternehmensstrategie wird solange weiter betrieben, bis sich abzeichnet, daß die Ist-Werte erheblich hinter den Vorgaben zurückbleiben. Um diese strategische Lücke zu füllen, ist ein Strategiewechsel erforderlich.

Während also die Gap-Analyse lediglich ein inhaltlich nicht weiter spezifizierter Regelkreis ist, werden in der ANSOFF-Matrix konkrete Normstrategien für anhand der beiden Dimensionen Produkt und Markt eindeutig definierte Situationen vorgeschlagen. Für etablierte Produkte auf alten Märkten schlägt ANSOFF eine Marktdurchdringungsstrategie vor, die darauf abzielt, deren Marktanteile weiter auszubauen. Daneben sollen für die eingeführten Produkte in einer Marktentwicklungsstrategie neue Marktsegmente erschlossen werden, indem etwa neue Käufergruppen angesprochen werden. Die Produktentwicklungsstrategie dagegen zielt dahin, bereits erschlossene Märkte mit neuen Produkten zu versorgen. Bei der vierten Normstrategie, der Diversifikation, betritt das Unternehmen Neuland, indem es mit neuen Produkten in neue Märkte vorstößt.

Die genannten Planungsinstrumente können wie folgt miteinander verknüpft werden: Während die Gap-Analyse den Bedarf für einen Strategiewechsel signalisiert, können aus der ANSOFF-Matrix Hinweise auf konkrete neue Strategien abgeleitet werden.

Aufgabe A16: Produktlebenszyklus

a) Stellen Sie das Konzept des Produktlebenszyklus dar und erläutern Sie die einzelnen Phasen!

b) Wie kommt ein Produktlebenszyklus bei langlebigen Konsumgütern zustande?

c) Welche absatzpolitischen Probleme treten in den einzelnen Phasen des Produktlebenszyklus auf?

Lösung:

a) Mit dem Konzept des Produktlebenszyklus wird die Vorstellung verknüpft, daß ein Produkt im Zeitablauf unterschiedliche Phasen durchläuft, in denen eine typische Entwicklung wichtiger Kennzahlen wie Umsatz und Gewinn zu beobachten ist.

Der Zyklus beginnt mit der Produktentwicklung, in der hohe Kosten anfallen und noch keine Umsätze getätigt werden. Auch für die anschließende Einführungsphase sind negative Gewinne typisch, weil die Erlöse zunächst noch gering ausfallen und für die begleitende Kommunikationspolitik hohe Kosten entstehen. Die anschließende Wachstumsphase wird erreicht, wenn die Umsätze so stark angestiegen sind, daß erstmals die Erlöse die Kosten übersteigen. Mit dem Wendepunkt der Erlöskurve beginnt die Sättigungsphase. Der Umsatz wächst jetzt langsamer, bis er sein Maximum erreicht hat. Es schließt sich die Degenerationsphase an, in der die Umsätze zunächst langsam, dann immer schneller sinken. Der Zyklus endet mit der Produktelimination, die dann erfolgt, wenn der Umsatz so weit abgesunken ist, daß keine Gewinne mehr erzielt werden können.

b) Die zeitliche Abfolge der Lebenszyklusphasen ist mit dem unterschiedlichen Käuferverhalten in den relevanten Marktsegmenten zu erklären. Direkt nach der Markteinführung wird das langlebige Konsumgut von einer relativ kleinen Käufergruppe, den Innovatoren, gekauft. Ihnen folgt das etwas größere Segment der frühen Anwender, die die Innovatoren zu imitieren versuchen. Mit dem sich nun abzeichnenden Markterfolg werden in einer positiven Rückkopplung laufend weitere Käufergruppen angesprochen, so daß das Produkt nach und nach in die anderen Segmente vordringt, bis schließlich das gesamte Käuferpotential erschöpft ist. Der Zeitpunkt der Elimination hängt schließlich davon ab, wie lange noch immer wieder neue Käufergruppen für das Konsumgut gewonnen werden können.

c) Bereits in der Entwicklungsphase werden bedeutende absatzpolitische Entscheidungen getroffen. Insbesondere werden die Marktsegmente festgelegt, die durch das Produkt angesprochen werden sollen, die Produkteigenschaften darauf abgestellt und nicht zuletzt die Kapazitäten für den geplanten Ausstoß vorbereitet. In der Einführungsphase gilt es, die Aufmerksamkeit der Innovatoren zu erregen und sie durch eine entsprechende Kommunikationspolitik zum Kauf anzuregen. Ist der Diffusionsprozeß erst einmal in Gang gesetzt, kann der Werbeaufwand wieder reduziert werden. Hingegen sind im Zuge der Marktdurchdringung preispolitische Akzente zu setzen, um auch weniger solvente Käufergruppen anzusprechen. In der Degenerationsphase spielt hingegen die Kommunikation wieder eine größere Rolle. Weiter kann durch die produktpolitische Maßnahme der Produktvariation der Lebenszyklus neu in Gang gesetzt werden. Hier kann auch die Distributionspolitik an Bedeutung erlangen, wenn es darum geht, räumlich entfernte Segmente noch zu erreichen. Mit sich abzeichnender Produktelimination kann der Einsatz der absatzpolitischen Instrumente zurückgenommen werden.

Aufgabe A17: Produkt-Portfolio

a) Erläutern Sie die Grundzüge des Portfolio-Konzepts der Boston Consulting Group.

b) Wie ist der relative Marktanteil definiert? Kann ein Unternehmen einen relativen Marktanteil > 1 haben?

Lösung:

a) Gegenstand des BCG-Portfolios ist die Entwicklung von Normstrategien für die strategischen Geschäftseinheiten eines Unternehmens, d.h. die aus strategischer Sicht relevanten Produkt/Markt-Kombinationen, in Abhängigkeit von ihrer Position bezüglich der beiden Dimensionen Marktwachstum und relativer Marktanteil. Durch Einteilung der beiden Dimensionen in die Bereiche „hoch" und „niedrig" ergibt sich eine Vier-Felder-Matrix, in der jedem Feld eine bestimmte Strategie zugeordnet wird. Dabei wird die Grenze zwischen einem hohen und einem niedrigen Marktwachstum bei ca. 5% gesehen; ein hoher relativer Marktanteil, der als Quotient aus dem eigenen Marktanteil und dem Marktanteil des stärksten Konkurrenten definiert ist, liegt ab einem Wert von 1 vor. Somit gibt es in jedem Markt – sieht man einmal von dem Fall zweier gleich starker Unternehmen ab – genau ein Unternehmen mit einem relativen Marktanteil > 1; dies ist der Marktführer.

Geschäftseinheiten mit hohem relativen Marktanteil und gleichzeitig hohem Marktwachstum werden als Stars bezeichnet. Hier empfiehlt das Konzept eine rasche Kapazitätsausweitung, um durch Ausnutzung des hohen Kostensenkungspotentials, das sich aus der Erfahrungskurve ergibt, den Vorsprung vor der Konkurrenz weiterhin zu behaupten.

Eine Geschäftseinheit mit hohem Marktanteil in Kombination mit einem stagnierenden Markt wird als Cash Cow bezeichnet. In diesem Fall können ohne weitere Investitionen Gewinne abgeschöpft werden, da die Nachfrage nicht mehr zunehmen wird und die Konkurrenz den bereits erreichten Erfahrungsvorsprung bzw. Kostenvorteil nicht mehr aufholen kann.

Ist dagegen das Unternehmen auf einem wenig attraktiven Markt nicht Marktführer, wird die Geschäftseinheit als armer Hund bezeichnet. Neuerliche Investitionen werden hier ebenfalls nicht empfohlen. Vielmehr müssen weitere Kriterien hinzugezogen werden, um zu entscheiden, ob das Unternehmen diese Sparte überhaupt noch beibehalten oder eher abstoßen soll.

Die vierte Klasse stellen Geschäftseinheiten in attraktiven Märkten dar, auf denen das Unternehmen nicht Marktführer ist. Sie werden als Fragezeichen bezeichnet. Das Konzept gibt hier keine eindeutige Strategieempfehlung ab, sondern stellt zwei Alternativen zur Wahl. Entweder kann das Unternehmen versuchen, durch eine aggressive Kapazitätsausweitung und Absatzpolitik den Marktführer zu verdrängen, oder es kann sich darauf beschränken, Gewinne abzuschöpfen.

b) Der relative Marktanteil ist als Quotient aus dem eigenen Marktanteil und dem Marktanteil des stärksten Konkurrenten definiert. Er ist somit genau dann größer als eins, wenn das Unternehmen selbst Marktführer ist.

Aufgabe A18: Erfahrungskurve

a) Was versteht man unter der Erfahrungskurve?

b) Erläutern Sie die Beziehungen zwischen dem Produktlebenszyklus, der Erfahrungskurve und dem Portfolio-Konzept der Boston Consulting Group!

Lösung:

a) Der Erfahrungskurve liegt die Beobachtung zugrunde, daß die Stückkosten eines Produkts nicht für alle Zeit dieselbe Höhe aufweisen, sondern vielmehr sinken, wenn die kumulierte Ausbringungsmenge des Produkts steigt. Diese Beobachtung wird mit Verbesserungen im Produktionsablauf und in der Distribution erklärt, die aufgrund der bereits mit dem Produkt gesammelten Erfahrungen vorgenommen werden. Für die Erfahrungskurve wird meistens ein linearer Verlauf angenommen, d.h. daß mit jeder Verdopplung der kumulierten Ausbringungsmenge die Stückkosten um einen festen Prozentsatz zurückgehen. In einem doppelt-logarithmischen Koordinatensystem erscheint die Erfahrungskurve dann als fallende Gerade.

b) Sowohl die Erfahrungskurve als auch der Produktlebenszyklus geben eine theoretische Rechtfertigung für die im Portfolio-Konzept abgeleiteten Normstrategien. Aus der Erfahrungskurve ergibt sich die Bedeutung eines hohen

Marktanteils, da sich durch die damit verbundene große Ausbringungsmenge schnell die Kostensenkungspotentiale realisieren und somit Kostenvorteile vor der Konkurrenz gewinnen lassen. Aus dem Produktlebenszyklus ergibt sich der unterschiedliche Bedarf der Produkte an finanziellen Mitteln in den einzelnen Phasen: Produkte, die sich in der Entwicklungs-, Einführungs- und Wachstumsphase befinden, also Fragezeichen und Stars, haben einen hohen Investitionsbedarf und bringen gar keinen oder nur geringen Umsatz. Die benötigten Mittel müssen vor allem von den Cash Cows bereitgestellt werden, die sich in der Sättigungsphase befinden und erhebliche finanzielle Überschüsse erwirtschaften.

Aufgabe A19: Produktpolitik

a) Erörtern Sie den Begriff des Produkts als Leistungsbündel!

b) Welches Verfahren setzt man zur vereinfachten Überprüfung der Wirtschaftlichkeit eines neuen Produkts ein? Lohnt sich die Einführung eines Produkts, für das im ersten Jahr pro Monat ein Absatz von 40.000 Stück erwartet wird, wenn die Fixkosten pro Jahr 100.000 € betragen, die variablen Stückkosten bei 5,5 € liegen und ein Einführungspreis von 6 € geplant ist?

c) Erörtern Sie die Bedeutung der Sortimentsentscheidung!

Lösung:

a) Der Begriff des Leistungsbündels steht im Zusammenhang mit der Forderung des Marketing, nicht allein auf den Verkauf vorgegebener Produkte abzuzielen, sondern vielmehr mit Hilfe der Produkte die Bedürfnisse der potentiellen Kunden zu decken. Um dies im Wettbewerb mit den Konkurrenten zu erreichen, gilt es, neben dem eigentlichen Leistungskern auch zahlreiche Nebenleistungen anzubieten.

b) Ein einfaches Verfahren, mit dem die Wirtschaftlichkeit eines neuen Produkts aus relativ wenigen Daten ermittelt werden kann, ist die Break-Even-Analyse. Dabei wird überprüft, ob die erwarteten Verkaufserlöse ausreichen, um die erwarteten Kosten für das neue Produkt abzudecken und darüber hinaus einen Gewinnbeitrag zu erwirtschaften. Von Erfahrungskurveneffekten wird abgesehen. Als Break-Even-Menge wird diejenige Absatzmenge bezeichnet, bei der gerade die fixen Kosten gedeckt sind. Sie berechnet sich als Quotient aus den Fixkosten und der Differenz aus dem Preis und den variablen Kosten:

$$x^* = \frac{K_F}{p - k_v} = \frac{100.000}{6 - 5,5} = 200.000$$

In diesem Fall lohnt sich die Neueinführung, weil ein Absatz von 480.000 Stück im Jahr erwartet wird. Die Break-Even-Menge wird also deutlich überschritten.

c) Das Sortiment bezeichnet die Breite und Tiefe der auf dem Markt angebotenen Produktpalette. Sortimentsentscheidungen sind in erster Linie die Aufnahme neuer Produkte oder die Elimination bestehender Produkte. Daneben gilt es aber auch, die vorhandenen Produkte weiterzuentwickeln. Dies kann einen Neuzuschnitt des mit dem Produkt verbundenen Leistungsbündels bedeuten, indem bestimmte Zusatzleistungen eingeführt oder abgeschafft werden. Aufgrund des Konkurrenzdrucks sind Sortimentsentscheidungen fortlaufend zu treffen. Das Sortiment ist keine feste Größe, sondern im Zeitverlauf einem ständigen Wandel unterworfen.

Aufgabe A20: Produktpositionierung

a) Welche Rolle spielt die Produktpositionierung im Rahmen der Produktpolitik?

b) Stellen Sie die Vor- und Nachteile von multidimensionaler Skalierung und Conjoint Measurement für die Produktpositionierung dar!

Lösung:

a) Die Produktpositionierung ist ein Bündel von Maßnahmen, mit denen die Wahrnehmung eines neuen Produkts durch die potentiellen Kunden in bezug auf bestimmte relevante Merkmale beeinflußt werden soll. Die Positionierung begleitet also die Produkteinführung. Ihre Bedeutung liegt darin, daß dem neuen Produkt in seinem geplanten Marktsegment von Anfang an Aufmerksamkeit und Kaufbereitschaft verschafft werden sollen.

b) Der multidimensionalen Skalierung liegt eine Konsumentenbefragung zugrunde. Erfragt wird die Wahrnehmung eines Produkts durch die Kunden in bezug auf einige, zumeist nur zwei, Kriterien. Dabei werden die Ausprägungen der ausgewählten Kriterien nicht absolut, sondern relativ zu Konkurrenzprodukten erhoben. Die Auswertung erfolgt mit Methoden der multivariaten Statistik.

Die Skalierung kann mit einer Erhebung von Kundenpräferenzen verknüpft werden. Auf diese Weise kann die Abweichung eines bestehenden Produkts von den Bedürfnissen der Kunden ermittelt werden. Es kann auch vor Einführung eines neuen Produkts ein Idealpunkt festgelegt werden, den dieses einnehmen soll. Die Kombination der erhobenen Wahrnehmung eines Produkts mit seiner geplanten Marktposition erlaubt einen Soll-Ist-Vergleich, auf dessen Grundlage die Instrumente der Kommunikationspolitik gezielt eingesetzt werden können.

Dem Conjoint Measurement liegt ein Experiment zugrunde, in dem Testpersonen mehrere Probeprodukte mit unterschiedlichen Kombinationen bestimmter Merkmale vorgelegt werden. Die Testpersonen sollen die Proben nach ihrem Gesamtnutzen vergleichend beurteilen. Die Auswertung erfolgt wiederum mit multivariaten statistischen Methoden. Für jedes Kriterium wird die präferierte Ausprägung ermittelt. Ein Produkt, das möglichst viele Wunschausprägungen vereint, gilt als erfolgversprechender Kandidat für eine Neueinführung.

Ein Vorteil des Conjoint Measurement liegt darin, daß viele Kriterien überprüft werden können. Der ganzheitliche Ansatz der Bestimmung eines Gesamtnutzens besteht dabei allerdings nur vordergründig, weil die ermittelten Nutzenwerte wieder auf die Einzelmerkmale zurückgeführt werden. Inwieweit die Annahme der Additivität der Teilnutzen gerechtfertigt ist, wird nicht beachtet. Conjoint Measurement eignet sich insbesondere für die Beurteilung von Innovationen, die angesichts der hohen Kosten, die mit dieser Methode verbunden sind, das Haupteinsatzfeld darstellt.

Aufgabe A21: Preiskalkulation

a) Was versteht man unter einer Kosten-plus-Kalkulation? Welche Probleme sind damit verbunden?

b) Wo liegen die Vor- und Nachteile der nachfrage- und der konkurrenzorientierten Preisbestimmung?

Lösung:

a) Kosten-plus-Kalkulation bedeutet die Bestimmung des Preises als Stückkosten plus Gewinnzuschlag. Die Preise werden also unabhängig vom Verhalten der Nachfrager und der Konkurrenten festgelegt, die mögliche Existenz einer Preis-Absatzfunktion wird ignoriert.

Das Problem, das hiermit verbunden ist, liegt darin, daß keine sinnvolle Reaktion auf das Nachfrageverhalten erfolgt. Sinkt die Nachfrage, müssen die Preise sogar noch erhöht werden, um die Fixkosten abzudecken. Wächst die Nachfrage hingegen, wird nicht der dadurch mögliche Gewinn abgeschöpft, sondern die Kostenvorteile werden an die Kunden weitergegeben. Außerdem ist zu berücksichtigen, daß die Ermittlung der Stückkosten auf Vollkostenbasis mit willkürlichen Fixkostenzurechnungen verbunden ist, so daß keine sichere Kalkulationsbasis vorliegt.

b) Bei einer nachfrageorientierten Preisbestimmung tritt die Bewertung des Produkts durch die Kunden in den Vordergrund. Für ein Produkt, dem die Kunden einen größeren Nutzen zuschreiben, kann ein höherer Preis festgesetzt werden als für Produkte, die den Bedürfnissen der Nachfrager nicht entsprechen. Auf diese Weise lassen sich teilweise sehr hohe Gewinnspannen realisieren. Liegt der Preis, den die Kunden für ein Produkt zu zahlen bereit sind, unter seinen Kosten, so muß die Qualität oder zumindest die Wahrnehmung des Produkts verbessert werden, wenn sich das Unternehmen nicht aus dem Markt zurückziehen will.

Auch bei einer konkurrenzorientierten Preisbestimmung werden die Preise auf der Grundlage von außerbetrieblichen Daten festgesetzt. Hier dienen die Preise der Konkurrenten als Kalkulationsgrundlage. Ein Vorteil dieser Methode liegt in der einfachen Handhabung. Dem steht das Risiko gegenüber, daß die eigenen Kosten zu wenig beachtet werden. Eine konkurrenzorientierte Preisbestimmung eignet sich besonders für Märkte mit einer hohen Beweglichkeit der Nachfrage.

Aufgabe A22: Einführungspreise

a) Erläutern Sie den Unterschied zwischen dem Skimming und der Penetrationsstrategie bei der Produkteinführung!

b) Warum kann es sinnvoll sein, mit einem nicht kostendeckenden Preis in den Markt einzutreten?

c) Welche Bedeutung hat die Preisdifferenzierung?

Lösung:

a) Skimming und Penetrationsstrategie sind zwei unterschiedlich angelegte Strategien zur Festsetzung von Preisen bei der Einführung neuer Produkte. Während beim Skimming der Einführungspreis relativ hoch angesetzt wird, beginnt die Penetrationsstrategie mit relativ niedrigen Preisen.

Ein hoher Einführungspreis eröffnet Spielräume für Preissenkungen in späteren Phasen des Produktlebenszyklus. Er trägt auch dazu bei, die Höhe der Anfangsverluste zu begrenzen. Das Skimming setzt darauf, daß die Käuferschicht der Innovatoren auf den Preis unempfindlich reagiert bzw. einen hohen Preis als Qualitätssignal interpretiert.

Dagegen wird bei einer Penetrationsstrategie versucht, bereits früh eine hohe Marktdurchdringung zu erreichen. Das soll dazu führen, daß zum einen durch Lern- und Degressionseffekte Kosten gesenkt werden können, zum anderen die Marktführerschaft erreicht wird, die es später erlaubt, auch höhere Preise durchzusetzen. Ein niedriger Einführungspreis erhöht die Chancen für ein neues Produkt, sich auf dem Markt zu etablieren. Auf der anderen Seite steigt die Höhe des Schadens, wenn trotz niedriger Preise nur eine geringe Absatzmenge erzielt wird.

b) Alle Preisbestimmungsverfahren müssen letztlich dazu führen, daß die Erlöse aus dem Produkt zumindest seine Kosten decken. Die variablen Stückkosten bzw. die Grenzkosten stellen deshalb in der Regel eine absolute Preisuntergrenze dar. Die Einführung eines neuen Produkts ist jedoch eine Ausnahmesituation, in der von dieser Regel abgewichen werden kann. Ein nicht kostendeckender Einführungspreis ist im Rahmen einer Penetrationsstrategie durchaus vorstellbar, um ein Marktsegment rasch zu erschließen und über die Erfahrungskurve Kostensenkungen zu realisieren. Wichtig ist, daß der nicht kostendeckende Preis nur kurzfristig bestehen bleibt, also daß bald Kostensenkungen oder Preiserhöhungen erfolgen. Dies kann insbesondere dann gelingen, wenn der niedrige Preis zum Ausscheiden von Konkurrenten aus dem Marktsegment geführt hat.

Neben der Penetrationsstrategie gibt es noch weitere Situationen, in denen ein nicht kostendeckender Preis gerechtfertigt ist. Hierzu zählen zum Beispiel Produkte, mit denen das Image eines Unternehmens verbessert werden soll, oder Produkte, die in komplementärer oder sogar in einer produktionstechnischen Kuppelbeziehung zu gewinnträchtigen anderen Produkten stehen.

c) Der Preisdifferenzierung liegt eine Aufteilung des Markts in Teilmärkte mit unterschiedlicher Elastizität der Nachfrage zugrunde. Daher ergeben sich in den einzelnen Marktsegmenten unterschiedliche COURNOT-Punkte, aus denen verschiedene Preise für ein Produkt resultieren. Voraussetzung für die Preisdifferenzierung ist, daß sich die Märkte hinreichend gegeneinander abgrenzen lassen. Anlässe für eine Preisdifferenzierung können die Ausnutzung der unterschiedlichen Preisbereitschaft in unterschiedlichen Kundensegmenten, die Anpassung an regionale Unterschiede im Preisniveau, die Nutzung des Guts zu unterschiedlichen Zeiten oder zu unterschiedlichen Zwecken sein.

Aufgabe A23: Konditionen

a) Welche Bedeutung haben die Konditionen im Rahmen der Preispolitik?
b) Welche Rabattformen kennen Sie?

Lösung:

a) Die Bedeutung der Konditionen liegt vor allem darin, daß sie den Absatz hochpreisiger Produkte unterstützen, indem sie indirekt auf den zu zahlenden Betrag einwirken und so für die Kunden einen Zusatznutzen schaffen. Im folgenden wird dies anhand der Rabatte, Lieferungs- und Zahlungsmodalitäten sowie des Service erläutert.

- Bei Produkten mit niedrigen Preisen besteht nur wenig Spielraum für zusätzliche Rabatte. Hingegen kann eine geschickte Rabattpolitik wesentlich zur Akzeptanz hoher Preise beitragen, indem sie dem Kunden den Eindruck vermittelt, einen günstigen Preis erzielt zu haben. Darüber hinaus kann die Gewährung von Rabatten als ein Sonderfall der Preisdifferenzierung angesehen werden.

- Auch mit der Gestaltung der Lieferungs- und Zahlungsbedingungen kann ein Entgegenkommen gegenüber dem Kunden signalisiert werden. Die Anlieferung der Ware erschließt das Marktsegment der weniger mobilen Käufer. Ein Ratenkaufangebot ermöglicht es, Produkte mit hohen Preisen auch an Konsumenten mit geringer Finanzkraft abzusetzen.

- Bestimmte Serviceelemente können den Nutzen eines Produktes für die Konsumenten erhöhen. Hier ist vor allem eine großzügige Garantiegewährung zu nennen.

b) Rabatte können als Mengenrabatt, Bonus, Treuerabatt, Listungsrabatt, Zeitrabatt, Sortimentsrabatt, Sonderrabatt oder Verbraucherrabatt gewährt werden. Ein Mengenrabatt wird bei der einmaligen Abnahme einer größeren Anzahl von Produkten eingeräumt, ein Bonus belohnt größere kumulierte Absatzmengen, ein Treuerabatt langfristige Geschäftsbeziehungen. Listungsrabatte erhalten Abnehmer mit großer Marktmacht. Zeitrabatte werden für frühzeitige Bestellungen gezahlt. Mit Sortimentsrabatten werden Händler dazu bewegt, ein ganzes Sortiment abzunehmen. Sonderrabatte werden bei besonderen Gelegenheiten gewährt. Verbraucherrabatte schließlich können Konsumenten eingeräumt werden.

> **Aufgabe A24**: Distributionspolitik
>
> Geben Sie je ein Beispiel für
>
> a) werkseigene, werksgebundene und ausgegliederte Vertriebssysteme,
> b) direkten und indirekten Absatz!

Lösung:

a) Beispiele für werkseigenen Vertrieb finden sich in vielen Branchen. Hierunter fallen der Hofverkauf landwirtschaftlicher Betriebe, der Direktabsatz von Bäckereien und Fleischereien in eigenen Verkaufsräumen, Fahrkartenschalter öffentlicher Verkehrsbetriebe oder die Selbstvermarktung von elektrischem Strom durch die Elektrizitätserzeuger.

Werksgebundener Vertrieb liegt vor, wenn der Absatz an wirtschaftlich abhängige, aber organisatorisch selbständige Tochterunternehmen übertragen wird. Diese Form findet sich bei Großbetrieben der Konsumgüterindustrie oder auch beim Absatz von Automobilen, der vielfach über Werksniederlassungen erfolgt.

Beim ausgegliederten Vertrieb übernehmen eine oder mehrere rechtlich und wirtschaftlich selbständige Vertriebsgesellschaften den Absatz der Produkte. Ein typisches Beispiel ist das Franchise-System, bei dem die Franchise-Nehmer als unabhängige Unternehmer im Rahmen ihrer vertraglichen Vereinbarungen den Vertrieb der Produkte oder Dienstleistungen unter dem Markennamen des Franchise-Gebers übernehmen.

b) Direkter Absatz ohne Einschaltung des Handels ist der typische Absatzweg für Investitionsgüter oder andere Produkte mit einem hohen Erklärungsbedarf beim Kunden. Die Bedeutung der Handelsfunktionen tritt in diesem Fall zugunsten des direkten Kundenkontakts zurück. Ein Beispiel für den direkten Absatz sind die Zulieferunternehmen in der Automobilindustrie.

Dagegen erweist sich die Unterstützung des Groß- und Einzelhandels in der Distribution bei vielen Konsumgütern als hilfreich, so daß dort ein indirekter Absatz bevorzugt wird. Ein Beispiel ist der Verkauf von industriell gefertigten Schuhen, bei dem die Sortimentsfunktion des Einzelhandels den Verkauf wesentlich unterstützt.

> **Aufgabe A25**: Absatzformen
>
> a) Erläutern Sie die Vor- und Nachteile eines Vertriebs über Reisende bzw. Handelsvertreter!
>
> b) Bestimmen Sie den kritischen Umsatz, ab dem sich der Einsatz eines Reisenden lohnt, für folgende Daten: Die Provision des Handelsvertreters beträgt 3% vom Umsatz, der Reisende erhält neben einem Fixum von 2.500 € eine Provision von 0,5% vom Umsatz.
>
> c) Welche ergänzenden Entscheidungen sind hinsichtlich des Außendienstes zu treffen?

Lösung:

a) Der Vertrieb über einen reisenden Mitarbeiter ermöglicht es dem Unternehmen, seine Kommunikationsinstrumente gezielt einzusetzen. Zugleich erhält das Unternehmen Rückmeldungen von den Kunden. Ein Reisender stellt also eine direkte Verbindung zwischen dem Anbieter und seinen Nachfragern dar, verursacht allerdings auch bei schlechter Auftragslage hohe Fixkosten.

Der Umsatz, den ein Handelsvertreter erzielt, verteilt sich auf mehrere Auftraggeber, so daß die Bindung an das Unternehmen deutlich geringer ist. Sein Einsatz ist vor allem bei neuen Produkten mit zunächst geringem Umsatz vorteilhaft, da er bereits über Kontakte zu potentiellen Kunden verfügt. Mit der Beauftragung eines Handelsvertreters sind keine Fixkosten verbunden, dafür ist sein Provisionssatz höher als der eines Reisenden.

b) Der Break-Even-Punkt liegt bei demjenigen Umsatz U, bei dem beide Absatzwege die gleichen Kosten verursachen:

$$3\% \cdot U = 2.500 + 0,5\% \cdot U$$
$$U^* = 100.000$$

Der kritische Umsatz beträgt also 100.000 €; bei geringeren Umsätzen ist der Einsatz eines Handelsvertreters vorteilhaft, bei höheren die Einstellung eines Reisenden.

c) Nach der Entscheidung für ein werkseigenes Vertriebssystem (z.B. einen Reisenden) sind dessen Aufgaben festzulegen. Im Außendienst bedeutet dies unter anderem die Abgrenzung des Bezirks, die Tourenplanung, die Auswahl der Produkte und die Gestaltung des Anreizsystems für den Reisenden.

> Aufgabe A26: Kommunikationspolitik
> a) Welche Aufgabe hat die Werbung als absatzpolitisches Instrument?
> b) Stellen Sie die Werbung als Kommunikationsprozeß dar!
> c) Welche Aussage macht das AIDA-Modell der Werbewirkung?

Lösung:

a) Aufgabe der Werbung ist es, die Produkte des Unternehmens in einem bestimmten Marktsegment bekannt zu machen und Präferenzen für sie zu erzeugen. Die Werbung soll dazu beitragen, die Preis-Absatzfunktion für das Produkt so zu verschieben, daß bei festgehaltenen anderen absatzpolitischen Parametern die Absatzmenge gesteigert wird.

b) Werbung ist eine Sonderform eines einseitigen Kommunikationsprozesses, in dem der Anbieter als Sender auftritt und hofft, im relevanten Marktsegment auf Empfänger zu stoßen. Als Übertragungskanal können verschiedene Medien dienen. Werbebeiträge können an andere Kommunikationsmedien angehängt werden, zum Beispiel in Zeitungen, Illustrierten, Kino-, Radio- und Fernsehprogrammen. Die Werbung kann sich auch eigens geschaffener Medien bedienen (Leuchtreklamen, Luftschiffe, Produktverpackungen). Die eigentliche Werbebotschaft wird in der Regel verschlüsselt dargestellt. Dies trägt sowohl zur Erlangung der Aufmerksamkeit des geplanten Empfängers als auch zur Erzeugung des Interesses oder des Kaufwunsches bei.

c) Dem AIDA-Modell zufolge löst die Werbebotschaft beim Empfänger einen vierstufigen Prozeß aus. Zunächst wird die Aufmerksamkeit (attention) des Kunden für das Produkt erzeugt. In einer zweiten Stufe weckt das Produkt das Interesse (interest) des Kunden. Darauf folgt in einer dritten Stufe der Wunsch (desire) des Kunden, das Produkt zu erwerben. Der eigentliche Kauf (action) bildet die abschließende vierte Stufe der Werbewirkung.

> Aufgabe A27: Werbebudgetierung
> a) Welche Bedeutung hat die Mediaselektion für die Werbewirkung?
> b) Was versteht man unter der Werbebudgetierung? Nennen Sie jeweils ein Beispiel für
>   - Faustregeln der Werbebudgetierung,
>   - zielorientierte Werbebudgetierung,
>   - theoretisch fundierte Werbebudgetierung!

Lösung:

a) Werbung kann sich einer Vielzahl unterschiedlicher Werbeträger bedienen. Aufgabe der Mediaselektion ist es, den bzw. die für die konkrete Werbeaufgabe geeigneten Werbeträger auszuwählen. Dabei ist die unterschiedliche Wirkung der alternativen Werbeträger zu beachten.

Werbemedien wie Zeitungen, Illustrierte, Radioprogramme, Kino oder Fernsehprogramme richten sich ausschließlich an die Nutzer dieser Medien. Hier können also Marktsegmente gezielt ausgewählt werden. Der Grad an erzielter Aufmerksamkeit ist abhängig von der Position der Werbebotschaft (z.B. erste/letzte Seite, Hör- und Sehverhalten der Nutzer in Abhängigkeit von der Tageszeit). Andere Elemente der Werbepolitik wie die Gestaltung der Werbemaßnahme sind auf die Wahl des Werbeträgers abzustimmen. Generell kommt den genannten Werbeträgern eine große Verbreitung zu, so daß eine Werbebotschaft eine große Anzahl von Empfängern ansprechen kann.

Außenwerbung an Litfaßsäulen, Fahrzeugen oder dergleichen richtet sich an eine geringere Anzahl von zudem sehr unspezifischen Empfängern. Dagegen können Wurfsendungen gezielt geographisch abgegrenzte Marktsegmente bedienen. In beiden Fällen liegen geringere Gestaltungsspielräume als bei Fernsehspots vor.

Die meisten Werbeträger können zwar den Empfang bei zumindest einigen Kunden sicherstellen. Einen positiven Eindruck und insbesondere einen Kaufwunsch können sie jedoch selten garantieren. Eine hohe Überzeugungskraft haben dagegen Gutachter (z.B. Buchkritik) oder bisherige Verwender eines Produktes. Diese Werbeträger entziehen sich jedoch weitgehend dem Einfluß des Unternehmens.

b) Bei der Werbebudgetierung werden die für ein Produkt geplanten Werbeausgaben bestimmt. Die Werbebudgetierung kann mit einer Fremdvergabe an einen Anbieter von Werbedienstleistungen verbunden werden. Für die Festsetzung des Budgets können verschiedene Methoden eingesetzt werden: Ein Beispiel für eine Faustregel ist ein bestimmter Prozentsatz des erwarteten Umsatzes. Eine Zielvorgabe kann ein gewisser Marktanteil sein. In diesem Fall kann das Budget nicht im vorhinein festgelegt werden, weil die Wirkung der Budgethöhe auf die Marktentwicklung erst beobachtet werden muß. Dieser Zusammenhang wird durch die Werbe-Responsefunktion formalisiert, auf deren Grundlage theoretisch fundierte Werbebudgetentscheidungen getroffen werden. Die Werbe-Responsefunktion ist eine Nachfragefunktion, die die Absatzmenge in Abhängigkeit vom Werbeaufwand angibt. Eine solche Funktion kann auch als zusätzliche Variable den Werbeaufwand früherer Perioden aufnehmen (Carryover-Effekt).

> **Aufgabe A28**: Werbung
>
> Erläutern Sie den Unterschied von
>
> a) Verkaufsförderung und Öffentlichkeitsarbeit,
> b) informierender und suggestiver Werbung!

Lösung:

a) Die Verkaufsförderung umfaßt kurzfristig eingesetzte Maßnahmen zur Abschöpfung einer latenten Kaufbereitschaft. Beispiele sind Rabatte, Warenproben und Treueaktionen, die unmittelbar den Kauf initiieren sollen. Im weiteren Sinn werden auch Sonderangebote, Preisausschreiben und Clubs für die Benutzer bestimmter Marken zu den verkaufsfördernden Maßnahmen gezählt.

Demgegenüber ist die Öffentlichkeitsarbeit eines Unternehmens langfristig orientiert. Sie bezieht sich in der Regel nicht auf bestimmte Produkte, sondern auf das Erscheinungsbild des gesamten Unternehmens. Die Öffentlichkeitsarbeit dient nicht allein der Absatzfunktion, sondern zielt auch auf das Verhältnis zu Aktionären, Behörden und Anrainern. Nicht zuletzt geht es in der Öffentlichkeitsarbeit darum, die eigenen Mitarbeiter emotional an das Unternehmen zu binden.

b) Der Unterschied zwischen informierender und suggestiver Werbung bezieht sich auf den Inhalt der Werbebotschaft. Bei informierender Werbung werden den Empfängern überprüfbare und zutreffende Angaben über das beworbene Produkt und häufig auch noch darüber hinaus reichende Botschaften von allgemeinem Interesse (z.B. welche weiteren Produkte gekauft werden müssen, um das Produkt sinnvoll nutzen zu können) gesendet. Suggestive Werbung verzichtet dagegen weitgehend auf überprüfbare Angaben und zieht es vor, Assoziationsketten vom beworbenen Produkt zu den Bedürfnissen der Werbeempfänger zu ziehen.

> **Aufgabe A29**: Marketing-Mix
>
> a) Erläutern Sie die Interdependenzen zwischen den einzelnen Marketinginstrumenten anhand des Preis-Leistungsverhältnisses!
> b) Geben Sie je ein Beispiel für eine konsistente und eine inkonsistente Marketing-Mix-Strategie und die damit verbundenen Auswirkungen an!

Lösung:

a) Die Preis- und Produktpolitik sollten nicht unabhängig voneinander betrieben werden. Für den Absatzerfolg sind nicht die Produkteigenschaften oder der absolute Preis entscheidend, sondern der relative Preis, also das Preis-Leistungsverhältnis. Je mehr Nutzen ein Produkt im Verhältnis zum geforderten Preis den Kunden bieten kann, desto wahrscheinlicher wird ein Absatzerfolg. Auf der anderen Seite kann für ein minderwertiges Produkt kein hoher Preis durchgesetzt werden.

b) Ein Getränkehersteller hat eine neue Limonade entwickelt und sucht ein geeignetes Marketing-Konzept. Die Limonade unterscheidet sich von etablierten Marken des Unternehmens lediglich durch die Wahl der Geschmacks- und Farbstoffe. Es handelt sich somit um ein Massenprodukt von geringer Qualität. Ein konsistenter Marketing-Mix würde auf einen niedrigen Einführungspreis in der Nähe oder knapp unter den Preisen der eingeführten Marken setzen und mehrere Werbeträger mit großer Reichweite verwenden, um kurzfristig einen hohen Bekanntheitsgrad zu erzielen. Abgerundet würde der Marketing-Mix durch eine Massendistribution in Anlehnung an die etablierten Distributionswege des Unternehmens.

Ein inkonsistenter Marketing-Mix entsteht, sobald ein Instrument unpassend eingesetzt wird. Im Fall der Limonade liegt eine Inkonsistenz beispielsweise vor, wenn die Distribution in eine Region erfolgt, in der keinerlei Werbung eingesetzt wird. Ein anderes Beispiel für eine Inkonsistenz wäre die Auswahl eines falschen Werbeträgers, etwa einer Feinschmecker-Zeitschrift. Auch ein übertrieben hoher Einführungspreis würde die übrigen Elemente des Marketing-Mix konterkarieren.

Aufgabe A30: Werbetheorie

Stellen Sie das Grundmodell der Werbetheorie bei folgender Responsefunktion dar:

$$p = -a \cdot x + b(w)$$
$$b(w) = b + c \cdot w^{1/2}$$

mit: p - Preis
w - Werbeaufwand
x - Nachfrage

Bestimmen Sie bei konstanten Grenzkosten k der Produktion die notwendigen Bedingungen für den gewinnmaximierenden Werbeaufwand!

Lösung:

Das Grundmodell der Werbetheorie geht davon aus, daß die Nachfrage nach einem Produkt sowohl vom Preis als auch von der Werbung abhängt. Der Zusammenhang kann in einer Responsefunktion oder auch in einer Preis-Absatzfunktion, die zusätzlich vom Werbeaufwand abhängt, dargestellt werden. Diese Funktion wird für die Bestimmung des Gewinnmaximums zugrunde gelegt.

Der Gewinn ergibt sich als Differenz aus den Verkaufserlösen und den Produktionskosten sowie dem Werbeaufwand. Unter den genannten Voraussetzungen gilt:

$$G(x,w) = (-a \cdot x + b + c \cdot w^{1/2}) \cdot x - k \cdot x - w$$

Notwendige Bedingung für ein Gewinnmaximum ist eine Nullstelle der partiellen Ableitungen. Da die Gewinnfunktion hier von zwei Variablen abhängt, ergibt diese Bedingung zwei Gleichungen. Aus der Ableitung nach der Menge ergibt sich eine Gleichung, die zu festem Werbeaufwand die gewinnmaximale Absatzmenge angibt. Aus der Ableitung nach dem Werbeaufwand ergibt sich eine Gleichung, die zu festen Ausbringungsmengen den gewinnmaximalen Werbeaufwand angibt. Den Schnittpunkt beider Gleichungen bildet das zu dem Gewinnmaximum gehörige Variablenpaar $(\bar{x}, \bar{w})$. Da hier nach dem gewinnmaximalen Werbeaufwand gefragt ist, wird die Schnittbedingung nach w aufgelöst.

$$\frac{\partial G}{\partial x}(x,w) = -2a \cdot x + b + c \cdot w^{1/2} - k \overset{!}{=} 0 \quad \Rightarrow \quad \bar{x}(w) = \frac{c \cdot w^{1/2} + b - k}{2a}$$

$$\frac{\partial G}{\partial w}(x,w) = \frac{c \cdot x}{2w^{1/2}} - 1 \overset{!}{=} 0 \quad \Rightarrow \quad \bar{w}(x) = \left(\frac{c \cdot x - 1}{2}\right)^2$$

Der Schnittpunkt beider Gleichungen läßt sich am besten bestimmen, indem die zweite Gleichung ebenfalls nach der Absatzmenge aufgelöst wird:

$$x = \frac{2\bar{w}^{1/2}}{c}$$

Dann gilt für den gewinnmaximalen Werbeaufwand:

$$\frac{c \cdot \bar{w}^{1/2} + b - k}{2a} = \frac{2\bar{w}^{1/2}}{c} \quad \text{bzw.} \quad \bar{w} = \left(\frac{c(k-b)}{c^2 - 4a}\right)^2$$

3. Die Beschaffung

3.1 Materialwirtschaft und Lagerhaltung

> Aufgabe B1: Funktionen der Beschaffung
> a) Welche Funktion nimmt die Beschaffung im betrieblichen Leistungsprozeß wahr?
> b) Welche Entscheidungen sind im Bereich der Beschaffung zu treffen?

Lösung:

a) Im betrieblichen Leistungsprozeß ist die Beschaffung die Schnittstelle zwischen dem Betrieb und den Faktormärkten. Die Beschaffung soll die Versorgung der Produktion mit den notwendigen Produktionsfaktoren sicherstellen. Im betrieblichen Leistungsprozeß steht die Beschaffung also vor der Produktion, während der Absatz hinter der Produktion angesiedelt ist. Die Versorgung des Unternehmens mit Kapital gilt nicht als Aufgabe der Beschaffung, sondern ist der Finanzwirtschaft zugeordnet.

b) Gemäß der Gliederung der Produktionsfaktoren in Werkstoffe, Betriebsmittel und menschliche Arbeitsleistungen entscheidet die Beschaffung sowohl über den Materialeinkauf als auch über die Investition in neue Betriebsmittel und die Einstellung von Arbeitskräften.

Beschaffungsentscheidungen sind in verschiedenen betrieblichen Abteilungen angesiedelt. Während die Materialdisposition häufig in einer Materialwirtschafts- oder Logistikabteilung durchgeführt wird, werden Investitionsentscheidungen in einer Anlagenabteilung oder (bei größerem Investitionsumfang) seitens der Unternehmensleitung getroffen. Personalentscheidungen sind häufig in einer eigenen Personalabteilung angesiedelt.

Typische Entscheidungen in der Materialwirtschaft sind die Entscheidung zwischen Eigenfertigung und Fremdbezug (Make-or-Buy), die Entscheidung über den Beschaffungszeitpunkt, die Entscheidung über die Einkaufsmenge (Losgröße), die Entscheidung über die benötigte Faktorqualität, die Entscheidung über den akzeptierten Faktorpreis und die Entscheidung über den Lieferanten.

Beschaffung

Aufgabe B2: Materialwirtschaft

a) Was versteht man unter dem Begriff „Material"? Welche Materialgruppen kennen Sie?

b) Erläutern Sie die Aufgaben der Materialwirtschaft aus technischer und ökonomischer Sicht!

Lösung:

a) Unter der Bezeichnung „Material" werden Rohstoffe, Hilfsstoffe, Betriebsstoffe, Halbfabrikate, Fertigfabrikate und Abfälle zusammengefaßt. Dies sind alle Sachgüter, die in einen Fertigungsprozeß einmünden oder aus einem Fertigungsprozeß hervorgehen. Kein Material sind immaterielle Güter wie Rechte, Patente oder Fremdleistungen. Auch Maschinen, Grundstücke, Gebäude und menschliche Arbeitskräfte fallen nicht in den Bereich der Materialwirtschaft.

b) Aus technischer Sicht soll die Materialwirtschaft das Material für die Fertigung bereitstellen. Sie hat ihre Aufgabe dann erfüllt, wenn zur rechten Zeit am richtigen Ort das benötigte Material in der gewünschten Qualität und in einer ausreichenden Menge vorliegt.

Aus ökonomischer Sicht wird zusätzlich gefordert, daß die mit der Aufgabenerfüllung verbundenen Kosten im Rahmen eines vorgegebenen Budgets bleiben oder auch minimiert werden. Die mit der Materialbereitstellung verbundenen Kosten resultieren dabei zum einen aus den Materialpreisen und zum anderen aus der Bestellabwicklung, hinzu treten die Lagerhaltungskosten.

Aufgabe B3: Eigenfertigung oder Fremdbezug

a) Erläutern Sie die ökonomische Struktur der Make-or-Buy-Entscheidung!

b) Ein Bauteil kann von einem Lieferanten zu 15 € pro Stück bezogen werden. Die Eigenfertigung verursacht pro Monat Fixkosten in Höhe von 1.000 € und variable Kosten von 13 € pro Stück. Ab welcher monatlichen Bedarfsmenge ist die Eigenfertigung des Bauteils rechnerisch günstiger als der Fremdbezug?

c) Welche weiteren Kriterien sind bei der Entscheidung über Eigenfertigung oder Fremdbezug zu berücksichtigen, wie wirken sich diese auf die Entscheidung aus?

Lösung:

a) Die Entscheidung zwischen Eigenfertigung und Fremdbezug hat eine kurzfristige und eine langfristige Komponente. Kurzfristig gesehen kann die Make-or-Buy-Entscheidung als Break-Even-Problem modelliert werden, in dem die kritische Bestellmenge ermittelt wird, von der an die Eigenfertigung geringere Kosten verursacht als der Fremdbezug. Dabei ist die Eigenfertigung typischerweise durch hohe Fixkosten und geringe variable Stückkosten gekennzeichnet, während beim Fremdbezug geringe oder gar keine Fixkosten und höhere Stückkosten anfallen. Ferner kann der Fremdbezug dazu dienen, vorübergehende Kapazitätsengpässe zu überbrücken.

In langfristiger Sichtweise spielen andere Auswirkungen der Make-or-Buy-Entscheidung als die unmittelbare Kostenwirkung eine größere Rolle. Es handelt sich um eine strategische Entscheidung über die Fertigungstiefe. Eine Entscheidung für die Eigenfertigung bedeutet eine größere Unabhängigkeit von Lieferanten, erleichterte Disposition über Bestellmengen und -termine, eine höhere Auslastung vorhandener eigener Kapazitäten, die Aufrechterhaltung von technischem Know-how, verbesserten Möglichkeiten der Kapitalbeschaffung aufgrund der Betriebsgröße und die Sicherung der eigenen Qualitätsansprüche an das Material. Auf der anderen Seite kann eine Entscheidung für den Fremdbezug die Schließung unrentabler Abteilungen und damit eine Verbesserung der Ertragskraft, eine größere Flexibilität bei der Materialauswahl sowie die Vermeidung von zu hohen Lagerbeständen bedeuten. In letzter Zeit ist vielfach die Strategie des Outsourcing zu beobachten, wobei sich die Unternehmen immer mehr auf ihr Kerngeschäft konzentrieren und alle Aktivitäten, die nicht zum Kernbereich gehören, an Zulieferer oder Dienstleister abgeben.

b) Die kritische Beschaffungsmenge, bis zu der ein Fremdbezug kurzfristig geringere Kosten verursacht, beträgt:

$$x = \frac{1.000}{15-13} = 500 \text{ Stück}$$

c) Die Fixkosten für die Eigenfertigung des Bauteils fallen auch beim Fremdbezug weiterhin an, solange nicht die Eigenfertigung vollständig aufgegeben wird und die zugehörigen Kapazitäten abgebaut werden. Der Kostenvorteil des Fremdbezugs kann somit nur dann wahrgenommen werden, wenn eine mittel- bis langfristige Entscheidung getroffen wird. Es ist daher eine Prognose vorzunehmen, welche Stückzahl des Bauteils während des zugehörigen Planungshorizonts voraussichtlich benötigt wird.

Liegt die Verbrauchsmenge langfristig unter der kritischen Beschaffungsmenge, so sind zusätzlich die Kosten einer Schließung der Bauteilfertigung (z.B. Sozialplan für entlassene Mitarbeiter) zu beachten. Auch ist zu prüfen, welche Kosten eine eventuelle Wiederaufnahme der Eigenfertigung nach sich ziehen würde (z.B. Investition in Spezialmaschinen), falls sich die Konditionen des Lieferanten zu einem späteren Zeitpunkt verschlechtern oder der Lieferant vollständig ausfällt. Weitere Aspekte, die in die Entscheidung einfließen können, sind Zusatzleistungen des Lieferanten wie etwa die Bereitstellung von Lagerfläche, eine Zwischenfinanzierung für die Bauteile oder das eventuell größere Know-how des Lieferanten bei der Fertigung ähnlicher Bauteile, die für die weitere Entwicklung der eigenen Fertigung von Bedeutung sein können.

Aufgabe B4: Beschaffungsstrategien

a) Welche Möglichkeiten zur Organisation der Beschaffung kennen Sie? In welchen Situationen werden diese eingesetzt?

b) Welche Kriterien spielen bei der Lieferantenwahl eine Rolle?

Lösung:

a) Die Beschaffung kann fallweise, auf Vorrat oder fertigungssynchron erfolgen. Eine fallweise Beschaffung wird jeweils bei Vorliegen eines konkreten Bedarfs ausgelöst, z.B. bei nur selten benötigten Materialien wie Speziallegierungen oder -anfertigungen. Sie ist weiter sinnvoll, wenn keine Lagerfläche für Vorräte vorgehalten wird, wenn eine prompte Lieferung vorausgesetzt werden kann oder wenn der festgestellte Bedarf nicht dringend ist. Vielfach ist die fallweise Beschaffung ein Hinweis auf Planungsfehler.

Die Vorratsbeschaffung setzt eine Materialplanung voraus, in der für jede Materialart die Bedarfsmengen und -zeitpunkte hinreichend genau prognostiziert werden können. Auf der Grundlage dieser Planungsdaten kann dann eine optimale Bestellpolitik durchgeführt werden, die an betriebswirtschaftlichen Zielen wie der Kostenminimierung ausgerichtet ist. Eine Vorratsbeschaffung empfiehlt sich immer dann, wenn viele verschiedene Materialien regelmäßig benötigt werden und wenn die Produktion auf Lieferverzüge empfindlich reagiert.

Eine fertigungssynchrone Beschaffung ist ein Sonderfall der Vorratsbeschaffung, bei dem mit sehr knappen Vorräten gearbeitet wird. Dieses Just-in-

Time-Konzept setzt detaillierte Absprachen mit den Lieferanten voraus, so daß diese auf Abruf das benötigte Material liefern können. Durch die Verkleinerung der Lagerbestände bewirkt die fertigungssynchrone Beschaffung eine Verringerung der Kosten der Materialbeschaffung. Zugleich erhöht sich jedoch das Risiko einer Störung der Produktion durch Lieferverzögerungen. Eine fertigungssynchrone Materialbeschaffung wird z.B. in weiten Bereichen der Automobilindustrie praktiziert.

b) Die Lieferantenwahl kann in bezug auf die erreichte Versorgungssicherheit, in bezug auf die erzielten Konditionen und in bezug auf die mögliche Abwicklung beurteilt werden. Eine sichere Versorgung der Produktion mit dem benötigten Material kann eher durch langfristige Verträge mit Stammlieferanten gewährleistet werden. Weiter kann eine Verteilung der Bestellungen auf mehrere Lieferanten dazu beitragen, das Risiko von Lieferungsausfällen zu reduzieren.

Günstige Konditionen lassen sich in der Regel bei langjährigen Geschäftsbeziehungen erreichen. Umgekehrt kann man aber gerade durch einen fallweisen Einkauf günstige Gelegenheiten ausnutzen oder mehrere konkurrierende Anbieter gegeneinander ausspielen.

Die Abwicklung des Einkaufs wird bei der langfristigen Bindung an bestimmte Lieferanten erheblich erleichtert, weil die Gepflogenheiten wechselseitig bekannt sind. Weiterhin kann die Abwicklung in einem langfristigen Liefervertrag standardisiert festgelegt werden. Wird hingegen fallweise eingekauft, können erhebliche Verwaltungs- und Abwicklungskosten entstehen.

Aufgabe B5: ABC-Analyse

a) Welches Ziel wird mit dem Einsatz der ABC-Analyse in der Materialwirtschaft verfolgt?
b) Welche Beschaffungsstrategien sind für A-, B- bzw. C-Teile vorteilhaft?

Lösung:

a) Die ABC-Analyse basiert auf einer Einteilung der zu beschaffenden Materialien in drei Klassen, für die unterschiedliche Beschaffungsstrategien eingesetzt werden. Ausgangspunkt ist die Beobachtung, daß die Materialarten Unterschiede in bezug auf ihre Bedarfsmengen, ihren Preis und ihre Beschaffenheit aufweisen. Hinter der ABC-Analyse steht das Ziel, Beschaffungskosten zu reduzieren, indem Artikel, die einen großen Anteil am Umsatz aufweisen, besonders sorgfältig geplant werden. Hingegen wird die Aufmerksamkeit des Materialdisponenten von weniger bedeutenden Teilen abgezogen.

b) A-Teile sind in der Regel wenige Artikel, die einen besonders hohen Anteil an den Materialkosten aufweisen. Dies kann entweder daran liegen, daß ihr Preis besonders hoch ist oder daß sie in besonders großen Mengen verbraucht werden. A-Teile verdienen die besondere Aufmerksamkeit der Materialwirtschaft, weil sie einen großen Anteil an den gesamten Materialkosten verursachen. Für jedes A-Teil ist eine eigene Bestellstrategie zu entwickeln, weil hierbei auch geringfügige Kostenreduzierungen bedeutende Auswirkungen haben. Angesichts ihres hohen Werts erscheint es von der Tendenz her sinnvoll, möglichst geringe Lagerbestände an A-Teilen zu halten, um wenig Kapital zu binden. Im Fall eines raschen Umsatzes kann umgekehrt eine große Bestellmenge sinnvoll sein, um von Rabatten des Lieferanten zu profitieren. Dies muß aber im Einzelfall entschieden werden.

C-Teile sind umgekehrt dadurch charakterisiert, daß eine große Anzahl von Artikeln nur einen äußerst geringen Anteil an den gesamten Materialbeschaffungskosten verursacht. Hier ist es also möglich, andere materialwirtschaftliche Ziele wie die Versorgungssicherheit in den Vordergrund zu stellen. Eine sinnvolle Beschaffungsstrategie kann daher in seltenen, aber umfangreichen Bestellungen, die in regelmäßigen Abständen erfolgen, bestehen.

B-Teile nehmen eine intermediäre Stellung zwischen den A- und den C-Teilen ein. Ihre Disposition ist also noch von einer gewissen Bedeutung für das Kostenziel; eine Einzeldisposition lohnt sich aber nicht mehr. Eine sinnvolle Beschaffungsstrategie kann hier in häufigen kleinen Bestellungen, die in regelmäßigen Abständen erfolgen, liegen. Auf diese Weise kann die Versorgungssicherheit aufrechterhalten werden, ohne daß die Disposition übermäßige Abwicklungskosten nach sich zieht, und es können zugleich die Lagerhaltungskosten gering gehalten werden.

Aufgabe B6: Lager

a) An welchen Stellen im betrieblichen Leistungsprozeß können Lager auftreten? Welche Aufgabe wird jeweils vom Lager erfüllt?
b) Welche Funktionen kann ein Lager wahrnehmen?
c) Welche Zielsetzung läßt sich aus diesen Funktionen für die Lagerhaltung ableiten?

Lösung:

a) Lagerbestände können überall dort im Betrieb auftreten, wo eine Pufferung zwischen zwei Teilbereichen bzw. Funktionen erfolgen muß, weil die Abgangsrate des vorgelagerten Bereichs nicht mit der Bedarfsrate des nachgelagerten Bereichs übereinstimmt. Dabei lassen sich Rohstofflager, Zwischenlager und Absatzlager unterscheiden.

In Rohstofflagern werden Materialien nach erfolgter Anlieferung durch die Lieferanten eingelagert. Von hier können die Materialien nach Anforderung in den Produktionsprozeß eingebracht werden. Die Eingangslager schaffen einen Ausgleich zwischen der losweisen Anlieferung und dem eher kontinuierlichen Verbrauch der Rohstoffe. Sie werden nach Möglichkeit nahe bei dem verbrauchenden Prozeß eingerichtet.

Zwischenlager nehmen Halbfabrikate und Abfälle aus den verschiedenen Stufen des Produktionsprozesses zeitweise auf. Diese Pufferfunktion wird immer dann benötigt, wenn der Prozeß in mehreren Stufen organisiert ist und diese Stufen nicht durch eine Fließfertigung verbunden oder anders synchronisiert sind. Zwischenlager schaffen einen Ausgleich zwischen dem Anfall der in einer Produktionsstufe hergestellten und den in der nächsten Stufe benötigten Halbfabrikatemengen. Sie werden in der Nähe der beteiligten Anlagen errichtet.

Endproduktlager nehmen die für den Absatz bestimmten Endprodukte auf. Sie werden benötigt, wenn sich die Produktion nicht vollständig an der Nachfrage ausrichtet (Emanzipationsprinzip) oder wenn in der Distribution noch eine Bündelung der Endprodukte vorgenommen werden soll. Absatzlager können sowohl nach den Bedürfnissen der Produktion, also nahe bei der Fertigung, als auch nach den Bedürfnissen der Distribution, also nahe beim Kunden, errichtet werden.

b) Lager werden in erster Linie zum zeitlichen Ausgleich zwischen dem Zugang von Materialien und deren Bedarf gebraucht. Daneben dienen sie auch dazu, einen mengenmäßigen Ausgleich zu schaffen, wenn die Losgröße des Lieferanten oder einer Vorstufe nicht mit der Einsatzmenge einer Produktionsstufe übereinstimmt. Lager übernehmen weiterhin eine Sicherungsfunktion, indem sie Sicherheitsbestände für unvorhergesehene Bedarfsschwankungen vorhalten. Im Handel werden Lager für die Gruppierung von Gütern zu Sortimenten eingesetzt. In Spezialfällen kann ein Lager gleichzeitig noch weitere Funktionen übernehmen, etwa die Veredlung von alkoholischen Getränken durch Alterung. Schließlich können Lager auch zu Spekulationszwecken vorgehalten werden.

c) Zunächst soll ein Lager seine Funktionen erfüllen. Es soll also die benötigten Bestände aufweisen, nicht zu weit von den betreffenden Produktionsstellen entfernt liegen, es soll über eine schnelle und flexible Ein- und Auslagerungstechnik verfügen, und die Bestände sollen während der Lagerung vor Verderb, Diebstahl oder Beschädigung geschützt werden.

Zum anderen soll sich das Lager den allgemeinen Unternehmenszielen unterordnen, d.h. möglichst kostengünstig arbeiten. Es darf also nicht zu groß dimensioniert sein, keine überflüssige Technik aufweisen und soll möglichst geringe Personalkosten verursachen. Kurzfristig ist der Lagerbestand so zu bestimmen, daß die Summe aus den bei einer Bestellung bzw. Auflage anfallenden Kosten und den variablen Lagerhaltungskosten minimal ist.

Aufgabe B7: Kosten der Lagerhaltung

a) Was versteht man unter einem Los?
b) Welche Kosteneinflußgrößen treten im Bereich der Lagerhaltung auf? Inwiefern sind diese Kosten bei der Entscheidung über die optimale Losgröße relevant?
c) In welchem Verhältnis stehen die Ziele der Kostenminimierung und der Optimierung des Kundenservice?

Lösung:

a) Ein Los ist die Gütermenge, die gleichzeitig beschafft oder in einem Produktionsvorgang erzeugt wird. Dabei ist ein Produktionsvorgang durch einen Umrüstvorgang oder eine Leerzeit begrenzt.

b) Bei der Lagerhaltung treten beschäftigungsunabhängige und beschäftigungsabhängige Kosten auf. Fixkosten sind z.B. die Miete bzw. die Abschreibungen für den Lagerraum oder als Zeitlohn anfallende Personalkosten. Sie verhalten sich unabhängig von den kurzfristigen Dispositionen im Lager, insbesondere auch von Losgrößenentscheidungen.

Neben den Fixkosten der Lagerhaltung entstehen Kosten bei Bestellungen oder bei der Aufgabe von Produktionsaufträgen, nämlich Rüstkosten, Transport- und Verwaltungskosten. Sie fallen für jedes Los separat an. Eine Senkung dieser losfixen Kosten kann – bezogen auf eine Zeiteinheit – erreicht werden, indem möglichst große Lose bestellt werden.

Die Losgröße wird weiterhin von variablen Lagerhaltungskosten, insbesondere der Verzinsung des durch die Bestände gebundenen Kapitals, beeinflußt. Daneben sind Kosten durch Schwund oder Verderb von Lagergütern zu berücksichtigen, die ebenfalls von der Höhe der eingelagerten Bestände abhängen. Das Ziel einer Minimierung der variablen Lagerhaltungskosten spricht für möglichst kleine Losgrößen, weil damit auch die durchschnittlichen Lagerbestände sinken.

Als vierte Kostenkategorie, die im Zusammenhang mit der Lagerhaltung auftritt, sind die Fehlmengenkosten zu nennen, die immer dann auftreten, wenn der Lagerbestand nicht ausreicht, um den aktuellen Bedarf zu befriedigen. Sie setzen sich aus Konventionalstrafen und nicht-monetären Bestandteilen wie Goodwill-Verlust und entgangenen späteren Deckungsbeiträgen aufgrund der Abwanderung von Kunden zusammen. Als Vorkehrung gegen Fehlmengen können Sicherheitsbestände gehalten werden, durch diese werden jedoch die bestandsabhängigen Kosten erhöht.

c) Die Kosten- und Serviceziele stehen in einer konfliktären Beziehung zueinander. Hohe Sicherheitsbestände verringern das Risiko von Fehlmengen und erhöhen damit den Servicegrad, sie erhöhen aber gleichzeitig die variablen Lagerhaltungskosten. Auch häufigere Bestellungen können den Servicegrad erhöhen, ziehen aber höhere losfixe Kosten nach sich.

Aufgabe B8: Klassisches Losgrößenmodell

a) Geben Sie die Annahmen des klassischen Losgrößenmodells an und leiten Sie für dieses die Losgröße her, die die Kosten pro Zeiteinheit minimiert!

b) Leiten Sie die Formel für die optimale Losgröße mittels der Kosten pro Stück her!

c) Beweisen Sie, daß die variablen Lagerhaltungskosten pro Zeiteinheit und die bestellfixen Kosten pro Zeiteinheit bei optimaler Losgröße gleich hoch sind, wenn keine fixen Lagerkosten auftreten!

d) Welchen Einfluß auf die optimale Losgröße hat – bei jeweils isolierter Betrachtung – eine Erhöhung
- der Bedarfsrate,
- des Preises des Lagerguts,
- des Lagerhaltungskostensatzes,
- der bestellfixen Kosten?

e) Wie wirkt sich die Berücksichtigung von eisernen Beständen und Lieferverzögerungen auf die Bestellpolitik und die Lagerbestandsentwicklung aus?

Lösung:

a) Das Losgrößenmodell von HARRIS/ANDLER geht von folgenden Annahmen aus: Ein einziges Lagergut verläßt mit konstanter Rate d das Lager. Die Auffüllung erfolgt durch Produktion mit ebenfalls konstanter Rate x oder durch Bestellung einer konstanten Losgröße q. Mit jedem Produktionsauftrag (jeder Bestellung) entstehen losfixe Kosten c_R. Für die Einlagerung entstehen bestandsproportionale Lagerhaltungskosten mit dem Kostensatz c_L.

Es gibt keine Unsicherheit bezüglich der Planungsdaten. Zudem verhalten sich alle angegebenen Raten und Kostensätze über eine unbegrenzte Zeitdauer konstant. Es gibt keine Beschränkung der Lagerkapazitäten, das heißt, es können beliebig große Lose eingelagert werden.

Aufgrund des deterministischen Lagerabgangs und der Annahme entfallender Lieferfristen kann auf Sicherheitsbestände verzichtet werden. Das Lager wird also bis zu jedem erneuten Bestellvorgang vollkommen geleert.

Einzige Steuerungsgröße im klassischen Losgrößenmodell ist die Wahl der Losgröße q. Alternativ kann auch das optimale Bestellintervall T bestimmt werden, denn es gilt $q = T \cdot d$. Bei Lagerzugang durch Produktion sind der Umfang q oder der Abstand T der Produktionsaufträge so zu bestimmen, daß die Summe der Kosten minimiert wird. Der Kundenservice wird als Nebenbedingung insofern berücksichtigt, als zu keinem Zeitpunkt ein negativer Lagerbestand vorkommen darf.

Zur Ermittlung der variablen Lagerhaltungskosten muß zunächst der mittlere Lagerbestand berechnet werden. Erfolgt die Einlagerung durch Bestellung eines Loses der Größe q, so beträgt der mittlere Lagerbestand $q/2$, weil der Zugang des nächsten Loses genau dann erfolgt, wenn das Lager vollkommen geleert ist, und weil das Lager mit konstanter Rate geräumt wird. Erfolgt die Einlagerung durch eine Produktion mit konstanter Rate x, so ist zusätzlich zu beachten, daß während der Produktionsdauer das Lager lediglich mit der Rate $x - d$ aufgefüllt wird. Es wird also als maximaler Lagerbestand lediglich

$$L = q - q \cdot \frac{d}{x}$$

erreicht, der mittlere Lagerbestand beträgt also:

$$\frac{L}{2} = \frac{q}{2} \cdot \left(1 - \frac{d}{x}\right)$$

Der Fall der Bestellung mit sofortiger Lieferung ist in dieser Formel als Grenzfall $x = \infty$ enthalten.

Zur Bestimmung der Kosten pro Zeiteinheit werden die Gesamtkosten, die innerhalb eines Bestellintervalls anfallen, durch die Länge des Bestellintervalls geteilt. Es gilt:

$$k = \frac{c_R}{T} + \frac{q}{2}\left(1 - \frac{d}{x}\right) \cdot c_L = \frac{d}{q} \cdot c_R + \frac{q}{2}\left(1 - \frac{d}{x}\right) \cdot c_L$$

Das Minimum dieser Funktion wird als Nullstelle der ersten Ableitung bestimmt. Es gilt:

$$\frac{dk}{dq} = -\frac{d \cdot c_R}{q^2} + \frac{1}{2}\left(1 - \frac{d}{x}\right) \cdot c_L \overset{!}{=} 0$$

$$\Rightarrow q = \sqrt{\frac{2 \cdot c_R \cdot d}{c_L \cdot \left(1 - \frac{d}{x}\right)}}$$

Dieser Wert stellt tatsächlich ein Minimum dar, weil die zweite Ableitung der Kostenfunktion positiv ist:

$$\frac{d^2 k}{dq^2} = \frac{2 \cdot c_R \cdot d}{q^3} > 0$$

b) Die Losgrößenformel kann auch durch eine Minimierung der Stückkosten hergeleitet werden. Die Stückkosten werden aus den Gesamtkosten, die für eine bestellte Mengeneinheit des Guts anfallen, berechnet, indem durch die Losgröße geteilt wird. Als Variable fungiert dann nicht mehr die Losgröße, sondern das Bestellintervall. Es gilt:

$$\hat{k} = \frac{c_R}{q} + \frac{T}{q} \cdot \frac{q}{2} \cdot \left(1 - \frac{d}{x}\right) \cdot c_L = \frac{c_R}{d \cdot T} + \frac{T}{2}\left(1 - \frac{d}{x}\right) \cdot c_L$$

Die Bedingung $\frac{d\hat{k}}{dT} \overset{!}{=} 0$ wird durch $T = \sqrt{\dfrac{2 \cdot c_R}{d \cdot \left(1 - \dfrac{d}{x}\right) \cdot c_L}}$ erfüllt. Da die zweite Ableitung positiv ist, liegt ein Stückkostenminimum vor:

$$\frac{d^2 \hat{k}}{dT^2} = \frac{2 \cdot c_R}{d \cdot T^3} > 0$$

Beschaffung

Die optimale Losgröße ergibt sich aus diesem Ergebnis als:

$$q = d \cdot T = \sqrt{\frac{2 \cdot d^2 \cdot c_R}{d \cdot \left(1 - \frac{d}{x}\right) \cdot c_L}} = \sqrt{\frac{2 \cdot d \cdot c_R}{c_L \cdot \left(1 - \frac{d}{x}\right)}}$$

Dieser Lösungsansatz führt also zu derselben Formel, wie sie in Aufgabenteil a) hergeleitet wurde.

c) Die optimale Losgröße q ist gemäß Aufgabenteil a) Nullstelle der Ableitung der Stückkosten. Es gilt also:

$$\frac{c_R \cdot d}{q^2} = \frac{1}{2}\left(1 - \frac{d}{x}\right) \cdot c_L$$

Multipliziert man diese Gleichung mit q, so ergibt sich:

$$\frac{c_R}{T} = \frac{q}{2}\left(1 - \frac{d}{x}\right) \cdot c_L$$

Dabei wurde auf der linken Seite die Gleichung die Beziehung $q = T \cdot d$ ausgenutzt. Damit ist jedoch bereits die Behauptung bewiesen, denn links stehen die bestellfixen Kosten je Zeiteinheit und rechts die variablen Lagerhaltungskosten je Zeiteinheit.

d) Mit wachsender Bedarfsrate d wird der Nenner in der Wurzel

$$c_L \cdot \left(1 - \frac{d}{x}\right)$$

kleiner und gleichzeitig der Zähler $2 \cdot d \cdot c_R$ größer. Der Bruch unter dem Wurzelzeichen wird also insgesamt größer und damit auch die optimale Losgröße.

Isoliert betrachtet, hat der Preis keine Auswirkung auf die optimale Losgröße, da er nicht in der Lösungsformel auftritt. Steigt hingegen mit steigendem Preis des Lagerguts auch der variable Lagerhaltungskostensatz c_L, so wird der Bruch unter dem Wurzelzeichen und damit auch die optimale Losgröße kleiner.

Eine Erhöhung der bestellfixen Kosten wirkt sich dagegen steigernd auf die optimale Losgröße aus, weil c_R im Zähler des Bruchs unter dem Wurzelzeichen steht.

e) Sollen eiserne Bestände berücksichtigt werden, darf der Lagerbestand nicht unter einen festen Wert s sinken. Der Bestellvorgang wird bereits dann ausgelöst, wenn der Lagerbestand bis auf s abgesunken ist. Der minimale Lagerbestand beträgt also s. Der maximale Lagerbestand wird nach Ausführung des Produktionsloses erreicht, er beträgt dann:

$$L_s = s + q - q \cdot \frac{d}{x}$$

Der mittlere Lagerbestand steigt somit auf:

$$s + \frac{q}{2}\left(1 - \frac{d}{x}\right)$$

Die Gesamtkosten im Verlauf eines Bestellintervalls steigen dadurch auf:

$$K_s = c_R + s \cdot T \cdot c_L + \frac{q}{2} \cdot \left(1 - \frac{d}{x}\right) \cdot T \cdot c_L$$

Die durchschnittlichen Kosten pro Zeiteinheit bzw. pro Stück erhöhen sich somit um den konstanten Summanden $s \cdot c_L$ bzw. $s \cdot c_L / d$. Bei der Bestimmung der optimalen Losgröße oder des optimalen Bestellintervalls spielt dieser konstante Summand keine Rolle, weil er beim Ableiten verschwindet. Eiserne Bestände verschieben also nur das Kostenniveau, verändern aber nicht die optimale Losgröße.

Konstante deterministische Lieferfristen haben ebenfalls keinen Einfluß auf die Größe des kostenminimalen Loses. Sie führen lediglich dazu, daß der Bestellvorgang um die konstante Frist vorverlegt werden muß. Ist dagegen das Ausmaß der Lieferverzögerung unsicher, sind die Annahmen des klassischen Losgrößenmodells verletzt.

Aufgabe B9: Optimale Bestellmenge

Ein Pkw-Hersteller benötigt für die Produktion in einem Zweigwerk Reifen für 40.000 Autos pro Jahr. Bezogen werden von einem Reifenhersteller pro Auto 4 normale Reifen und 1 Notrad. Die Lagerhaltungskosten pro normalem Reifen betragen 40 € pro Jahr. Die Noträder verursachen 20 € Lagerhaltungskosten pro Jahr und Rad. Bei den normalen Reifen fallen bestellfixe Kosten in Höhe von 500 €, bei den Noträdern in Höhe von 250 € an.

a) Wie groß ist die optimale Bestellmenge für die normalen Reifen bzw. für die Noträder?

b) Erläutern Sie die Bestimmung der optimalen Bestellmenge für die normalen Reifen graphisch.

Beschaffung

c) Um wieviel würden die gesamten Bestell- und Lagerhaltungskosten gegenüber der optimalen Bestellpolitik steigen, wenn gleichzeitig mit der Bestellung der optimalen Losgröße für die normalen Reifen auch die entsprechende Anzahl von Noträdern (1 Notrad pro 4 normale Reifen) bestellt würde?

Lösung:

a) Die Beschaffung der Räder erfolgt durch losweise Bestellung. Lagerabgang, Rüstkosten- und Lagerhaltungskostensatz sind konstant. Die optimale Bestellmenge kann also nach dem klassischen Losgrößenmodell berechnet werden. Dabei ist für die Produktionsrate der Wert $x = \infty$ anzusetzen. Es gilt somit für die normalen Reifen:

$$q_R = \sqrt{\frac{2 \cdot d \cdot c_R}{c_L}} = \sqrt{\frac{2 \cdot 160.000 \cdot 500}{40}} = 2.000$$

Die optimale Bestellmenge für die normalen Reifen beträgt somit 2.000 Stück, und es werden jährlich 80 Bestellungen vorgenommen.

Für die Noträder gilt analog:

$$q_N = \sqrt{\frac{2 \cdot 40.000 \cdot 250}{20}} = 1.000$$

Die losgrößenrelevanten Kosten für die Noträder werden also bei 40 jährlichen Bestellungen zu je 1.000 Stück minimiert.

b) Die Funktion der Gesamtkosten je Zeiteinheit ergibt sich als Summe aus den Rüstkosten je Zeiteinheit

$$\frac{c_R \cdot d}{q} = \frac{500 \cdot 160.000}{q} = \frac{80.000.000}{q}$$

und den Lagerhaltungskosten je Zeiteinheit

$$\tfrac{1}{2} c_L \cdot q = \tfrac{1}{2} \cdot 40 q = 20 q$$

Die Gesamtkosten bei der optimalen Losgröße von 2.000 Reifen entsprechen dem Minimum der Gesamtkostenfunktion; bei der vorliegenden Aufgabenstellung stimmt dies mit dem Schnittpunkt von Rüstkosten/ZE und Lagerhaltungskosten/ZE überein. Sie betragen:

$$k(2.000) = \frac{80.000.000}{2.000} + 20 \cdot 2.000 = 80.000$$

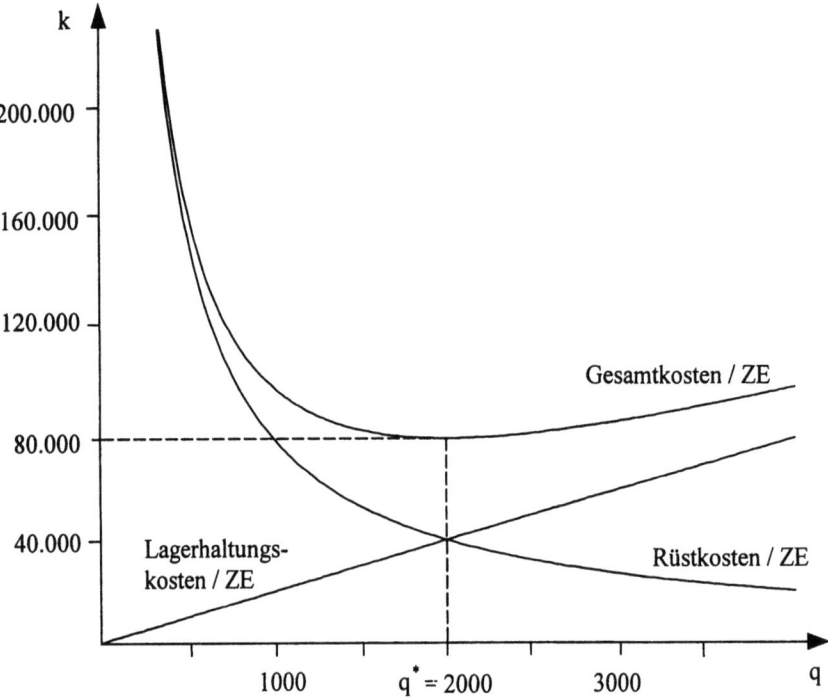

c) Bei 40 Bestellungen entstehen für die Noträder jährliche Gesamtkosten in Höhe von:

$$K(1.000) = 40 \cdot \left[c_R + \frac{q}{2} \cdot T \cdot c_L \right] = 40 \cdot \left[250 + 500 \cdot \frac{1}{40} \cdot 20 \right] = 20.000$$

Werden hingegen die Noträder gemeinsam mit den normalen Rädern, also 80 mal im Jahr bestellt, steigen die Gesamtkosten auf:

$$K(500) = 80 \cdot \left[250 + 250 \cdot \frac{1}{80} \cdot 20 \right] = 25.000$$

Der jährliche Kostenanstieg durch die gemeinsame Bestellung beträgt 5.000 € bzw. 25%. Bei dieser Rechnung wird implizit vorausgesetzt, daß durch die gemeinsame Bestellung keine bestellfixen Kosten eingespart werden können. Damit läßt sich das Ergebnis der Rechnung gleichzeitig als Untergrenze für die Senkung der bestellfixen Kosten bei Verhandlungen mit dem Lieferanten über eine gemeinsame Bestellung und Anlieferung nutzen.

Beschaffung

Aufgabe B10: Optimale Losgröße

a) Ein Röhrenwerk hat einen Jahresabsatz von 6.000 Röhren im Durchmesser von 30 cm. Bei voller Auslastung der Produktionsanlagen können jährlich 24.000 Röhren hergestellt werden. Die auflagefixen Kosten betragen 200 €. Darin sind alle Einrichtungs- und Umbaukosten für die Umrüstung der Produktionsanlagen auf die Fertigung eines bestimmten Röhrentyps enthalten. Als Wert der Röhren (Durchmesser 30 cm) werden intern 100 € angesetzt. Der kalkulatorische Zinssatz beträgt 15%. Mengenabhängige Versicherungsprämien für Diebstahl und Bruch entstehen in Höhe von 5% des jeweils gelagerten Werts. Bestimmen Sie die optimale Losgröße!

b) Um welchen Betrag wären die Rüst- und Lagerhaltungskosten pro Jahr höher, wenn man nicht die optimale, sondern eine um 25% höhere Losgröße fertigen würde?

Lösung:

a) Die variablen Lagerhaltungskosten setzen sich aus der Verzinsung des in den Fertigprodukten gebundenen Kapitals und den Versicherungsprämien zusammen. Der Kostensatz pro Röhre und Jahr beträgt:

$$c_L = (15\% + 5\%) \cdot 100 = 20$$

Die optimale Losgröße ergibt sich aus der klassischen Losgrößenformel als:

$$q = \sqrt{\frac{2 \cdot c_R \cdot d}{c_L \cdot \left(1 - \frac{d}{x}\right)}} = \sqrt{\frac{2 \cdot 200 \cdot 6.000}{20 \cdot \left(1 - \frac{6.000}{24.000}\right)}} = 400 \text{ Stück}$$

b) Bei der Auflage von 15 Losen zu 400 Stück entstehen Kosten in Höhe von insgesamt:

$$k = \frac{c_R}{T} + \frac{q}{2} \cdot \left(1 - \frac{d}{x}\right) \cdot c_L = 15 \cdot 200 + \frac{400}{2} \cdot \frac{3}{4} \cdot 20 = 6.000$$

Werden hingegen 12 Lose mit einem Umfang von je 500 Röhren gefertigt, steigen die Lagerhaltungs- und Rüstkosten auf:

$$\tilde{k} = 12 \cdot 200 + \frac{500}{2} \cdot \frac{3}{4} \cdot 20 = 6.150$$

Die Senkung der Rüstkosten wird also durch den Anstieg der bestandsabhängigen Lagerhaltungskosten überkompensiert. Allerdings steigen die Kosten mit 2,5% weitaus weniger stark als die Losgröße an.

> **Aufgabe B11**: Materialbedarfsplanung
>
> Erläutern Sie die folgenden Begriffe:
> a) Primärbedarf
> b) Sekundärbedarf
> c) Gesamtbedarf
> d) Direktbedarf
> e) Gozinto-Graph

Lösung:

a) Als Primärbedarf oder externer Bedarf wird derjenige Bedarf nach den im Sortiment befindlichen Artikeln bezeichnet, der von außen an das Unternehmen herangetragen wird. Bei Endprodukten entspricht der Primärbedarf der Marktnachfrage, bei Zwischenprodukten ergibt er sich als Ersatzteilbedarf. Planungsziel der Materialbedarfsplanung ist letztlich die Befriedigung dieses Primärbedarfs.

b) Als Sekundärbedarf bzw. interner Bedarf wird derjenige Bedarf an den verschiedenen Artikeln bezeichnet, der für die Befriedigung des Primärbedarfs zusätzlich entsteht. Qualitativ ergibt sich der Sekundärbedarf nach Artikeln durch die eingesetzte Produktionstechnik. Soll beispielsweise in einem Drahtwerk aus Stahl Draht hergestellt werden (Primärbedarf), so entsteht ein Sekundärbedarf nach Stahl. Quantitativ läßt sich der Sekundärbedarf bei den einzelnen Einsatzfaktoren mit Hilfe der jeweiligen Inputkoeffizienten ermitteln.

c) Der Gesamtbedarf nach einem Artikel ist die Summe aus seinem Primär- und Sekundärbedarf. Nur wenn der Gesamtbedarf nach allen Artikeln durch die Produktionsmenge gedeckt ist, läßt sich der extern vorgegebene Primärbedarf decken.

d) Als Direktbedarf oder Inputkoeffizient wird die Angabe bezeichnet, wie viele Mengeneinheiten eines Artikels A unmittelbar für die Herstellung einer Einheit eines Artikels B benötigt werden. Direktbedarfe lassen sich aus Rezepturen oder Stücklisten ablesen.

e) Ein Gozinto-Graph ist ein Modell, mit dem die Verflechtung zwischen den verschiedenen Artikeln dargestellt werden kann. Jeder Artikel wird zum Knoten eines gerichteten Graphen, die Pfeile zwischen den Knoten geben den jeweiligen Direktbedarf an. Besteht zwischen zwei Artikeln kein Direktbedarf, entfallen die entsprechenden Pfeile.

Aufgabe B12: Materialbedarfsermittlung

Ein Konditor setzt am Sonntagnachmittag 12 kg Obstkuchen, 10 kg Cremetorte und 1 kg Schlagsahne ab. Für die Herstellung von 1 kg Obstkuchen benötigt er 700 g Teig und 320 g Obstfüllung, für die Herstellung der Cremetorte 550 g Teig und 500 g Cremefüllung. 1 kg Obstfüllung wird aus 1,5 kg Obst hergestellt, 1 kg Teig aus 900 g Teigmischung und 100 g frischen Eiern, 1 kg Cremefüllung aus 700 g Crememischung, 100 g Schlagsahne und 200 g frischen Eiern.

a) Stellen Sie den Produktionsprozeß in einem Gozinto-Graphen dar!
b) Ermitteln Sie den Gesamtbedarf an Obst, Teigmischung, Crememischung, Schlagsahne und frischen Eiern!

Lösung:

a)

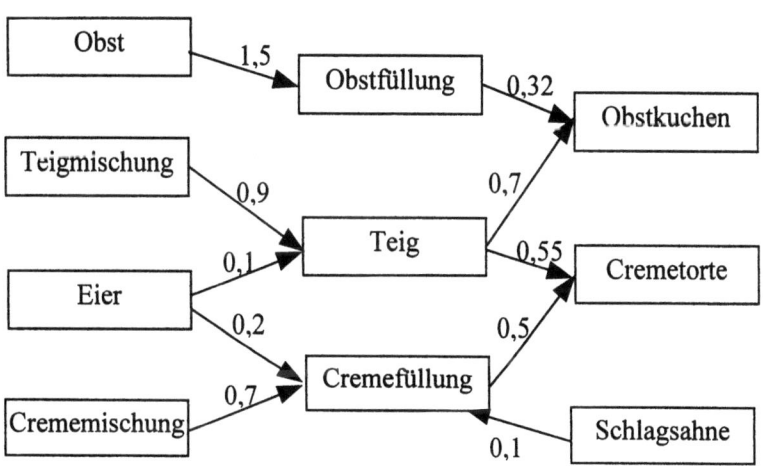

b) Die Gesamtbedarfsmenge eines Artikels ergibt sich als Summe aus Primär- und Sekundärbedarf. Reiner Primärbedarf liegt hier bei Obstkuchen und bei Cremetorte vor. Der Gesamtbedarf an Obst, Teigmischung, Crememischung und Eiern tritt als reiner Sekundärbedarf auf. Für Schlagsahne gibt es sowohl Primär- als auch Sekundärbedarf. Die Sekundärbedarfsmengen lassen sich aus den in der Aufgabenstellung angegebenen Direktbedarfen rekursiv berechnen. Dazu werden die folgenden Gesamtbedarfsmengen definiert:

r_1: Obst r_2: Teigmischung
r_3: frische Eier r_4: Crememischung
r_5: Obstfüllung r_6: Teig

r_7: Cremefüllung r_8: Obstkuchen
r_9: Cremetorte r_{10}: Schlagsahne

Für die Gesamtbedarfsmengen gelten folgende Beziehungen:

$r_9 = 10\,\text{kg}$

$r_8 = 12\,\text{kg}$

$r_7 = 0{,}5 \cdot r_9 = 5\,\text{kg}$

$r_{10} = 1\,\text{kg} + 0{,}1 \cdot r_7 = 1\,\text{kg} + 0{,}5\,\text{kg} = 1{,}5\,\text{kg}$

$r_6 = 0{,}7 \cdot r_8 + 0{,}55 \cdot r_9 = 8{,}4\,\text{kg} + 5{,}5\,\text{kg} = 13{,}9\,\text{kg}$

$r_5 = 0{,}32 \cdot r_8 = 3{,}84\,\text{kg}$

$r_4 = 0{,}7 \cdot r_7 = 3{,}5\,\text{kg}$

$r_3 = 0{,}1 \cdot r_6 + 0{,}2 \cdot r_7 = 1{,}39\,\text{kg} + 1\,\text{kg} = 2{,}39\,\text{kg}$

$r_2 = 0{,}9 \cdot r_6 = 12{,}51\,\text{kg}$

$r_1 = 1{,}5 \cdot r_5 = 5{,}76\,\text{kg}$

Die Gesamtbedarfsmenge an Obst beträgt demnach 5,76 kg, an Teigmischung 12,51 kg, an frischen Eiern 2,39 kg, an Crememischung 3,5 kg und an Schlagsahne 1,5 kg.

Diese Gesamtbedarfsmengen lassen sich auch mit Hilfe der Matrizenrechnung herleiten. Faßt man den Direktbedarf von Artikel i für Artikel j als Koeffizienten a_{ij} einer Direktbedarfsmatrix $\underline{A}$ auf, bezeichnet den Vektor der Primärbedarfsmengen mit $\underline{y}$ und den Vektor der Gesamtbedarfsmengen mit $\underline{x}$, so ergibt sich aus der Gleichung $\underline{x} = \underline{y} + \underline{A} \cdot \underline{x}$ mit der Einheitsmatrix $\underline{E}$ die Lösung $\underline{x} = (\underline{E} - \underline{A})^{-1} \cdot \underline{y}$. In diesem Beispiel lautet die Direktbedarfsmatrix $\underline{A}$:

j \ i	1	2	3	4	5	6	7	8	9	10
1	0	0	0	0	1,5	0	0	0	0	0
2	0	0	0	0	0	0,9	0	0	0	0
3	0	0	0	0	0	0,1	0,2	0	0	0
4	0	0	0	0	0	0	0,7	0	0	0
5	0	0	0	0	0	0	0	0,32	0	0
6	0	0	0	0	0	0	0	0,7	0,55	0
7	0	0	0	0	0	0	0	0	0,5	0
8	0	0	0	0	0	0	0	0	0	0
9	0	0	0	0	0	0	0	0	0	0
10	0	0	0	0	0	0	0,1	0	0	0

Die zugehörige Gesamtbedarfsmatrix $\underline{G} = (\underline{E} - \underline{A})^{-1}$ lautet:

j \ i	1	2	3	4	5	6	7	8	9	10
1	1	0	0	0	1,5	0	0	0,48	0	0
2	0	1	0	0	0	0,9	0	0,63	0,495	0
3	0	0	1	0	0	0,1	0,2	0,07	0,155	0
4	0	0	0	1	0	0	0,7	0	0,35	0
5	0	0	0	0	1	0	0	0,32	0	0
6	0	0	0	0	0	1	0	0,7	0,55	0
7	0	0	0	0	0	0	1	0	0,5	0
8	0	0	0	0	0	0	0	1	0	0
9	0	0	0	0	0	0	0	0	1	0
10	0	0	0	0	0	0	0,1	0	0,05	1

Durch Multiplikation der Gesamtbedarfsmatrix $\underline{G}$ mit dem Vektor $\underline{y}$ der Primärbedarfsmengen ergibt sich der Gesamtbedarf aller Artikel:

Artikel	Primärbedarf	Gesamtbedarf
Obst	0 kg	5,76 kg
Teigmischung	0 kg	12,51 kg
Eier	0 kg	2,39 kg
Crememischung	0 kg	3,5 kg
Obstfüllung	0 kg	3,84 kg
Teig	0 kg	13,9 kg
Cremefüllung	0 kg	5 kg
Obstkuchen	12 kg	12 kg
Cremetorte	10 kg	10 kg
Schlagsahne	1 kg	1,5 kg

3.2 Investitionen und Wirtschaftlichkeitsrechnung

Aufgabe B13: Grundbegriffe
a) Grenzen Sie die Begriffe Investition und Finanzierung gegeneinander ab!
b) Welche Kriterien werden für die Beurteilung von Investitionen herangezogen? In welchem Verhältnis stehen diese Kriterien zueinander?
c) In welchen Schritten läuft eine Investitionsentscheidung ab?
d) Welche Arten von Investitionen lassen sich unterscheiden?

Lösung:

a) Eine Investition stellt einen Vorgang der Kapitalverwendung, eine Finanzierung dagegen eine Kapitalbeschaffung dar. Während bei einer Investition finanzielle Mittel aus dem Unternehmen abfließen, kommt es bei der Finanzierung zu einem Zufluß finanzieller Mittel. Eine Finanzierungsmaßnahme erhöht also den Handlungsspielraum für mögliche Investitionen. Investitionen sind ohne Finanzierung nicht möglich.

b) Bei der Beurteilung von Investitionsprojekten werden die Kriterien der Rentabilität, der Liquidität und der Sicherheit herangezogen. Die Rentabilität wird als Zinssatz angegeben und dient als Maß für den wirtschaftlichen Erfolg des Investitionsprojekts. Die Liquidität bzw. das finanzwirtschaftliche Gleichgewicht ist eine existentielle Rahmenbedingung der unternehmerischen Tätigkeit. Soweit zur Liquiditätssicherung Mittelbestände vorgehalten anstatt in rentable Projekte investiert werden, steht das Liquiditätsziel im Konflikt zum Rentabilitätsziel. Die Sicherheit eines Investitionsprojekts hängt davon ab, mit welcher Wahrscheinlichkeit die erwarteten Rückzahlungen realisiert werden können. Da sich eine hohe Rendite in der Regel nur gleichzeitig mit einem hohen Risiko erreichen läßt, steht das Sicherheitsziel für einen risikoscheuen Investor im Konflikt zum Rentabilitätsziel.

c) Eine Investitionsentscheidung erfolgt in zwei Schritten. Zunächst wird anhand technischer und sachlicher Kriterien geprüft, ob die geplanten Maßnahmen zulässig und erfolgversprechend sind. Bei der Anschaffung neuer Maschinen können beispielsweise der technische Stand, die Kapazität, arbeits- oder umweltschutzrelevante Emissionen, Kenntnisse der Mitarbeiter und andere Kriterien herangezogen werden. Nachdem im ersten Schritt eine Vorauswahl zulässiger Investitionsalternativen erfolgt ist, werden die verbliebenen Alternativen in einem zweiten Schritt einer Wirtschaftlichkeitsrechnung

Beschaffung

unterzogen, durch die der Erreichungsgrad monetärer Ziele untersucht wird. Insbesondere werden die Auswirkungen der Investitionen auf die Rentabilität und die Liquidität des Unternehmens sowie das mit ihnen verbundene Risiko geprüft. Hierzu werden die mit der Investition verbundenen Zahlungsströme prognostiziert und durch geeignete Verfahren in eine einzige Zahl transformiert, anhand derer die Investitionsentscheidung getroffen wird.

d) Investitionen können nach der Art des Investitionsgegenstands und nach dem Anlaß der Investition unterschieden werden. Nach der Art gibt es Investitionen in das Anlage-, das Umlauf- oder das immaterielle Vermögen. Die Unterscheidung nach dem Anlaß umfaßt Errichtungs-, Ersatz-, Erweiterungs- und Rationalisierungsinvestitionen.

Aufgabe B14: Statische Investitionsrechenverfahren

a) Welche statischen Verfahren der Investitionsrechnung kennen Sie? Charakterisieren Sie diese kurz und beurteilen Sie sie.

b) Beurteilen Sie die beiden Investitionsobjekte A und B, deren Zahlungsreihen nachstehend angegeben sind, mit Hilfe der unter a) genannten Verfahren!

Periode	Objekt A Auszahlung	Objekt A Einzahlung	Objekt B Auszahlung	Objekt B Einzahlung
0	10.000	0	20.000	0
1	2.000	5.000	0	0
2	2.000	4.000	0	10.000
3	1.000	5.000	0	10.000
4	1.000	4.000	0	10.000
5	1.000	5.000	0	10.000

c) Welche konzeptionelle Schwäche weisen die statischen Verfahren der Investitionsrechnung auf?

Lösung:

a) Beispiele für statische Investitionsrechnungsverfahren sind
- die Kostenvergleichsmethode,
- die Gewinnvergleichsmethode,
- die Renditenvergleichsmethode,
- die statische Amortisationsrechnung.

Bei der Kostenvergleichsmethode werden ausschließlich die Kosten, die mit einer Investition verknüpft sind, verglichen. Realisiert wird die kostengünstigste Alternative. Zum Vergleich verschiedener Investitionsalternativen werden ihre durchschnittlichen Periodenkosten ermittelt, die neben den Abschreibungen die laufenden Kosten enthalten. Dabei wird vorausgesetzt, daß die erwarteten Periodenerlöse der Alternativen gleich hoch sind. Ein Vorteil der Kostenvergleichsmethode gegenüber anderen Verfahren liegt darin, daß sie mit wenigen und relativ sicher zu bestimmenden Daten auskommt.

Bei der Gewinnvergleichsmethode werden neben den durchschnittlichen Periodenkosten auch die je Periode erwarteten Erlöse geschätzt und der mittlere Periodengewinn als Differenz aus Periodenerlösen und Periodenkosten bestimmt. Wie schon die Kostenvergleichsmethode vernachlässigt die Gewinnvergleichsmethode die meist unterschiedliche zeitliche Verteilung der Ein- und Auszahlungen und damit die Zeitpräferenz des Investors.

Bei der Renditenvergleichsmethode wird das Verhältnis des erwarteten Gewinns zum eingesetzten Kapital verglichen. Dieser Quotient wird als Rendite oder auch als Return on Investment bezeichnet. Die Rendite kann als eine einfache Maßzahl für die Wirtschaftlichkeit einer Investition anerkannt werden.

Als Amortisationsdauer wird derjenige Zeitraum bezeichnet, der verstreicht, bis erstmals die Summe der Einzahlungen die Summe der Auszahlungen überschreitet. Eine Entscheidung nach der statischen Amortisationsdauer bevorzugt diejenigen Alternativen, bei denen das investierte Kapital schnell oder im Rahmen vorgegebener Zeiträume wieder freigesetzt wird. Die Amortisationsdauer ist so ein Instrument zur Risikoverminderung. Auf der anderen Seite sagt eine kurze Amortisationsdauer nicht viel über die langfristig erzielbare Rendite aus.

b) Für die Kostenvergleichsmethode sind die durchschnittlichen Periodenkosten der beiden Investitionsobjekte zu ermitteln. Diese betragen bei Objekt A

$$\frac{10.000}{5} = 2.000 \text{ an Abschreibungen und } \frac{7.000}{5} = 1.400$$

an durchschnittlichen laufenden Auszahlungen. Insgesamt fallen somit durchschnittliche Periodenkosten von 3.400 an.

Bei Objekt B sind je Periode lediglich Abschreibungen in Höhe von

$$\frac{20.000}{5} = 4.000 \text{ zu berücksichtigen.}$$

Somit ergibt sich nach der Kostenvergleichsmethode eine Entscheidung für Objekt A, da dieses die geringeren durchschnittlichen Periodenkosten aufweist.

Bei der Gewinnvergleichsmethode sind zusätzlich zu den durchschnittlichen Periodenkosten die durchschnittlichen Periodenerlöse zu ermitteln. Diese betragen

$$\frac{23.000}{5} = 4.600 \text{ für Objekt A und } \frac{40.000}{5} = 8.000 \text{ für Objekt B.}$$

Daraus ergibt sich ein durchschnittlicher Periodengewinn von 1.200 für Objekt A und von 4.000 für Objekt B; die Entscheidung fällt somit nach der Gewinnvergleichsmethode für Objekt B.

Für die Renditenvergleichsmethode ist die durchschnittliche Periodenrendite der beiden Investitionsalternativen zu ermitteln, indem der durchschnittliche Periodengewinn ins Verhältnis zur Anschaffungsauszahlung gesetzt wird. Die geschätzte Rendite beträgt

$$\frac{1.200}{10.000} \cdot 100 = 12\% \text{ für Objekt A und } \frac{4.000}{20.000} \cdot 100 = 20\% \text{ für Objekt B.}$$

Aufgrund der höheren Rendite fällt bei dieser Methode die Entscheidung für Objekt B.

Die statische Amortisationsdauer für Objekt A beträgt 4 Perioden, denn erst nach der vierten Periode haben die kumulierten Einzahlungen die kumulierten Auszahlungen übertroffen. Bei Objekt B ist das eingesetzte Kapital bereits am Ende der dritten Periode wieder zurückgeflossen; es erscheint also nach dieser Methode als das vorteilhaftere.

c) Die gemeinsame Schwäche der statischen Verfahren ist, daß sie jeweils bestimmte, für die Entscheidung relevante Informationen außer acht lassen und dadurch, wie auch in dem in Aufgabenteil b) behandelten Beispiel, zu unterschiedlichen Ergebnissen führen. Insbesondere wird der zeitliche Verlauf der Zahlungsströme nicht berücksichtigt, d.h. es werden Einzahlungen, die erst in der Zukunft erzielt werden können, mit sofort realisierbaren Einzahlungen gleichgesetzt. Dies setzt zum einen die vollkommene Sicherheit der prognostizierten Daten voraus. Zum anderen darf es keine Möglichkeit geben, früher anfallende vorhandene Einzahlungsüberschüsse zwischenzeitlich zu einem positiven Zinssatz anzulegen.

Aufgabe B15: Dynamische Investitionsrechenverfahren

a) Wie ist der Kapitalwert einer Investition definiert? In welcher Weise läßt sich der Kapitalwert für die Entscheidung über die Vorteilhaftigkeit einer Investition heranziehen?

b) Erläutern Sie die Vorgehensweise der Methode des internen Zinsfußes! Wann führt diese Methode zu einer anderen Entscheidung als die Kapitalwertmethode?

c) Was ist eine Annuität? In welchem Verhältnis steht die Annuitätenmethode zur Kapitalwertmethode?

d) Welche Art von Investitionen wird durch die dynamische Amortisationsdauer systematisch bevorzugt?

Lösung:

a) Als Kapitalwert einer Investition bezeichnet man die Summe der mit dem Kalkulationszinssatz diskontierten Einzahlungs- bzw. Auszahlungsüberschüsse, die mit der Investition verbunden werden. Bezeichnet man mit E_t die Einzahlungen in Periode t, mit A_t die zugehörigen Auszahlungen und mit i den Kalkulationszinssatz, dann gilt für den Kapitalwert C_o:

$$C_o = -A_o + \sum_{t=1}^{T}(E_t - A_t) \cdot (1+i)^{-t}$$

Durch die Belastung zukünftiger Zahlungsströme mit Zinsen wird ihre Bedeutung für die Beurteilung der Vorteilhaftigkeit einer Investition geringer.

Eine Investition mit einem positiven Kapitalwert kann eine höhere Rendite als zum Kalkulationszinssatz angelegtes Kapital erzielen. Je höher der Kapitalwert ausfällt, desto vorteilhafter erscheint eine Investition gegenüber der Anlage zum Kalkulationszinssatz.

b) Als interner Zinsfuß wird derjenige Zinssatz bezeichnet, zu dem der Kapitalwert einer Investition Null wird. Dahinter steht die Tatsache, daß der Kapitalwert für eine Zahlungsreihe, in der nur Einzahlungsüberschüsse vorkommen, mit wachsendem Kalkulationszinssatz immer kleiner wird. Ist der Kapitalwert für einen vorgegebenen Zinssatz positiv, so wird der interne Zinsfuß größer als dieser Zinssatz sein. Nach der Methode des internen Zinsfußes sind also Investitionen, deren interner Zinsfuß über dem üblichen Kalkulationszinssatz liegen, vorteilhaft. Beim Vergleich mehrerer Investitionsobjekte ist nach der Methode des internen Zinsfußes dasjenige mit der höchsten Rendite vorzuziehen.

Bei der Beurteilung der Wirtschaftlichkeit einer Einzelinvestition sind die Kapitalwertmethode und die Methode des internen Zinsfußes gleichwertig, falls es sich um eine Zahlungsreihe mit einem einzigen Vorzeichenwechsel (Normalinvestition) handelt, so daß sich ein eindeutiger interner Zinsfuß ergibt. Beim Vergleich zweier Investitionsalternativen hingegen gelangen die beiden Methoden im allgemeinen zu unterschiedlichen Ergebnissen. Dies liegt daran, daß bei der Kapitalwertmethode der Kapitalwert eines Investitionsobjekts vom gewählten Kalkulationszinssatz abhängt, wodurch bei geringen Kalkulationszinssätzen die eine, bei hohen Zinssätzen hingegen die andere Investition vorteilhafter erscheinen kann, während die Methode des internen Zinsfußes unabhängig vom Vergleichszinssatz immer zu demselben Ergebnis kommt.

c) Die Annuität ist ein konstanter Geldbetrag, der über den Planungshorizont T gezahlt wird, so daß sich am Ende der gleiche Kapitalwert wie bei der Zahlungsreihe einer Investition ergibt. Die Annuität einer Investition läßt sich aus dem Kapitalwert durch Multiplikation mit dem Wiedergewinnungsfaktor, der vom Kalkulationszinssatz und vom Planungshorizont abhängt, berechnen:

$$a = C_o \cdot W = C_o \cdot \frac{q^T \cdot (q-1)}{q^T - 1}$$

mit: $q = 1 + i$

Bei der Annuitätenmethode wird ein Investitionsobjekt als vorteilhaft angesehen, wenn sich eine positive Annuität erzielen läßt. Sie kommt immer zu demselben Ergebnis wie die Kapitalwertmethode, weil sich die Annuität vom Kapitalwert nur durch einen konstanten Faktor unterscheidet. Beim Vergleich mehrerer Investitionsalternativen fällt die Entscheidung für das Objekt mit der höchsten Annuität.

d) Bei der Methode der dynamischen Amortisationsdauer wird derjenige Zeitpunkt bestimmt, zu dem der Kapitalwert eines Investitionsobjekts erstmals positiv ist. Die Zahlungsströme, die nach der Amortisation anfallen, spielen dabei keine Rolle. Auf diese Weise werden Investitionsobjekte mit einer langen Nutzungsdauer sowie Innovationen, bei denen die Rückflüsse typischerweise erst nach einer Anlaufphase auftreten, systematisch benachteiligt, während Investitionen in mit dem Kerngeschäft verwandte Projekte bevorzugt werden.

Aufgabe B16: Investitionsentscheidung

Für die Investition in eine neue Produktionsanlage liegen der Unternehmensführung folgende Planungszahlen vor:

	t_0	t_1	t_2	t_3	t_4
Einzahlungen	–	10.000	50.000	80.000	40.000
Auszahlungen	–90.000	–5.000	–4.000	–4.000	–50.000

Um über die Vorteilhaftigkeit dieser Investition entscheiden zu können, wird von einem Kapitalmarktzins von 8% ausgegangen.

a) Ermitteln Sie mit Hilfe der Kapitalwertmethode, ob es sich um eine vorteilhafte Investitionsmöglichkeit handelt oder nicht.

b) Aufgrund neuer Umweltschutzvorschriften kann sich die Auszahlung zum Zeitpunkt $t = 4$ erhöhen. Berechnen Sie den Betrag, um den sich die Auszahlung maximal erhöhen darf, ohne daß die Investition ihre Vorteilhaftigkeit verliert.

c) Diskutieren Sie die Annahme eines vollkommenen Kapitalmarkts im Zusammenhang mit der Kapitalwertmethode!

Lösung:

a) Der Kapitalwert ergibt sich in diesem Fall als:

$$C_o = -A_o + \sum_{t=1}^{4}(E_t - A_t) \cdot 1{,}08^{-t}$$
$$\approx -90.000 + 4.630 + 39.438 + 60.331 - 7.350$$
$$= 7.049$$

Da der Kapitalwert positiv ist, ist die Investition vorteilhaft.

b) Gesucht ist diejenige zusätzliche Auszahlung $\overline{A}_4$, durch die der Kapitalwert den Wert Null annimmt. Es gilt also:

$$0 = 7.049 + \overline{A}_4 \cdot 1{,}08^{-4}$$

Auflösen dieser Gleichung nach $\overline{A}_4$ ergibt, daß dies bei einer zusätzlichen Auszahlung in Höhe von –9.590 der Fall ist.

c) Die Kapitalwertmethode unterstellt, daß zum Kalkulationszinssatz finanzielle Mittel in beliebigem Umfang sowohl aufgenommen als auch angelegt werden können. Diese Annahme ist nur bei einem vollkommenen Kapitalmarkt erfüllt.

Beschaffung

Aufgabe B17: Methode des internen Zinsfußes

a) Welche Art von Zahlungsreihe erleichtert die Anwendung der Methode des internen Zinsfußes?

b) Ermitteln Sie die internen Zinsfüße für die folgenden Zahlungsreihen:

$\underline{z}_1 = (-100, 60, 70)$

$\underline{z}_2 = (-10, 60, -110, 60)$

$\underline{z}_3 = (-1, 10)$

$\underline{z}_4 = (-10, 0, 1.000)$

$\underline{z}_5 = (-100, 200, -110)$

Lösung:

a) Bestehen in der Zahlungsreihe, abgesehen von der Anfangsauszahlung, lediglich Einzahlungsüberschüsse, liegt ein eindeutiger interner Zinsfuß vor. Weiterhin ist der Kapitalwert in diesem Fall mit wachsendem Zinsfuß monoton fallend. Die Berechnung wird dadurch erleichtert.

b) Für die erste, dritte und vierte Zahlungsreihe liegt die in Aufgabenteil a) formulierte Anforderung vor. Es gibt also genau einen internen Zinsfuß. Er läßt sich im ersten Fall näherungsweise bestimmen und liegt bei $i_1^* = 18,9\,\%$. Bei der dritten und vierten Zahlungsreihe kann man sehen, daß jeweils bei einem Zinssatz von 900% der Einzahlungsüberschuß auf die anfängliche Auszahlung reduziert wird.

Bei der zweiten Zahlungsreihe liegt in der zweiten Periode ein erneuter Auszahlungsüberschuß vor. In diesem Fall gibt es mehrere interne Zinsfüße. Man sieht sofort, daß der Saldo der Zahlungsreihe gerade Null ergibt. Daher ist $i_{2,1}^* = 0\,\%$ ein interner Zinsfuß dieser Zahlungsreihe. Für positive Zinssätze ergeben sich dann zunächst negative Kapitalwerte, weil der hohe Auszahlungsüberschuß der zweiten Periode kaum vermindert wird. Mit weiter steigendem Zinssatz wächst der Kapitalwert aber wieder, bis er bei $i_{2,2}^* = 100\,\%$ den Wert Null überschreitet. Eine dritte Nullstelle des Kapitalwertes ergibt sich dann für $i_{2,3}^* = 200\,\%$. Für darüber hinaus wachsende Zinssätze verbleibt der Kapitalwert im negativen Bereich.

Die fünfte Zahlungsreihe weist für jeden positiven Zinssatz einen negativen Kapitalwert auf. Hier gibt es also keinen internen Zinsfuß.

Aufgabe B18: Dynamische Amortisationsdauer

Ermitteln Sie die dynamische Amortisationsdauer, wenn eine Investition zu 10% fremdfinanziert werden muß und folgende Zahlungsreihe gilt:

$\underline{z} = (-100, 20, 20, 20, 20, 20, 20, 20, 20, 20, 20)$

Lösung:

Für die einzelnen Perioden ergeben sich folgende Kapitalwerte:

$C_{0,0} = -100$

$C_{0,1} = -100 + 20 \cdot 1{,}1^{-1} = -81{,}82$

$C_{0,2} = -100 + 20 \cdot 1{,}1^{-1} + 20 \cdot 1{,}1^{-2} = -65{,}29$

$C_{0,3} = -100 + 20 \cdot 1{,}1^{-1} + 20 \cdot 1{,}1^{-2} + 20 \cdot 1{,}1^{-3} = -50{,}26$

$C_{0,4} = -100 + 20 \cdot 1{,}1^{-1} + 20 \cdot 1{,}1^{-2} + 20 \cdot 1{,}1^{-3} + 20 \cdot 1{,}1^{-4} = -36{,}60$

$C_{0,5} = -36{,}60 + 20 \cdot 1{,}1^{-5} = -24{,}18$

$C_{0,6} = -24{,}18 + 20 \cdot 1{,}1^{-6} = -12{,}89$

$C_{0,7} = -12{,}89 + 20 \cdot 1{,}1^{-7} = -2{,}63$

$C_{0,8} = -2{,}63 + 20 \cdot 1{,}1^{-8} = +6{,}70$

Dies zeigt, daß nach acht Perioden erstmals ein positiver Kapitalwert zu erwarten ist. Der Amortisationszeitpunkt liegt somit innerhalb der achten Periode.

Aufgabe B19: Kapitalwert- und Annuitätenmethode

Eine Investition mit einer Nutzungsdauer von 4 Jahren ist durch folgende Ein- und Auszahlungen gekennzeichnet:

t	Einzahlungen (E_t)	Auszahlungen (A_t)
0	0	60.000
1	30.000	10.000
2	32.000	10.000
3	35.000	15.000
4	37.000	20.000

Der Investor muß die Mittel für die Investition zu einem Zinssatz von 10% fremdfinanzieren.

a) Ermitteln Sie die Vorteilhaftigkeit der Investition mit Hilfe der Kapitalwertmethode!

b) Wie hoch ist die Annuität der Investition?

Lösung:

a) Der Kapitalwert der Investition beträgt:

$$C_o = -A_0 + \sum_{t=1}^{4}(E_t - A_t) \cdot 1{,}1^{-t}$$

$$\approx -60.000 + 18.182 + 18.182 + 15.026 + 11.611 = 3.001$$

Die Investition rentiert sich demnach.

b) Bei einem Kalkulationszinssatz von 10% und einem Planungshorizont von 4 Jahren beträgt der Wiedergewinnungsfaktor:

$$W = \frac{1{,}1^4 \cdot 0{,}1}{1{,}1^4 - 1} \approx 0{,}3155$$

Daraus ergibt sich eine Annuität in Höhe von:

$$a - C \cdot W \approx 3.001 \cdot 0{,}3155 \approx 946{,}73$$

Aufgabe B20: Optimale Nutzungsdauer

a) Von welchen Einflußfaktoren wird die wirtschaftliche Nutzungsdauer einer Anlage beeinflußt?

b) Erläutern Sie das Kalkül, das der Bestimmung der optimalen Nutzungsdauer zugrunde liegt!

c) Warum wird die optimale Nutzungsdauer der derzeitigen Anlage kürzer, wenn der Planungshorizont verlängert wird?

Lösung:

a) Die wirtschaftliche Nutzungsdauer einer Anlage endet, wenn ihr Kapitalwert durch eine weitere Nutzung nicht mehr erhöht werden kann. Gründe hierfür können in steigenden Auszahlungen für Wartung oder Reparatur, sinkenden Einzahlungen durch veränderte Produktanforderungen oder verbesserte Nachfolge- oder Konkurrenzmodelle sowie Änderungen der Finanzierungsmöglichkeiten und daraus folgend des kalkulatorischen Zinssatzes bestehen. Weiter können veränderte rechtliche Vorschriften, z.B. zum Umweltschutz, einen Umbau der Anlage und damit zusätzliche Auszahlungen nach sich ziehen.

b) Aus dem Zahlungsstrom, der mit einer Anlage verbunden ist, lassen sich Kapitalwerte für beliebig lange Zeiträume bestimmen. Als optimale Nutzungsdauer wird diejenige Zeitdauer bezeichnet, für die der Kapitalwert den höchsten Wert annimmt. Geht man von einer Zahlungsreihe aus, bei der am Anfang eine Auszahlung steht und anschließend die Einzahlungen überwiegen, nimmt der Kapitalwert mit wachsender Nutzungsdauer zunächst zu. Bei einem fallenden Restwert und im Zeitablauf tendenziell abnehmenden Einzahlungsüberschüssen ist jedoch zu erwarten, daß sich dieses Wachstum nicht unendlich fortsetzt, sondern daß der Kapitalwert nach einiger Zeit ein Maximum erreicht und anschließend abnimmt. Als optimale Politik wird dann diejenige Nutzungsdauer empfohlen, bei der der Kapitalwert sein Maximum annimmt, auch wenn sich mit der Anlage anschließend noch Einzahlungsüberschüsse erzielen lassen.

c) Je mehr rentable Folgeinvestitionen in den Kalkül einbezogen werden, desto höher ist die Summe ihrer auf den Entscheidungszeitpunkt bezogenen Kapitalwerte. Es muß demnach ein höherer Einzahlungsüberschuß der derzeitigen Anlage vorliegen, um der Summe der Barwerte zukünftiger Anlagen die Waage zu halten. Geht man bei der derzeitigen Anlage von im Zeitverlauf sinkenden Einzahlungsüberschüssen aus, so verringert sich die verbleibende Nutzungsdauer mit jeder Ausweitung des Planungshorizonts.

Aufgabe B21: Optimaler Ersatzzeitpunkt

Ein Autoverleiher möchte durch den Kauf eines Geländewagens einen neuen Geschäftszweig aufbauen. Die Anschaffungskosten eines Wagens betragen 65.000 €. Der Verleih erwartet abnehmende Einzahlungsüberschüsse in Höhe von $Z(T) = 20.000 - 1.900 \cdot T$, im 11. Jahr übersteigen die Reparaturkosten erstmals die Mieteinnahmen. Der Restwert sinkt kontinuierlich gemäß der Funktionsgleichung $R(T) = 60.000 - 9.000 \cdot T$, nach knapp 7 Jahren weist der Wagen keinen Restwert mehr auf. Die kalkulatorische Zinsrate bei stetiger Verzinsung beträgt 10%.

a) Bestimmen Sie die optimale Nutzungsdauer bei einmaliger Investition!

b) Bestimmen Sie die optimale Nutzungsdauer, wenn der Autoverleiher eine einmalige identische Ersatzinvestition vornimmt!

c) Bestimmen Sie die optimale Nutzungsdauer, wenn unendlicher identischer Ersatz unterstellt werden kann!

Beschaffung

Lösung:

a) Der Kapitalwert für die Investition beträgt in Abhängigkeit von der Nutzungsdauer T für $T < 6\tfrac{2}{3}$:

$$C(T) = -65.000 + \int_0^T (20.000 - 1.900 \cdot t) \cdot e^{-0,1 \cdot t} dt +$$

$$+ (60.000 - 9.000 \cdot T) \cdot e^{-0,1 \cdot T}$$

Durch eine partielle Integration läßt sich der mittlere Term berechnen:

$$\int_0^T (20.000 - 1.900 \cdot t) \cdot e^{-0,1 \cdot t} dt =$$

$$(20.000 - 1.900 \cdot t) \cdot \frac{1}{-0,1} \cdot e^{-0,1 \cdot t} \Big|_0^T - \int_0^T (-1.900) \cdot \frac{1}{-0,1} \cdot e^{-0,1 \cdot t} dt =$$

$$(-200.000 + 19.000 \cdot T) \cdot e^{-0,1 \cdot T} + 200.000 + 190.000 \cdot e^{-0,1 \cdot T} - 190.000 =$$

$$(19.000 \cdot T - 10.000) \cdot e^{-0,1 \cdot T} + 10.000$$

Damit gilt insgesamt:

$$C(T) = (50.000 + 10.000 \cdot T) \cdot e^{-0,1 \cdot T} - 55.000$$

Das Maximum des Kapitalwerts kann durch Differenzieren bestimmt werden. Es gilt nach der Produktregel:

$$C'(T) = -0,1 \cdot (50.000 + 10.000 \cdot T) \cdot e^{-0,1 \cdot T} + 10.000 \cdot e^{-0,1 \cdot T}$$
$$= (5.000 - 1.000 \cdot T) \cdot e^{-0,1 \cdot T}$$

Die einzige Nullstelle der Ableitung liegt bei $T = 5$. Es handelt sich um ein Maximum, weil sonst der Kapitalwert nach 5 Jahren kleiner als $C(0) = 0$ sein müßte. Es gilt aber: $C(5) \approx 5.653$.

b) Der gemeinsame Kapitalwert der Investitionskette aus den zwei Geländewagen entspricht der Summe aus dem Kapitalwert des ersten Wagens und dem diskontierten Kapitalwert des zweiten Wagens. Da auf den zweiten Wagen keine weitere Investition folgen soll, kann hier das Ergebnis aus Aufgabenteil a) eingesetzt werden. Es gilt also $T_2 = 5$.

Zu bestimmen ist nun die neue optimale Nutzungsdauer für den ersten Wagen, so daß der gemeinsame Kapitalwert $\widetilde{C}$ sein Maximum annimmt. Es gilt:

$$\widetilde{C}(T_1, 5) = (50.000 + 10.000 \cdot T_1) \cdot e^{-0,1 \cdot T_1} - 55.000 + C(5) \cdot e^{-0,1 \cdot T_1}.$$

Die optimale Nutzungsdauer kann wiederum durch Differenzieren ermittelt werden. Es gilt:

$$\frac{\partial \widetilde{C}}{\partial T_1}(T_1,5) = -0{,}1 \cdot (50.000 + C(5) + 10.000 \cdot T_1) \cdot e^{-0{,}1 \cdot T_1} + 10.000 \cdot e^{-0{,}1 \cdot T_1}$$

$$= (5.000 - 0{,}1 \cdot C(5) - 1.000 \cdot T_1) \cdot e^{-0{,}1 \cdot T_1}$$

Die optimale Nutzungsdauer für den ersten Wagen beträgt nun $T_1^{opt} \approx 3{,}9$ Jahre. Anschließend sollte der zweite Wagen 5 Jahre lang genutzt werden. Aus dieser Anlagenpolitik resultiert ein maximaler Kapitalwert von $\widetilde{C}(T_1^{opt}, 5) \approx 9.098$.

c) Bei einer unendlichen identischen Investitionskette weisen alle Glieder die gleiche optimale Nutzungsdauer T_∞^{opt} auf. Der gemeinsame Kapitalwert C_∞ aus ihrer Nutzung läßt sich als unendliche Reihe bestimmen, in der aus jedem Glied der Investitionskette der gleiche Kapitalwert $C(T_\infty)$ resultiert. Dieser Einzel-Kapitalwert ist bereits in Aufgabenteil a) ermittelt worden. Der Diskontierungsfaktor für den i-ten Geländewagen hängt vom Zeitpunkt des Einsatzes ab. Dieser erfolgt nach $i \cdot T_\infty$ Jahren. Es gilt also insgesamt:

$$C_\infty(T_\infty) = \sum_{i=0}^{\infty} C(T_\infty) \cdot e^{-0{,}1 \cdot i \cdot T_\infty} = \frac{(50.000 + 10.000 \cdot T_\infty) \cdot e^{-0{,}1 \cdot T_\infty} - 55.000}{1 - e^{-0{,}1 \cdot T_\infty}}$$

Die optimale Nutzungsdauer läßt sich wiederum als Nullstelle der ersten Ableitung bestimmen. Nach der Quotientenregel gilt:

$$C_\infty'(T_\infty) = \frac{C'(T_\infty) \cdot (1 - e^{-0{,}1 \cdot T_\infty}) - C(T_\infty) \cdot (-0{,}1) \cdot (-e^{-0{,}1 \cdot T_\infty})}{(1 - e^{-0{,}1 \cdot T_\infty})^2}$$

Da für positive Werte von T_∞ der Nenner positiv ist, ist für die Bestimmung der Nullstelle allein der Zähler Z_∞ ausschlaggebend. Er läßt sich vereinfachen zu:

$$Z_\infty = (10.500 - 1.000 \cdot T_\infty - 10.000 \cdot e^{-0{,}1 \cdot T_\infty}) \cdot e^{-0{,}1 \cdot T_\infty}$$

Eine Nullstelle läßt sich hier nur numerisch bestimmen. Sie liegt bei $T_\infty^{opt} \approx 3{,}3$. Der maximale Kapitalwert für diese unendliche Nutzungskette beträgt dann $C_\infty \approx 16.619$.

3. Teil: Die Organisation des Unternehmens
1. Die Aufbauorganisation

> Aufgabe O1: Organisationsbegriff
> Erörtern Sie den Begriff der Organisation in der weiten bzw. der engen Sichtweise!

Lösung:

Der weitgefaßte Organisationsbegriff sieht das Unternehmen selbst als eine in bestimmter Weise ausgestaltete Organisation an:

> Das Unternehmen ist eine Organisation.

Dabei wird die systemtheoretische Sichtweise zugrunde gelegt; die Elemente dieses Systems sind die Menschen, die sonstigen Produktionsfaktoren, die Produkte und die Prozesse, zwischen denen vielfältige Beziehungen bestehen. Das Unternehmen wird als ein offenes, künstliches, zielgerichtetes, dynamisches, soziotechnisches System beschrieben. Die im Unternehmen ablaufenden informationsgestützten Entscheidungsprozesse lassen sich als kybernetischer Regelkreis mit den Phasen Zielsetzung, Planung, Entscheidung, Realisation und Kontrolle darstellen, die immer wieder durchlaufen werden und die Möglichkeit zu jederzeitigen Rückkopplungen bieten.

Der enggefaßte Organisationsbegriff versteht unter der Organisation in einer funktionalen Sichtweise die unternehmensspezifisch ausgestalteten Tätigkeiten des Organisierens sowie in instrumentaler Sicht die daraus resultierenden Organisationsstrukturen:

> Das Unternehmen hat eine Organisation.

Die Organisation als betriebliche Funktion ist zusammen mit den weiteren dispositiven Funktionen Planung und Kontrolle ein Teil des derivativen Produktionsfaktors Unternehmensführung; sie wird häufig in einer speziellen Abteilung, der Organisationsabteilung, angesiedelt. Das Ergebnis des Organisierens ist eine bestimmte Ausprägung der Organisation, die in Strukturen und Regeln zum Ausdruck kommt, die das Erreichen des Unternehmensziels und die Ordnung in den betrieblichen Abläufen gewährleisten sollen. Die Organisation wird häufig in Organisationsplänen und -anweisungen schriftlich niedergelegt.

> Aufgabe O2: Generelle und fallweise Regelungen
>
> Erläutern Sie die Bedeutung genereller und fallweiser Regelungen in Unternehmen, die auf schnell wachsenden Märkten mit häufigen Produktinnovationen agieren!

Lösung:

Generelle Regeln sind vorformulierte Lösungen für Routineentscheidungen; sie sehen für einen bestimmten Tatbestand eine über einen längeren Zeitraum gültige Entscheidung vor. Durch generelle Regeln lassen sich die betrieblichen Abläufe gut strukturieren, formalisieren und über die Ausnutzung von Rationalisierungspotentialen vereinfachen. Generelle Regeln sind vor allem für eine statische Umweltsituation geeignet; bei sich häufig wandelnden Rahmenbedingungen besteht die Gefahr, daß durch das Festhalten an einer generellen Regel, die eigentlich für eine frühere Entscheidungssituation entwickelt wurde, Fehlentscheidungen getroffen werden. Für die in der Aufgabenstellung angegebene Situation eines innovativen Unternehmens sind generelle Regeln daher als weitgehend ungeeignet anzusehen, sie kommen lediglich für die Unternehmensbereiche in Betracht, auf die sich die Marktdynamik nur wenig auswirkt.

Fallweise Regelungen bedeuten die einmalige, der aktuellen Situation angepaßte Lösung eines Entscheidungsproblems aufgrund der vorliegenden Informationen und im Rahmen bestimmter Entscheidungsspielräume, z.B. festgelegter Kompetenzen der Entscheidungsträger. Durch fallweise Regelungen ist eine große Flexibilität bei der Entscheidungsfindung möglich, jedoch steht dem als Nachteil ein hoher zeitlicher und meist auch personeller Aufwand bei der Entscheidungsfindung gegenüber.

Nach dem Ausgleichsgesetz der Planung nimmt die Tendenz zur generellen Regelung zu, je stärker die Variabilität der betrieblichen Tatbestände abnimmt. In der oben angegebenen Situation (schnell wachsende Märkte mit häufigen Produktinnovationen) ist offensichtlich noch eine hohe Variabilität der relevanten Unternehmensumwelt gegeben, die sich auch auf die organisatorischen Abläufe im Unternehmen auswirkt. Schnell wachsende Märkte stellen ständig neue und unvorhersehbare Anforderungen, auf die zuvor aufgestellte Regeln nicht mehr passen würden und für die daher eine individuelle Lösung durch fallweise Regelungen notwendig ist. Der damit verbundene höhere Entscheidungsaufwand ist unumgänglich.

Organisation 147

> Aufgabe O3: Arbeitsteilung
>
> a) Was versteht man unter Arbeitsteilung? In welchen Situationen ist Arbeitsteilung im Unternehmen erforderlich?
> b) Welche Formen der Arbeitsteilung kennen Sie? Geben Sie jeweils einige Beispiele an!

Lösung:

a) Arbeitsteilung liegt vor, wenn die zur Erledigung anstehenden (Teil-)Aufgaben nicht von einem Entscheidungsträger allein durchgeführt, sondern auf mehrere Personen verteilt werden. Arbeitsteilung ist immer dann sinnvoll, wenn das Arbeitsvolumen von einer Person nicht mehr bewältigt werden kann oder wenn sich durch die Spezialisierung auf bestimmte Tätigkeiten Rationalisierungsvorteile ergeben. Aus der Arbeitsteilung resultieren organisatorische Probleme, da zum einen die Aufgabenverteilung vorgenommen werden und zum anderen eine Koordination der an der Lösung einer Aufgabe beteiligten Mitarbeiter erfolgen muß.

b) Die Arbeitsteilung kann in zwei Formen auftreten, die einander nicht ausschließen, sondern sich ergänzen können:

- Bei der Artteilung wird die Gesamtaufgabe in verschiedene, einfache Teilaufgaben (Elementaraufgaben) aufgespalten, die unterschiedlichen Aufgabenträgern zur Erledigung zugewiesen werden. Ein berühmtes Beispiel für Arbeitsteilung in Form der Artteilung ist das von ADAM SMITH beschriebene Stecknadelbeispiel, bei dem erhebliche Produktivitätsvorteile im Prozeß der Stecknadelherstellung durch die Verteilung der einzelnen Arbeitsschritte auf mehrere, spezialisierte Personen erzielt wurden. Auch die auf tayloristischen Prinzipien aufbauende Arbeitsorganisation am Fließband beruht auf der Artteilung, da an jeder Station des Fließbands ein bestimmter Arbeitsschritt erledigt wird.

- Eine Mengenteilung wird immer dann vorgenommen, wenn das Arbeitsvolumen durch eine einzelne Person nicht mehr zu bewältigen ist. Bei dieser Form der Arbeitsteilung findet keine Spezialisierung statt, sondern sämtliche mit der Aufgabe betrauten Personen führen die gleichen Tätigkeiten durch. Ein Beispiel für die Mengenteilung ist die Gruppenfertigung, bei der autonome Arbeitsgruppen parallel die Komplettbearbeitung der gleichen Produktarten vornehmen. Auch die gleichzeitige Durchführung von landwirtschaftlichen Tätigkeiten auf mehreren Feldern oder von Routinetätigkeiten im Baugewerbe durch mehrere Personen beruht auf der Mengenteilung.

> Aufgabe O4: Stellenbildung
> Erläutern Sie die Aufgabenanalyse und die Stellenbildung am Beispiel eines Einzelhandelsunternehmens!

Lösung:

Die Zuordnung von bestimmten Aufgaben zu Arbeitsplätzen ist eine der Hauptaufgaben der Aufbauorganisation. Dabei wird zunächst im Rahmen der Aufgabenanalyse die Gesamtaufgabe des Unternehmens nach bestimmten Kriterien in Elementaraufgaben zerlegt, deren weitere Aufgliederung nicht mehr sinnvoll erscheint, anschließend werden bei der Aufgabensynthese diese Elementaraufgaben nach sachlichen Kriterien zusammengefaßt und den Stellen als den Grundelementen der Aufbauorganisation zugeordnet.

Die Aufgabenanalyse kann nach unterschiedlichen Gliederungskriterien vorgenommen werden. In Anlehnung an KOSIOL unterscheidet man insbesondere:

- Verrichtungsanalyse: Die Gesamtaufgabe wird – meist über mehrere hierarchische Stufen – in einzelne Funktionen bzw. Verrichtungen zerlegt. Beim Einzelhandelsunternehmen kann man z.B. die Gesamtaufgabe „Betreiben eines Einzelhandelsunternehmens" in die Hauptaufgaben „Warenbeschaffung", „Verkauf von Waren", „Logistik" und „Administrative Tätigkeiten" gliedern. Die Warenbeschaffung läßt sich auf der nächsten Stufe weiter unterteilen in „Bedarfsermittlung", „Auslösen von Bestellungen", „Warenannahme", „Qualitätskontrolle" und „Einräumen von Ware".

- Objektanalyse: Die Gesamtaufgabe wird ebenfalls stufenweise zerlegt nach den Objekten, an denen die betrieblichen Tätigkeiten vollzogen werden. Objekte können in diesem Zusammenhang insbesondere Baugruppen, Betriebsteile oder Personengruppen sein; für den Einzelhandelsbetrieb bietet sich eine Gliederung nach Warengruppen an. Auf der ersten Gliederungsebene lassen sich als Hauptgruppen Food-Artikel und Non-Food-Artikel unterscheiden. Die Food-Artikel z.B. können dann im nächsten Schritt weiter unterteilt werden in Frischware, Trockenware und Tiefkühlware.

- Zweckbeziehungsanalyse: Die Ableitung von Teilaufgaben erfolgt in Abhängigkeit von ihrem Bezug zur Gesamtaufgabe des Unternehmens. Man unterscheidet zunächst die unmittelbar an der Leistungserstellung beteiligten Zweck- bzw. Primäraufgaben und die indirekten Verwaltungs- bzw. Sekundäraufgaben. Primäraufgaben eines Einzelhandelsunternehmens sind z.B. die Warenbeschaffung und der Verkauf, zu den Sekundäraufgaben zählen das Rechnungswesen, die Personalverwaltung und verschiedene Nebentätigkeiten wie die Reinigung oder die Instandhaltung der Verkaufsräume.

Durch die sukzessive Anwendung mehrerer Gliederungskriterien gelangt man zu einer adäquaten Aufteilung der Gesamtaufgabe in Elementaraufgaben, die sich bei der anschließenden Stellenbildung den verschiedenen Mitarbeitern zur Ausführung zuweisen lassen. Eine Stelle ist die kleinste Einheit innerhalb der Aufbauorganisation, im Einzelhandel wird z.B. einer Verkaufskraft in Abhängigkeit von ihrer Qualifikation der Bereich Spielzeug, Kosmetik oder Heimwerkerbedarf zugewiesen, während andere Mitarbeiter mit der Regalpflege, dem Auszeichnen der Ware oder auch mit Nebentätigkeiten wie dem Betrieb der Kantine betraut werden.

Aufgabe O5: Zentralisation

a) Erläutern Sie die Begriffe Zentralisation und Dezentralisation! Nach welchen Kriterien kann eine Zentralisation vorgenommen werden?

b) Welche Vor- und Nachteile weist eine stark zentralisierte Organisation auf?

Lösung:

a) Zentralisation bedeutet, daß verschiedene Tätigkeiten in einer Stelle zur gemeinsamen Erledigung zusammengeführt werden, während sie bei einer dezentralen Organisation auf mehrere Stellen verteilt sind. Die Zentralisation kann nach verschiedenen Kriterien durchgeführt werden, wobei die Zentralisation nach einem Kriterium gleichzeitig eine Dezentralisation nach den anderen Kriterien mit sich bringt. Es sind dies:

- Verrichtungszentralisation: Die organisatorischen Einheiten werden so gebildet, daß gleichartige Tätigkeiten zusammengefaßt werden, z.B. in auf bestimmte Verrichtungen spezialisierten Werkstätten.

- Objektzentralisation: Kriterium für die Bildung von Organisationseinheiten ist, daß die dort zusammengefaßten Tätigkeiten einander ergänzen. Ein Beispiel ist die Zusammenfassung der für einen bestimmten Produktionsprozeß benötigten Maschinen an einem Fließband.

- Entscheidungszentralisation: Die Zentralisation von Entscheidungen bedeutet, daß in einer hierarchisch aufgebauten Organisation die Entscheidungsbefugnis den leitenden Stellen zugewiesen wird, während die untergeordneten Stellen ausschließlich ausführende Aufgaben haben.

b) Der Vorteil einer starken Zentralisation ist generell in der Zusammenfassung von bestimmten Tätigkeiten zu sehen, so daß insgesamt in der Organisation eine arbeitsteilige Leistungserstellung möglich ist und Rationalisierungs- und Lerneffekte entstehen.

Bei der Verrichtungszentralisation können sowohl die Anlagen als auch die Mitarbeiter speziell für die jeweilige Aufgabe ausgewählt werden, so daß eine effiziente Aufgabendurchführung gewährleistet ist und nur wenige Redundanzen bei Anlagen und Personal erforderlich sind. Allerdings ist bei dieser Zentralisationsform der Koordinationsaufwand sehr hoch, da regelmäßig eine Zuordnung konkreter Arbeitsaufträge zu den einzelnen Anlagen erfolgen muß.

Bei der Objektzentralisation hingegen reduziert sich der Koordinationsaufwand erheblich, da die Reihenfolge der Bearbeitung in der Regel eindeutig vorgegeben ist. Ein weiterer Vorteil der Objektzentralisation ist die hohe Produktivität, die sich mit dieser Zentralisationsform erzielen läßt; dem steht als Nachteil eine geringe Flexibilität in bezug auf einen Wechsel der Aufgabe gegenüber.

Der wesentliche Vorteil der Entscheidungszentralisation besteht in der einheitlichen, zentralen Entscheidungsfindung. Dies wirkt sich jedoch nachteilig auf die Motivation, die Eigeninitiative und das Verantwortungsgefühl der Mitarbeiter aus. Es besteht die Gefahr, daß der Entscheidungsträger nicht das gesamte, bei den Mitarbeitern vorhandene Spezialwissen tatsächlich nutzt. Weiter geht aufgrund der Starrheit dieser Organisationsform die Möglichkeit zu einer schnellen Reaktion auf Umwelteinflüsse und neue Entwicklungen verloren.

Aufgabe O6: Elemente der Aufbauorganisation

Erläutern Sie die folgenden Begriffe aus dem Bereich der Aufbauorganisation sowie ihre Zusammenhänge:
- Stelle
- Instanz
- Instanzenzug
- Abteilung
- Leitungsspanne
- Stab

Lösung:

Eine Stelle ist die kleinste Einheit der Aufbauorganisation. Der einer Stelle zugewiesene Aufgabenbereich entspricht in der Regel dem durchschnittlichen Leistungsvermögen eines Mitarbeiters, daher wird der Begriff „Stelle" häufig synonym zu „Arbeitsplatz" verwendet. Die Stellenbildung erfolgt jedoch ausschließlich nach sachlichen Kriterien und unabhängig von der Person, die Stelleninhaber ist oder werden soll. Die organisatorische Einordnung einer Stelle geht aus der Stellenbeschreibung hervor. Diese umfaßt insbesondere:
- die Bezeichnung der Stelle
- die der Stelle zugewiesenen Aufgaben und Kompetenzen
- die Über- und Unterordnungsverhältnisse
- besondere Fähigkeiten und Befugnisse

Als Instanz bezeichnet man eine Stelle mit Leitungsbefugnissen, d.h. eine Instanz ist einer oder mehreren Stellen organisatorisch übergeordnet und hat – in der Regel neben ihren eigenen Sachaufgaben – die Aufgabe, diese zu leiten und ihre Tätigkeiten zu koordinieren. Die Instanz hat ein Weisungsrecht gegenüber den ihr zugeordneten Stellen, die Stellen müssen der Instanz Bericht über ihre Tätigkeit erstatten.

Ein Instanzenzug bzw. eine Linie ist eine Reihe von hierarchisch aufeinander folgenden Stellen. Jede Stelle weist innerhalb des Instanzenzugs bestimmte Unter- und Überordnungsbeziehungen auf.

Eine Abteilung ist ein mehrere Personen umfassendes Gebilde der Aufbauorganisation, sie besteht aus einer Instanz und den ihr zugeordneten Stellen. Abteilungen werden entweder nach verrichtungsbezogenen Kriterien gebildet, so daß die Mitarbeiter ähnliche Aufgaben bearbeiten, oder es werden objektbezogene Kriterien herangezogen, z.B. bei der Komplettbearbeitung eines Produkts bei der Gruppenfertigung.

Die Leitungsspanne gibt an, wie viele Mitarbeiter einer Instanz unterstellt sind. Sie kann um so größer sein, je stärker die zu koordinierenden Tätigkeiten standardisiert sind.

Eine Stabsstelle ist üblicherweise außerhalb der Linie auf den oberen Ebenen der betrieblichen Hierarchie angesiedelt. Sie hat keine eigene Weisungsbefugnis, sondern ist einer Instanz zugeordnet. Ihre Aufgabe besteht darin, die Instanz bei deren Aufgabenerfüllung zu unterstützen, indem z.B. Informationen bereitgestellt oder Entscheidungen vorbereitet werden.

> Aufgabe O7: Organisationsformen
>
> a) Erläutern Sie die wesentlichen Unterschiede zwischen dem Einlinien- und dem Mehrliniensystem!
>
> b) Welche Organisationsformen lassen sich diesen beiden Systemen zuordnen?
>
> c) Welche Bedeutung haben die Unternehmensgröße und das Produktionsprogramm für die Wahl einer geeigneten Organisationsform?

Lösung:

a) Das Einlinien- und das Mehrliniensystem unterscheiden sich bezüglich der vorgesehenen Anordnungsbefugnisse: Während das Einliniensystem vom Prinzip der Einheitlichkeit der Leitung und Auftragserteilung ausgeht, so daß jede Stelle bzw. Instanz nur von der ihr direkt übergeordneten Stelle Anweisungen erhalten kann, steht beim Mehrliniensystem jede Stelle in mehrfacher Verantwortung und kann von verschiedenen übergeordneten Stellen Weisungen erhalten. Daraus ergibt sich, daß beim Mehrliniensystem direkte Kommunikationsmöglichkeiten zwischen den Stellen bestehen, während beim Einliniensystem für den Informationsaustausch der oft schwerfällige Dienstweg eingehalten werden muß. Die klaren Anordnungsbefugnisse beim Einliniensystem schaffen eindeutige Zuständigkeiten und erleichtern die Koordination; beim Mehrliniensystem hingegen bestehen oft erhebliche Koordinationsprobleme und die Gefahr von Kompetenzüberschneidungen.

b) Am Einliniensystem orientieren sich die funktional ausgerichtete Linienorganisation mit stark ausgeprägter Arbeitsteilung, die um Stabsstellen zur Entlastung der Führungsinstanzen erweiterte Stablinienorganisation und die am Objektprinzip ausgerichtete Spartenorganisation. Ein historisches Beispiel für das Mehrliniensystem ist das TAYLOR'sche Funktionsmeistersystem, heute kommt es in der vor allem für das Produkt- und Projektmanagement eingesetzten Matrixorganisation zur Anwendung.

c) Die Entscheidung für eine bestimmte Organisationsform hängt immer von den konkreten Rahmenbedingungen ab. Tendenziell lassen sich jedoch folgende Aussagen treffen:

- Je kleiner ein Unternehmen ist und je weniger Produkte es herstellt, desto eher findet die am Verrichtungsprinzip ausgerichtete Linienorganisation mit ihrem klaren Aufbau und ihren eindeutigen Zuständigkeiten Anwendung.

- Große Unternehmen mit zahlreichen, oft sehr unterschiedlichen Produkten bzw. Produktgruppen weisen häufig die objektorientierte Spartenorganisation auf. Die Spartenorganisation ist um so vorteilhafter, je heterogener das Produktionsprogramm ist.

- Eine Tendenz zur Matrixorganisation findet sich sowohl in kleinen als auch in großen Unternehmen, wenn aufgrund kurzer Produktlebenszyklen ein häufiger Wechsel des Produktionsprogramms erforderlich ist.

<u>Aufgabe O8</u>: Sparten- und Matrixorganisation

Erörtern Sie die Vor- und Nachteile

a) der Spartenorganisation

b) der Matrixorganisation!

<u>Lösung</u>:

a) Die Spartenorganisation oder divisionale Organisation ist ein Einliniensystem, das sich auf der ersten Gliederungsebene an den Sparten – Produktgruppen, Kundengruppen oder Absatzbereichen – orientiert, also eine Objektzentralisation vornimmt; innerhalb der Sparten werden die Zuständigkeiten in der Regel verrichtungsorientiert verteilt. Neben den Sparten sind die zentralen Funktionen wie Finanzierung, Controlling, Personal angesiedelt, die ihre Serviceleistungen für sämtliche Sparten erbringen. Je mehr Funktionen aus dem Zentralbereich in die Sparten verlagert werden, desto eigenständiger können sie operieren.

Die Vorteile der Spartenorganisation liegen vor allem in ihrer großen Markt- und Kundennähe und in der Möglichkeit, daß jede Sparte schnell und flexibel auf die Anforderungen ihres relevanten Markts reagiert. Durch die überschaubare Größe der Einheiten lassen sich die betrieblichen Abläufe gut nachvollziehen, die Kommunikation wird erleichtert, die Zuständigkeiten sind eindeutig festgelegt. Dies erhöht die Identifikation der Mitarbeiter mit ihrer Produktgruppe und den zu vollziehenden Aufgaben. Die Ergebnisverantwortung des Spartenleiters bewirkt einen effizienten Umgang sowohl mit externen als auch mit internen Ressourcen.

Die Nachteile der Spartenorganisation bestehen in einem durch die mehrfache Besetzung ähnlicher Positionen erhöhten Bedarf an Führungskräften mit Spezialwissen und der Gefahr, daß durch die Bündelung von Bedarfen oder

Aufgaben prinzipiell realisierbare Synergieeffekte nicht erreicht werden können. Eine große Gefahr besteht darin, daß die einzelnen Sparten sich zu sehr verselbständigen und dabei die Unternehmensziele aus den Augen verlieren (Spartenegoismus).

b) Die Matrixorganisation ist ein Mehrliniensystem, bei dem sich verrichtungs- und objektbezogene Organisationsprinzipien überlagern. Jede Stelle ist bei der Ausführung ihrer Tätigkeiten gegenüber zwei Vorgesetzten verantwortlich: Der Produktmanager erteilt Weisungen, die die optimale Koordination der für die Produktion und den Vertrieb einer Produktgruppe erforderlichen Maßnahmen gewährleisten sollen, während der Funktionsmanager auf die optimale Durchführung der Tätigkeiten innerhalb der ihm zugeordneten betrieblichen Funktion (z.B. Beschaffung, Fertigung, Absatz) achtet.

Aus dieser doppelten Verantwortung ergibt sich ein erhebliches Konfliktpotential, wenn der einzelne Mitarbeiter nicht miteinander zu vereinbarende Weisungen erhält. Je häufiger derartige Konflikte von der Unternehmensleitung entschieden werden müssen, desto eher kommt es dort zu einer Überlastung, die die Effektivität der Organisation erheblich beeinträchtigt.

Wenn diese Kompetenzüberschneidungen jedoch eindeutig geregelt werden können, z.B. indem dem Produktmanager die Entscheidungsbefugnis zugewiesen wird und die Funktionsmanager ihn bei seinen Aufgaben unterstützen müssen, weist die Matrixorganisation eine Reihe von Vorteilen auf: Es ist ein schneller und effizienter Informationsaustausch zwischen verschiedenen betrieblichen Teilbereichen möglich, das jeweilige Fachwissen bezüglich Produkten und Märkten sowie bei der Erledigung von Sachaufgaben läßt sich optimal nutzen, durch die gemeinsame Nutzung von Ressourcen entstehen Rationalisierungsvorteile, weiter können z.B. durch eine Bündelung der Einkaufsaktivitäten Preisvorteile erreicht und Synergieeffekte genutzt werden. Eine häufige Anwendung der Matrixorganisation ist das Projektmanagement, bei dem ein Projektmanager zeitlich befristet auf das Sachwissen der verschiedenen Funktionsbereiche zugreift.

2. Die Unternehmensverfassung
2.1 Grundmodelle der Unternehmensverfassung

Aufgabe U1: Transaktionskostentheorie

a) Wie erklären COASE und WILLIAMSON die Existenz hierarchisch organisierter Unternehmen?

b) Begründen Sie mit Hilfe der Transaktionskostentheorie, warum die durchschnittliche Unternehmensgröße in den letzten Jahren eine rückläufige Tendenz aufweist, während sie bis zum Ende der 80er Jahre angestiegen ist!

Lösung:

a) Bei optimaler Koordination von wirtschaftlichen Austauschprozessen auf vollkommenen Märkten wäre zu erwarten, daß ausschließlich marktliche Transaktionen zwischen Einzelunternehmern getätigt werden und keine Unternehmen mit arbeitsteiliger, hierarchischer Organisation existieren. Die von WILLIAMSON im Anschluß an COASE aufgestellte Transaktionskostentheorie begründet die Vorteilhaftigkeit der dennoch zu beobachtenden Unternehmensorganisationen mit der Möglichkeit, durch internen Leistungsaustausch die höheren Kosten externer Transaktionen zu vermeiden. Diese Kosten von Austauschbeziehungen auf Märkten sind letztlich ein Ausdruck von Marktunvollkommenheiten, sie werden als Transaktionskosten bezeichnet:

- Kosten der Suche nach geeigneten Marktpartnern
- Kosten des Abschlusses von Vereinbarungen oder Verträgen
- Kosten der Kommunikation mit den Marktpartnern
- Kosten der Kontrolle der Geschäftsbeziehungen
- Kosten aufgrund gestörter Geschäftsbeziehungen

Nach der Transaktionskostentheorie wird daher immer dann der internen Koordination der Vorzug gegeben, wenn die meßbaren und nicht meßbaren Transaktionskosten einer Austauschbeziehung höher sind als die Kosten und gegebenenfalls Unwirtschaftlichkeiten einer hierarchischen Organisation. Da große Teile der Transaktionskosten nur schwer quantifizierbar sind, ist die praktische Anwendbarkeit der Transaktionskostentheorie nur gering.

b) Ansteigende Unternehmensgrößen deuten darauf hin, daß es aufgrund gestiegener Transaktionskosten zunehmend vorteilhafter wird, Aufgaben, die zuvor an Marktpartner übertragen wurden, selbst zu übernehmen. Seit dem Ende der 80er Jahre ist eine zunehmende Tendenz zur Deregulierung der Wirtschaft und zur Globalisierung festzustellen. Dies erleichtert die Suche nach Geschäftspartnern und verringert die Kosten des Vertragsabschlusses. Weiter wird die Beschaffung von Informationen über potentielle Geschäftspartner und die Kontrolle der Leistungserstellung bei den Partnern durch die wachsenden Möglichkeiten der Informations- und Kommunikationstechnologie erleichtert. Insgesamt sinken also die Transaktionskosten, woraus eine zunehmende Koordination von Leistungen über den Markt resultiert. Dies kommt z.B. in der zunehmenden Tendenz zum Outsourcing von Aktivitäten, die nicht zum Kerngeschäft gehören, sowie in der Aufspaltung von Großunternehmen in kleinere Einheiten zum Ausdruck.

Aufgabe U2: Eigentümer-Unternehmen

Beschreiben Sie die Grundstruktur des Eigentümer-Unternehmens. Welche Beziehungen müssen gesetzlich geregelt und welche können einer vertraglichen Regelung überlassen werden?

Lösung:

Das Eigentümer-Unternehmen basiert auf dem Eigentum des Unternehmers an den in das Unternehmen eingebrachten Produktionsfaktoren, über die der Unternehmer als Eigenkapitalgeber die Verfügungsgewalt besitzt. Die Zielsetzungen des Unternehmens entsprechen denen des Eigentümers, er verfügt über ein originäres Weisungsrecht, das er ganz oder teilweise an bestimmte, ebenfalls weisungsgebundene Mitarbeiter delegieren kann.

Besondere gesetzliche Regelungen für das Eigentümer-Unternehmen sind nicht erforderlich, solange es nur einen Eigentümer gibt. Das allgemeine Vertragsrecht regelt seine Beziehungen zu den Märkten; die allgemeine Rechtsordnung schränkt die Verfügungsgewalt des Eigentümers insbesondere durch gewerbepolizeiliche, nachbarschaftsrechtliche, arbeitsrechtliche und umweltrechtliche Vorschriften ein. Alle weiteren Beziehungen können der vertraglichen Regelung überlassen werden.

Anders sieht es aus, wenn sich mehrere Eigenkapitalgeber zu einer Gesellschaft zusammenschließen. In diesem Fall entsteht gesetzlicher Regelungsbedarf für das Innenverhältnis, d.h. die Beziehungen der Gesellschafter untereinander, und das Außenverhältnis, das die Beziehungen zwischen dem Unternehmen und seiner Umwelt umfaßt. Für das Innenverhältnis stellt das Gesellschaftsrecht verschiedene Rechtsformen mit jeweils speziellen Regelungen hinsichtlich der Geschäftsführungs- und Anweisungsbefugnis, der Gewinnverteilung und der Möglichkeiten zur Kapitalentnahme durch die Gesellschafter zur Verfügung. Die gesetzlichen Regelungen sind als dispositives Recht ausgestaltet, sie können durch vertragliche Vereinbarungen zwischen den Gesellschaftern ersetzt werden. Regelungsbedürftige Fragen für das Außenverhältnis sind die Haftung für die Verbindlichkeiten der Gesellschaft und die Vertretungsbefugnisse beim Eingehen vertraglicher Beziehungen. Da diese Bereiche Ansprüche Dritter gegen das Unternehmen betreffen, sind die entsprechenden Vorschriften zwingendes Recht.

Aufgabe U3: Unternehmen als Koalition

Beschreiben Sie das Unternehmen als System von internen und externen Mitgliedern. Welche Leistungen erbringen, und welche Gegenleistungen erhalten die einzelnen Mitglieder? Zeigen Sie bestehende Interessenunterschiede zwischen den verschiedenen Mitgliedergruppen auf!

Lösung:

Das Koalitionsmodell des Unternehmens sieht das Unternehmen als eine Koalition an, d.h. als eine freiwillige Verbindung von Personen, die bei teils übereinstimmenden, teils divergierenden Interessenlagen gemeinsame Ziele verfolgen. Die einzelnen Koalitionsmitglieder erbringen Beiträge zur Erreichung der Koalitionsziele und erhalten als Anreiz für das Verbleiben in der Koalition Gegenleistungen, die sie außerhalb der Koalition nicht oder nur zu ungünstigeren Bedingungen erhalten würden. Man unterscheidet zwei Gruppen von Koalitionsmitgliedern:

- Interne Mitglieder, die bei der Entscheidungsfindung der Koalition mitwirken können. Dazu zählen die Eigentümer bzw. Anteilseigner, das Management bzw. die Unternehmensleitung und die Arbeitnehmer.

- Externe Mitglieder, die keinen direkten Einfluß auf die Entscheidungen des Unternehmens nehmen, sondern lediglich bei Unzufriedenheit aus der Koalition ausscheiden können. Dazu zählen insbesondere die Kreditgeber, die Kunden und Lieferanten, die Öffentlichkeit z.B. in Form von Anliegern und Konkurrenten und staatliche Institutionen wie die Gemeinden und Sozialversicherungsträger.

Die Leistungen und Gegenleistungen der verschiedenen Mitglieder lassen sich wie folgt darstellen:

- Der Beitrag der Anteilseigner besteht in der Überlassung von Eigenkapital, dafür erhalten sie Anreize in Form von Gewinnausschüttungen, Kursgewinnen und einer Sicherung ihrer Kapitalanteile.
- Das Management stellt dem Unternehmen seine Arbeitskraft zur Verfügung und erhält dafür neben Gehaltszahlungen und Tantiemen sowie Sozialleistungen eine gesicherte Machtposition.
- Auch die Arbeitnehmer stellen dem Unternehmen ihre Arbeitskraft zur Verfügung, ihre erwarteten Anreize bestehen in der Zahlung von Löhnen bzw. Gehältern und Sozialleistungen sowie in einem sicheren Arbeitsplatz und einem angenehmen Arbeitsklima.
- Der Beitrag der Kreditgeber besteht in der Hingabe von Fremdkapital; dafür erhalten sie regelmäßige Zins- und Tilgungszahlungen und erwarten eine Fortsetzung der Geschäftsbeziehung in der Zukunft.
- Die Lieferanten erhalten als Gegenleistung für die Lieferung von Waren und Dienstleistungen die vereinbarten Zahlungen sowie die Aussicht auf eine weitere Geschäftsbeziehung.
- Der Anreiz für die Kunden besteht in der Lieferung von Waren oder Dienstleistungen sowie einer dauerhaften Geschäftsbeziehung zu dem Unternehmen, ihr Beitrag ist die Zahlung der in Anspruch genommenen Leistungen.
- Der Staat stellt für das Unternehmen die erforderliche Infrastruktur bereit, er sorgt für Rechtssicherheit und erbringt Leistungen wie Wirtschaftsförderung und Subventionen. Dafür erwartet er vom Unternehmen die Zahlung von Steuern und Abgaben, einen Beitrag zum Wachstum des Sozialprodukts und gesicherte Arbeitsplätze.
- Der Beitrag der Anlieger besteht darin, daß sie die vom Unternehmen ausgehenden Belästigungen durch Lärm und Emissionen dulden, dafür erhalten sie gegebenenfalls Ausgleichszahlungen.

Wie die Beschreibung der Anreize und Beiträge der verschiedenen Mitglieder zeigt, ergeben sich eine Reihe von Interessengegensätzen, vor allem in bezug auf die Höhe der Beiträge und die Verteilung der Wertschöpfung des Unternehmen. So fallen die Gewinnanteile der Anteilseigner um so geringer aus, je höher die Zahlungen an das Management und die Arbeitnehmer sind. Weiter können hohe Lohnzahlungen die sowohl im Interesse der Arbeitnehmer als auch des Staates liegende Sicherheit der Arbeitsplätze gefährden. Durch das Bestreben der Kunden, möglichst günstig einzukaufen, bzw. der Lieferanten, zu einem möglichst hohen Preis zu verkaufen, kann die ebenfalls gewünschte langfristige Geschäftsbeziehung gefährdet werden.

2.2 Die Rechtsform des Unternehmens

Aufgabe U4: Grundbegriffe

Grenzen Sie die folgenden Begriffe voneinander ab:
- Gewerbetreibender
- Kaufmann
- Firma

Lösung:

Den genannten Begriffen ist gemeinsam, daß sie geeignet sind, um bestimmte Ausprägungen von Unternehmen zu beschreiben. Sie lassen sich wie folgt voneinander abgrenzen:

- Ein Gewerbetreibender ist dadurch gekennzeichnet, daß er einen Gewerbebetrieb unterhält, d.h. eine dauernde, selbständige und auf Gewinnerzielung ausgerichtete Tätigkeit ausübt. An die Eigenschaft des Gewerbebetriebs knüpfen bestimmte Pflichten an, wie die Anmelde- bzw. Genehmigungspflicht, die Beachtung der Gewerbeordnung und die Gewerbesteuerpflicht.
- Die Kaufmannseigenschaft knüpft an den Betrieb eines Handelsgewerbes an, sie ist durch die Eintragung in das Handelsregister allgemein ersichtlich. Nach § 1 HGB ist Kaufmann, wer ein Handelsgewerbe betreibt. Handelsgewerbe ist jeder Gewerbebetrieb, es sei denn, daß das Unternehmen nach Art und Umfang keinen in kaufmännischer Weise eingerichteten Geschäftsbetrieb erfordert. Ein gewerbliches Unternehmen, das diesen Bedingungen nicht genügt, gilt dennoch als Handelsgewerbe, wenn die Firma des Unternehmens in das Handelsregister eingetragen ist (§ 2 HGB). Für landwirtschaftliche Betriebe gilt § 1 HGB nicht, sie können jedoch die Kaufmannseigenschaft durch Eintragung in das Handelsregister erwerben, wenn sie nach Art und Umfang einen in kaufmännischer Weise eingerichteten Geschäftsbetrieb erfordern. Somit ist jeder Kaufmann auch Gewerbetreibender, aber nicht jeder Gewerbetreibende notwendigerweise auch Kaufmann.
- Der Begriff der Firma ist in § 17 HGB definiert als der Handelsname eines Kaufmanns. Sie wird in das Handelsregister eingetragen und unterliegt damit einem gewissen Rechtsschutz. Der Kaufmann kann unter seiner Firma seine Geschäfte betreiben, klagen und verklagt werden. Jedoch kommt der Firma keine eigene Rechtspersönlichkeit zu, sondern der Kaufmann selbst ist weiterhin Träger von Rechten und Pflichten.

Aufgabe U5: Personenbezogene Unternehmen

a) In welchen Rechtsformen kann eine Personengesellschaft gegründet werden? Wie unterscheiden sich diese Rechtsformen voneinander? Gehen Sie insbesondere auf die Regelung der Haftung, der Geschäftsführung und der Vertretung ein!

b) Welche Unterschiede bestehen zwischen der Rechtsstellung eines Komplementärs und eines Kommanditisten?

c) In welchen Fällen empfiehlt sich die Rechtsform der Stillen Gesellschaft?

d) An einer OHG sind die Gesellschafter A mit 50.000 €, B mit 200.000 € und C mit 750.000 € beteiligt. Der Gewinn des Geschäftsjahrs 2000 beträgt 190.000 €. Welchen Anteil am Gewinn erhält jeder Gesellschafter, wenn der Gesellschaftsvertrag keine expliziten Bestimmungen über die Gewinnverteilung enthält? Wie beurteilen Sie diese Gewinnverteilung?

Lösung:

a) Zur Gründung einer Personengesellschaft stellt das Handelsgesetzbuch die Rechtsformen der offenen Handelsgesellschaft (OHG), der Kommanditgesellschaft (KG) und der stillen Gesellschaft zur Verfügung. Die Gesellschaft bürgerlichen Rechts bzw. BGB-Gesellschaft ist im bürgerlichen Gesetzbuch geregelt, Freiberufler können eine im PartGG geregelte Partnerschaft gründen. Diese Rechtsformen weisen zum Teil erhebliche Unterschiede bezüglich des Verhältnisses der Gesellschafter untereinander und ihrer Rechte und Pflichten auf:

Haftung: Bei der OHG haften alle Gesellschafter den Gläubigern für die Schulden des Unternehmens unmittelbar, uneingeschränkt und gesamtschuldnerisch. Bei der KG lassen sich zwei Gruppen von Gesellschaftern unterscheiden; die Haftung der Komplementäre entspricht der der OHG-Gesellschafter, während die Kommanditisten keiner persönlichen Haftung unterliegen, wenn ihr Kapitalkonto der Höhe ihres Anteils entspricht. Ein stiller Gesellschafter ist von jeglicher Haftung ausgeschlossen, er hat vielmehr im Konkursfall eine Forderung in Höhe seiner Einlage an den Hauptgesellschafter. Die Haftung bei der BGB-Gesellschaft entspricht vollständig und bei der Partnerschaft weitgehend der der OHG-Gesellschafter.

Geschäftsführung und Vertretung: Alle OHG-Gesellschafter sind zur Geschäftsführung und zur Vertretung der Gesellschaft im gleichen Maße berechtigt und auch verpflichtet, üblicherweise wird jedoch im Innenverhältnis eine Geschäftsverteilung vorgenommen. Bei der KG sind lediglich die Komplementäre an der Geschäftsführung und Vertretung entsprechend den Regelungen für die OHG beteiligt, die Kommanditisten sind – ebenso wie ein stiller Gesellschafter – ausgeschlossen. Bei der BGB-Gesellschaft erfolgt laut Gesetz die Geschäftsführung und die Vertretung durch alle Gesellschafter gemeinschaftlich, d.h. alle Gesellschafter müssen jedem einzelnen Geschäft zustimmen. Für die Partnerschaft ist die Regelung der OHG vorgesehen.

b) Die Kommanditgesellschaft ist eine Handelsgesellschaft mit zwei Gruppen von Gesellschaftern: Die Komplementäre bzw. Vollhafter haften für die Schulden des Unternehmens wie OHG-Gesellschafter, sie arbeiten in der Geschäftsführung mit und dürfen das Unternehmen nach außen vertreten. Die Kommanditisten bzw. Teilhafter hingegen bringen lediglich ihren Kapitalanteil in das Unternehmen ein und erhalten dafür eine angemessene Gewinnbeteiligung. Sie sind von Geschäftsführung und Vertretung ausgeschlossen und haben nur eingeschränkte Informationsrechte über die Aktivitäten des Unternehmens. Die Kommanditisten haften den Gläubigern direkt nur insoweit, wie ihre Einlage nicht voll eingezahlt ist. Eine Gewinnausschüttung an einen Kommanditisten darf erst erfolgen, wenn seine Einlage voll eingezahlt ist.

c) Eine stille Gesellschaft ist vorteilhaft, wenn ein Kapitalgeber sich an einem Unternehmen beteiligen möchte, ohne nach außen in Erscheinung zu treten. Durch einen stillen Gesellschafter werden die Haftungs- und Entscheidungsverhältnisse im Unternehmen nicht verändert, er hat lediglich Informations- und Kontrollrechte. Durch vertragliche Vereinbarungen kann die stille Gesellschaft sehr flexibel ausgestaltet werden.

d) Die gesetzliche Regelung in § 121 HGB sieht vor, daß bei der Gewinnverteilung der OHG zunächst eine Verzinsung der Kapitaleinlage in Höhe von 4% erfolgt und der restliche Gewinn nach Köpfen verteilt wird. Das ergibt für das Beispiel folgende Gewinnverteilung:

Gesellschafter A: 4% auf 50.000 €   ⇒ 2.000 €
Gesellschafter B: 4% auf 200.000 € ⇒ 8.000 €
Gesellschafter C: 4% auf 750.000 € ⇒ 30.000 €

Der verbleibende Gewinn in Höhe von 150.000 € wird gleichmäßig auf die drei Gesellschafter verteilt, d.h. jeder erhält zusätzliche 50.000 €. Somit ergibt sich insgesamt:

Gesellschafter A: 52.000 €
Gesellschafter B: 58.000 €
Gesellschafter C: 80.000 €

Diese Gewinnverteilung geht zum einen davon aus, daß eine Verzinsung von 4% den Risiken der Kapitalanlage in der Gesellschaft angemessen ist, und zum anderen von einer gleich starken Beteiligung der Gesellschafter an der Geschäftsführung. Beides ist heutigen Vorstellungen nicht mehr angemessen; daher wird in der Regel im Gesellschaftsvertrag eine abweichende, stärker auf den Kapitalanteil abstellende Gewinnverteilung vorgesehen.

Aufgabe U6: Wahl der Rechtsform
a) Welche gesetzlichen Regelungen sind im Modell des Eigentümer-Unternehmens erforderlich? Wie hat der Gesetzgeber diese im Handelsrecht für das Einzelunternehmen, die OHG und die KG umgesetzt?
b) Worin unterscheiden sich personenbezogene Unternehmen und Kapitalgesellschaften voneinander?
c) Von welchen Entscheidungskriterien kann die Wahl der Rechtsform privater Unternehmen abhängen?

Lösung:

a) Aus dem Modell des Eigentümer-Unternehmens folgt ein Regelungsbedarf einerseits für das Außenverhältnis, d.h. die Beziehungen zwischen Unternehmen und Umwelt, und andererseits für die Beziehungen der Gesellschafter untereinander im Innenverhältnis.

Im Außenverhältnis sind vor allem die als zwingendes Recht ausgestalteten Regelungen der Haftung und der Vertretung von Interesse. Der Einzelunternehmer führt seine Geschäfte allein und vertritt das Unternehmen nach innen und außen. Er haftet für die Verbindlichkeiten des Unternehmens unbeschränkt mit seinem gesamten Vermögen, d.h. einschließlich des Privatvermögens. Ähnlich verhält es sich bei der OHG: Jeder Gesellschafter ist zur Vertretung berechtigt, die Gesellschafter haften unmittelbar, unbeschränkt und gesamtschuldnerisch. Bei der KG entsprechen die Rechte und Pflichten der Komplementäre denen der OHG-Gesellschafter, während die Haftung der Kommanditisten auf noch ausstehende Einlagen beschränkt ist, dafür sind sie von der Vertretung ausgeschlossen.

Die Regelungen für das Innenverhältnis sind weitgehend als dispositives Recht ausgestaltet, sie betreffen die interne Aufgabenverteilung, die Gewinnverteilung und Entnahmeregelungen. Beim Einzelunternehmen ist keine Aufgabenverteilung erforderlich, der gesamte Gewinn steht dem Unternehmer zu, und er kann Entnahmen in beliebiger Höhe vornehmen. Bei der OHG kann im Prinzip jeder Gesellschafter sämtliche Geschäfte tätigen, die gesetzliche Gewinnverteilung sieht eine mögliche Entnahme während des Geschäftsjahrs sowie eine Verzinsung der Einlage in Höhe von 4% und eine gleichmäßige Verteilung des Rests auf die Gesellschafter vor. Bei der KG dürfen nur die Komplementäre die Geschäfte führen, bei der Gewinnverteilung ist im Anschluß an die Verzinsung von 4% eine angemessene Verteilung vorgesehen.

b) Während bei personenbezogenen Unternehmen mindestens ein Gesellschafter persönlich und unbeschränkt für die Verbindlichkeiten der Gesellschaft haftet, besteht für die Anteilseigner an Kapitalgesellschaften keine persönliche Haftung gegenüber den Gläubigern; sie haften lediglich der Gesellschaft für eventuell noch ausstehende Einlagen. Die Haftung der Kapitalgesellschaft selbst ist auf das Gesellschaftsvermögen beschränkt. Ein weiterer Unterschied besteht hinsichtlich der Geschäftsführung und Vertretung: Bei den personenbezogenen Unternehmen sind die Vollhafter zur Geschäftsführung und Vertretung berechtigt und verpflichtet; bei einer Kapitalgesellschaft hingegen sind spezielle Organe für diese Aufgaben zuständig, die in der Regel mit angestellten Managern besetzt werden. Dadurch entsteht eine größere Distanz zwischen den Gesellschaftern und ihrer Gesellschaft.

c) Die Wahl der Rechtsform hängt insbesondere von den folgenden Kriterien ab:

- Haftung
- Geschäftsführung
- Vertretung
- Möglichkeiten der Kapitalbeschaffung
- Erfolgsbeteiligung
- Risikobeteiligung
- Anonymität der Beteiligung
- Kosten der Rechtsform

Das Gesellschaftsrecht stellt eine ausreichende Anzahl an Rechtsformen zur Verfügung, um im Einzelfall – unterstützt durch eine entsprechende vertragliche Ausgestaltung – eine auf die jeweiligen Bedürfnisse zugeschnittene Rechtsform auswählen zu können.

Aufgabe U7: Aktiengesellschaft

a) Welche Organe hat eine Aktiengesellschaft? Wie ist ihr Zusammenspiel geregelt?

b) In welchen Schritten vollzieht sich die Gründung einer AG? Beschreiben Sie kurz den betreffenden Vorgang und begründen Sie, warum der Gesetzgeber diese Schritte angeordnet hat.

c) Warum darf eine neu gegründete AG die Aktien erst emittieren, wenn die Gesellschaft ins Handelsregister eingetragen worden ist?

d) Womit haftet eine Aktiengesellschaft ihren Gläubigern im Konkursfall?

e) Wie hoch ist der maximale Vermögensverlust, den ein Aktionär aus seiner Beteiligung an einer Aktiengesellschaft erleiden kann?

f) Warum hat eine Aktiengesellschaft in der Regel die besten Möglichkeiten zur Fremdkapitalbeschaffung?

Lösung:

a) Die Entscheidungen in einer Aktiengesellschaft werden durch Vorstand, Aufsichtsrat und Hauptversammlung als den gesetzlich vorgeschriebenen Organen getroffen, die wie folgt aufeinander abgestimmt sind:

- Der Vorstand übernimmt die Geschäftsführung und Vertretung für die Aktiengesellschaft. Er ist gegenüber dem Aufsichtsrat berichtspflichtig.

- Der Aufsichtsrat ist ein Kontrollorgan, das von der Hauptversammlung eingesetzt wird. Er bestellt die Vorstandsmitglieder und überwacht ihre Geschäftsführung, weiter vertritt er die Gesellschaft bei Gerichtsverfahren gegen Vorstandsmitglieder. Bei bestimmten Geschäften kann die Satzung die Zustimmung des Aufsichtsrats vorsehen.

- In der Hauptversammlung entscheiden die Aktionäre über die Entlastung von Vorstand und Aufsichtsrat, über die Verwendung des Bilanzgewinns, über Satzungsänderungen und über die Bestellung von Aufsichtsratsmitgliedern und Abschlußprüfern.

b) Die Gründung einer Aktiengesellschaft läuft aus Gründen des Gläubigerschutzes sowie des Schutzes der Aktionäre vor Gründungsschwindel in den folgenden gesetzlich vorgeschriebenen Schritten ab:

- Feststellung der Satzung mit allen wichtigen Angaben zur Gesellschaft unter notarieller Beurkundung

- vollständige Übernahme der Aktien durch die Gründer: Verpflichtung zur Leistung der Einlagen
- Bestellung der Organe: Bestellung des ersten Aufsichtsrats und der Abschlußprüfer durch die Gründer, Bestellung des ersten Vorstands durch den ersten Aufsichtsrat
- Einzahlung des Grundkapitals: Bareinlagen zu 25% zuzüglich Agio, Sacheinlagen vollständig
- Gründungsbericht: Hergang der Gründung, Wertansatz von Sachanlagen, Gewährung von Vorteilen an Mitglieder von Vorstand oder Aufsichtsrat
- Gründungsprüfung durch die Mitglieder von Vorstand und Aufsichtsrat, Prüfungsbericht ist öffentlich einsehbar
- Anmeldung zur Eintragung in das Handelsregister: Einreichung aller Urkunden und Berichte durch Gründer, Vorstand und Aufsichtsrat
- Durchführung der Eintragung: Entstehung der AG als juristische Person durch den konstitutiven Akt der Eintragung
- Ausgabe der Aktien

c) Die Ausgabe von Aktien vor der Eintragung in das Handelsregister ist nach § 41 Abs. 4 AktG verboten, vorher ausgegebene Aktien sind nichtig, die Ausgeber haften den Anlegern für den durch die vorzeitige Ausgabe entstandenen Schaden.

d) Die Aktiengesellschaft haftet als Kapitalgesellschaft ihren Gläubigern mit ihrem Vermögen. Bei nicht voll eingezahlten Aktien haften die Aktionäre gegenüber der Gesellschaft für den ausstehenden Betrag. Eine direkte Haftung der Aktionäre gegenüber den Gläubigern gibt es nicht.

e) Der Vermögensverlust, den der Aktionär beim Konkurs seiner Aktiengesellschaft erleiden kann, beläuft sich maximal auf den Preis, den er beim Erwerb für die Aktien bezahlt hat, gegebenenfalls zuzüglich seiner noch ausstehenden Einlagen bei nicht voll eingezahlten Aktien.

f) Die Aktiengesellschaft ist darauf angelegt, einen größeren Kreis von Kapitalgebern zur Finanzierung eines Unternehmens zusammenzubringen. Durch die Streuung des Aktienbesitzes und die Trennung von Management und Kapitalgebern verringert sich die Gefahr einseitiger Einflußnahme auf die Geschäftstätigkeit der Gesellschaft. Dadurch und aufgrund der breiten Eigenkapitalbasis sind die Banken eher als bei anderen Rechtsformen bereit, Kredite zur Verfügung zu stellen. Darüber hinaus kann die Aktiengesellschaft unter bestimmten Voraussetzungen auch festverzinsliche Industrieanleihen am Kapitalmarkt ausgeben.

Aufgabe U8: Vertretung

a) Welche Möglichkeiten der Vertretung gegenüber außenstehenden Dritten bestehen bei einem personenbezogenen Unternehmen?
b) Welche Möglichkeiten bestehen, den Umfang der Vertretungsmacht zu begrenzen?
c) Wie ist die Vertretung bei Kapitalgesellschaften geregelt?

Lösung:

a) Vertretung bedeutet zum einen die Befugnis, im Namen der Gesellschaft rechtsverbindliche Verträge abzuschließen, zum anderen die Vertretung der Gesellschaft vor Gericht. Bei den personenbezogenen Unternehmen sind zunächst die Gesellschafter vertretungsbefugt, und zwar bei der OHG jeder Gesellschafter bzw. bei der KG jeder Kommanditist allein, bei der BGB-Gesellschaft alle Gesellschafter gemeinsam (Gesamtvertretung). Darüber hinaus besteht die Möglichkeit, weiteren Personen durch das HGB definierte Vollmachten mit bestimmten Befugnissen zu erteilen, die in das Handelsregister einzutragen sind: Ein Handlungsbevollmächtigter darf alle Rechtshandlungen vornehmen, die der Betrieb des Unternehmens gewöhnlich mit sich bringt; er darf jedoch keine Kredite aufnehmen, Grundstücksgeschäfte tätigen oder Prozesse führen. Umfassender sind die Vertretungsbefugnisse eines Prokuristen, er darf für das Unternehmen sämtliche Rechtshandlungen mit Ausnahme der Belastung und Veräußerung von Grundstücken vornehmen.

b) Handlungsvollmacht und Prokura sowie die Vertretungsbefugnis der Gesellschafter lassen sich in der Form beschränken, daß nach dem Vier-Augen-Prinzip Rechtshandlungen nur von mehreren Bevollmächtigten gemeinsam vorgenommen werden dürfen (Gesamtvertretung, -vollmacht bzw. -prokura). Damit diese Beschränkung im Außenverhältnis wirksam ist, muß sie in das Handelsregister eingetragen werden.

c) Für die Vertretung einer Kapitalgesellschaft sind die gesetzlich vorgesehenen Organe zuständig, die aus dem Kreis der Kapitalgeber, aber auch mit angestellten Managern besetzt werden können. Bei der GmbH erfolgt die Vertretung durch den oder die Geschäftsführer, bei der Aktiengesellschaft durch den Vorstand. Eine Beschränkung der Befugnisse von GmbH-Geschäftsführern oder von Vorstandsmitgliedern ist nach außen ungültig.

Aufgabe U9: Gläubigerschutz

Welche Mechanismen zur Sicherung der Forderungen von Gläubigern kennt das deutsche Gesellschaftsrecht? Gehen Sie insbesondere auf die Mechanismen bei Beschränkung der Haftung ein!

Lösung:

Vorschriften zum Gläubigerschutz sollen sicherstellen, daß der Verlust der Gläubiger einer Gesellschaft bei ihrem Konkurs begrenzt bleibt. Dazu zählen zum einen die Vorschriften über die rechtzeitige Anmeldung des Konkurses bei Illiquidität oder Überschuldung, zum anderen die Ausgestaltung der Haftung bei den verschiedenen Rechtsformen. So ist bei den personenbezogenen Rechtsformen sichergestellt, daß mindestens ein Vollhafter vorhanden ist, der mit seinem gesamten Privat- und Geschäftsvermögen für die Verbindlichkeiten der Gesellschaft haftet.

Bei den Kapitalgesellschaften mit ihrer beschränkten Haftung übernimmt die gesetzliche Vorschrift eines festen Nennkapitals diese Funktion. Dadurch wird sichergestellt, daß der Gesellschaft bei der Gründung bzw. bei einer Kapitalerhöhung Vermögensgegenstände im Wert dieses in der Satzung festgelegten und in das Handelsregister einzutragenden Betrags zugeführt werden. Dieses feste Nennkapital darf nicht durch Ausschüttungen an die Anteilseigner reduziert werden (Ausschüttungssperrfunktion). Danach sind Ausschüttungen nur dann zulässig, wenn ein Bilanzgewinn ausgewiesen wird. Um den Ausweis von Scheingewinnen zu verhindern, gibt das Bilanzrecht Obergrenzen für die Bewertung der Aktiva und Untergrenzen für den Wertansatz von Verbindlichkeiten vor.

Aufgabe U10: GmbH & Co. KG

a) Vergleichen Sie die Rechtsformen der GmbH und der KG hinsichtlich der Aspekte Haftung, Eigenkapitalaufbringung, Geschäftsführung sowie der Möglichkeit der Kapitalerhöhung!
b) Welche Struktur hat die GmbH & Co. KG, und was sind ihre Vorteile?

Lösung:

a) Die GmbH ist eine Kapitalgesellschaft, die gegenüber ihren Gläubigern nur mit dem Gesellschaftsvermögen haftet, so daß für die Anteilseigner jegliche persönliche Haftung ausgeschlossen ist. Sie können allenfalls von der Gesellschaft auf Zahlung noch ausstehender Einlagen in Anspruch genommen werden. Die KG hingegen ist eine Personengesellschaft mit mindestens einem persönlich voll haftenden Gesellschafter. Es lassen sich zwei Gruppen von Gesellschaftern unterscheiden: Die Komplementäre oder Vollhafter, deren Haftung der eines Einzelkaufmanns oder eines OHG-Gesellschafters entspricht, und die Kommanditisten oder Teilhafter, die – ähnlich wie die GmbH-Gesellschafter – nach Einzahlung ihrer Kommanditeinlage keiner persönlichen Haftung mehr unterliegen.

Beide Rechtsformen werden in der Regel von einem überschaubaren Personenkreis gegründet, so daß auch die Möglichkeiten der Eigenkapitalbeschaffung vergleichbar sind. Die formalen Anforderungen, daß das Stammkapital einer GmbH mindestens 25.000 € und jede Stammeinlage mindestens 100 € betragen muß, stellen angesichts der im Wirtschaftsverkehr relevanten Größenordnungen kein Hindernis bei der Gründung einer GmbH dar.

Zur Geschäftsführung bei der KG ist der bzw. sind die persönlich haftenden Gesellschafter berechtigt und verpflichtet. Bei der GmbH erfolgt die Geschäftsführung durch einen oder mehrere Geschäftsführer als gesetzlich vorgesehenes Organ dieser Rechtsform. Dabei kann es sich um angestellte Manager oder auch um GmbH-Gesellschafter handeln.

Eine Kapitalerhöhung bei der KG kann entweder durch Einbehaltung von Gewinnen auf den Kapitalkonten der Gesellschafter erfolgen oder durch die Einbringung weiterer Vermögensgegenstände durch die Gesellschafter. Dies ist formlos möglich, lediglich die neue Höhe der gesamten Kommanditeinlagen muß dem Handelsregister angezeigt werden. Bei der GmbH hingegen erfordert eine Kapitalerhöhung eine notariell zu beurkundende Änderung des Gesellschaftsvertrags. Die vorhandenen Stammeinlagen müssen erhöht oder neue Stammeinlagen begründet werden, die neuen Rechtsverhältnisse sind in das Handelsregister einzutragen. Dies erfordert einen nicht unerheblichen Verwaltungsaufwand und bringt entsprechende Kosten der Rechtsform mit sich.

b) Die GmbH & Co. KG ist der Form nach eine Personengesellschaft, deren Komplementär allerdings eine GmbH ist. Durch diese Konstruktion läßt sich für sämtliche an der Gesellschaft beteiligten natürlichen Personen die persönliche Haftung für die Verbindlichkeiten des Unternehmens ausschließen. Weiter ergeben sich aus dieser Konstruktion steuerliche Vorteile aufgrund der unterschiedlichen Steuerbelastung von Personen- und Kapitalgesellschaften.

Aufgabe U11: Genossenschaften

a) Auf welchem Grundgedanken basiert die Rechtsform der Genossenschaft?
b) Wie wird eine Genossenschaft gegründet? Gehen Sie insbesondere auf die Mindestzahl der Gründer, die einzelnen Stufen der Gründung und das Entstehen der Gesellschaft ein!
c) Welche Rechte gewährt ein Genossenschaftsanteil?

Lösung:

a) Der auf das letzte Jahrhundert zurückgehende Genossenschaftsgedanke basiert auf dem gemeinwirtschaftlichen Prinzip der gegenseitigen Hilfe. Eine Genossenschaft zielt auf die Förderung des Erwerbs und der Wirtschaft der Genossen durch einen gemeinschaftlichen Geschäftsbetrieb ab. Dies spielte vor allem in Bereichen wie der Landwirtschaft, dem Wohnungsbau, bei Produktionsgenossenschaften, Einkaufsgenossenschaften des Einzelhandels oder bei den Volks- und Raiffeisenbanken eine große Rolle.

b) Zur Gründung und zum Betrieb einer Genossenschaft sind mindestens sieben Mitglieder erforderlich, im übrigen ist die Mitgliederzahl nicht festgelegt, sondern kann durch Aufnahme oder Ausscheiden von Genossen schwanken. Die Gründungsmitglieder setzen einen als Statut bezeichneten Gesellschaftsvertrag auf, der Angaben über Firma, Sitz und Gegenstand, die Eigentumsverhältnisse und die Organe der Genossenschaft enthält. Jeder Genosse übernimmt mindestens einen Geschäftsanteil, auf den er eine als Geschäftsguthaben bezeichnete Einlage von mindestens 10% leisten muß. Nach einer Gründungsprüfung durch den zuständigen Prüfungsverband entsteht die Genossenschaft durch die konstitutive Eintragung in das beim zuständigen Amtsgericht geführte Genossenschaftsregister.

c) Jeder Genosse hat das Recht, die gemeinschaftlichen Einrichtungen der Genossenschaft zu nutzen bzw. die Leistungen der Genossenschaft in Anspruch zu nehmen. Weiter darf jeder Genosse an den Entscheidungen der Genossenschaft in der Generalversammlung mitwirken, wobei ihm unabhängig von der Anzahl seiner Geschäftsanteile eine Stimme zukommt. Die Generalversammlung wählt aus dem Kreis der Genossen Vorstand und Aufsichtsrat als die Organe der Genossenschaft und stellt den Jahresabschluß fest. Weiter begründet ein Genossenschaftsanteil einen Anspruch auf einen Anteil am Liquidationserlös bei Auflösung der Genossenschaft.

Aufgabe U12: Konzerne

a) Was versteht man unter einem Konzern?
b) Welche Arten von Konzernen unterscheidet man?
c) Worin unterscheidet sich ein Konzern von einem Kartell?

Lösung:

a) Der Begriff des Konzerns ist in § 18 Abs. 1 AktG definiert als die Zusammenfassung eines herrschenden und eines oder mehrerer abhängiger Unternehmen unter der einheitlichen Leitung des herrschenden Unternehmens. Er entsteht durch Beherrschungsvertrag oder Kapitalverflechtung. Die einzelnen Konzerngesellschaften sind rechtlich selbständig, jedoch bei einem Unterordnungskonzern wirtschaftlich abhängig von dem herrschenden Unternehmen (Mutterunternehmen) bzw. stehen beim Gleichordnungskonzern unter einer einheitlichen Leitung.

b) Nach den mit der Konzernbildung verfolgten Zielen lassen sich folgende Arten von Konzernen unterscheiden:

- In einem horizontalen Konzern werden Unternehmen der gleichen Produktionsstufe zusammengefaßt, um dadurch die Wettbewerbsposition zu verbessern.

- Ein vertikaler Konzern besteht aus Unternehmen verschiedener Wertschöpfungsstufen. Dadurch läßt sich die Versorgungs- bzw. Absatzlage verbessern.

- Als lateralen Konzern bezeichnet man die Zusammenfassung von Unternehmen, die in sehr unterschiedlichen Geschäftsfeldern tätig sind. Das Ziel dabei ist vor allem die Risikostreuung durch Diversifizierung der wirtschaftlichen Aktivitäten.

c) In einem Kartell schließen sich wirtschaftlich und rechtlich selbständige Unternehmen auf vertraglicher Basis zusammen, um gemeinsam einen stärkeren Markteinfluß auszuüben. Im Gegensatz zum Konzern besteht keine formelle Abhängigkeit zwischen den Kartellmitgliedern. Man unterscheidet Preis-, Konditionen-, Gebiets- und Quotenkartelle. Kartelle sind nach dem Gesetz gegen Wettbewerbsbeschränkungen (GWB) generell verboten. Auch die Konzernbildung kann bei Vorliegen bestimmter Merkmale melde- oder sogar zustimmungspflichtig nach dem GWB werden.

2.3 Die Mitbestimmung der Arbeitnehmer

Aufgabe U13: Grundlagen der Mitbestimmung
a) Welche Ansätze zur Mitbestimmung der Arbeitnehmer sind in der Bundesrepublik Deutschland realisiert?
b) In welchen Gesetzen ist die Vertretung der Arbeitnehmer im Aufsichtsrat geregelt? Worin unterscheiden sich die einzelnen Regelungen?
c) Welche Gremien bzw. Organe werden durch die Gesetze eingerichtet bzw. in ihrer Zusammensetzung modifiziert?

Lösung:

a) Die Mitbestimmung der Arbeitnehmer ist auf zwei Ebenen realisiert:
- Bei der betrieblichen Mitbestimmung werden den Arbeitnehmern eines Betriebs als einer örtlich bestimmten Produktionsstätte bei Vorliegen bestimmter Voraussetzungen Mitbestimmungs- und Mitwirkungsrechte eingeräumt, die über die Beteiligung von speziellen Gremien – Betriebsrat, Jugendvertretung, Betriebsversammlung, Wirtschaftsausschuß – an betrieblichen Entscheidungen realisiert werden. Die betriebliche Mitbestimmung ist im Betriebsverfassungsgesetz geregelt.
- Die gesellschaftsrechtliche Mitbestimmung bezieht sich auf die Einflußnahme von Arbeitnehmern auf unternehmerische Entscheidungen in Kapitalgesellschaften und Genossenschaften durch Sitz und Stimme in deren Organen.

b) Die Vertretung von Arbeitnehmern im Aufsichtsrat fällt unter die gesellschaftsrechtliche Mitbestimmung. Sie kann in Abhängigkeit von der Unternehmensgröße und dem Wirtschaftszweig in drei Ausprägungen auftreten:
- Die einfache Mitbestimmung nach dem Betriebsverfassungsgesetz bezieht sich auf Kapitalgesellschaften mit mehr als 500 Arbeitnehmern. Sie sieht vor, daß ein Drittel der Mitglieder des Aufsichtsrats von den Arbeitnehmern des Unternehmens gewählt wird.
- Das Mitbestimmungsgesetz erfaßt Kapitalgesellschaften, die mehr als 2.000 Arbeitnehmer beschäftigen. Danach ist der Aufsichtsrat paritätisch mit Vertretern der Arbeitnehmer und des Arbeitgebers zu besetzen, dem von der Arbeitgeberseite zu stellenden Vorsitzenden kommt in Patt-Situationen eine zweite Stimme zu. Weiter ist ein Arbeitsdirektor als Mit-

glied des Vorstands bzw. der Geschäftsleitung zu wählen, der sich mit Personalfragen und den sozialen Belangen der Belegschaft befaßt.

- Die noch weitergehende Montan-Mitbestimmung nach dem Montan-Mitbestimmungsgesetz gilt in Kapitalgesellschaften mit mehr als 1.000 Arbeitnehmern, die überwiegend in der Montanindustrie tätig sind, d.h. sich mit der Förderung und Verarbeitung von Kohle und Erz oder mit der Erzeugung von Eisen und Stahl befassen, sowie nach dem Mitbestimmungs-Ergänzungsgesetz auch in Konzernen, deren Umsatz zu mindestens 20% im Montanbereich liegt. Auch hierbei sind in den Aufsichtsrat gleich viele Vertreter von Arbeitnehmern und Arbeitgebern zu wählen, ein weiteres, neutrales Mitglied wird auf Vorschlag des Aufsichtsrats gewählt. Auch hier ist ein Arbeitsdirektor vorgesehen.

c) Wie in Aufgabenteil b) beschrieben, wird durch die Mitbestimmungsgesetze vor allem der Aufsichtsrat verändert, indem ein bestimmter Teil der Sitze von den Arbeitnehmern besetzt werden darf. In Gesellschaften mit beschränkter Haftung muß gegebenenfalls aufgrund dieser Vorschriften ein Aufsichtsrat eingerichtet werden. Ebenso ist die Aufnahme eines Arbeitsdirektors in das Leitungsgremium vorgesehen.

Aufgabe U14: Ausprägungen der Mitbestimmung

a) Worauf beziehen sich die Mitbestimmungsrechte der Arbeitnehmer nach dem Betriebsverfassungsgesetz bzw. nach dem Mitbestimmungsgesetz?

b) Unter welchen Bedingungen gibt das Betriebsverfassungsgesetz Mitbestimmungsrechte der Arbeitnehmer auf Unternehmensebene? Worin unterscheiden sich diese Mitbestimmungsrechte von denen des Mitbestimmungsgesetzes?

c) Wie erfolgt die Wahl der Arbeitnehmervertreter nach dem Montan-Mitbestimmungsgesetz von 1951, dem Mitbestimmungsgesetz von 1976 und dem Betriebsverfassungsgesetz von 1952?

Lösung:

a) Die Mitbestimmung nach dem Betriebsverfassungsgesetz von 1972 bezieht sich auf die betriebliche Mitbestimmung; bereits im Betriebsverfassungsgesetz von 1952 wurde die einfache gesellschaftsrechtliche Mitbestimmung für Kapitalgesellschaften mit mehr als 500 Arbeitnehmern festgelegt. Die Mitbestimmung nach dem Mitbestimmungsgesetz hingegen bezieht sich auf die gesellschaftsrechtliche Mitbestimmung in Unternehmen mit mehr als 2.000 Mitarbeitern, die nicht der weitergehenden Montan-Mitbestimmung unterliegen.

b) Die einfache gesellschaftsrechtliche Mitbestimmung nach dem Betriebsverfassungsgesetz von 1952 bezieht sich auf Kapitalgesellschaften mit mehr als 500 Mitarbeitern. Im Gegensatz zur Mitbestimmung nach dem Mitbestimmungsgesetz, das eine paritätische Besetzung des Aufsichtsrats mit Vertretern der Arbeitnehmer und der Arbeitgeber vorsieht, dürfen die Arbeitnehmer bei der einfachen Mitbestimmung ein Drittel der Aufsichtsratsmitglieder bestimmen.

c) Bei der Montan-Mitbestimmung wählt die Haupt- bzw. Gesellschafterversammlung die Arbeitnehmervertreter und ein weiteres Mitglied der Arbeitnehmerseite aufgrund bindender Vorschläge des Betriebsrats und der Gewerkschaften. Nach dem Mitbestimmungsgesetz erfolgt die Wahl der Arbeitnehmervertreter in direkter Wahl, bei mehr als 8.000 Arbeitnehmern durch Delegierte. Jeweils mindestens ein Mitglied muß die Arbeiter, die Angestellten und die leitenden Angestellten vertreten, je nach Größe des Aufsichtsrats müssen zwei bzw. drei Arbeitnehmervertreter einer Gewerkschaft angehören. Bei einfacher Mitbestimmung nach dem Betriebsverfassungsgesetz werden die Arbeitnehmervertreter in direkter Wahl von den Arbeitnehmern gewählt.

4. Teil: Der finanzwirtschaftliche Bereich
1. Die Finanzierung
1.1 Grundbegriffe

> Aufgabe F1: Investition und Finanzierung
>
> a) Erläutern Sie die Begriffe Investition und Finanzierung! In welchem Verhältnis stehen sie zueinander?
>
> b) Welche Ziele sind bei finanzwirtschaftlichen Entscheidungen zu beachten? Charakterisieren Sie diese und stellen Sie das Verhältnis zwischen den einzelnen Zielen dar!

Lösung:

a) Eine Investition ist die Anlage von finanziellen Mitteln in einem Vermögensgegenstand, sie wird auf der Aktivseite der Bilanz als Mittelverwendung abgebildet. Als Finanzierung bezeichnet man die auf der Passivseite abgebildeten Maßnahmen zur Kapitalbeschaffung, d.h. zur Zuführung finanzieller Mittel in das Unternehmen. In einer weiteren Fassung des Finanzierungsbegriffs werden darunter auch Maßnahmen der Kapitaldisposition verstanden.

b) Die nachfolgenden Ziele der Finanzwirtschaft lassen sich als Unterziele aus dem erwerbswirtschaftlichen Prinzip ableiten; sie stehen zueinander teilweise in konfliktärer Beziehung:

- Der Erfolg einer finanzwirtschaftlichen Maßnahme gibt an, wieviel ihre Durchführung zum Oberziel beigetragen hat; er wird z.B. anhand des Kapitalwerts, der Effektivverzinsung oder der Rentabilität beurteilt.

- Die Liquidität, gemessen anhand von Liquiditätskennziffern, ist ein Maß für die Zahlungsfähigkeit des Unternehmens. Eine hohe Liquidität läßt sich z.B. durch Kassenhaltung erreichen. Dies steht aber im Widerspruch zum Erfolgsziel, das eher dann erreicht wird, wenn sämtliche Mittel in möglichst rentable Projekte investiert werden.

- Für einen risikoscheuen Unternehmer ist auch das Ziel der Sicherheit einer finanzwirtschaftlichen Maßnahme von Bedeutung. Da in der Regel ein höherer potentieller Erfolg mit einem höheren Risiko verknüpft ist, steht auch das Sicherheitsziel im Widerspruch zum Rentabilitätsziel.

- Ein weiteres Ziel ist die Unabhängigkeit des Unternehmers bei seinen Entscheidungen, das bei Kapitalaufnahme durch die Mitspracherechte der Kapitalgeber eingeschränkt wird.

Aufgabe F2: Finanzierungsbegriffe

a) Erläutern Sie die Begriffe Eigenkapital und Fremdkapital! Worin unterscheiden sie sich aus der Sicht des Kapitalgebers?

b) Was verstehen Sie unter Innenfinanzierung und Außenfinanzierung? Nach welchem Kriterium lassen sich diese Begriffe abgrenzen?

Lösung:

a) Die Begriffe Eigenkapital und Fremdkapital unterscheiden sich hinsichtlich der Rechtsstellung des Kapitalgebers, der Risikoübernahme, der Gewinnbeteiligung, der Befristung der Kapitalüberlassung und der Einflußnahme auf Entscheidungen. Eigenkapital wird dem Unternehmen von den Kapitalgebern unbefristet zur Verfügung gestellt; dafür erhalten sie von der Rechtsform abhängige Mitspracherechte und einen Anspruch auf Gewinnbeteiligung, tragen allerdings auch das unternehmerische Risiko in vollem Umfang. Fremdkapital hingegen wird dem Unternehmen in der Regel befristet zur Verfügung gestellt; die Kreditgeber erhalten dafür eine feste Verzinsung und erwarten die Rückzahlung des Kreditbetrags zum vereinbarten Termin. Ihr Einfluß auf die unternehmerischen Entscheidungen, aber auch das von ihnen zu tragende Risiko ist deutlich geringer als das der Eigenkapitalgeber; Rückzahlung und Verzinsung sind nur beim Konkurs des Kreditgebers gefährdet.

b) Die Innen- und Außenfinanzierung unterscheiden sich nach der Quelle, aus der die dem Unternehmen zugeführten finanziellen Mittel stammen. Bei der Innenfinanzierung handelt es sich um Mittel, die im Rahmen der betrieblichen Tätigkeit als Einzahlungsüberschüsse erwirtschaftet wurden und nicht an die Kapitalgeber in Form von Zinszahlungen oder Gewinnanteilen ausgeschüttet werden, sondern im Unternehmen verbleiben und damit die Kapitalbasis vergrößern. Bei der Außenfinanzierung hingegen werden dem Unternehmen von außen, d.h. von den Eigen- oder Fremdkapitalgebern, zusätzliche finanzielle Mittel in Form von Einlagen bzw. Krediten zugeführt.

Aufgabe F3: Finanzierungsarten

Geben Sie für die folgenden Vorgänge jeweils an, ob es sich um
- Eigen- und Innenfinanzierung (Selbstfinanzierung)
- Eigen- und Außenfinanzierung (Beteiligungsfinanzierung)
- Fremd- und Innenfinanzierung
- Fremd- und Außenfinanzierung handelt

1) Ausgabe von Aktien
2) Leasing
3) Anzahlungen von Kunden
4) Finanzierung aus Pensionsrückstellungen
5) Inanspruchnahme eines Lieferantenkredits
6) Kapitalerhöhung aus Gesellschaftsmitteln
7) Kontokorrentkredit
8) Umwandlung eines Darlehens in Gesellschaftsanteile
9) Bildung von Gewinnrücklagen

Lösung:

1) Ausgabe von Aktien: Beteiligungsfinanzierung

2) Leasing: Fremd- und Außenfinanzierung

3) Anzahlungen von Kunden: Fremd- und Außenfinanzierung

4) Finanzierung aus Pensionsrückstellungen: Fremd- und Innenfinanzierung

5) Inanspruchnahme eines Lieferantenkredits: Fremd- und Außenfinanzierung

6) Kapitalerhöhung aus Gesellschaftsmitteln: Selbstfinanzierung

7) Kontokorrentkredit: Fremd- und Außenfinanzierung

8) Umwandlung eines Darlehens in Gesellschaftsanteile: Beteiligungsfinanzierung

9) Bildung von Gewinnrücklagen: Selbstfinanzierung

Aufgabe F4: Liquidität

a) Was versteht man unter dem finanziellen Gleichgewicht des Unternehmens? Definieren Sie diesen Begriff verbal und formalisieren Sie ihn!

b) Was versteht man unter Liquidität? Welche zwei Interpretationen kennen Sie?

c) In welchem Verhältnis steht das finanzielle Gleichgewicht zu dem Begriff der Liquidität? Welche Interpretation der Liquidität ist hier von Bedeutung?

d) In welchem Verhältnis stehen die Ziele Liquidität und Rentabilität zueinander?

Finanzierung

Lösung:

a) Das finanzielle Gleichgewicht ist die Fähigkeit eines Unternehmens, seinen fälligen Zahlungsverpflichtungen in jedem Zeitpunkt nachkommen zu können. Dies ist genau dann gegeben, wenn für jeden zukünftigen Zeitpunkt die Summe aus dem Anfangsbestand an liquiden Mitteln und den bis zum jeweils betrachteten Zeitpunkt erwarteten Einzahlungen mindestens so groß ist wie die Summe der bis dahin voraussichtlich anfallenden Auszahlungen. Das finanzielle Gleichgewicht läßt sich wie folgt formalisieren: In jedem Zeitpunkt $t = 1, 2, \ldots$ muß gelten:

$$E_1 + \sum_{\tau=1}^{t} e_\tau \geq \sum_{\tau=1}^{t} a_\tau$$

mit: E_1 - Anfangsbestand an liquiden Mitteln

e_τ - Einzahlungen in der Periode τ

a_τ - Auszahlungen in der Periode τ

b) Unter der Liquidität versteht man ebenfalls die Zahlungsfähigkeit eines Unternehmens. Sie läßt sich zum einen wie in Aufgabenteil a) als zeitpunktbezogenes Deckungsproblem interpretieren. Eine weitere Möglichkeit zur Beurteilung der Liquidität ist die Berechnung von Kennziffern für die Liquidität 1., 2. und 3. Grades. Diese Liquiditätskennziffern nehmen um so höhere Werte an, je größer der Zahlungsmittelbestand des Unternehmens ist. Dennoch kann es trotz eines hohen Zahlungsmittelbestands zu Liquiditätsengpässen kommen, wenn die Termine der zukünftigen Ein- und Auszahlungen nicht hinreichend aufeinander abgestimmt sind.

c) In der Interpretation als Deckungsproblem stimmt der Begriff der Liquidität mit dem des finanziellen Gleichgewichts überein. Illiquidität bzw. Zahlungsunfähigkeit eines Unternehmens führen zum Konkurs, falls nicht zusätzliche finanzielle Mittel bereitgestellt werden können.

d) Liquidität und Rentabilität stehen insofern in einem Zielkonflikt, als die zur Aufrechterhaltung der Liquidität vorgehaltenen Zahlungsmittel nicht an anderer Stelle im Unternehmen erfolgssteigernd eingesetzt werden können. Es ist durchaus möglich, daß ein Unternehmen mit einer hohen Rentabilität zeitweise illiquide ist; andererseits kann ein unrentables Unternehmen eine hohe Liquidität aufweisen.

> Aufgabe F5: Kreditsicherheiten
> a) Was versteht man unter einer Kreditsicherheit? Welche Bedeutung hat die Kreditsicherheit für den Kreditgeber und den Kreditnehmer?
> b) Welche Formen von Kreditsicherheiten kennen Sie?

Lösung:

a) Eine Kreditsicherheit dient der Absicherung des Kreditgebers für den Fall der Zahlungsunfähigkeit des Kreditnehmers; er kann dann zur Befriedigung seiner noch ausstehenden Zahlungsansprüche auf die Sicherheit zugreifen. Der Kreditgeber wird um so eher die Stellung von Sicherheiten verlangen, je schlechter die Bonität des Kreditnehmers ist, d.h. wenn er einen Forderungsausfall für möglich hält. Dabei wird er Wert legen auf Sicherheiten, deren Wert keinen großen Schwankungen unterliegt und die sich ohne großen Aufwand verwerten lassen. Aus Sicht des Kreditnehmers bedeutet die Stellung von Sicherheiten die Möglichkeit, Kredite zu erlangen, die ihm sonst verweigert worden wären. Andererseits wird bei einigen Formen der Sicherung seine wirtschaftliche Verfügungsmacht über die als Sicherheit eingesetzten Güter eingeschränkt.

b) Es steht eine Reihe verschiedener Sicherungsformen zur Verfügung, aus denen für den Einzelfall eine geeignete Auswahl vorzunehmen ist:

- Art der Sicherheit: Bei personalen Sicherheiten wie der Bürgschaft und der Garantie gibt eine weitere Person, deren Bonität gewährleistet sein muß, das Versprechen, bei Zahlungsunfähigkeit des Kreditnehmers in dessen Verpflichtungen einzutreten. Bei realen Sicherheiten hingegen wie dem Pfandrecht an Sachen und Forderungen, der Zession, der Sicherungsübereignung, dem Eigentumsvorbehalt und den Grundpfandrechten beruht die Sicherheit auf dem Wert des eingesetzten Vermögensgegenstands.

- Sicherungsgeber: Hier lassen sich Eigensicherheiten, die vom Kreditgeber selbst, und Fremdsicherheiten, die durch eine weitere Person gestellt werden, unterscheiden.

- Bindung an Forderung: Während akzessorische Sicherheiten wie die Hypothek, das Pfandrecht und die Bürgschaft in ihrer Höhe an den Bestand einer bestimmten Forderung gebunden sind, deren Nachweis durch den Kreditgeber zu erfolgen hat, kann auf eine abstrakte Sicherheit wie die Grundschuld, die Zession, die Sicherungsübereignung, den Eigentumsvorbehalt und die Garantie zur Befriedigung einer beliebigen Forderung zugegriffen werden.

Finanzierung

Aufgabe F6: Wertpapierbörsen

a) Charakterisieren Sie die Ihnen bekannten Formen des Börsenhandels! Welche Bedeutung kommt den einzelnen Börsensegmenten zu?

b) Ermitteln Sie den Einheitskurs bei Vorliegen folgender Aufträge:

Kaufaufträge		Verkaufsaufträge	
Stück	Limit	Stück	Limit
5.000	billigst	10.000	bestens
10.000	350	20.000	347
10.000	349	20.000	348
20.000	348	10.000	349
10.000	347		

c) Welcher Umsatz wird bei diesem Kurs getätigt?
d) Wie lautet die amtliche Kursbezeichnung dieses Tages?

Lösung:

a) Eine Wertpapierbörse ist ein organisierter Markt für den Handel mit bestimmten Wertpapieren, insbesondere Aktien, in denen Anteilsrechte an Aktiengesellschaften verbrieft sind, und Schuldverschreibungen, die genau definierte Forderungsrechte verbriefen. In Deutschland sind an verschiedenen Börsenplätzen Wertpapierbörsen eingerichtet worden, an denen während bestimmter Börsenzeiten Präsenzhandel, zum Teil auch elektronischer Handel stattfindet. Man unterscheidet den Kassamarkt, auf dem die abgeschlossenen Geschäfte innerhalb von zwei Börsentagen zu erfüllen sind, und den Terminmarkt, auf dem Kauf- und Verkaufoptionen gehandelt werden.

Der Kassamarkt besteht aus mehreren Börsensegmenten, die sich anhand der Abwicklungsmodalitäten sowie der Anforderungen unterscheiden, die an die dort gehandelten Papiere gestellt werden:

- Der amtliche Handel wird durch amtliche Kursmakler abgewickelt. Es können nur Aktiengesellschaften mit einem Grundkapital von mindestens 2,5 Mio. DM, das sich zu mindestens 25% in Streubesitz befindet, zugelassen werden. Der Antrag auf Zulassung ist über ein Kreditinstitut zu stellen, mit ihm sind umfangreiche Publizitätspflichten verbunden.

- Der geregelte Markt steht auch kleineren Aktiengesellschaften mit einem Aktienkapital von mindestens 500.000 DM offen, hier sind auch die Publizitätsanforderungen geringer.

- Auf dem im Jahr 1997 an der Frankfurter Börse geschaffenen Neuen Markt können die Aktien kleinerer Unternehmen aus innovativen Branchen wie der Telekommunikation und der Computertechnologie gehandelt werden, falls sie ihre Jahresabschlüsse nach internationalen Rechnungslegungsprinzipien aufstellen.

- Aktien, die nicht die Anforderungen der zuvor genannten Marktsegmente erfüllen, können im Freiverkehr gehandelt werden. Dieser findet entweder als geregelter Freiverkehr zu festen Börsenzeiten statt und erfordert eine Zulassung durch den zuständigen Zulassungsausschuß, oder er wird als Telefonverkehr zwischen Kreditinstituten ohne weitere Auflagen abgewickelt.

b) Bei einem Kurs von 347 liegen Kaufaufträge für 55.000 Stück und Verkaufaufträge für 30.000 Stück vor, d.h. es würden 30.000 Stück umgesetzt. Bei einem Kurs von 348 ergibt sich aus Kaufaufträgen für 45.000 Stück und Verkaufaufträgen von 50.000 Stück ein Umsatz von 45.000 Stück. Bei einem Kurs von 349 gehen die Kaufaufträge auf 25.000 Stück zurück, die Verkaufaufträge umfassen 60.000 Stück, so daß nur noch 25.000 Stück umgesetzt werden. Bei einem Kurs von 350 schließlich stehen Kaufaufträgen für 15.000 Stück Verkaufaufträge für 60.000 Stück gegenüber, so daß sich der Umsatz auf 15.000 Stück beläuft. Der maximale Umsatz in Höhe von 45.000 Stück kommt somit bei einem Kurs von 348 zustande; dieser wird als Einheitskurs festgestellt.

c) Wenn 45.000 Aktien zu 348 € gehandelt werden, entspricht dies einem monetären Umsatz von 15.660.000 €.

d) Da bei dem Einheitskurs von 348 € noch ein Nachfrageüberhang von 5.000 Stück besteht, lautet der Kurszusatz „bezahlt Geld" (bG).

Finanzierung

1.2 Die Außenfinanzierung mit Eigenkapital

> Aufgabe F7: Eigenkapital bei personenbezogenen Unternehmen
> a) Wie wird das Eigenkapital beim Einzelunternehmen, bei der OHG und bei der KG ermittelt?
> b) Welche Möglichkeiten der Eigenkapitalbeschaffung bestehen bei den genannten Rechtsformen? Wie sind diese zu beurteilen?

Lösung:

a) Beim Einzelunternehmer bestimmt sich das in der Bilanz ausgewiesene Eigenkapital als Differenz aus der Summe der Vermögenswerte im Betriebsvermögen und den Schulden. Obwohl bei dieser Rechtsform aus rechtlicher Sicht keine Trennung zwischen Privat- und Betriebsvermögen möglich ist, wird das Betriebsvermögen als der Gesamtwert der Wirtschaftsgüter berechnet, die der Unternehmer ihm zuordnet. Man unterscheidet Wirtschaftsgüter, die immer zum Betriebsvermögen zählen, wie Produktionsanlagen, Wirtschaftsgüter, die immer zum Privatvermögen zählen, wie persönliche Einrichtungsgegenstände, und Wirtschaftsgüter, deren Zuordnung gewählt werden kann, wie PKW. Auch bei den Schulden kann der Unternehmer eine Zuordnung zum betrieblichen oder zum privaten Bereich vornehmen.

Bei der OHG wird das Eigenkapital wiederum als Differenz von Vermögenswerten und Schulden berechnet. Es wird den einzelnen Gesellschaftern in dem Maße zugerechnet, in dem sie an der Gesellschaft beteiligt sind. Der Kapitalanteil jedes Gesellschafters entspricht dem anteiligen Wert der Geld- und Sacheinlagen, die er bei der Unternehmensgründung geleistet oder später dem Unternehmen zugeführt hat.

Auch bei der KG wird das Eigenkapital grundsätzlich als Differenz von Vermögenswerten und Schulden berechnet. Jedoch ist aus Gründen des Gläubigerschutzes die Höhe der Kommanditeinlagen in das Handelsregister als eine feste Summe einzutragen, die Kommanditisten haften den Gläubigern bis zur Höhe der ausstehenden Einlagen unmittelbar.

b) Der Einzelunternehmer kann sein Eigenkapital erhöhen, indem er Erträge im Betrieb beläßt oder dem Unternehmen weitere Geld- oder Sachwerte aus seinem Privatvermögen zuführt. Reichen diese äußerst beschränkten Eigenfinanzierungsmöglichkeiten nicht aus, muß er seine Rechtsform ändern und eine Gesellschaft eingehen.

Auch die Eigenkapitalfinanzierung ist zunächst auf die Einbehaltung von Gewinnen und die Erhöhung der Einlagen beschränkt, weiter können neue Gesellschafter aufgenommen werden. Da sich jedoch durch die beiden letztgenannten Maßnahmen die Anteile der Gesellschafter am Unternehmen verändern würden, kann sie jeder einzelne Gesellschafter durch seinen Widerstand verhindern.

Bei der KG gelten für die Erhöhung der Einlagen der Komplementäre die gleichen Regeln wie bei der OHG. Darüber hinaus besteht die Möglichkeit, das Eigenkapital durch die Erhöhung von Kommanditeinlagen oder durch die Aufnahme zusätzlicher Kommanditisten zu erhöhen, ohne die Mitspracherechte der Komplementäre zu beeinträchtigen.

Aufgabe F8: Eigenkapitalfinanzierung bei der GmbH

a) Erläutern Sie den Vorgang der Eigenkapitalfinanzierung bei einer GmbH!

b) Die vereinfachte Bilanz einer GmbH mit vier gleichberechtigten Gesellschaftern hat folgendes Aussehen:

Aktiva		Passiva	
Anlagevermögen	60.000	Stammkapital	50.000
Umlaufvermögen	60.000	Rücklagen	30.000
		Fremdkapital	40.000
	120.000		120.000

Welchen Betrag müßte ein neuer Gesellschafter einzahlen, um ebenfalls gleichmäßig an der Gesellschaft beteiligt zu sein? Wie ändert sich der Betrag, wenn zusätzlich stille Reserven in Höhe von 20.000 € vorhanden sind?

Lösung:

a) Die Gründung einer GmbH kann entweder als Bargründung oder als Sachgründung erfolgen. Das Eigenkapital entspricht der Höhe der geleisteten Einzahlungen bzw. dem Wert der in das Unternehmen eingebrachten Vermögensgegenstände. Eine Zuführung zusätzlichen Eigenkapitals erfolgt in der Regel über die Erhöhung des Stammkapitals. Dies erfordert eine Änderung der Satzung, für die eine ¾-Mehrheit der in der Gesellschafterversammlung abgegebenen Stimmen nötig ist. Die dadurch neu geschaffenen Stammeinlagen werden entweder von den alten oder von neuen Gesellschaftern übernommen; bei der Aufnahme neuer Gesellschafter wird in der Regel eine Zuzahlung verlangt, um einen Ausgleich für deren Beteiligung an den durch Einbehaltung von Gewinnen entstandenen Rücklagen und an den stillen Reserven der Gesellschaft zu schaffen.

b) Bei gleichmäßiger Beteiligung der vier Gesellschafter am Stammkapital von 50.000 € beläuft sich die Stammeinlage jedes Gesellschafters auf 12.500 €, hinzu kommen 7.500 € anteilige Rücklagen. Ein neuer Gesellschafter müßte daher 20.000 € einzahlen, um einen gleich hohen Anteil an der Gesellschaft zu erhalten. Sollen die stillen Reserven der Gesellschaft bei der Zuzahlung berücksichtigt werden, so ist diese um weitere 5.000 € zu erhöhen.

Aufgabe F9: Kapitalerhöhung bei der Aktiengesellschaft

a) Welche Formen der Kapitalerhöhung kennen Sie? Charakterisieren Sie diese kurz!

b) Beschreiben Sie das Vorgehen bei einer ordentlichen Kapitalerhöhung.

c) Warum hat der Gesetzgeber die anderen Formen der Kapitalerhöhung geschaffen? Wodurch unterscheidet sich deren Durchführung von der einer ordentlichen Kapitalerhöhung?

Lösung:

a) Die Kapitalerhöhung bei einer Aktiengesellschaft kann in den folgenden drei Formen durchgeführt werden:

- Die ordentliche Kapitalerhöhung wird vom Aktiengesetz als der Normalfall angesehen. Nach einem entsprechenden Hauptversammlungsbeschluß werden die neuen Aktien gezeichnet, eingezahlt und ausgegeben.

- Bei einer Kapitalerhöhung aus genehmigtem Kapital, das die Hauptversammlung dem Vorstand für einen Zeitraum von fünf Jahren zur Verfügung stellt, kann jederzeit eine Kapitalerhöhung durchgeführt werden.

- Eine bedingte Kapitalerhöhung wird vorgenommen, damit bestimmte Umtausch- und Bezugsrechte ausgeübt werden können. Sie ist insbesondere erforderlich, damit die Inhaber von Optionsanleihen und Wandelschuldverschreibungen Aktien des Unternehmens erhalten können.

b) Bei der ordentlichen Kapitalerhöhung ist zunächst auf der Hauptversammlung mit ¾-Mehrheit eine Satzungsänderung zu beschließen, in der der Umfang der Kapitalerhöhung festgelegt wird. Dieser Beschluß wird in das Handelsregister eingetragen, die neuen Aktien werden durch die Aktionäre oder andere Interessenten gezeichnet. Nach Einzahlung der Aktien zu mindestens 25% wird die Durchführung der Kapitalerhöhung zur Eintragung in das Handelsregister angemeldet, mit der Eintragung wird sie rechtswirksam, und die jungen Aktien dürfen ausgegeben werden.

c) Die Möglichkeit zur Kapitalerhöhung aus genehmigtem Kapital wurde geschaffen, um das langwierige und inflexible Verfahren der ordentlichen Kapitalerhöhung zeitlich zu entkoppeln: Zunächst wird der Hauptversammlungsbeschluß über das genehmigte Kapital in das Handelsregister eingetragen; der Aufruf zur Zeichnung, die Einzahlung und die Ausgabe der Aktien erfolgen zu einem späteren Zeitpunkt. Der Vorstand kann mit Zustimmung des Aufsichtsrats zu jedem Zeitpunkt innerhalb der 5-Jahresfrist, der ihm geeignet erscheint, die Kapitalerhöhung durchführen.

Eine bedingte Kapitalerhöhung wird nur in dem Umfang durchgeführt, wie die Bedingung eintritt, d.h. die jeweiligen Umtausch- oder Bezugsrechte tatsächlich ausgeübt werden. Auch hier erfolgt zunächst ein entsprechender Hauptversammlungsbeschluß mit ¾-Mehrheit, der in das Handelsregister eingetragen wird. Mit der Ausübung eines Umtausch- oder Bezugsrechts wird die Kapitalerhöhung für den entsprechenden Betrag wirksam, und die jungen Aktien können ausgegeben werden. Nach Ablauf eines Geschäftsjahres wird in das Handelsregister eingetragen, in welchem Umfang das Kapital erhöht worden ist.

Aufgabe F10: Bezugsrecht

a) Was versteht man unter einem Bezugsrecht? Welche Funktionen hat das Bezugsrecht?

b) Welche Möglichkeiten zur Verwertung des Bezugsrechts gibt es?

c) Wie ermittelt man den rechnerischen Kurs des Bezugsrechts? Warum muß dieser nicht mit dem aktuellen Börsenkurs übereinstimmen?

d) Ein Unternehmen mit einem Grundkapital von 10 Mio. € führt eine Kapitalerhöhung im Umfang von 2 Mio. € durch und bietet den Aktionären an, junge Aktien im Verhältnis 1:5 zu erwerben. Der Börsenkurs der Aktie beträgt 520 € am Tag vor der Eröffnung des Bezugsrechtshandels. Der Emissionskurs der jungen Aktien beträgt 400 €. Bestimmen Sie den rechnerischen Wert des Bezugsrechts!

Lösung:

a) Bei einer Kapitalerhöhung haben die Aktionäre ein gesetzliches Recht auf Bezug der neuen Aktien, das allerdings durch den Hauptversammlungsbeschluß eingeschränkt oder ausgeschlossen werden kann. Das Bezugsrecht hat zwei Funktionen: Zum einen soll es gewährleisten, daß die alten Aktionäre auch bei der Kapitalerhöhung ihren Beteiligungsanteil an der Gesellschaft aufrechterhalten können, zum anderen wird der Wertverlust der alten Aktien kompensiert, der dadurch eintritt, daß der Ausgabekurs der neuen Aktien unter dem Börsenkurs liegt.

b) Der Aktionär kann entweder seine Bezugsrechte verkaufen oder sein Bezugsrecht ausüben und die auf ihn entfallende Zahl an jungen Aktien zeichnen. Verfügt er über eine Zahl an Aktien, die kein ganzzahliges Vielfaches des Bezugsverhältnisses ist, so muß er die Zeichnung auf- oder abrunden und die dabei entstehenden Spitzenbeträge an Bezugsrechten hinzukaufen oder verkaufen.

c) Der rechnerische Wert des Bezugsrechts entspricht dem Vermögensnachteil, den ein Aktionär dadurch erleidet, daß die jungen Aktien unter dem Börsenkurs angeboten werden, wodurch der Kurs der alten Aktien sinkt. Er wird ermittelt, indem man die Differenz aus dem Kurs der alten Aktien und dem rechnerischen Kurs nach der Kapitalerhöhung bildet:

$$BR = KA - \frac{ZA \cdot KA + ZN \cdot BK}{ZA + ZN}$$

mit: BR - Bezugsrecht
ZA - Zahl der alten Aktien
KA - Kurs der alten Aktien
ZN - Zahl der neuen Aktien
BK - Bezugskurs der neuen Aktien

Der rechnerische Kurs des Bezugsrechts ergibt sich wie oben angegeben aus den Daten der Emission. Er stimmt jedoch allenfalls bei Beginn seines Börsenhandels mit dem Börsenkurs überein, im Laufe des Bezugsrechtshandels wird dessen Kurs durch Angebot und Nachfrage, durch Nachrichten über das Unternehmen, allgemeine Markttendenzen und weitere Einflüsse bestimmt.

d) Der rechnerische Wert des Bezugsrechts ergibt sich durch Einsetzen in die obige Formel als:

$$BR = 520 - \frac{10.000.000 \cdot 520 + 2.000.000 \cdot 400}{10.000.000 + 2.000.000} = 20 \,€$$

Aufgabe F11: Kapitalherabsetzung bei der Aktiengesellschaft

a) Wie wird die Kapitalherabsetzung bei einer Aktiengesellschaft durchgeführt?

b) Erläutern Sie die Vorgehensweise bei der Sanierung einer Aktiengesellschaft!

c) Welche bilanziellen Auswirkungen ergeben sich im folgenden Fall für die zu sanierende Aktiengesellschaft, und welche vermögensmäßigen Veränderungen ergeben sich für einen Gesellschafter, der sechs Aktien besitzt und an der anschließenden Kapitalerhöhung teilnimmt?

Aktiva	Bilanz vor Kapitalherabsetzung		Passiva
Vermögen	1.000.000	Grundkapital	900.000
Verlustvortrag	200.000	Verbindlichkeiten	300.000
	1.200.000		1.200.000

Aktiennotiz an der Börse: 40 €

Die Hauptversammlung akzeptiert das Sanierungskonzept des Vorstandes und beschließt:

1) Zusammenlegung des Grundkapitals im Verhältnis 3:2, dadurch Grundkapitalherabsetzung

2) Anschließend wird eine Kapitalerhöhung im Verhältnis 4:1 durchgeführt. Der Ausgabekurs der jungen Aktien beträgt 50 €.

Lösung:

a) Die Kapitalherabsetzung dient der Verringerung des Grundkapitals einer Aktiengesellschaft und bedarf eines Hauptversammlungsbeschlusses mit ¾-Mehrheit sowie einer Eintragung in das Handelsregister. Mit der Verringerung des Grundkapitals ist entweder eine Herabsetzung des Nennwerts der Aktien oder eine Verringerung der Zahl der Aktien verbunden. Durch die Verkürzung der Passivposition Grundkapital entsteht ein Buchgewinn, durch den entweder ein Bilanzverlust aufgefangen werden kann oder der – allerdings erst nach Befriedigung aller Forderungen von Gläubigern – an die Aktionäre ausgeschüttet werden kann.

b) Bei der Sanierung einer Aktiengesellschaft wird sofort im Anschluß an eine Kapitalherabsetzung eine Kapitalerhöhung durchgeführt, um dem in wirtschaftliche Schwierigkeiten geratenen Unternehmen neues Eigenkapital zuzuführen, mit dem es zukunftsträchtige Projekte durchführen kann. Ist der

Kurs der Aktie unter den Nennwert gesunken, so ist aufgrund des Verbots der unter-pari-Emission keine Kapitalerhöhung möglich. Durch die Kapitalherabsetzung wird das Grundkapital verringert, und mehrere Aktien werden zu einer neuen Aktie zusammengelegt. Der Wert dieser neuen Aktie steigt entsprechend, so daß nunmehr eine Kapitalerhöhung mit einem Emissionskurs zwischen dem Nennwert und dem neuen Aktienkurs durchgeführt werden kann.

c) Die Bilanz nach der Kapitalherabsetzung sieht folgendermaßen aus:

Aktiva	Bilanz nach Kapitalherabsetzung		Passiva
Vermögen	1.000.000	Grundkapital	600.000
		Rücklage	100.000
		Verbindlichkeiten	300.000
	1.000.000		1.000.000

Nach der Kapitalerhöhung ergibt sich folgendes Bild:

Aktiva	Bilanz nach Kapitalerhöhung		Passiva
Vermögen	1.000.000	Grundkapital	750.000
Zahlungsmittel	150.000	Rücklage	100.000
		Verbindlichkeiten	300.000
	1.150.000		1.150.000

Auf das Vermögen des Aktionärs wirken sich die Vorgänge wie folgt aus:

Nach der Kapitalherabsetzung im Verhältnis 3:2 besitzt er nicht mehr sechs Aktien zu 40 €, sondern nur noch vier Aktien. Da der Kurs der Aktien rechnerisch auf 60 € ansteigt, bleibt seine Vermögensposition unverändert.

Auch durch die anschließende Kapitalerhöhung im Verhältnis 4:1 wird seine Vermögensposition nicht beeinflußt; er wird für den rechnerischen Kursrückgang seiner Aktien um je 2 € dadurch entschädigt, daß er vier Bezugsrechte erhält im rechnerischen Wert von 2 €, die er entweder zum Bezug einer Aktie nutzen oder verkaufen kann.

1.3 Die Außenfinanzierung mit langfristigem Fremdkapital

> Aufgabe F12: Darlehen
>
> Ein Unternehmen benötigt für Investitionszwecke einen Kredit in Höhe von 100.000 €, der mit 7% verzinst wird. Die (Anfangs-)Tilgung beträgt 10%. Die einzelnen Raten werden jährlich und nachschüssig gezahlt. Ein Disagio wird nicht vereinbart. Stellen Sie die Zahlungsreihe des Kredits auf und berechnen Sie die Kreditdauer, wenn es sich um ein
>
> a) Abzahlungsdarlehen
>
> b) Annuitätendarlehen
>
> handelt.

Lösung:

a) Bei einem Abzahlungsdarlehen wird jährlich ein fester Betrag der Schuld zurückgezahlt, in diesem Fall 10% vom 100.000 €, d.h. 10.000 €. Die jährlichen Zahlungen umfassen neben der Tilgung die Zinsen in Höhe von 7% auf die jeweilige Restschuld, daraus ergeben sich im Zeitablauf fallende Zahlungsbeträge. Nach 10 Jahren ist das Darlehen getilgt. Die Zahlungsreihe für dieses Darlehen stellt sich wie folgt dar:

Jahr	Schuld	Zinsen	Tilgung	Rate
1	100.000,–	7.000,–	10.000,–	17.000,–
2	90.000,–	6.300,–	10.000,–	16.300,–
3	80.000,–	5.600,–	10.000,–	15.600,–
4	70.000,–	4.900,–	10.000,–	14.900,–
5	60.000,–	4.200,–	10.000,–	14.200,–
6	50.000,–	3.500,–	10.000,–	13.500,–
7	40.000,–	2.800,–	10.000,–	12.800,–
8	30.000,–	2.100,–	10.000,–	12.100,–
9	20.000,–	1.400,–	10.000,–	11.400,–
10	10.000,–	700,–	10.000,–	10.700,–

b) Bei einem Annuitätendarlehen wird jährlich ein gleichbleibender Betrag an den Kreditgeber gezahlt, der sich aus Zins und Tilgung zusammensetzt. Da aufgrund der fallenden Restschuld der Zinsanteil von Jahr zu Jahr zurückgeht, nimmt der Tilgungsanteil entsprechend zu. Im angegebenen Beispiel beträgt die Annuität 17% der Kreditsumme, d.h. 17.000 €. Die Entwicklung der Zahlungsreihe ist in der nachfolgenden Tabelle dargestellt, es ergibt sich eine Kreditlaufzeit von 8 Jahren, wobei die letzte Rate geringer ist als die vorherigen.

Jahr	Schuld	Zinsen	Tilgung	Rate
1	100.000,-	7.000,-	10.000,-	17.000,-
2	90.000,-	6.300,-	10.700,-	17.000,-
3	79.300,-	5.551,-	11.449,-	17.000,-
4	67.851,-	4.750,-	12.250,-	17.000,-
5	55.601,-	3.892,-	13.108,-	17.000,-
6	42.493,-	2.975,-	14.025,-	17.000,-
7	28.468,-	1.993,-	15.007,-	17.000,-
8	13.461,-	942,-	13.461,-	14.403,-

Aufgabe F13: Langfristiges Fremdkapital

a) Eine Aktiengesellschaft will langfristiges Fremdkapital in Höhe von 20 Mio. € aufnehmen. Es stehen folgende Finanzierungsmöglichkeiten zur Wahl:
- Aufnahme eines Schuldscheindarlehens
- Emission einer Industrieanleihe
- Emission einer Wandelschuldverschreibung
- Emission einer Optionsanleihe

Charakterisieren Sie diese Finanzierungsalternativen kurz!

b) Erläutern Sie den Begriff der Deckungsstockfähigkeit!

c) Die Aktiengesellschaft entschließt sich, eine Industrieanleihe mit folgenden Konditionen zu emittieren:

Nominalzins: 9%
Emissionskurs: 95%
Laufzeit: 10 Jahre

Ist dies überhaupt zulässig? Was passiert buchungstechnisch mit dem Disagio?

Lösung:

a) Ein Schuldscheindarlehen ist ein langfristiger Kredit, der gegen einen Schuldschein als Beweisurkunde ausgegeben wird. Kreditgeber sind häufig Kapitalsammelstellen wie z.B. Versicherungen; Kreditnehmer sind Industrieunternehmen verschiedener Größenordnung mit erstklassiger Bonität. Ein großer Vorteil von Schuldscheindarlehen ist, daß sie hinsichtlich der Höhe, der Laufzeit und der Konditionen sehr flexibel ausgestaltet werden können; weiter sind sie von den Kosten der Abwicklung her sehr günstig.

Industrieanleihen sind Schuldverschreibungen, die von börsennotierten Privatunternehmen am Kapitalmarkt emittiert werden. Dabei wird der langfristige Kreditbedarf auf eine große Zahl von Gläubigern aufgeteilt und in börsenfähigen Wertpapieren verbrieft, die in der Regel über ein Kreditinstitut oder ein Emissionskonsortium in den Kapitalmarkt eingeführt werden. Der Zinssatz orientiert sich am Marktzins, wobei ein Unternehmen aufgrund der geringeren Bonität etwas höhere Zinsen zahlen muß als die öffentliche Hand. Industrieanleihen sind für den Schuldner in der Regel mit erheblichen Kosten für die Emission, für Provisionen und für die Einlösung verbunden.

Eine Wandelschuldverschreibung ist eine Anleihe, bei der den Gläubigern zusätzlich das Recht eingeräumt wird, das Papier innerhalb einer bestimmten Frist unter Zuzahlung eines festgelegten Betrags in einem bestimmten Verhältnis in Aktien des Emittenten umzutauschen. Durch den Umtausch findet also eine teilweise Umwandlung von Fremd- in Eigenkapital statt. Da dieses Umtauschrecht bei günstiger Kursentwicklung der Aktie ausgeübt wird, ist die Verzinsung von Wandelschuldverschreibungen in der Regel geringer als die einer Industrieanleihe.

Eine Optionsanleihe räumt dem Gläubiger das Recht ein, innerhalb einer bestimmten Frist in einem festgesetzten Verhältnis Aktien des emittierenden Unternehmens zu einem vorgegebenen Kurs zu beziehen. Bei Ausübung der Option erhält das Unternehmen also zusätzlich zu dem Fremdkapital der Anleihe Eigenkapital. Ähnlich wie bei der Wandelschuldverschreibung gilt, daß die Anleger sich aufgrund des zusätzlichen Optionsrechts mit einer etwas geringeren Verzinsung zufrieden geben.

b) Wertpapiere und Darlehen sind deckungsstockfähig, wenn sie die Bonitätsanforderungen erfüllen, die für die Anlage der Rückstellungen von Versicherungen gestellt werden. Diese Kriterien werden vom Bundesaufsichtsamt für das Versicherungswesen definiert, das auch für die Genehmigung von Ausnahmen zuständig ist. Deckungsstockfähig sind insbesondere Pfandbriefe und von öffentlichen Institutionen herausgegebene Schuldverschreibungen, aber

Finanzierung

auch Schuldverschreibungen und Schuldscheindarlehen von Unternehmen, die als erste Adressen gelten, wenn sie durch erststellige Grundpfandrechte gesichert sind und ihre Laufzeit weniger als 15 Jahre beträgt.

c) Die vorgesehene Anleihenemission ist zulässig, da Anleihen im Gegensatz zu Aktien auch unter pari emittiert werden dürfen. Durch das Disagio ist eine Anpassung der Effektivverzinsung der Anleihe an den aktuellen Zins unter Beibehaltung eines „glatten" Zinssatzes möglich, dabei liegt der Nominalzins der Anleihe unterhalb des Effektivzinses. Da das Disagio vom privaten Anleger über die Laufzeit steuerfrei vereinnahmt werden kann, ergibt sich ein zusätzlicher Anreiz zum Kauf der Anleihe. In der Bilanz wird der Anleihebetrag in voller Höhe als Verbindlichkeit ausgewiesen, für das Disagio wird auf der Aktivseite ein Rechnungsabgrenzungsposten gebildet, der über die Laufzeit der Anleihe abgeschrieben wird.

Aufgabe F14: Leasing

a) Was verstehen Sie unter Leasing? Grenzen Sie Operate Leasing und Finance Leasing voneinander ab.

b) Einer Firma wird ein Leasingvertrag über eine Anlage mit Anschaffungskosten von 100.000 € und einer Grundmietzeit von 5 Jahren angeboten. Die jährliche, zu Beginn eines jeden Jahres zahlbare Leasingrate beträgt 26.000 €. Als Alternative steht ein Bankkredit mit folgenden Konditionen zur Diskussion: Auszahlung 100%, Zinsen 9% p.a. auf das Restdarlehen, fällig jeweils am Ende eines Jahres; Tilgung 20.000 € jährlich, ebenfalls am Ende jedes Jahres. Berechnen Sie den Kapitalwert der Leasingraten sowie für die Zins- und Tilgungszahlungen des Bankkredits auf der Basis eines Kalkulationszinssatzes von 8%! Für welche Finanzierungsalternative würden Sie sich entscheiden?

c) Welche zusätzlichen Kriterien würden Sie für Ihre Entscheidung heranziehen?

Lösung:

a) Beim Leasing wird ein Anlagegegenstand von dem Leasing-Geber als rechtlichem Eigentümer einem anderen Unternehmen (Leasing-Nehmer) zeitlich befristet zur wirtschaftlichen Nutzung zur Verfügung gestellt. Rechtlich gesehen ist das Leasing ein Miet- oder Pachtvertrag, der häufig um bestimmte Neben- und Serviceleistungen ergänzt wird. Weiter können Vereinbarungen über den Verbleib des Leasingobjekts nach Ablauf des Vertrags getroffen werden. Der Leasing-Nehmer zahlt für die Nutzung des Leasingobjekts regelmäßige Leasingraten, mit denen sämtliche Kosten des Leasingobjekts abgegolten sind. Wirtschaftlich gesehen hat Leasing daher die Funktion eines Kreditsubstituts.

Die beiden Varianten Operate Leasing und Finance Leasing unterscheiden sich hinsichtlich der Vertragslaufzeit, der Kostenverteilung und des wirtschaftlichen Risikos:

- Beim Operate Leasing kann der Vertrag von beiden Seiten unter Einhaltung einer vereinbarten Frist gekündigt werden, der Leasing-Geber trägt die laufenden Kosten für Wartung und Instandhaltung und das Risiko des vorzeitigen Ausfalls sowie der technischen oder wirtschaftlichen Veralterung des Leasingobjekts.

- Beim Finance Leasing hingegen ist der Vertrag während einer festen Grundmietzeit nicht kündbar. Diese Grundmietzeit ist zwar kürzer als die erwartete wirtschaftliche Nutzungsdauer der Anlage, da jedoch über die Leasingraten das Leasingobjekt für den Leasing-Geber während der Grundmietzeit amortisiert wird, trägt der Leasing-Nehmer den größten Teil des wirtschaftlichen Risikos. Der Leasing-Nehmer muß weiter die Kosten für Wartung und Instandhaltung während der Nutzungszeit übernehmen.

b) Die Zahlungsreihe beim Leasing lautet:

Jahr	1	2	3	4	5
Betrag	–26.000	–26.000	–26.000	–26.000	–26.000

Daraus ergibt sich beim Kalkulationszinssatz von 8% als Kapitalwert:

$$C_L = -26.000 \cdot 1{,}08^{-1} - 26.000 \cdot 1{,}08^{-2} - 26.000 \cdot 1{,}08^{-3}$$
$$- 26.000 \cdot 1{,}08^{-4} - 26.000 \cdot 1{,}08^{-5}$$
$$= -103.810{,}46$$

Die Zahlungsreihe bei der Kreditfinanzierung lautet:

Jahr	1	2	3	4	5
Betrag	–29.000	–27.200	–25.400	–23.600	–21.800

Im ersten Jahr steht der Anschaffungsauszahlung in Höhe von 100.000 € die gleich hohe Einzahlung aus der Kreditaufnahme gegenüber, so daß sich als Zahlungssaldo die Summe aus Zins und Tilgung ergibt. Der Kapitalwert dieser Zahlungsreihe beträgt bei einem Kalkulationszinssatz von 8%:

Finanzierung

$$C_F = -29.000 \cdot 1{,}08^{-1} - 27.200 \cdot 1{,}08^{-2} - 25.400 \cdot 1{,}08^{-3}$$
$$- 23.600 \cdot 1{,}08^{-4} - 21.800 \cdot 1{,}08^{-5}$$
$$= -102.518{,}22$$

Da der Kapitalwert dieser Alternative größer ist, erweist sich bei den vorgegebenen Daten die Kreditfinanzierung als dem Leasing überlegen.

c) Ein wichtiges Kriterium, das im Beispiel noch nicht berücksichtigt wird, ist die steuerliche Auswirkung der beiden Finanzierungsalternativen. Da bei entsprechender Ausgestaltung des Leasingvertrags das Leasingobjekt beim Leasing-Geber aktiviert wird, kann der Leasing-Nehmer die Leasingraten in voller Höhe als Betriebsausgaben absetzen, während er beim Kreditkauf lediglich die Abschreibungen und die laufenden Kosten geltend machen kann. Weitere Kriterien, die bei dieser Entscheidung ein Rolle spielen können, sind die Flexibilität des Unternehmens, die beim Kreditkauf höher ist, da die Anlage jederzeit verkauft werden kann, sowie die Auswirkung auf die Liquiditätssituation.

Aufgabe F15: Leasing

Ein Unternehmen überlegt, ob es eine neue Fertigungsanlage per Kreditkauf oder per Leasing anschaffen soll. Die Daten der beiden Alternativen sind in der folgenden Aufstellung gegeben:

Anschaffungskosten der Anlage		90.000 €
Nutzungsdauer der Anlage		6 Jahre
Einnahmen der Anlage pro Jahr		25.000 €
Kalkulationszinsfuß		9%
Kreditfinanzierung:	Kreditsumme	90.000 €
	Kreditlaufzeit	6 Jahre
	Kreditzinsen	9%
	6 Raten mit gleich hoher Tilgung	
Leasing:	Grundmietzeit	4 Jahre
	Abschlußgebühr	10%
	Leasingraten pro Monat	2,5%
	Anschlußmiete im 5. und 6. Jahr	1.800 €

Stellen Sie die Zahlungsreihen der beiden Alternativen auf und ermitteln Sie mit Hilfe der Kapitalwertmethode die vorteilhaftere Alternative!

Lösung:

Die Zahlungsreihe bei Kreditfinanzierung der Anlage setzt sich wie folgt zusammen:

t	1	2	3	4	5	6
e_t	115.000	25.000	25.000	25.000	25.000	25.000
a_t	113.100	21.750	20.400	19.050	17.700	16.350
z_t	1.900	3.250	4.600	5.950	7.300	8.650

Der zugehörige Kapitalwert lautet:

$$C_F = 1.900 \cdot 1{,}09^{-1} + 3.250 \cdot 1{,}09^{-2} + 4.600 \cdot 1{,}09^{-3}$$
$$+ 5.950 \cdot 1{,}09^{-4} + 7.300 \cdot 1{,}09^{-5} + 8.650 \cdot 1{,}09^{-6}$$
$$= 22.147{,}96$$

Die folgende Zahlungsreihe gilt für die Alternative Leasing, wenn man jährliche Zahlung der Leasingraten unterstellt:

t	1	2	3	4	5	6
e_t	25.000	25.000	25.000	25.000	25.000	25.000
a_t	36.000	27.000	27.000	27.000	1.800	1.800
z_t	−11.000	−2.000	−2.000	−2.000	23.200	23.200

Der zugehörige Kapitalwert lautet:

$$C_F = -11.000 \cdot 1{,}09^{-1} - 2.000 \cdot 1{,}09^{-2} - 2.000 \cdot 1{,}09^{-3}$$
$$- 2.000 \cdot 1{,}09^{-4} + 23.200 \cdot 1{,}09^{-5} + 23.200 \cdot 1{,}09^{-6}$$
$$= 14.175{,}49$$

Da die Alternative Kreditfinanzierung den höheren Kapitalwert aufweist, ist das Leasing eindeutig unterlegen. Dieses Ergebnis würde noch deutlicher, wenn man die monatliche Zahlung der Leasingraten durch unterjährige Verzinsung exakt berücksichtigen würde.

Finanzierung 195

1.4 Die Außenfinanzierung mit kurzfristigen Krediten

Aufgabe F16: Kontokorrent- und Diskontkredit
a) Was versteht man unter einem Kontokorrentkredit?
b) Was versteht man unter einem Diskontkredit? Worin liegt der Vorteil des Kreditnehmers und des Kreditinstituts im Vergleich mit einem Kontokorrentkredit?

Lösung:

a) Ein Kontokorrentkredit ist ein kurzfristiger Kredit, der sich durch die Überziehung eines laufenden Kontos ergibt. Ein Kontokorrentkonto ist eine laufende Rechnung zwischen Kaufleuten, auf der einzelne Gutschriften und Belastungen verbucht werden und beim Rechnungsabschluß im Saldo untergehen. Üblicherweise räumen die Banken ihren Kunden eine Kreditlinie ein, bis zu der sie das Konto zu einem bestimmten Zinssatz überziehen dürfen, bei weitergehendem, kurzfristigem Kreditbedarf wird zusätzlich eine Überziehungsprovision verlangt. Das Kontokorrentkonto und der Kontokorrentkredit sind wichtige Instrumente für die Liquiditätsplanung eines Unternehmens, da hierüber auch stark schwankende Zahlungen kurzfristig abgewickelt werden können.

b) Ein Diskontkredit entsteht, wenn ein Unternehmen einen Wechsel, aus dem ihm zu einem späteren Zeitpunkt eine Zahlung zusteht, zur Deckung eines kurzfristigen Liquiditätsbedarfs an eine Bank verkauft. Die Bank zahlt den Wechselbetrag nicht vollständig aus, sondern behält als Diskont Zinsen für die Restlaufzeit des Wechsels ein.

Der Vorteil des Diskontkredits aus Sicht des Kunden besteht darin, daß er seine Kreditlinie auf dem Kontokorrentkonto nicht belasten muß, weiter ist der Zinssatz eines Diskontkredits in der Regel geringer als der Sollzinssatz für Kontokorrentkredite. Für das Kreditinstitut liegt der Vorteil des Diskontkredits zum einen darin, daß es sich bei der Zentralbank refinanzieren kann, wenn der Wechsel bestimmte formale und materielle Anforderungen erfüllt, zum anderen kann es nicht nur den Bezogenen des Wechsels auf Zahlung des Wechselbetrags in Anspruch nehmen, sondern auch den einreichenden Kunden und sämtliche Indossanten.

Aufgabe F17: Wechsel

a) Was versteht man unter einem Wechsel? Zeigen Sie die Rechtsbeziehungen der an einem Wechselgeschäft beteiligten Personen auf.

b) Bei welchen Kreditformen wird das Instrument des Wechsels eingesetzt? Welche Bedeutung haben die Wechsel bei diesen Krediten?

c) Sie müssen für 60 Tage den Betrag von 100.000 € finanzieren und haben die Wahl zwischen einem Kontokorrentkredit zu 12% und einem Wechselkredit mit einer Laufzeit von 90 Tagen zu 9%. Der Zinssatz für Festgeld mit einer Laufzeit von einem Monat beträgt 8%. Welche Alternative ist günstiger? Begründen Sie Ihre Antwort!

Lösung:

a) Formal gesehen ist ein Wechsel ein schuldrechtliches Wertpapier, in dem der Aussteller den Bezogenen unwiderruflich anweist, eine bestimmte Geldsumme an einem bestimmten Termin und Ort an den Wechselnehmer oder eine von ihm benannte Person zu zahlen. In der Regel liegt dem Wechsel ein Handelsgeschäft zugrunde, d.h. der Aussteller hat dem Bezogenen Waren geliefert, für deren Bezahlung er ihm ein gewisses Zahlungsziel einräumt. Zur Absicherung seiner Forderung zieht er einen Wechsel auf den Bezogenen, den dieser durch seine Unterschrift akzeptiert. Diesen akzeptierten Wechsel kann der Aussteller dem im Wechsel benannten Wechselnehmer bzw. Remittenten zur Begleichung seiner eigenen Verbindlichkeiten an Zahlungs Statt zusenden. Ist er selbst als Wechselnehmer eingetragen, so kann er den Wechsel bei seiner Bank diskontieren, d.h. sich den Barwert gutschreiben lassen, oder ihn bis zur Fälligkeit aufbewahren. Der Wechselnehmer kann den Wechsel durch Indossament weitergeben. Der letzte Wechselinhaber legt den Wechsel bei Fälligkeit dem Bezogenen zur Zahlung vor; mit der Zahlung ist das Wechselgeschäft abgeschlossen.

b) Der Wechsel kommt bei folgenden Kreditformen zum Einsatz:
- Beim Diskontkredit reicht der Wechselinhaber den Wechsel seiner Bank zum Diskont ein, ihm wird der Wechselbetrag unter Abzug von Zinsen für die restliche Laufzeit zur Verfügung gestellt. Der Wechsel dient dabei zum einen für den Wechselinhaber als Liquiditätsinstrument, zum anderen hat er für die Bank eine Sicherungsfunktion, da sie bei Nichteinlösung des Wechsels durch den Bezogenen auf den Einreicher zurückgreifen kann.
- Der Akzeptkredit ist eine Form der Kreditleihe. Das Unternehmen, das Kredit benötigt, stellt einen Wechsel auf seine Bank als Bezogenen aus,

Finanzierung

und kann diesen als Zahlungsmittel verwenden oder bei derselben Bank diskontieren lassen. Erst dadurch entsteht eine echte Kreditbeziehung. Den Wechselbetrag, für den formal gesehen die Bank haftet, muß der Kreditnehmer rechtzeitig vor Fälligkeit des Wechsels zur Verfügung stellen.

- Privatdiskonten und Rembourskredite sind Spezialformen des Akzeptkredits, die auf die besonderen Anforderungen des Auslandsgeschäfts zugeschnitten sind. Für den Handel mit Privatdiskonten besteht ein spezieller Markt, der der Refinanzierung der beteiligten Banken dient und ein Teilbereich des Geldmarkts ist.

c) Wird der benötigte Betrag durch den Kontokorrentkredit finanziert, so fallen Kosten in Höhe der Zinsen für die Laufzeit von 60 Tagen an:

$$\frac{100.000 \cdot 12 \cdot 60}{36.000} = 1.972,60 \text{ €}$$

Bei der anderen Finanzierungsalternative fallen zwar für den Wechsel Zinskosten in Höhe von

$$\frac{100.000 \cdot 9 \cdot 90}{36.000} = 2.219,18 \text{ €}$$

an, jedoch kann der nach 60 Tagen nicht mehr benötigte Betrag für die restlichen 30 Tage der Wechsellaufzeit zu 8% als Festgeld angelegt werden. Daraus resultiert eine Zinseinnahme in Höhe von

$$\frac{100.000 \cdot 8 \cdot 30}{36.000} = 657,53 \text{ €},$$

so daß sich insgesamt die Alternative mit dem Wechselkredit als günstiger erweist.

Aufgabe F18: Lieferantenkredit

Ein Unternehmen kann eine Rechnung über 30.000 € durch einen kurzfristigen Bankkredit zu 12% Zinsen p.a. oder unter Inanspruchnahme eines Lieferantenkredits bezahlen. Der Lieferant gewährt ein Skonto von 2% bei Zahlung innerhalb von 12 Tagen und verlangt die Zahlung des vollen Rechnungsbetrags nach 30 Tagen.

a) Wie hoch ist die Verzinsung des Lieferantenkredits?

b) Welchen Aufschub müßte der Lieferant hinnehmen, damit der Lieferantenkredit ebenso günstig ist wie der Bankkredit?

c) Welche Vor- und Nachteile hat der Lieferantenkredit für die Beteiligten?

Lösung:

a) Bei diesem Lieferantenkredit fallen Zinsen in Höhe von 2% des Rechnungsbetrags – das entspricht 600 € – für eine Kreditlaufzeit von 18 Tagen – der Differenz zwischen der Frist für die Zahlung des vollen Rechnungsbetrags und der Skontofrist – an. Dies entspricht – ohne Berücksichtigung von Zinseszinseffekten aufgrund der unterjährigen Verzinsung – einem jährlichen Zinssatz in Höhe von:

$$\frac{600 \cdot 36.500}{30.000 \cdot 18} = 40,55\%$$

b) Um bei dem Lieferantenkredit auf den Zinssatz des Kontokorrentkredits in Höhe von 12% zu kommen, müßte der Lieferant über die eingeräumte Skontofrist von 12 Tagen hinaus einen Zahlungsaufschub von

$$\frac{600 \cdot 36.500}{30.000 \cdot 12} = 60,83 \approx 61 \text{ Tagen}$$

tolerieren, d.h. die Zahlung dürfte erst nach insgesamt 73 Tagen erfolgen. Dies bedeutet, daß das ursprüngliche Zahlungsziel von 30 Tagen um fast das Eineinhalbfache überschritten wird.

c) Für den Lieferanten besteht die Bedeutung des Lieferantenkredits darin, daß er einerseits die Kundenbindung in der Geschäftsbeziehung und den Absatz seiner Waren fördern kann, andererseits durch die Einräumung von Skonto den Kunden einen Anreiz für die zügige Bezahlung seiner Rechnungen setzt. Der Kredit weist für ihn nur ein geringes Risiko auf, da er in der Regel die Ware nur unter Eigentumsvorbehalt liefert.

Aus Sicht des Kunden ist die Inanspruchnahme des Lieferantenkredits wegen des sehr hohen Zinssatzes nicht sinnvoll, solange ihm andere, günstigere Finanzierungsmöglichkeiten zur Verfügung stehen. Wie das Beispiel in Aufgabenteil a) und b) zeigt, führt erst eine deutliche Überschreitung des vom Lieferanten eingeräumten Zahlungsziels dazu, daß der Zinssatz auf das Niveau vergleichbarer Kredite sinkt. Ist davon auszugehen, daß der Lieferant eine solch lange Verzögerung der Zahlung akzeptiert, so ist der Lieferantenkredit eine Möglichkeit der kurzfristigen Finanzierung, durch die die anderweitig eingeräumten Kreditlinien nicht in Anspruch genommen werden.

Aufgabe F19: Factoring

a) Erläutern Sie den Begriff des Factoring und stellen Sie die Vorteile aus Sicht des Unternehmens heraus, das das Factoring in Anspruch nimmt!

b) Kennzeichnen Sie die verschiedenen Formen des Factoring anhand der Kriterien der Risikoübernahme und der Offenlegung gegenüber dem Kunden!

b) Zeigen Sie die bilanziellen Auswirkungen des Factoring anhand des folgenden Beispiels auf:

Aktiva		Passiva	
Verschiedene Aktiva	1.500	Verschiedene Passiva	1.350
Forderungen aus Lieferungen und Leistungen	1.000	Lieferantenverbindlichkeiten	1.200
Bank	50		
	2.550		2.550

Der Factor übernimmt den gesamten Forderungsbestand unter Vereinbarung einer 10%-Sperre (d.h. 10% der Forderungen verbleiben beim Klienten).

Lösung:

a) Beim Factoring tritt ein Unternehmen seine Forderungen aus Lieferungen und Leistungen regelmäßig an ein auf das Inkasso spezialisiertes Dienstleistungsunternehmen ab, das gleichzeitig die Forderungsbeträge bis zur Fälligkeit kreditiert. Für das Unternehmen hat das Factoring folgende Vorteile: Durch die Kreditierung der Forderungen wird ihm Liquidität zur Verfügung gestellt, durch die Verlagerung des Inkassos wird die Debitorenbuchhaltung entlastet, schließlich übernimmt der Faktor in der Regel für die angekauften Forderungen das Risiko des Forderungsausfalls.

b) Bezüglich der Risikoübernahme durch den Factor unterscheidet man das echte und das unechte Factoring. Beim echten Factoring trägt der Factor das Risiko des Forderungsausfalls, und das Unternehmen kann endgültig über den vereinbarten Betrag verfügen. Beim unechten Factoring hingegen trägt das Unternehmen das Ausfallrisiko, d.h. der Factor hat das Recht, nicht eingegangene Forderungen zurückzubelasten.

Formal liegt beim Factoring eine Zession, d.h. eine Abtretung des Forderungsbetrags an den Factor, vor. In Abhängigkeit davon, ob diese Zession gegenüber den Kunden des Unternehmens offengelegt wird, unterscheidet man das offene und das stille Factoring. Beim offenen Factoring wird die Abtretung der Forderung dem Kunden angezeigt, so daß er nur noch direkt auf die Konten des Factors zahlen darf. Ein Beispiel ist die Abwicklung von ärztlichen Liquidationen über privatärztliche Verrechnungsstellen. Viele Unternehmen bevorzugen wegen der Außenwirkung das stille Factoring, bei dem die Zahlungen auf ein spezielles Konto des Unternehmens erfolgen, über das dieses nicht allein verfügen darf. Eine Offenlegung der Forderungsabtretung erfolgt erst, wenn das Unternehmen in wirtschaftliche Schwierigkeiten geraten ist.

c) Durch das Factoring wird ein Aktivtausch vorgenommen, d.h. 90% der Forderungen aus Lieferungen und Leistungen werden an den Factor abgetreten und der Gegenwert auf dem Bankkonto zur Verfügung gestellt. Demzufolge hat die Bilanz anschließend folgendes Aussehen:

Aktiva		Passiva	
Verschiedene Aktiva	1.500	Verschiedene Passiva	1.350
Forderungen aus Lieferungen und Leistungen	100	Lieferantenverbindlichkeiten	1.200
Bank	950		
	2.550		2.550

Finanzierung 201

1.5 Die Innenfinanzierung

Aufgabe F20: Formen der Innenfinanzierung
a) Was versteht man unter Innenfinanzierung?
b) Welche Formen der Innenfinanzierung kennen Sie?
c) Stellen Sie den Mechanismus der „Finanzierung aus Abschreibungen" dar!

Lösung:

a) Bei der Innenfinanzierung werden finanzielle Mittel, die durch den betrieblichen Umsatzprozeß erwirtschaftet worden sind, im Unternehmen zurückbehalten. Das Ausmaß der Innenfinanzierung wird durch den Cash-Flow einer Periode angegeben, der entweder direkt als Summe der zahlungswirksamen Erträge abzüglich der Summe der zahlungswirksamen Aufwendungen definiert wird oder indirekt als Summe aus ausgewiesenem Gewinn, Abschreibungen, Zuführungen zu Rückstellungen und dem außerordentlichem Ergebnis.

b) Nach der Quelle der Finanzierungsbeträge und dem Personenkreis, dem sie zustehen, lassen sich die folgenden Formen der Innenfinanzierung unterscheiden:

- Bei der Selbstfinanzierung werden erwirtschaftete Gewinne nicht an die Eigentümer des Unternehmens ausgeschüttet, sondern verbleiben im Unternehmen. Die offene Selbstfinanzierung führt zu einer Erhöhung des ausgewiesenen Eigenkapitals, die stille Selbstfinanzierung zu einer Erhöhung der stillen Reserven des Unternehmens.

- Die Finanzierung aus Abschreibungsgegenwerten führt bei sofortiger Reinvestition der erwirtschafteten Beträge zu einem zeitweiligen Kapazitätserweiterungseffekt.

- Als Formen der Innenfinanzierung mit Fremdkapital unterscheidet man die Finanzierung aus Rückstellungen und die Finanzierung durch Steueraufschub. In beiden Fällen werden Geldbeträge, auf die Außenstehende einen Rechtsanspruch haben, für eine bestimmte Zeit im Unternehmen zurückbehalten und stehen während dieser Zeit für Finanzierungszwecke zur Verfügung.

c) Abschreibungen dienen der planmäßigen Verteilung der Anschaffungsausgabe für ein langfristig genutztes Wirtschaftsgut auf seine voraussichtliche Nutzungsdauer. Die Abschreibungen auf Produktionsanlagen werden in die Preise der Produkte einkalkuliert und fließen beim Verkauf der Produkte als liquide Mittel in das Unternehmen zurück. Da diese Mittel nicht bis zur Ersatzbeschaffung der Anlage angespart werden, stehen sie zur Finanzierung der laufenden Projekte des Unternehmens zur Verfügung. Man spricht dabei von einem Kapitalfreisetzungseffekt und bei Reinvestition der Abschreibungsgegenwerte in Produktionsanlagen von einem Kapazitätserweiterungseffekt.

Aufgabe F21: Selbstfinanzierung

a) Erläutern Sie den Unterschied zwischen offener und stiller Selbstfinanzierung!
b) Welche Rücklagen muß eine Kapitalgesellschaft bilden? Inwiefern werden diese durch die offene Selbstfinanzierung gespeist?
c) Was versteht man unter stillen Reserven? Wodurch können diese entstehen?

Lösung:

a) Die offene Selbstfinanzierung ist als Alternative zur Ausschüttung eine Form der Verwendung des im Jahresabschluß ausgewiesenen und versteuerten Gewinns. Sie führt zu einer Erhöhung des Eigenkapitals des Unternehmens, die als Zufluß zu den Kapitalkonten bei personenbezogenen Unternehmen bzw. bei Kapitalgesellschaften als Einstellung in die Rücklagen verbucht wird. Bei der stillen Selbstfinanzierung werden nicht realisierte und somit noch nicht versteuerte Gewinne, die sich in stillen Reserven verbergen, im Unternehmen zurückbehalten. In beiden Fällen verbleiben liquide Mittel im Unternehmen und stehen zur Finanzierung von Projekten zur Verfügung.

b) Das Eigenkapital von Kapitalgesellschaften setzt sich aus einem festen Nennkapital und den Rücklagen, deren Höhe variieren kann, zusammen. Nach § 272 HGB sind Kapitalgesellschaften verpflichtet, neben einer Kapitalrücklage, in die das Agio bei der Ausgabe von Anteilen, Wandelschuldverschreibungen und Optionsanleihen sowie sonstige Zuzahlungen der Gesellschafter einzustellen sind, eine Gewinnrücklage zu bilden, in die die bei der offenen Selbstfinanzierung einbehaltenen Beträge eingestellt werden.

c) Stille Reserven sind nicht realisierte und nicht ausgewiesene Gewinne, die durch die Unterbewertung von Aktiva und die Überbewertung von Passiva entstehen. Derartige Gestaltungsmöglichkeiten bestehen insoweit, wie das Bilanzrecht Ansatz-, Bewertungs- und Methodenwahlrechte einräumt. Z.B. führt die systematische Bewertung von Sachanlagen zu Anschaffungs- bzw. Herstellkosten zu stillen Reserven, wenn ihr Marktwert höher liegt. Auch die Orientierung am Niederstwertprinzip im Umlaufvermögen kann zu stillen Reserven führen, wenn der Wert der Wirtschaftsgüter sich inzwischen nach oben entwickelt hat.

Aufgabe F22: Finanzierung aus Rückstellungen

Was versteht man unter Pensionsrückstellungen? Zeigen Sie auf, worin der Finanzierungseffekt der Pensionsrückstellungen besteht!

Lösung:

Pensionsrückstellungen werden im Rahmen der betrieblichen Altersversorgung gebildet, um den Arbeitnehmern nach ihrem Ausscheiden zusätzlich zur gesetzlichen Altersrente eine Betriebsrente zahlen zu können. Die jährlichen Zuweisungen zu dieser Rückstellung werden nach versicherungsmathematischen Methoden berechnet und gelten als Aufwand der Periode. Die zurückgestellten Beträge gelten als Fremdkapital, wobei ungewiß ist, welche Personen zu welchem Zeitpunkt und in welcher Höhe einen konkreten Zahlungsanspruch erhalten. Bis zur Auszahlung verbleiben die Beträge im Unternehmen und stehen für diesen – oft sehr langen – Zeitraum zur Finanzierung der anstehenden Projekte zur Verfügung.

1.6 Grundzüge der Finanzierungstheorie

Aufgabe F23: Leverage-Effekt

a) Was versteht man unter dem Leverage-Effekt?

b) Zur Finanzierung eines Investitionsobjekts mit einem Kapitalbedarf von 1.000 € und einer erwarteten Rendite von 15% stehen einem Unternehmen 500 € Eigenkapital zur Verfügung. Wie hoch darf der Fremdkapitalzinssatz sein, damit eine Eigenkapitalrentabilität von 20% erreicht wird?

c) Welche Auswirkungen haben die folgenden Aussagen:
  1. Die Gesamtkapitalrentabilität sinkt bei wachsendem Investitionsvolumen.
  2. Der Fremdkapitalzinssatz steigt bei wachsender Kreditinanspruchnahme.

Lösung:

a) Der Leverage-Effekt besagt, daß die Eigenkapitalrentabilität eines Unternehmens mit zunehmendem Verschuldungsgrad ansteigt, solange die Gesamtkapitalrentabilität über dem Fremdkapitalzinssatz liegt. Es gilt:

$$r_e = r_g + (r_g - r_f) \cdot \frac{FK}{EK}$$

mit: r_e, r_f, r_g - Eigen-, Fremd-, Gesamtkapitalrentabilität

$\frac{FK}{EK}$ - Verschuldungsgrad

Daraus folgt, daß ein Unternehmen solange weiteres Fremdkapital aufnehmen soll, wie es Kredite zu einem Zinssatz erhalten kann, der unter der Gesamtkapitalrentabilität liegt. Falls hingegen die Eigenkapitalrentabilität unter der Gesamtkapitalrentabilität liegt, kehrt sich der Effekt um und die Eigenkapitalrentabilität sinkt bei zusätzlicher Kreditaufnahme immer weiter ab.

b) Durch Einsetzen in die oben aufgestellte Formel erhält man:

$$0,2 = 0,15 + (0,15 - r_f) \cdot \frac{500}{500}$$

$$\Leftrightarrow r_f = 0,1$$

Der Fremdkapitalzinssatz darf somit 10% betragen, um in der gegebenen Situation eine Eigenkapitalrentabilität von 20% zu erreichen.

Finanzierung

c) Wenn bei wachsendem Investitionsvolumen die Gesamtkapitalrentabilität sinkt, weil das Unternehmen bei seinen zusätzlichen Investitionen immer geringere Renditen in Kauf nehmen muß, führt dies bei gleichbleibendem Fremdkapitalzins zu einer Abnahme des Leverage-Effekts und damit der Eigenkapitalrentabilität.

Je höher der Verschuldungsgrad eines Unternehmens ist, desto größer ist das Risiko, das ein Kreditgeber eingeht, und desto mehr Zinsen wird er verlangen. Da der Leverage-Effekt um so größer ist, je weiter die Gesamtkapitalrentabilität über dem Fremdkapitalzins liegt, nimmt er mit steigendem Zins immer weiter ab, wenn der Zins gleich der Gesamtkapitalrentabilität ist, ist eine weitere Kreditaufnahme nicht mehr lohnend.

Aufgabe F24: MODIGLIANI/MILLER-Theorem

a) Formulieren Sie die zentrale Aussage von MODIGLIANI und MILLER hinsichtlich der Kapitalstruktur eines Unternehmens!

b) In welchem Verhältnis steht diese zu dem Leverage-Effekt?

c) Welche Voraussetzungen müssen erfüllt sein, damit das MODIGLIANI/ MILLER-Theorem Anwendung finden kann? Wie beurteilen Sie diese Voraussetzungen hinsichtlich ihrer Realitätsnähe?

Lösung:

a) Die zentrale Aussage des MODIGLIANI/MILLER-Theorems besteht darin, daß es unter der Annahme eines vollkommenen Kapitalmarkts keinen optimalen Verschuldungsgrad gibt und somit die Kapitalstruktur keinen Einfluß auf die Eigenkapitalrentabilität und damit auf den Marktwert eines Unternehmens hat.

b) Die Aussage des MODIGLIANI/MILLER-Theorems steht im Widerspruch zur traditionellen These, die gerade besagt, daß die optimale Kapitalstruktur dann erreicht ist, wenn der Leverage-Effekt auf Null absinkt, weil aufgrund des steigenden Verschuldungsrisikos die Kreditzinsen bis auf die Höhe der Gesamtkapitalrentabilität angestiegen sind.

c) Die wesentliche Voraussetzung für die Anwendung des MODIGLIANI/ MILLER-Theorems ist das Vorliegen eines vollkommenen Kapitalmarkts, der durch folgende Eigenschaften gekennzeichnet ist:

- keine Kapitalmarktrestriktionen, d.h. gleiche Anlage- und Kreditaufnahmemöglichkeiten für alle Marktteilnehmer
- keine Transaktions- und Informationskosten
- Besteuerung unabhängig von der Kapitalstruktur
- beliebige Teilbarkeit aller Finanztitel

Diese Voraussetzungen sind in der Realität sämtlich nicht oder nicht vollständig erfüllt. So existieren Transaktions- und Informationskosten, der Zugang zum Kapitalmarkt steht nicht allen Teilnehmern gleichermaßen offen, die zu zahlenden Steuern hängen durchaus von der Kapitalstruktur ab, und einzelne Finanztitel sind nicht beliebig teilbar.

Aufgabe F25: Investitions- und Finanzierungsprogramm

Nach welchen Kriterien wird das optimale Investitionsprogramm zusammengestellt

a) bei einem vollkommenen Kapitalmarkt,

b) bei Kapitalrationierung,

c) bei Existenz unterschiedlicher Finanzierungsmöglichkeiten?

Lösung:

a) Bei einem vollkommenen Kapitalmarkt kann Fremdkapital in beliebiger Höhe zu einem festen Zinssatz aufgenommen werden. Daher ist es optimal, alle Investitionsprojekte, die bei diesem Zinssatz einen positiven Kapitalwert aufweisen, zu realisieren, soweit sie sich nicht gegenseitig ausschließen. Bei einander ausschließenden Investitionsprojekten ist stets dasjenige mit dem höchsten Kapitalwert zu wählen, da es am meisten zum Unternehmenserfolg beiträgt.

b) Kapitalrationierung bedeutet, daß nur ein bestimmter Betrag für die geplanten Investitionen zur Verfügung steht. Dieser Betrag ist so gering, daß nicht alle Investitionsprojekte mit positivem Kapitalwert gleichzeitig durchgeführt werden können. Daher ist eine Auswahl zu treffen, die die Knappheit des Kapitals angemessen berücksichtigt. Diese Auswahl erfolgt, indem die Investitionsprojekte anhand der Kapitalwertrate, die den Kapitalwert ins Verhältnis zum Kapitalbedarf setzt, angeordnet und dann die Projekte sukzessiv zur Realisierung freigegeben werden, bis der verfügbare Betrag verbraucht ist. In der Regel ergibt sich eine Lösung, bei der das letzte Investitionsprojekt nur teilweise realisiert werden kann. Sind die Projekte nicht beliebig teilbar, so ist zu prüfen, ob mit dem Restbetrag ein anderes Projekt noch vollständig realisiert werden kann oder eine andere Kombination der Investitionsobjekte mit einem höheren Kapitalwert gefunden werden kann.

c) Wenn dem Unternehmen unterschiedliche Finanzierungsmöglichkeiten mit verschiedenen Zinssätzen zur Verfügung stehen, so wird es diese nach ansteigenden Zinssätzen anordnen, die Investitionsprojekte hingegen nach fallenden Renditen. Nun werden sukzessiv Projekte ausgewählt und ihnen finanzielle Mittel zugewiesen, bis man feststellt, daß die Rendite des als nächstes anstehenden Investitionsprojekts geringer ist als der Zinssatz des dafür heranzuziehenden Kredits. Damit ist das optimale Investitions- und Finanzierungsprogramm bestimmt.

2. Grundzüge der Unternehmensbesteuerung

> **Aufgabe S1**: Klassifikation von Steuern
>
> a) Erläutern Sie die folgenden Begriffe:
> - Steuerpflichtiger
> - Steuerobjekt
> - Steuerbemessungsgrundlage
> - Steuertarif
>
> b) Welche Steuerbemessungsgrundlagen haben
> - die Einkommensteuer
> - die Körperschaftsteuer
> - die Gewerbeertragsteuer?
>
> c) Nach welchen Kriterien lassen sich Steuern klassifizieren? Geben Sie für jedes Kriterium einige Beispiele an!

Lösung:

a) Steuerpflichtiger ist derjenige, der eine Steuer schuldet, für eine Steuer haftet oder eine Steuer abzuführen hat.

Steuerobjekt ist der Tatbestand, an den bei einer bestimmten Steuerart die Leistungspflicht geknüpft ist. Dies können die Erzielung von Einkommen oder auch der Besitz, Erwerb oder Verbrauch einer Sache sein.

Als Steuerbemessungsgrundlage wird der Tatbestand bezeichnet, aus dem sich die Höhe der Steuerpflicht ergibt, z.B. bei der Kraftfahrzeugsteuer der Hubraum und die Schadstoffklasse, bei der Einkommensteuer die Höhe des zu versteuernden Einkommens.

Der Steuertarif ordnet jeder Ausprägung der Steuerbemessungsgrundlage eine bestimmte Steuerhöhe zu. Steuertarife können proportional (z.B. Umsatzsteuer), progressiv (z.B. Einkommensteuer) oder degressiv gestaltet sein.

b) Steuerbemessungsgrundlage der Einkommensteuer ist das Einkommen einer natürlichen Person, während die Körperschaftsteuer den Gewinn einer juristischen Person besteuert. Die Gewerbeertragsteuer knüpft an den um bestimmte Hinzurechnungen (insbesondere Gewinnanteile von stillen Gesellschaftern und 50% der Zinsen auf Dauerschulden) und Kürzungen modifizierten Gewinn eines Gewerbebetriebs an.

c) Die Steuerarten lassen sich nach folgenden Kriterien klassifizieren:

- Nach der Art der Erhebung unterscheidet man direkte und indirekte Steuern. Bei einer direkten Steuer wird die Steuer direkt beim Steuerdestinatar, d.h. demjenigen, der die Steuer tragen soll, erhoben. Beispiele für direkte Steuern sind die Einkommensteuer, die Kraftfahrzeugsteuer oder die Grunderwerbsteuer. Bei einer indirekten Steuer hingegen wird die Steuer in der Regel nicht direkt vom Steuerdestinatar abgeführt, sondern von anderen Personen, die mit diesem in einer Geschäftsbeziehung stehen. Beispiele sind die Umsatzsteuer, die Versicherungsteuer oder die Tabaksteuer.

- Weiter ist eine Einteilung nach dem Steuerobjekt, d.h. dem Tatbestand, an dem die Besteuerung ansetzt, möglich. Personensteuern sind von natürlichen oder juristischen Personen zu entrichten, z.B. die Einkommen- bzw. Körperschaftsteuer oder die Erbschaftsteuer. Realsteuern knüpfen an bestimmten Objekten an, z.B. die Grundsteuer oder die Kraftfahrzeugsteuer. Verkehrsteuern besteuern den Austausch von Waren und Dienstleistungen, z.B. die Umsatzsteuer oder die Grunderwerbsteuer. Verbrauchsteuern setzen am Verbrauch bestimmter Waren an, z.B. die Mineralölsteuer oder die Branntweinsteuer.

- Schließlich ist eine Klassifikation nach der Art der Steuerbemessungsgrundlage möglich: Ertragsteuern wie die Einkommensteuer oder die Kapitalertragsteuer werden vom Ertrag, Gewinn oder Überschuß erhoben. Substanzsteuern wie die Grundsteuer oder die Vermögensteuer knüpfen an einen vorhandenen Bestand von Vermögen, Eigentum oder Kapital an. Verkehrsteuern beziehen sich – wie in der vorhergehenden Klassifikation – auf wirtschaftliche Austauschvorgänge.

Aufgabe S2: Einkommensteuer

a) Auf welche Einkunftsarten bezieht sich die Einkommensteuer? Welche Klassifikationen dieser Einkunftsarten kennen Sie? Wie wird der Gewinn steuerlich ermittelt?

b) Geben Sie das Schema zur Berechnung des zu versteuernden Einkommens an!

c) Welche Bedeutung haben der Grenz- bzw. der Durchschnittssteuersatz für die Steuerzahlungen eines Einkommensteuerpflichtigen? In welchem Verhältnis stehen sie zueinander?

d) Welche Erhebungsformen der Einkommensteuer kennen Sie?

Lösung:

a) Die Einkommensteuer wird auf die folgenden sieben Einkunftsarten erhoben:
1. Einkünfte aus Land- und Forstwirtschaft
2. Einkünfte aus Gewerbebetrieb
3. Einkünfte aus selbständiger Arbeit
4. Einkünfte aus nichtselbständiger Arbeit
5. Einkünfte aus Kapitalvermögen
6. Einkünfte aus Vermietung und Verpachtung
7. sonstige Einkünfte

Die ersten drei Einkunftsarten werden als Gewinneinkünfte bezeichnet, die letzten vier sind Überschußeinkünfte, bei denen der Überschuß der Einnahmen über die der Einkunftsart zuzuordnenden Werbungskosten ermittelt wird. Der bei den Gewinneinkünften relevante Gewinn wird als Differenz des Betriebsreinvermögens zum Ende und zum Beginn eines Veranlagungszeitraums ermittelt.

b) Das Schema für die Berechnung des zu versteuernden Einkommens lautet:

Einkünfte aus
1. Land- und Forstwirtschaft
2. Gewerbebetrieb
3. selbständiger Arbeit
4. nichtselbständiger Arbeit
5. Kapitalvermögen
6. Vermietung und Verpachtung
7. sonstige Einkünfte i.S.v. § 22 EStG

Summe der Einkünfte

− Altersentlastungsbetrag

− Abzug für Land- und Forstwirte

Gesamtbetrag der Einkünfte

− Sonderausgaben

− außergewöhnliche Belastungen

− Steuerbegünstigungen für Wohnungen und Gebäude

− Verlustabzug

Einkommen

− Kinderfreibetrag

− Haushaltsfreibetrag

− sonstige abzuziehende Beträge

zu versteuerndes Einkommen

c) Der Grenzsteuersatz gibt an, wie stark die zuletzt verdiente Geldeinheit besteuert wird, z.B. in welchem Umfang Steuern auf eine Lohnerhöhung zu zahlen sind. Der Durchschnittssteuersatz hingegen entspricht dem Anteil der Steuerzahlung am zu versteuernden Einkommen. Demnach ist der Durchschnittssteuersatz immer kleiner als der Grenzsteuersatz, er nähert sich diesem jedoch mit zunehmender Einkommenshöhe an.

d) Prinzipiell wird die Einkommensteuer durch Veranlagung des Steuerpflichtigen im folgenden Kalenderjahr ermittelt. Jedoch findet zum großen Teil bereits vorab eine Erhebung in Form von Vorauszahlungen statt. Bei nichtselbständig Beschäftigten wird vom Arbeitgeber die Lohnsteuer auf das Arbeitsentgelt anhand von Tabellen ermittelt und einbehalten, Selbständige leisten direkte Einkommensteuervorauszahlungen auf ihren zu erwartenden Gewinn an das Finanzamt. Bei Einkünften aus Kapitalvermögen wird nach Ausschöpfung der Freibeträge eine Vorauszahlung in Höhe von 25% bei Gewinnanteilen und 30% bei Zinseinkünften durch die ausschüttende Stelle einbehalten und an das zuständige Finanzamt abgeführt.

Aufgabe S3: Gewerbesteuer

a) Auf welches Steuerobjekt wird die Gewerbesteuer erhoben?

b) Wie wird die Steuerbemessungsgrundlage der Gewerbeertragsteuer ermittelt?

c) Welche Bedeutung hat der Hebesatz bei der Ermittlung der Höhe der Gewerbesteuer?

Lösung:

a) Steuerobjekt der Gewerbesteuer ist ein im Inland betriebener Gewerbebetrieb. Nicht-Gewerbetreibende, wie Freiberufler und Künstler oder auch kirchliche und gemeinnützige Einrichtungen, unterliegen nicht der Gewerbesteuerpflicht.

b) Steuerbemessungsgrundlage der Gewerbesteuer ist der Gewerbeertrag. Dieser ergibt sich aus dem Gewinn des Gewerbebetriebs durch Hinzurechnung insbesondere der Gewinnanteile stiller Gesellschafter sowie von 50% der Zinsen auf Dauerschulden, d.h. der vom Unternehmen für länger als ein Jahr in Anspruch genommenen Kredite, sowie unter Abzug bestimmter Kürzungen, z.B. Spenden und Gewinnanteile aus Beteiligungen.

c) Der Betrag der Gewerbesteuer ergibt sich durch Multiplikation des Steuermeßbetrags, der sich durch Anwendung der im Gewerbesteuergesetz festgelegten Steuermeßzahl auf den Gewerbeertrag ergibt, mit dem von der Gemeinde festgesetzten Hebesatz. Die Hebesätze können Werte zwischen 100% und 600% annehmen. Da das Aufkommen aus der Gewerbesteuer zum großen Teil den Gemeinden zusteht, haben sie ein Interesse daran, ihren Hebesatz so zu gestalten, daß sie ihr Gewerbesteueraufkommen maximieren.

Band 2

Buchführung
Kostenrechnung
Bilanzen

1. Teil: Grundzüge der kaufmännischen Buchführung
1. Grundlagen

Aufgabe BF1: Aufgaben der Buchführung

Erläutern Sie die verschiedenen Aufgaben des Rechnungswesens. Welche Bedeutung hat in diesem Zusammenhang die Buchführung?

Lösung:

Man unterscheidet folgende Aufgaben des Rechnungswesens:
- Dokumentation des betrieblichen Geschehens
- Bereitstellung von Informationen für die verschiedenen internen und externen Anspruchsgruppen des Unternehmens
- vergangenheitsbezogene Kontrolle der Wirtschaftlichkeit des Unternehmens sowie seiner Außenbeziehungen
- Bereitstellung von Unterlagen für die zukunftsbezogene Unternehmensplanung
- Ermittlung von Vermögen und Schulden des Unternehmens anhand der Bilanzdaten
- Ermittlung des Periodenerfolgs als Basis für Ausschüttungen und die Besteuerung

Die Aufgabe der Buchführung als einem Teilbereich des Rechnungswesens ist die Abbildung der Güter- und Zahlungsströme zwischen dem Unternehmen und seiner Umwelt durch die systematische Erfassung der durch das betriebliche Geschehen ausgelösten Geschäftsvorfälle. Diese in der Buchführung erfaßten Zahlen dienen nicht nur als Datenbasis für die anderen Teilbereiche des Rechnungswesens, sondern auch der Erfüllung von gesetzlich verankerten Buchführungspflichten.

Aufgabe BF2: Buchführungspflicht

Aus welchen gesetzlichen Grundlagen ergibt sich die Buchführungspflicht?

Lösung:

Durch eine gesetzlich geregelte Buchführungspflicht läßt sich sicherstellen, daß alle betroffenen Unternehmen die gleichen Mindestanforderungen erfüllen. Die Buchführungspflicht ist in folgenden Gesetzen verankert:

- Aus dem Dritten Buch des HGB ergibt sich die handelsrechtliche Buchführungspflicht für Kaufleute.
- In steuerrechtlichen Vorschriften, insbesondere § 140 AO, ist die derivative steuerrechtliche Buchführungspflicht geregelt.
- Für einige Rechtsformen wird die Buchführung zusätzlich in Sonderbestimmungen gefordert, z.B. in § 91 AktG und § 41 Abs. 1 GmbHG.

Aufgabe BF3: Grundsätze ordnungsmäßiger Buchführung

a) Wie sind die Grundsätze ordnungsmäßiger Buchführung entstanden? In welchem Zusammenhang stehen sie zu den gesetzlichen Buchführungsvorschriften?

b) Erläutern Sie die einzelnen Grundsätze!

Lösung:

a) Die Grundsätze ordnungsmäßiger Buchführung (GoB) sind aus den Gepflogenheiten ordentlicher Kaufleute entwickelt worden. Sie bilden den Ausgangspunkt der handelsgesetzlichen Regelungen der Buchführungspflicht und ergänzen diese in den Bereichen, die z.B. aus Gründen der Flexibilität nicht vollständig kodifiziert sind.

b) Die GoB lauten im einzelnen:
- Grundsatz der Vollständigkeit: zeitnahe und lückenlose Erfassung sämtlicher Geschäftsvorfälle in einer Periode
- Grundsatz der Richtigkeit und Wahrhaftigkeit: qualitativ und quantitativ korrekte Erfassung der Geschäftsvorfälle, bei Fehlern Stornobuchung statt nachträglicher Änderung
- Belegprinzip: Buchungen erfolgen immer anhand von Belegen, aus denen die relevanten Daten der Geschäftsvorfälle hervorgehen.
- Grundsatz der Klarheit: lebende Sprache, übersichtliche Gestaltung, so daß sich ein sachkundiger Dritter in angemessener Zeit in den Unterlagen zurechtfinden kann
- Grundsatz der Sicherheit: Aufbewahrungsfrist 10 Jahre für Bücher und Bilanzen, 6 Jahre für sonstige Unterlagen
- Grundsatz der Wirtschaftlichkeit: Die Erfüllung der Anforderungen muß wirtschaftlich vertretbar sein.

2. Das System der doppelten Buchführung

Aufgabe BF4: Inventur, Inventar und Bilanz

a) Grenzen Sie die Begriffe Inventur, Inventar und Bilanz voneinander ab und stellen Sie die Vorgehensweise bei der Aufstellung einer Bilanz dar!

b) Das Möbelhaus Schönwohn AG hat am 31.12. folgende Bestände durch Inventur ermittelt:

Kassenbestand	1.500
1 Schreibtisch im eigenen Büro, Anschaffung 1998	1.200
3 Couchgarnituren à 6.000 €	18.000
1 Möbelwagen, Baujahr 1995	28.000
25 Stühle à 60 €	1.500
100 Aktien der Holz AG à 95 €	9.500
Forderung gegenüber Kunden Schmidt	6.300
bebautes Grundstück, Industriestraße 13	400.000
2 Aktenschränke im eigenen Büro, Anschaffung 1996, à 900 €	1.800
Darlehen bei der Volksbank	250.000
Forderung gegenüber der Büro GmbH	5.500
15 Schränke à 300 €	4.500
Lieferverbindlichkeit gegenüber der Wohn GmbH	12.000
1 PKW, Baujahr 1997	17.000
Forderung gegenüber Kunden Meier	3.100
Lieferverbindlichkeit gegenüber der Möbel AG	22.000
4 Küchen à 6.500 €	26.000
Bankguthaben bei der Volksbank	3.167
2 Schlafzimmer à 3.500 €	7.000

Erstellen Sie Inventar und Bilanz!

Lösung:

a) Unter der Inventur versteht man die art- und mengenmäßige Bestandsaufnahme aller Vermögensgegenstände und Schulden durch Zählen, Messen und Wiegen. Dabei erfolgt ein Abgleich von Istbeständen und Buchbeständen.

Das Inventar ist ein detailliertes Verzeichnis der bei der Inventur festgestellten Positionen nach Art, Menge und Wert, das in Staffelform aufgestellt wird. Die Gliederung der Vermögensgegenstände erfolgt im wesentlichen nach steigender Liquidität, die der Schulden nach Fälligkeit.

Die Bilanz ist eine aus dem Inventar abgeleitete systematische Gegenüberstellung von bewerteten Vermögens- und Schuldenpositionen in Kontenform. Dabei werden jeweils gleichartige Posten zu Bilanzpositionen zusammengefaßt. Die Aktivseite der Bilanz enthält die Vermögensgegenstände des Anlage- und Umlaufvermögens, die Passivseite das Fremdkapital sowie – als definitorischen Ausgleichsposten – das Eigenkapital.

b) Inventar der Schönwohn AG zum 31.12.:

Vermögen:

bebautes Grundstück, Industriestraße 13	400.000
100 Aktien der Holz AG à 95 €	9.500
1 Möbelwagen, Baujahr 1995	28.000
1 PKW, Baujahr 1997	17.000
1 Schreibtisch im eigenen Büro, Anschaffung 1998	1.200
2 Aktenschränke im eigenen Büro, Anschaffung 1996, à 900 €	1.800
15 Schränke à 300 €	4.500
25 Stühle à 60 €	1.500
3 Couchgarnituren à 6.000 €	18.000
4 Küchen à 6.500 €	26.000
2 Schlafzimmer à 3.500 €	7.000
Forderung gegenüber Kunden Schmidt	6.300
Forderung gegenüber der Büro GmbH	5.500
Forderung gegenüber Kunden Meier	3.100
Bankguthaben bei der Volksbank	3.167
Kassenbestand	1.500

Schulden:

Lieferverbindlichkeit gegenüber der Wohn GmbH	12.000
Lieferverbindlichkeit gegenüber der Möbel AG	22.000
Darlehen bei der Volksbank	250.000

Bilanz der Schönwohn AG zum 31.12.:

Aktiva		Passiva	
Grundstücke	400.000	Lieferverbindlichkeiten	34.000
Beteiligungen	9.500	Darlehen	250.000
Geschäftsausstattung	48.000	Eigenkapital	250.067
Vorräte	57.000		
Forderungen	14.900		
Bankguthaben	3.167		
Kassenbestand	1.500		
	__534.067__		__534.067__

Aufgabe BF5: Grundtypen von Geschäftsvorfällen

a) Welchen Grundtypen lassen sich die folgenden Geschäftsvorfälle zuordnen?

- Barverkauf von Waren
- Durchführung des Umtauschs aus einer Wandelschuldverschreibung
- Abhebung vom Bankkonto
- Kauf einer Maschine auf Ziel
- Ausgabe von Gratisaktien
- Einlösung eines von einem Kunden erhaltenen Schecks
- Zahlung einer Kreditrate
- Aufnahme eines Darlehens
- Umbuchung der Gewinnbeteiligung eines Kommanditisten
- Ausgabe von Belegschaftsaktien
- Factoring
- Einlösung eines von einem Lieferanten vorgelegten Wechsels

b) Wodurch kommt die Bezeichnung „doppelte Buchführung" zustande?

Lösung:

a) Barverkauf von Waren: Aktivtausch
Durchführung des Umtauschs aus einer Wandelschuldverschreibung: Passivtausch
Abhebung vom Bankkonto: Aktivtausch
Kauf einer Maschine auf Ziel: Bilanzverlängerung
Ausgabe von Gratisaktien: Passivtausch
Einlösung eines von einem Kunden erhaltenen Schecks: Aktivtausch
Zahlung einer Kreditrate: Bilanzverkürzung
Aufnahme eines Darlehens: Bilanzverlängerung
Umbuchung der Gewinnbeteiligung eines Kommanditisten: Passivtausch
Ausgabe von Belegschaftsaktien: Bilanzverlängerung
Factoring: Aktivtausch
Einlösung eines von einem Lieferanten vorgelegten Wechsels: Bilanzverkürzung

b) Man spricht von einer doppelten Buchführung, da jeder Geschäftsvorfall auf mindestens zwei Konten verbucht wird, einmal im Soll und einmal im Haben. Die Summe der Sollbuchungen entspricht dabei der Summe der Habenbuchungen.

> Aufgabe BF6: Buchungssätze
>
> Bilden Sie die Buchungssätze zu den folgenden Geschäftsvorfällen. Gehen Sie dabei nach folgendem Schema vor:
>
> - Welche Konten werden berührt?
> - Handelt es sich um Aktiv- oder Passivkonten?
> - Treten Zu- oder Abgänge auf?
> - Welche Kontenseiten sind demnach anzusprechen?
>
> 1. Bezahlung einer Maschine bei Lieferung für 60.000 € durch Banküberweisung
> 2. Kauf von Material für 5.000 € auf Ziel
> 3. Bezahlung der Rechnung aus 2. in bar
> 4. Barabhebung von der Bank in Höhe von 1.000 €
> 5. Barverkauf eines Firmenwagens für 5.000 €
> 6. Aufnahme eines Bankdarlehens über 100.000 €
> 7. Ein Kunde begleicht eine Forderung über 2.000 € per Überweisung.
> 8. Ein Gesellschafterdarlehen über 30.000 € wird in Eigenkapital umgewandelt.
> 9. Zahlung einer Darlehensrate in Höhe von 4.000 €
> 10. Wir erhalten Waren im Wert von 8.000 €, wovon 3.000 € sofort bar bezahlt werden.

Lösung:

1. Konten: Anlagen (Aktivkonto), Bank (Aktivkonto)
   Zugang bei Anlagen: Sollseite
   Abgang beim Bankkonto: Habenseite
   Buchungssatz: Anlagen an Bank   60.000

2. Konten: Material (Aktivkonto), Lieferverbindlichkeiten (Passivkonto)
   Zugang bei Material: Sollseite
   Zugang bei Lieferverbindlichkeiten: Habenseite
   Buchungssatz: Material an Lieferverbindlichkeiten   5.000

3. Konten: Lieferverbindlichkeiten (Passivkonto), Kasse (Aktivkonto)
   Abgang bei Lieferverbindlichkeiten: Sollseite
   Abgang beim Kassenkonto: Habenseite
   Buchungssatz: Lieferverbindlichkeiten an Kasse   5.000

4. Konten: Kasse (Aktivkonto), Bank (Aktivkonto)
   Zugang beim Kassenkonto: Sollseite
   Abgang beim Bankkonto: Habenseite
   Buchungssatz: Kasse an Bank   1.000

5. Konten: Kasse (Aktivkonto), Anlagen (Aktivkonto)
   Zugang beim Kassenkonto: Sollseite
   Abgang bei Anlagen: Habenseite
   Buchungssatz: Kasse an Anlagen　　　　　　　　5.000

6. Konten: Bank (Aktivkonto), Darlehen (Passivkonto)
   Zugang beim Bankkonto: Sollseite
   Zugang bei Darlehen: Habenseite
   Buchungssatz: Bank an Darlehen　　　　　　　100.000

7. Konten: Bank (Aktivkonto), Forderungen (Aktivkonto)
   Abgang bei Forderungen: Habenseite
   Zugang beim Bankkonto: Sollseite
   Buchungssatz: Bank an Forderungen　　　　　　2.000

8. Konten: Gesellschafterdarlehen (Passivkonto), Eigenkapital (Passivkonto)
   Zugang beim Eigenkapital: Habenseite
   Abgang bei Gesellschafterdarlehen: Sollseite
   Buchungssatz: Gesellschafterdarlehen an Eigenkapital　30.000

9. Konten: Bank (Aktivkonto), Darlehen (Passivkonto)
   Abgang beim Bankkonto: Habenseite
   Abgang bei Darlehen: Sollseite
   Buchungssatz: Darlehen an Bank　　　　　　　4.000

10. Konten: Waren (Aktivkonto), Kasse (Aktivkonto), Lieferverbindlichkeiten (Passivkonto)
    Zugang bei Waren: Sollseite
    Abgang beim Kassenkonto: Habenseite
    Zugang bei Lieferverbindlichkeiten: Habenseite
    Buchungssatz: Waren　8.000
    　　　　　　　　an Bank　　　　　　　　　3.000
    　　　　　　　　an Lieferverbindlichkeiten　10.000

Aufgabe BF7: Konten

a) Erläutern Sie den Unterschied zwischen Bestandskonten und Erfolgskonten!

b) Wie werden Bestandskonten und Erfolgskonten abgeschlossen? Wie wird der Periodenerfolg ermittelt und verbucht?

c) Das Bankkonto eines Unternehmens weist im Januar folgende Entwicklung auf:

Anfangsbestand	60.000
02.01.: Einzahlung des Kunden Müller	1.500
03.01.: Überweisung der Miete	4.900
05.01.: Überweisung der Sozialabgaben	48.000
06.01.: Auszahlung für die Reparatur des Firmenwagens	2.000
09.01.: Einzahlung aus dem Kassenbestand	1.750
10.01.: Überweisung vom Kunden Schulz	80.000
12.01.: Zinsgutschrift	5.000
13.01.: Überweisung einer Rechnung an Firma Meier	12.500
15.01.: Lastschrifteinzug der Steuern durch das Finanzamt	23.000

Stellen Sie diese Vorgänge in Form eines T-Kontos dar und ermitteln Sie den Saldo zum 15.01. Handelt es sich um einen Soll- oder einen Habensaldo?

Lösung:

a) Bestandskonten ergeben sich aus der Auflösung der Eröffnungsbilanz in Einzelkonten, sie erhalten ihren Anfangsbestand aus der Aufteilung der entsprechenden Bilanzposition. Aktivkonten gehen aus der Aktivseite der Eröffnungsbilanz hervor und weisen ihren Anfangsbestand im Soll aus, Passivkonten gehen aus der Passivseite der Bilanz hervor und weisen ihren Anfangsbestand im Haben aus. Ein Geschäftsvorfall, der ausschließlich Bestandskonten berührt, wird als erfolgsneutral bezeichnet.

Erfolgskonten sind während des Geschäftsjahrs benutzte Unterkonten des Eigenkapitalkontos, auf denen die erfolgswirksamen Geschäftsvorfälle verbucht werden. Entsprechend den verschiedenen Erfolgsarten ergeben sich Aufwands- und Ertragskonten. Erfolgskonten werden ohne Anfangsbestand eröffnet, sie nehmen während des Geschäftsjahres laufende Aufwandsbuchungen im Soll und Ertragsbuchungen im Haben auf.

b) Beim Abschluß eines Kontos wird zunächst der Saldo gebildet, der den rechnerischen Ausgleich zwischen den beiden Kontenseiten bewirkt. Aktivkonten und Aufwandskonten weisen normalerweise ihren Saldo im Haben auf, Passivkonten und Ertragskonten einen Saldo auf der Sollseite. Der Saldo von Bestandskonten wird auf dem Schlußbilanzkonto gegengebucht, der Saldo von Erfolgskonten auf dem Gewinn- und Verlustkonto. Die Buchungssätze lauten:

Buchführung

Schlußbilanzkonto an Aktivkonto
Passivkonto an Schlußbilanzkonto
Gewinn- und Verlustkonto an Aufwandskonto
Ertragskonto an Gewinn- und Verlustkonto

Auf dem Gewinn- und Verlustkonto werden die Aufwendungen und Erträge der Periode gesammelt. Sein Saldo gibt den Periodenerfolg an, wobei ein Saldo auf der Sollseite einem Gewinn und ein Saldo auf der Habenseite einem Verlust entspricht. Der Abschluß des Gewinn- und Verlustkontos erfolgt bei personenbezogenen Unternehmen über das Eigenkapitalkonto, bei Kapitalgesellschaften über die Schlußbilanzposition Bilanzgewinn bzw. Bilanzverlust.

c) Das Konto entwickelt sich folgendermaßen:

S				H
AB	60.000	03.01.	Miete	4.900
02.01. Zahlung Müller	1.500	05.01.	Sozialabgaben	48.000
09.01. Einzahlung	1.750	06.01.	Auszahlung	2.000
10.01. Zahlung Schulz	80.000	13.01.	Rechnung Meier	12.500
12.01. Zinsen	5.000	15.01.	Steuern	23.000
			Saldo	57.850
	__148.250__			__148.250__

Der Saldo des Kontos beträgt 57.850 €. Es handelt sich um einen Sollsaldo, da er sich auf der Habenseite ergibt und die betragsmäßig größere Sollseite zum Ausgleich bringt.

Aufgabe BF8: Rechnungsabgrenzung

a) In welchen Fällen ist eine Rechnungsabgrenzung erforderlich?

b) Welche Art der Rechnungsabgrenzung liegt bei den folgenden Beispielen vor?
- Überweisung von Kfz-Steuer am 01.09.
- Verschiebung notwendiger Reparaturen in das nächste Jahr
- Zinsen aus einer Anleihe werden jeweils am 01.03. vereinnahmt
- im voraus erhaltenes Honorar, zum Teil für das nächste Jahr
- absehbare Gerichtskosten von 10.000 €
- geleistete Vorauszahlung von Mietnebenkosten
- erwartete Nachzahlung von Zöllen
- erhaltene Pachtvorauszahlung

c) Wie wird ein Rechnungsabgrenzungsposten gebildet und wieder aufgelöst?

Lösung:

a) Eine Rechnungsabgrenzung ist immer dann erforderlich, wenn ein Geschäftsvorfall am Bilanzstichtag noch nicht abgeschlossen ist. Sie dient dazu, den mit dem Vorgang verbundenen Erfolg auf die betroffenen Perioden zu verteilen. Transitorische Rechnungsabgrenzungsposten treten auf, wenn Aus- oder Einzahlungen der laufenden Periode noch in den Folgeperioden zu Aufwendungen oder Erträgen führen; bei der antizipativen Rechnungsabgrenzung führen Aufwendungen oder Erträge der laufenden Periode in den folgenden Perioden zu Aus- bzw. Einzahlungen.

b) Überweisung von Kfz-Steuer am 01.09.: transitorische Ausgabe
Verschiebung notwendiger Reparaturen in das nächste Jahr: antizipative Ausgabe
Zinsen aus einer Anleihe: antizipative Einnahme
im voraus erhaltenes Honorar: transitorische Einnahme
absehbare Gerichtskosten: antizipative Ausgabe
geleistete Vorauszahlung von Mietnebenkosten: transitorische Ausgabe
erwartete Nachzahlung von Zöllen: antizipative Ausgabe
erhaltene Pachtvorauszahlung: transitorische Einnahme

c) Rechnungsabgrenzungsposten werden nur bei der transitorischen Rechnungsabgrenzung in Höhe des Betrages der bereits getätigten Ein- bzw. Auszahlung gebildet, der erst in der nächsten Periode erfolgswirksam wird. Ihre Auflösung erfolgt zu Beginn der Folgeperiode über das jeweilige Erfolgskonto. Die Buchungssätze lauten:

bei transitorischen Einnahmen:
    passive Rechnungsabgrenzungsposten an Ertragskonto

bei transitorischen Ausgaben:
    Aufwandskonto an aktive Rechnungsabgrenzungsposten

Bei der antizipativen Rechnungsabgrenzung erfolgt die Verbuchung über die Konten sonstige Forderungen bzw. Verbindlichkeiten. Die Auflösung dieser Positionen erfolgt bei der Verbuchung der zugehörigen Zahlung in der Folgeperiode.

3. Die Organisation der doppelten Buchführung

Aufgabe BF9: Organisation der Buchführung

a) Was versteht man unter einem Beleg? In welchen Büchern werden die Belege erfaßt?

b) Erläutern Sie kurz die Durchschreibe- bzw. Loseblattbuchführung und die EDV-Buchführung. Welche besonderen Probleme treten bei der letztgenannten Buchführungsform auf?

Lösung:

a) Ein Beleg dient der Dokumentation eines Geschäftsvorfalls. Er enthält sämtliche Informationen, die zur Verbuchung des Geschäftsvorfalls erforderlich sind, insbesondere das Datum und den Inhalt des Vorgangs sowie den zu verbuchenden Betrag. Bei der Verbuchung erhält ein Beleg üblicherweise eine eindeutige Nummer, unter der er abgelegt wird, und Angaben über seine Verbuchung.

Das Grundbuch bzw. Journal dient der chronologischen Erfassung der laufenden Geschäftsvorfälle. Es kann in mehrere Bücher aufgespalten werden, z.B. Kassenbuch, Warenein- und -ausgangsbuch. Im Hauptbuch werden die Geschäftsvorfälle nach sachlichen Gesichtspunkten auf Bestands- und Erfolgskonten verbucht. In Nebenbüchern kann eine ausführlichere Beschreibung der Geschäftsvorfälle erfolgen.

b) Bei der Durchschreibebuchführung werden die Eintragungen im fortlaufenden Grundbuch und in den verschiedenen Sachkonten des Hauptbuchs gleichzeitig, z.B. mit Hilfe von Kohlepapier, vorgenommen. Dadurch wird die Identität der Einträge sichergestellt. Um die Sachkonten für jede Buchung auswechseln zu können, werden sie als einzelne Blätter geführt, deren ordnungsgemäße Aufbewahrung sichergestellt werden muß.

Aufgrund des großen Datenvolumens im Bereich der Buchführung ist inzwischen die EDV-Buchführung weit verbreitet. Nach der manuellen Belegaufbereitung werden alle Routinetätigkeiten sowie die gewünschten Auswertungen durch geeignete Software automatisch durchgeführt. Besondere Probleme ergeben sich bezüglich der Einhaltung der Grundsätze ordnungsmäßiger Buchführung sowie des Schutzes der Daten während der gesetzlichen Aufbewahrungsfristen.

> Aufgabe BF10: Kontenrahmen
> a) Wofür ist ein Kontenrahmen bzw. ein Kontenplan erforderlich?
> b) Stellen Sie den Gemeinschaftskontenrahmen der Industrie dar!

Lösung:

a) Ein Kontenrahmen ist eine systematisch aufgebaute, hierarchisch gegliederte Zusammenstellung von in einem bestimmten Wirtschaftszweig typischerweise benötigten Konten. Er dient der Vereinheitlichung und damit einer besseren Vergleichbarkeit der Buchführung verschiedener Unternehmen. Nach dem dekadischen Prinzip ist ein Kontenrahmen in Kontenklassen, Kontengruppen, Kontenarten, Einzelkonten und Unterkonten gegliedert. Ein Kontenplan für einen bestimmten Betrieb wird aus dem Kontenrahmen abgeleitet, indem man die Konten und die Gliederungstiefe auswählt, die in dem betreffenden Betrieb aufgrund seiner Geschäftstätigkeit tatsächlich benötigt werden.

b) Der Aufbau des Gemeinschaftskontenrahmens der Industrie orientiert sich am Wertefluß im betrieblichen Leistungsprozeß. Er ist daher geeignet, sowohl die Buchführung als auch die Kostenrechnung abzubilden. Seine Kontenklassen lauten:

Kontenklasse 0: Anlagevermögen und langfristiges Kapital
Kontenklasse 1: Finanzumlaufvermögen und sonstige Verbindlichkeiten
Kontenklasse 2: neutrale Aufwendungen und Erträge
Kontenklasse 3: Stoffe und Bestände
Kontenklasse 4: Kostenarten
Kontenklasse 5: Hilfskostenstellen
Kontenklasse 6: Hauptkostenstellen
Kontenklasse 7: Bestände an unfertigen und fertigen Erzeugnissen
Kontenklasse 8: Erträge
Kontenklasse 9: Abschluß

Während die Buchführung in den Kontenklassen 0 – 3 und 8 – 9 abgewickelt wird, stehen für die Kostenrechnung die Kontenklassen 4 – 7 zur Verfügung.

2. Teil: Die Kostenrechnung
1. Einleitung

Aufgabe K1: Teilbereiche des Rechnungswesens

a) Erläutern Sie die Aufgaben und Teilbereiche des betrieblichen Rechnungswesens!

b) Worin bestehen die wesentlichen Unterschiede zwischen Kostenrechnung und Finanzbuchhaltung, wo sehen Sie Gemeinsamkeiten?

Lösung:

a) Das betriebliche Rechnungswesen dient der Erfassung und Überwachung der Geld- und Leistungsströme innerhalb eines Unternehmens. Seine Aufgabe besteht zum einen in der Befriedigung der Informationsinteressen von internen Mitgliedern des Unternehmens, z.B. des Controlling oder der Geschäftsleitung, sowie in der Bereitstellung von Daten für die betriebliche Planung und die Finanzbuchhaltung (Informationsfunktion). Zum anderen werden Kontrollaufgaben wahrgenommen: Bei der Durchführungskontrolle werden Soll/Ist-Abweichungen aufgezeigt und analysiert; bei der Erfolgskontrolle wird die Wirtschaftlichkeit der Produktion und der Produkte überprüft (Kontrollfunktion).

Das betriebliche Rechnungswesen läßt sich in folgende Teilbereiche gliedern:

- Die Kostenrechnung erfaßt und kontrolliert den Werteverzehr im Verlauf des betrieblichen Wertschöpfungsprozesses, d.h. von der Beschaffung über die verschiedenen Transformationsprozesse im Produktionsbereich bis zur Leistungsverwertung.

- Die kurzfristige Erfolgsrechnung ermittelt den Erfolg einer Periode oder einer Produktart durch Gegenüberstellung der damit verbundenen Erlöse und Kosten.

- Die Betriebsstatistik dient der Erfassung des Mengengerüsts der betrieblichen Leistungserstellung, d.h. der Mengen der auf den verschiedenen Produktionsstufen eingesetzten Produktionsfaktoren und der damit hergestellten Produkte. Sie umfaßt insbesondere die Lagerbestandsrechnung, in der die Materialströme festgehalten werden, und die Zeitwirtschaft, die den Einsatz des Personals und der Betriebsmittel erfaßt.

b) Während sich die Kostenrechnung als internes Rechnungswesen auf die Planung, Steuerung und Kontrolle von betrieblichen Wertströmen bezieht, dient die Finanzbuchhaltung als externes Rechnungswesen der Erfassung von und Information über die getätigten Ein- und Auszahlungen und der damit verbundenen Güterströme und Kreditbeziehungen. Ein Unternehmen ist in der Ausgestaltung seiner Kostenrechnung weitgehend frei; für die Finanzbuchhaltung hingegen gelten detaillierte handels- und gesellschaftsrechtliche Vorschriften. Ein weiterer Unterschied besteht hinsichtlich des Rechnungszeitraums: Abrechnungsperiode der Kostenrechnung ist üblicherweise ein Kalendermonat, um die dabei gewonnenen Informationen zur kurzfristigen Steuerung des betrieblichen Geschehens nutzen zu können. Demgegenüber orientiert sich die Finanzbuchhaltung in der Regel – entsprechend der gesetzlichen Verpflichtung – am Geschäftsjahr als Abrechnungsperiode.

Die Gemeinsamkeiten von Kostenrechnung und Finanzbuchhaltung bestehen darin, daß beide Rechnungssysteme Wertgrößen verarbeiten und im wesentlichen auf der gleichen Datenbasis aufbauen. Dies kommt z.B. in dem Gemeinschaftskontenrahmen der deutschen Industrie zum Ausdruck, in dem die Konten der Finanzbuchhaltung und der Kostenrechnung als Betriebsbuchhaltung in systematischer Gliederung enthalten sind (Einkreissystem).

Aufgabe K2: Wertebenen

a) Erläutern Sie die Bestands- und Stromgrößen auf den verschiedenen betrieblichen Wertebenen!

b) Definieren Sie die Begriffe Auszahlung, Ausgabe, Aufwendung und Kosten und grenzen Sie diese gegeneinander ab. Geben Sie jeweils ein Beispiel für die Unterschiede zwischen diesen Begriffen an!

Lösung:

a) Es lassen sich vier Wertebenen unterscheiden, auf denen die für das Rechnungswesen relevanten Bestands- und Stromgrößen erfaßt werden:

I. Zahlungsmittelebene

Die Bestandsgrößen auf dieser Ebene sind die Zahlungsmittel, d.h. Bestände an Geld und liquiden Mitteln, über die das Unternehmen jederzeit verfügen kann. Dazu zählen insbesondere Bargeld, Sichtguthaben bei der Bundesbank, bei Banken, Sparkassen und der Postbank. Die Stromgrößen, die zu einer Veränderung des Zahlungsmittelbestands führen, bezeichnet man als Auszahlungen (Abfluß von Zahlungsmitteln) und Einzahlungen (Zufluß von Zahlungsmitteln).

II. Geldvermögensebene

Das Geldvermögen umfaßt neben den Zahlungsmitteln alle sonstigen monetären Vermögenswerte, d.h. die Forderungen und die Verbindlichkeiten. Als Stromgrößen sind hier relevant: Ausgaben, die einen Abfluß beim Geldvermögen bewirken, und Einnahmen, die einen Zufluß beim Geldvermögen bewirken.

III. Reinvermögensebene

Das Reinvermögen besteht aus dem Geldvermögen und dem Sachvermögen. Abflüsse beim Reinvermögen werden als Aufwendungen, Zuflüsse als Erträge bezeichnet.

IV. Betriebsvermögensebene

Man erhält das Betriebsvermögen, indem man das Reinvermögen um das nicht betriebsnotwendige Vermögen vermindert. Zum nicht betriebsnotwendigen Vermögen zählen Vermögensgegenstände wie Finanzanlagen, ungenutzte Grundstücke oder Werkswohnungen, die nicht der betrieblichen Tätigkeit dienen. Abflüsse beim Betriebsvermögen werden als Kosten, Zuflüsse als Betriebserträge bezeichnet.

b) Auszahlung: Abfluß bei den Zahlungsmitteln
Ausgabe: Abfluß beim Geldvermögen
Aufwand: Abfluß beim Reinvermögen
Kosten: Abfluß beim Betriebsvermögen

Die Begriffe Auszahlung und Ausgabe weichen voneinander ab, wenn Kreditvorgänge auftreten. So ist die Bezahlung einer offenstehenden Lieferantenrechnung eine Auszahlung, aber keine Ausgabe, da das Geldvermögen unverändert bleibt. Die Entstehung einer Lieferantenverbindlichkeit hingegen führt zu einer Ausgabe, aber noch nicht zu einer Auszahlung.

Unterschiede zwischen Ausgaben und Aufwand ergeben sich durch Lagervorgänge: Der Zugang von Material auf Lager führt zunächst zu einer Ausgabe, erst der Einsatz des Materials in der Produktion führt auch zu Aufwand.

Die Unterschiede zwischen Aufwand und Kosten resultieren aus einer betriebs- bzw. unternehmensbezogenen Betrachtung: Vorgänge, die auf der Unternehmensebene zu Aufwand führen, jedoch nicht gleichzeitig die Betriebsebene berühren, werden als neutrale Aufwendungen bezeichnet, z.B. eine Spende des Unternehmens für einen wohltätigen Zweck. Umgekehrt führen z.B. kalkulatorische Abschreibungen auf der betrieblichen Ebene zu Kosten, die nicht notwendigerweise gleichzeitig und in gleicher Höhe als Aufwand erfaßt werden.

Aufgabe K3: Beispiele zu Wertebenen

a) Ordnen Sie die folgenden Bilanzpositionen den einzelnen Wertebenen zu:
- Maschinen und Anlagen
- Bankguthaben
- Roh-, Hilfs- und Betriebsstoffe
- Forderungen aus Lieferungen und Leistungen
- Werkswohnungen
- Kassenbestand
- Verbindlichkeiten gegenüber Kreditinstituten

b) Welche Stromgrößen sind von den folgenden Geschäftsvorfällen betroffen?
1. Barabhebung vom Bankkonto
2. Zieleinkauf von Rohstoffen
3. Kauf einer Maschine auf Ziel
4. Überweisung der Miete für eine Lagerhalle
5. Eingang einer Forderung auf dem Bankkonto
6. Zahlung einer Darlehensrate vom Bankkonto
7. Verkauf von gelagerten Erzeugnissen auf Ziel
8. Banküberweisung von Löhnen und Gehältern
9. Spende zugunsten des benachbarten Kindergartens
10. Verbrauch von Rohstoffen laut Materialentnahmescheinen
11. Verlust eines Lagerpostens durch Feuer
12. Bezahlung einer Lieferantenverbindlichkeit mittels Überziehungskredit
13. Erhöhung des Kreditlimits
14. Verkauf eines Grundstücks über dem Buchwert
15. Lagerzugang an Fertigfabrikaten

c) Ein Unternehmen kauft im Mai Rohstoffe auf Ziel und legt sie auf Lager. Für den Rechnungsbetrag erhält der Lieferant im Juni eine Zahlungszusage für August. Im Juli werden die Rohstoffe in der Produktion eingesetzt. Im September wird die Rechnung per Scheck beglichen. Wann entstehen die zugehörigen Wertströme, wenn als Abrechnungsperiode
- der Kalendermonat
- das Quartal
- das Kalenderjahr

gewählt wird?

Kostenrechnung

Lösung:

a) Maschinen und Anlagen: Betriebsvermögen
   Bankguthaben: Zahlungsmittel
   Roh-, Hilfs- und Betriebsstoffe: Betriebsvermögen
   Forderungen aus Lieferungen und Leistungen: Geldvermögen
   Werkswohnungen: Reinvermögen
   Kassenbestand: Zahlungsmittel
   Verbindlichkeiten gegenüber Kreditinstituten: Geldvermögen

b) Barabhebung: kein Wertstrom, sondern Umschichtung innerhalb der Zahlungsmittel
   Zieleinkauf: Ausgabe
   Kauf einer Maschine auf Ziel: Ausgabe
   Überweisung von Miete: Auszahlung, Ausgabe, Aufwand, Kosten
   Eingang einer Forderung: Einzahlung
   Zahlung einer Darlehensrate: Auszahlung
   Verkauf vom Lager auf Ziel: Einnahme
   Überweisung von Löhnen: Auszahlung, Ausgabe, Aufwand, Kosten
   Spende: Auszahlung, Ausgabe, Aufwand
   Verbrauch von Rohstoffen: Aufwand und Kosten
   Verlust eines Lagerpostens durch Feuer: Aufwand
   Bezahlung einer Lieferantenverbindlichkeit: Auszahlung
   Erhöhung des Kreditlimits: kein Wertstrom
   Verkauf eines Grundstücks über dem Buchwert: Einzahlung, Einnahme, Ertrag
   Lagerzugang an Fertigfabrikaten: Ertrag und Betriebsertrag

c) Abrechnungsperiode Kalendermonat:
   Ausgabe im Mai bei Entstehung der Verbindlichkeit
   Die Zahlungszusage im Juni löst keinen Wertstrom aus.
   Aufwand und Kosten im Juli beim Einsatz der Rohstoffe
   Auszahlung im September bei Bezahlung der Rechnung

   Abrechnungsperiode Quartal:
   Ausgabe im 2. Quartal
   Aufwand, Kosten und Auszahlung im 3. Quartal

   Abrechnungsperiode Kalenderjahr:
   Da sämtliche Vorgänge innerhalb desselben Kalenderjahrs stattfinden, ist keine Abgrenzung der Wertebenen erforderlich. Folglich fallen Auszahlung, Ausgabe, Aufwand und Kosten zusammen.

Aufgabe K4: Kostenbegriff

a) Definieren Sie den Kostenbegriff und erläutern Sie die einzelnen Bestandteile der Definition!

b) Worin unterscheiden sich der pagatorische und der wertmäßige Kostenbegriff?

Lösung:

a) Kosten sind der bewertete Verzehr von Gütern und Dienstleistungen zur Erstellung der betrieblichen Leistung einer Periode.

Dieser Kostenbegriff ist durch folgende vier Merkmale gekennzeichnet:

- Mengengerüst: Das Mengengerüst der Kosten wird durch den Verzehr von Gütern und Dienstleistungen bestimmt.
- Bewertung: Durch die einheitliche Messung des Güterverzehrs in Geldeinheiten findet eine Bewertung statt.
- Leistungsbezug: Nur der Güterverzehr zum Zweck der Leistungserstellung führt zu Kosten, während Güterverzehr außerhalb der betrieblichen Ebene zu neutralem Aufwand führt.
- Periodenbezug: Nur der Güterverzehr, der gleichzeitig mit der Leistungserstellung stattfindet, führt zu Kosten; andernfalls liegt periodenfremder Aufwand vor.

b) Der pagatorische Kostenbegriff leitet die Kosten aus den Auszahlungen ab, die durch die betriebliche Tätigkeit ausgelöst werden und der entsprechenden Periode zuzurechnen sind. Dadurch kann man zum einen direkt auf die Daten der Buchhaltung zurückgreifen, in der die Auszahlungen erfaßt werden, zum anderen ist keine separate Bewertung des Güterverzehrs erforderlich. Problematisch dabei ist, daß auf der pagatorischen Ebene keine kalkulatorischen Kosten erfaßt werden können, da mit ihnen keine Auszahlungen verbunden sind. Weiter sind die tatsächlich gezahlten Preise immer dann keine sinnvolle Verrechnungsgrundlage, wenn die Anschaffungspreise stark von den aktuellen Preisen abweichen.

Diese Probleme umgeht der wertmäßige Kostenbegriff, indem er für die Bewertung der eingesetzten Güter neben den Anschaffungskosten auch andere Wertmaßstäbe zuläßt, die die jeweils relevanten Knappheitsverhältnisse besser widerspiegeln, z.B. Wiederbeschaffungspreise, Planpreise oder Opportunitätskosten. Damit läßt sich jeglicher Güterverzehr angemessen bewerten, allerdings ist jeweils die Auswahl des geeigneten Wertmaßstabs erforderlich.

Aufgabe K5: Mengen- und Wertgerüst

a) Welches Mengengerüst und welcher Wertansatz wird für die wichtigsten betrieblichen Einsatzfaktoren zugrunde gelegt?
b) Was versteht man unter Opportunitätskosten?

Lösung:

a) Die wichtigsten betrieblichen Einsatzfaktoren sind:
- Material: Das Mengengerüst des Materialeinsatzes ergibt sich aus den in der Produktion eingesetzten Werkstoffen, die z.B. mit Hilfe von Materialentnahmescheinen erfaßt werden. Aufgrund der in der Regel kurzen Verweildauer von Material im Betrieb ist die Bewertung mit Anschaffungspreisen gerechtfertigt.
- Dienstleistungen: Das Mengen- und Wertgerüst der Inanspruchnahme von Leistungen fremder Unternehmen geht in der Regel aus den Rechnungen hervor, die die Dienstleister erstellen. Somit erfolgt eine Bewertung mit tatsächlich gezahlten Preisen.
- Arbeitskräfte: Das Mengengerüst des Arbeitskräfteeinsatzes läßt sich anhand der geleisteten Arbeitsstunden (Zeitlohn) bzw. anhand der geleisteten Arbeitseinheiten (Akkordlohn) erfassen. Als Wertansatz sind auch hier die tatsächlichen Zahlungen geeignet, da die Entlohnung in engem zeitlichen Zusammenhang mit der Arbeitsleistung erfolgt.
- Betriebsmittel: Als Mengengerüst für den Betriebsmitteleinsatz ist die Leistungsabgabe der Maschinen geeignet, die jedoch häufig nur schwer meßbar ist. Aufgrund der in der Regel langen Nutzungsdauer der Betriebsmittel sind die Anschaffungskosten als Wertansatz nicht geeignet. Die Kosten des Betriebsmitteleinsatzes werden durch Abschreibungen auf Basis von Wiederbeschaffungspreisen erfaßt, bei denen keine Trennung von Mengengerüst und Bewertung erfolgt.

b) Opportunitätskosten nehmen eine Bewertung der Einsatzfaktoren mit dem entgangenen Gewinn vor, der bei der besten anderweitigen Einsatzmöglichkeit hätte erzielt werden können. Sie spiegeln damit die interne Knappheit eines Einsatzguts wider, die von den in der jeweiligen Situation verfügbaren alternativen Verwendungsmöglichkeiten abhängt. Kann ein Einsatzgut in ausreichenden Mengen vom Markt bezogen werden, so entspricht seine interne Knappheit der gesamtwirtschaftlichen Knappheit, und der Wiederbeschaffungspreis ist als Opportunitätskostensatz anzusetzen.

> Aufgabe K6: Gliederung der Kosten
>
> Definieren Sie die Begriffe
> - Fixkosten
> - variable Kosten
> - intervallfixe Kosten
> - Einzelkosten
> - Gemeinkosten
>
> und erläutern Sie die zwischen diesen Kostenbegriffen bestehenden Beziehungen!

Lösung:

- Zu den Fixkosten zählen alle Kosten, die unabhängig von der Ausbringungsmenge für die Aufrechterhaltung der Betriebsbereitschaft anfallen, z.B. Miete, Pacht oder Leasingraten, Zinsen und Abschreibungen auf die Betriebsmittel, Kosten für leistungsunabhängige Wartungs- und Reparaturarbeiten, Versicherungsprämien, Gehälter und feste Lohnbestandteile.

- Variable Kosten sind dadurch gekennzeichnet, daß sie unmittelbar mit der Ausbringungsmenge steigen bzw. fallen. Dazu zählen insbesondere leistungsabhängige Lohnbestandteile, Materialkosten, Energiekosten und Transportkosten.

- Intervallfixe Kosten fallen innerhalb eines bestimmten Bereichs in konstanter Höhe an, d.h. sie weisen Fixkostencharakter auf; bei Überschreiten einer kritischen Ausbringungsmenge steigen sie jedoch sprunghaft an. Ein Beispiel für intervallfixe Kosten sind die sprungfixen Kosten, die beim Zuschalten eines Reserveaggregats anfallen.

- Einzelkosten sind diejenigen Kostenbestandteile, die einer Leistung bzw. einem Kostenträger direkt zugerechnet werden, z.B. Materialkosten, Prüfkosten, Fertigungslöhne.

- Gemeinkosten sind Kosten, die den Kostenträgern nicht direkt zugerechnet, sondern in der Kostenstellenrechnung verrechnet werden. Kosten, die sich einer bestimmten Kostenstelle direkt zurechnen lassen, werden als Kostenstelleneinzelkosten bezeichnet, z.B. Gehälter, Energiekosten, Abschreibungen der Maschinen. Kostenstellengemeinkosten hingegen fallen für mehrere Kostenstellen gemeinsam an, z.B. Gebäudekosten, Versicherungen.

Die ersten drei Kostenbegriffe nehmen eine Gliederung der Kosten nach der Entscheidungsabhängigkeit vor, während sich die letzten beiden Kostenbegriffe auf die Art der Verrechnung beziehen.

Aufgabe K7: Systeme der Kostenrechnung

a) Worin unterscheiden sich die Vollkostenrechnung und die Teilkostenrechnung; welche Verrechnungsprinzipien liegen diesen Verfahren zugrunde?
b) Worin unterscheiden sich die Istkostenrechnung, die Normalkostenrechnung und die Plankostenrechnung voneinander?
c) Erläutern Sie die Unterschiede von starrer und flexibler Plankostenrechnung sowie Grenzplankostenrechnung!

Lösung:

a) Die Systeme der Vollkostenrechnung und der Teilkostenrechnung unterscheiden sich nach dem Umfang der Kostenverrechnung: Während die Vollkostenrechnung das Verursachungsprinzip in seiner weiten Fassung zugrunde legt, so daß sämtliche in einer Abrechnungsperiode angefallenen Kosten, d.h. sowohl die Fixkosten als auch die variablen Kosten, auf die Kostenträger verrechnet werden, basiert die Teilkostenrechnung auf der strengen Fassung des Verursachungsprinzips und ordnet einem Kostenträger nur die variablen Kosten zu, die direkt durch ihn ausgelöst werden.

b) Die Systeme der Ist-, Normal- und Plankostenrechnung unterscheiden sich nach dem Zeitbezug der Ansätze für das Mengengerüst der Kosten und für die Bewertung. In der Istkostenrechnung werden die in der Abrechnungsperiode tatsächlich beobachteten Daten zugrunde gelegt, die Normalkostenrechnung basiert auf Durchschnittswerten der Vergangenheit, und die Plankostenrechnung orientiert sich an zielorientiert vorgegebenen Werten für die Einsatzmengen und Verrechnungspreise.

c) Die starre und flexible Plankostenrechnung sind Vollkostenrechnungen, die sich darin unterscheiden, daß die starre Plankostenrechnung die Sollkosten lediglich für den geplanten Beschäftigungsgrad vorgibt und daher eine Kostenabweichung nicht weiter aufspalten kann, während die flexible Plankostenrechnung von einer Sollkostenkurve für unterschiedliche Beschäftigungsgrade ausgeht und damit Kostenabweichungen in Beschäftigungs- und Verbrauchsabweichungen aufspalten kann. Die Grenzplankostenrechnung ist eine Teilkostenrechnung, die die Fixkosten nicht berücksichtigt und daher direkt die Verbrauchsabweichung ausweist.

2. Die Technik der Kostenverrechnung

> Aufgabe K8: Stufen der Kostenrechnung
> Welche Aufgaben haben die Kostenarten-, Kostenstellen- und Kostenträgerrechnung sowie die kurzfristige Erfolgsrechnung?

Lösung:

Die verschiedenen Stufen der Kostenrechnung haben die folgenden, aufeinander aufbauenden Fragen zu beantworten:

- Kostenartenrechnung: Welche Kosten sind angefallen?

  In der Kostenartenrechnung werden alle in der Abrechnungsperiode angefallenen Kosten systematisch erfaßt und gegliedert. Die Kostenartenrechnung gibt einen Überblick, in welchem Umfang die einzelnen Kostenarten in der Abrechnungsperiode aufgetreten sind. Die Weiterverrechnung erfolgt für die Einzelkosten in der Kostenträgerrechnung, für die Gemeinkosten in der Kostenstellenrechnung.

- Kostenstellenrechnung: Wo sind die Kosten angefallen?

  In der Kostenstellenrechnung werden die zuvor in der Kostenartenrechnung erfaßten primären Gemeinkosten in einem ersten Schritt auf die Kostenstellen als organisatorische Einheiten der Kostenverursachung verteilt. Als zweiter Schritt der Kostenstellenrechnung schließt sich die innerbetriebliche Leistungsverrechnung an, bei der die den Hilfskostenstellen zugewiesenen Kosten als sekundäre Gemeinkosten entsprechend der Inanspruchnahme auf die Hauptkostenstellen verteilt werden.

- Kostenartenrechnung: Wofür sind die Kosten angefallen?

  Die Kostenträgerrechnung oder Kalkulation rechnet die Kosten der direkt an der Leistungserstellung beteiligten Hauptkostenstellen möglichst verursachungsgerecht auf die betrieblichen Produkte als Kostenträger ab. Dabei führt sie die aus der Kostenartenrechnung erhaltenen Einzelkosten mit den in der Kostenstellenrechnung bestimmten verrechneten Gemeinkosten zu den Selbstkosten eines Produkts zusammen.

- kurzfristige Erfolgsrechnung: Welche Erlöse stehen den Kosten gegenüber?

  In der kurzfristigen Erfolgsrechnung als letzter Stufe der Kostenrechnung wird der Periodenerfolg ermittelt, indem die erzielten Erlöse und die angefallenen Kosten einander gegenübergestellt werden.

> Aufgabe K9: Kostenartenplan
>
> a) Was versteht man unter einem Kostenartenplan? Nach welchen Kriterien kann die Kostenartengliederung vorgenommen werden?
> b) Was versteht man unter reinen und gemischten Kosten? Wie sind diese in der Kostenartenrechnung zu behandeln?

Lösung:

a) In einem Kostenartenplan werden die im Betrieb auftretenden Kostenarten systematisch nach bestimmten Gliederungskriterien zusammengestellt. Durch den Kostenartenplan wird die Kontierung und Verbuchung der Kostenbelege vereinfacht. Folgende Kriterien können für die Gliederung der Kostenarten herangezogen werden:

- betriebliche Funktionen: Kosten der Beschaffung, der Lagerhaltung, der Produktion, des Vertriebs, der Verwaltung usw.
- Produktionsfaktoren: Personalkosten, Werkstoffkosten, Betriebsmittelkosten, Dienstleistungskosten, Kapitalkosten, usw.
- Art der Verrechnung: Einzelkosten, Gemeinkosten
- Entscheidungsabhängigkeit: Fixkosten, variable Kosten
- Kostenerfassung: aufwandsgleiche Kosten, kalkulatorische Kosten
- Herkunft der Kostengüter: primäre Kosten, sekundäre Kosten

In der Regel werden bei der Erstellung eines Kostenartenplans mehrere dieser Kriterien kombiniert angewendet.

b) Eine wichtige Anforderung an einen Kostenartenplan ist der Grundsatz der Reinheit. Dieser besagt, daß nur primäre Kostenarten reine Kosten sind, während sekundäre Kosten für selbst erstellte Leistungen als gemischte Kostenarten auftreten.

Beispiel: Eine von einem Handwerksbetrieb durchgeführte Reparatur läßt sich unter der entsprechenden Dienstleistungskostenart eindeutig erfassen, da eine Eingangsrechnung vorliegt. Bei der Durchführung derselben Reparatur in der betriebseigenen Werkstatt hingegen fallen Kosten für Löhne, Energie, Material, Abschreibungen usw. an. In der Kostenartenrechnung werden diese als reine Kostenarten erfaßt; erst in der Kostenstellenrechnung werden die gemischten Kosten der eigenen Reparaturleistung berechnet.

Aufgabe K10: Materialkosten

a) Nach welchen Verfahren kann das Mengengerüst der Materialkosten einer Periode ermittelt werden?

b) Welches Entnahmeverhalten wird bei den verschiedenen Verbrauchsfolgeverfahren jeweils unterstellt?

c) Auf einem Materialkonto finden im Monat März folgende Bewegungen statt:

01.03.:	Anfangsbestand	200 Stück	à 10 €
06.03.:	Zugang	50 Stück	à 12 €
11.03.:	Lagerentnahme	100 Stück	
18.03.:	Zugang	50 Stück	à 9 €
23.03.:	Lagerentnahme	100 Stück	

Berechnen Sie aus diesen Angaben die Höhe der Materialkosten im Monat März und den Wert des Endbestands am 31. März nach
- der FIFO-Methode
- der LIFO-Methode
- der HIFO-Methode
- der Methode der gleitenden Durchschnitte

Lösung:

a) Für die Bestimmung des Mengengerüsts der Materialkosten stehen verschiedene Verfahren der Verbrauchsermittlung zur Verfügung:

- Bei der Inventurmethode findet in regelmäßigen Abständen eine Bestandsaufnahme der einzelnen Materialarten statt. Weiter werden die von außen bezogenen Materialzugänge mit Hilfe von Lieferscheinen erfaßt. Der Materialverbrauch zwischen zwei Inventurterminen läßt sich dann wie folgt ermitteln:

    Verbrauch = Anfangsbestand + Zugänge − Endbestand

- Bei der Skontrationsmethode wird der Materialbestand durch Verbuchung der Materialzugänge und -abgänge fortgeschrieben. Der Materialverbrauch einer Periode ergibt sich aus den in diesem Zeitraum verbuchten Materialentnahmescheinen.

- Die retrograde Methode ermittelt den Materialverbrauch einer Periode durch eine von den Produkten ausgehende Rechnung, indem die Anzahl der hergestellten Produkte mit dem Sollverbrauch je Stück multipliziert wird.

b) Falls bei einer Materialart aufgrund von gemeinsamer Lagerung der Einheiten nicht eindeutig feststellbar ist, aus welcher Lieferung eine entnommene Teilmenge stammt, wird der für die Bewertung von Lagerentnahmen bzw. des Lagerendbestands benötigte Anschaffungspreis mit Hilfe von Verbrauchsfolgeverfahren ermittelt, die den tatsächlichen Lagerabgang möglichst gut widerspiegeln sollen.

- FIFO: Die First-in-first-out-Methode unterstellt, daß die zuerst angelieferten Einheiten auch zuerst verbraucht werden. Dies ist z.B. bei einem Durchschieberegal der Fall, bei dem am einen Ende Einheiten entnommen und am anderen Ende neue Einheiten eingelagert werden.

- LIFO: Die Last-in-first-out-Methode nimmt an, daß die zuletzt angelieferten Einheiten als erste wieder entnommen werden. Diese Verbrauchsfolge ist sinnvoll bei in Stapeln gelagerten Gütern, bei denen die untersten Einheiten tatsächlich erst als letzte entnommen werden können.

- HIFO: Die Highest-in-first-out-Methode geht davon aus, daß zuerst die zum höchsten Preis bezogenen Einheiten in der Produktion eingesetzt werden. Diese Annahme entspricht keiner realen Verbrauchsfolge, sondern wird aus bilanzpolitischen Gründen angewandt.

- Die Methode der gleitenden Durchschnitte findet Anwendung, wenn sich die Bestände aus verschiedenen Lieferungen vollständig durchmischen, z.B. bei Flüssigkeiten. Nach jedem Lagerzugang wird der neue Durchschnittspreis des Lagerbestands als gewichteter Mittelwert aus dem alten Durchschnittspreis und dem Preis der neu zugegangenen Einheiten berechnet.

c) FIFO-Methode: Die beiden Lagerentnahmen können aus dem Anfangsbestand befriedigt werden, d.h. sie sind mit 10 € je Stück zu bewerten.

01.03.: Anfangsbestand	200 Stück	à 10 €	2.000 €
06.03.: Zugang	+50 Stück	à 12 €	+600 €
11.03.: Lagerentnahme	100 Stück	à 10 €	−1.000 €
18.03.: Zugang	+50 Stück	à 9 €	+450 €
23.03.: Lagerentnahme	−100 Stück	à 10 €	−1.000 €
	100 Stück		1.050 €

Die Materialkosten im März betragen 2.000 €, der Wert des Lagerbestands am Monatsende 1.050 €.

LIFO-Methode: Bei den beiden Lagerentnahmen wird jeweils zunächst der letzte Zugang von je 50 Stück verbraucht, der Rest wird aus dem Anfangsbestand entnommen.

01.03.: Anfangsbestand	200 Stück	à 10 €	2.000 €
06.03.: Zugang	+50 Stück	à 12 €	+600 €
11.03.: Lagerentnahme	−50 Stück	à 12 €	−600 €
	−50 Stück	à 10 €	−500 €
18.03.: Zugang	+50 Stück	à 9 €	+450 €
23.03.: Lagerentnahme	−50 Stück	à 9 €	−450 €
	−50 Stück	à 10 €	−500 €
	100 Stück		1.000 €

Die Materialkosten im März betragen 2.050 €, der Wert des Lagerbestands am Monatsende 1.000 €.

HIFO-Methode: Bei der ersten Lagerentnahme wird zunächst der erste Zugang von 50 Stück verbraucht, der Rest wird aus dem Anfangsbestand entnommen; die zweite Lagerentnahme wird vollständig aus dem Anfangsbestand befriedigt, da dessen Einstandspreis höher ist als der des letzten Zugangs.

01.03.: Anfangsbestand	200 Stück	à 10 €	2.000 €
06.03.: Zugang	+50 Stück	à 12 €	+600 €
11.03.: Lagerentnahme	−50 Stück	à 12 €	−600 €
	−50 Stück	à 10 €	−500 €
18.03.: Zugang	+50 Stück	à 9 €	+450 €
23.03.: Lagerentnahme	−100 Stück	à 10 €	−1.000 €
	100 Stück		950 €

Die Materialkosten im März betragen 2.100 €, der Wert des Lagerbestands am Monatsende 950 €.

Gleitende Durchschnitte: Der Einstandspreis des Anfangsbestands beträgt $W_1 = 10$ €, der Durchschnittspreis nach dem ersten Lagerzugang ergibt sich als:

$$W_2 = \frac{200 \cdot 10 + 50 \cdot 12}{250} = 10{,}40 \text{ €}$$

Vor dem zweiten Lagerzugang sind noch 150 Stück am Lager, somit beträgt der neue Durchschnittspreis:

$$W_3 = \frac{150 \cdot 10{,}40 + 50 \cdot 9}{200} = 10{,}05 \text{ €}$$

01.03.: Anfangsbestand	200 Stück	à 10 €	2.000 €
06.03.: Zugang	+50 Stück	à 12 €	+600 €
11.03.: Lagerentnahme	100 Stück	à 10,40 €	−1.040 €
18.03.: Zugang	+50 Stück	à 9 €	+450 €
23.03.: Lagerentnahme	−100 Stück	à 10,05 €	−1.005 €
	100 Stück		1.005 €

Die Materialkosten im März betragen 2.045 €, der Wert des Lagerbestands am Monatsende 1.005 €.

Aufgabe K11: Personalkosten

a) Aus welchen Bestandteilen setzen sich die in der Kostenrechnung zu erfassenden Personalkosten zusammen?

b) Warum ergibt sich bei der Erfassung der Personalkosten das Problem der zeitlichen Abgrenzung, und wie wird es gelöst?

Lösung:

a) Unter Personalkosten versteht man sämtliche im Zusammenhang mit dem Personaleinsatz anfallenden Kosten. Dies ist zum einen das Arbeitsentgelt in Form von Löhnen, Gehältern, Prämien und Zuschlägen, zum anderen die Personalnebenkosten, die sich in den Arbeitgeberanteil der Beiträge zur gesetzlichen Sozialversicherung, d.h. Krankenversicherung, Pflegeversicherung, Rentenversicherung, Arbeitslosenversicherung, Unfallversicherung, in freiwillige Sozialleistungen und in sonstige Personalnebenkosten einteilen lassen.

b) Während sich die regelmäßigen Zahlungen im Personalbereich auf die Abrechnungsperiode beziehen, in der die Arbeitsleistung erbracht wurde, so daß eine verursachungsgerechte Verrechnung möglich ist, tritt bei unregelmäßigen Zahlungen wie Urlaubslöhnen und Weihnachtsgeld, denen keine direkte Arbeitsleistung gegenübersteht, ein Abgrenzungsproblem auf. Um eine gleichmäßige Verteilung dieser Zahlungen zu erreichen, wird entweder eine Zwölftelung vorgenommen, die zu einer gleichmäßigen Belastung der Abrechnungsperioden führt, oder eine proportionale Verrechnung auf Basis der gezahlten Fertigungslöhne, wodurch die Leistungseinheiten gleichmäßig belastet werden.

Aufgabe K12: Kalkulatorische Kosten

a) Welchen Sinn macht der Ansatz von kalkulatorischen Kosten in der Kostenrechnung? Worin unterscheiden sich Zusatzkosten und Anderskosten?
b) Welche kalkulatorischen Kostenarten kennen Sie? An welchem Prinzip sollte sich der Ansatz kalkulatorischer Kosten orientieren?
c) In welchem Ausmaß sollten kalkulatorische Kosten berücksichtigt werden?

Lösung:

a) Im Unterschied zu aufwandgleichen Kosten wie Lohn- oder Materialkosten sind kalkulatorische Kosten dadurch gekennzeichnet, daß ihnen in der Gewinn- und Verlustrechnung keine oder keine gleich hohe Aufwandsposition gegenübersteht. Der Ansatz kalkulatorischer Kosten ist erforderlich, um unabhängig von der Art der Bereitstellung und Entlohnung der Produktionsfaktoren sowie von bilanzpolitischen Erwägungen den in der Abrechnungsperiode verursachten betrieblichen Werteverzehr korrekt zu erfassen. Man unterscheidet Anderskosten, denen sich zwar eine gleichlautende Aufwandsposition zuordnen läßt, die jedoch eine andere Höhe aufweist, und Zusatzkosten, die in der Gewinn- und Verlustrechnung überhaupt nicht erfaßt werden.

b) Im einzelnen lassen sich folgende kalkulatorische Kostenarten unterscheiden:

- Kalkulatorische Abschreibungen dienen der verursachungsgerechten Verteilung der Anschaffungskosten von Anlagegütern auf die Nutzungsdauer. Sie unterscheiden sich in der Regel in der Höhe, im Abschreibungsverlauf und bei der Nutzungsdauer von den bilanziellen Abschreibungen, deren Ansatz im wesentlichen durch gesetzliche Regelungen und die Bilanzpolitik bestimmt wird.

- Der Ansatz von kalkulatorischen Zinsen soll sicherstellen, daß das gesamte betriebsnotwendige Kapital unabhängig von seiner Bereitstellung durch Eigen- oder Fremdkapitalgeber in die Kostenrechnung mit einem einheitlichen (kalkulatorischen) Zinssatz eingeht, während in der Gewinn- und Verlustrechnung lediglich das Fremdkapital mit den für die einzelnen Kredite jeweils vereinbarten Zinsen berücksichtigt wird.

- Kalkulatorischer Unternehmerlohn kann in der Kostenrechnung eines personenbezogenen Unternehmens angesetzt werden, um bei der Kalkulation zu den gleichen Ergebnissen zu kommen wie eine Kapitalgesellschaft, die ihren geschäftsführenden Organen ein aufwandswirksames Gehalt zahlt.

- Der Ansatz von kalkulatorischer Miete kommt für Privaträume in Betracht, die der Unternehmer unentgeltlich zur betrieblichen Nutzung zur

Verfügung stellt. Auch hier ist der Zweck des Ansatzes die Herstellung einer vergleichbaren Kalkulationsgrundlage.

- Kalkulatorische Wagniskosten können für betriebliche Risiken angesetzt werden, bei denen keine Versicherung möglich ist oder auf eine Fremdversicherung verzichtet wird.

Da kalkulatorische Kosten den durch die betriebliche Tätigkeit tatsächlich stattfindenden Werteverzehr erfassen sollen, orientiert sich ihre Höhe vor allem an den Opportunitätskosten des betreffenden Wirtschaftsguts: So wird als kalkulatorischer Zinssatz häufig der Grenzzinssatz des teuersten in Anspruch genommenen Kredits herangezogen, als Basis für den kalkulatorischen Unternehmerlohn dient das Gehalt von in vergleichbaren Unternehmen tätigen Geschäftsführern, bei der kalkulatorischen Miete die ortsübliche Vergleichsmiete, bei den kalkulatorischen Wagnissen gegebenenfalls die alternativ zu zahlende Versicherungsprämie. Bei den kalkulatorischen Abschreibungen kommt das Opportunitätskostenprinzip immer dann zur Anwendung, wenn die Abschreibungen nicht auf Basis der Anschaffungskosten, sondern der Wiederbeschaffungskosten vorgenommen werden.

c) Der Ansatz von Anderskosten wie kalkulatorischen Abschreibungen und Zinsen ist sicherlich gerechtfertigt, um die Kalkulation auf eine verläßlichere Basis zu stellen, als es beim Ansatz der entsprechenden Aufwendungen der Fall wäre. Der Ansatz von Zusatzkosten wie kalkulatorischem Unternehmerlohn, kalkulatorischer Miete und den meisten kalkulatorischen Wagnissen ist jedoch häufig eine Auswirkung von überzogenem Vollkostendenken und zudem in seiner Höhe stark von subjektiven Einflüssen geprägt; er sollte daher weitgehend unterbleiben.

Aufgabe K13: Kalkulatorische Abschreibungen

a) Welche Abschreibungsursachen kennen Sie? Welche sind für die Kostenrechnung relevant?

b) Die Anschaffungskosten einer Maschine betragen 90.000 € und die Nutzungsdauer gemäß Afa-Tabelle 6 Jahre. Geben Sie die Abschreibungsbeträge und den Buchwertverlauf für die lineare und für die geometrisch-degressive Abschreibung bei einem Abschreibungssatz von 20% an!

c) Welcher Abschreibungsverlauf ergibt sich in Aufgabenteil b), wenn während der ersten 4 Jahre geometrisch-degressiv mit 30% und in den folgenden Jahren linear abgeschrieben wird?

Lösung:

a) Abschreibungen dienen der verursachungsgerechten Verteilung der Anschaffungskosten von Anlagegütern auf die Perioden, in denen sie im Betrieb genutzt werden. Man unterscheidet folgende Abschreibungsursachen:
- verbrauchsbedingte Abschreibungen
  - technischer Verschleiß
  - Substanzverringerung
  - Katastrophenverschleiß
- wirtschaftliche bedingte Abschreibungen
  - technische Veralterung
  - wirtschaftliche Veralterung
  - Fehlinvestitionen
  - bilanzpolitische Gründe
- zeitlich bedingte Abschreibungen: Ablauf von Nutzungsrechten

In der Kostenrechnung steht die Bewertung der durch die Produktion bedingten Nutzenabgabe der Anlagen im Vordergrund, daher spielen die wirtschaftlich bedingten Abschreibungsursachen keine Rolle. Am besten ließe sich der tatsächliche Werteverzehr durch verbrauchsbedingte Abschreibungen erfassen, die den in der Abrechnungsperiode eingesetzten Anteil am Nutzungspotential einer Anlage bewerten. Da dies häufig sowohl auf meßtechnische als auch auf konzeptionelle Probleme (Nutzungspotential im voraus nicht bekannt) stößt, wird in der Kostenrechnung in der Regel eine zeitabhängige Abschreibung vorgenommen. Diese kann sich – wie auch die Finanzbuchhaltung – an den Anschaffungskosten orientieren, oder – nach dem Prinzip der Substanzerhaltung – von Wiederbeschaffungspreisen ausgehen.

b) Der jährliche Abschreibungsbetrag für die lineare Abschreibung beträgt 15.000 €, der anfängliche Abschreibungsbetrag bei geometrisch-degressiver Abschreibung 18.000 €. Der sich daraus ergebende Abschreibungsverlauf ist in der nachfolgenden Tabelle zusammengestellt:

Periode	linear		geometrisch-degressiv	
	Abschreibung	Buchwert	Abschreibung	Buchwert
1	15.000	75.000	18.000	72.000
2	15.000	60.000	14.400	57.600
3	15.000	45.000	11.520	46.080
4	15.000	30.000	9.216	36.864
5	15.000	15.000	7.373	29.491
6	15.000	0	5.898	23.593

Während der Buchwert bei der geometrisch-degressiven Abschreibung zunächst schneller fällt als bei der linearen Abschreibung, kehrt sich dieser Effekt mit dem dritten Jahr um. Nach sechs Jahren ist die Anlage bei linearer Abschreibung vollständig abgeschrieben, während bei der degressiven Abschreibung noch ein erheblicher Restwert besteht.

c) Das in Aufgabenteil b) aufgezeigt Problem läßt sich umgehen, indem nach einigen Jahren, wenn sich der anfängliche Vorteil der geometrisch-degressiven Abschreibung ins Gegenteil verkehrt, auf die lineare Abschreibung übergegangen wird. Bei gemischter Abschreibung ergibt sich der folgende Abschreibungsverlauf:

Periode	Abschreibung	Buchwert
1	27.000	63.000
2	18.900	44.100
3	13.230	30.870
4	9.261	21.609
5	10.804	10.805
6	10.805	0

Aufgabe K14: Kalkulatorische Abschreibung

Ein Unternehmen kauft eine Produktionsanlage für 1.800.000 €, zusätzlich entstehen Anschaffungsnebenkosten in Höhe von 320.000 €. Der Lieferant gewährt einen Preisnachlaß in Höhe von 120.000 €. Die Maschine hat eine Nutzungsdauer von ca. 4 Jahren bzw. einen Nutzenvorrat von 20.000 Maschinenstunden und muß anschließend wiederbeschafft werden, wobei davon ausgegangen werden kann, daß der reine Kaufpreis dann 2.000.000 € betragen wird. Nach Ende der Nutzung beträgt der geschätzte Resterlös bei Verkauf an einen Schrotthändler 200.000 €, allerdings müssen 400.000 € Kosten für die Demontage einkalkuliert werden. Wie hoch sind die Abschreibungsbeträge, wenn

a) anfänglich möglichst hohe Abschreibungsbeträge angesetzt werden sollen,

b) die tatsächliche Inanspruchnahme der Maschine bei der Kostenermittlung berücksichtigt werden soll,

c) der Verbrauch an Nutzeneinheiten je Periode aus Wirtschaftlichkeitsgründen nicht gemessen werden kann, da ein stark wechselndes Produktionsprogramm mit unregelmäßiger Inanspruchnahme der Maschine vorliegt?

Lösung:

Der insgesamt abzuschreibende Betrag setzt sich wie folgt zusammen:

1.800.000 €	Kaufpreis
+320.000 €	Anschaffungsnebenkosten
–120.000 €	Preisnachlaß
–200.000 €	Restwert
+400.000 €	Demontagekosten
2.200.000 €	

Falls sich die Abschreibung nach dem Prinzip der Substanzerhaltung an den Wiederbeschaffungskosten orientieren soll, ist dieser Betrag um 200.000 € für die erwartete Preissteigerung zu erhöhen.

a) Wenn anfänglich möglichst hohe Abschreibungsbeträge angesetzt werden sollen, ist die geometrisch-degressive Abschreibung auf den Betrag von 2.200.000 € vorzunehmen. Dabei kann man sich an dem steuerlich zulässigen Abschreibungssatz von 30% orientieren, so daß sich folgender Abschreibungsverlauf ergibt:

Periode	Abschreibung	Buchwert
1	660.000	1.540.000
2	462.000	1.078.000
3	323.400	754.600
4	226.380	528.220

b) Wenn die tatsächliche Inanspruchnahme der Maschine für die Kostenermittlung zugrunde gelegt werden soll, sind bei einem Nutzungsvorrat von 20.000 Maschinenstunden je Stunde 110 € bzw. bei Berücksichtigung des höheren Wiederbeschaffungspreises 120 € abzuschreiben.

c) Wenn sich die tatsächliche Inanspruchnahme nicht ermitteln läßt, empfiehlt sich in der Kostenrechnung die lineare Abschreibung, die eine gleichmäßige Verteilung des abzuschreibenden Betrags auf die Nutzungsdauer vornimmt. Um einen Vergleich mit dem Abschreibungsverlauf in Aufgabenteil a) zu ermöglichen, wird auch hier von einer Abschreibung zum Wiederbeschaffungspreis ausgegangen.

Periode	Abschreibung	Buchwert
1	600.000	1.800.000
2	600.000	1.200.000
3	600.000	600.000
4	600.000	0

> Aufgabe K15: Kostenstellenplan
>
> a) Was ist eine Kostenstelle? Welche Kriterien sind bei der Aufstellung eines Kostenstellenplans anzuwenden?
> b) Was ist der Unterschied zwischen Hilfs- und Hauptkostenstellen?
> c) Welche wesentlichen Kostenbereiche kann man in einem Unternehmen unterscheiden? Nennen Sie aus jedem Bereich Beispiele für zugehörige Kostenstellen!

Lösung:

a) Eine Kostenstelle ist ein – nicht notwendigerweise räumlich zu verstehender – Ort der Kostenverursachung und Kostenzurechnung. Eine Kostenstelle entspricht einem eindeutig abgegrenzten Verantwortungsbereich. Weiter sollten sich in der Kostenstelle Schlüsselgrößen ermitteln lassen, die als Maßstab für die Verteilung der Kostenarten herangezogen werden können.

Die Einteilung eines Betriebs in Kostenstellen erfolgt durch die Aufstellung eines Kostenstellenplans. Dabei werden zunächst die verschiedenen betrieblichen Funktionsbereiche als Kostenbereiche definiert, diese werden weiter untergliedert in Kostenstellen und gegebenenfalls Kostenplätze.

b) Die Unterscheidung von Hilfs- und Hauptkostenstellen beruht auf der Art ihrer Abrechnung. Während Hilfskostenstellen ausschließlich innerbetriebliche Leistungen erbringen und daher in der innerbetrieblichen Leistungsverrechnung auf die von ihnen belieferten Stellen abgerechnet werden, werden Hauptkostenstellen sowohl für die Endprodukte als auch für andere Kostenstellen tätig und daher in der Kostenträgerrechnung abgerechnet.

c) Kostenbereiche sind die erste Stufe bei der Aufstellung eines Kostenstellenplans. Sie entsprechen den betrieblichen Funktionsbereichen. Die folgenden Kostenbereiche finden sich in fast jedem Fertigungsunternehmen:

- Materialstellen: z.B. Warenannahme, Lager, innerbetrieblicher Transport
- Fertigungsstellen: z.B. Teilefertigung, Vormontage, Endmontage
- Vertriebsstellen: z.B. Versand, Auftragsbearbeitung, Kundendienst
- Verwaltungsstellen: z.B. Lohnbüro, Buchführung, Schreibdienst
- allgemeine Kostenstellen: z.B. Wartungsdienst, Raumpflege, Telefonzentrale

Aufgabe K16: Gemeinkosten

a) Erläutern Sie den Unterschied zwischen primären und sekundären Gemeinkosten.
b) Nach welchen Prinzipien sind die primären Gemeinkosten zu verteilen?
c) Welche Rolle spielt die Schlüsselung bei der Verteilung von Kostenstelleneinzelkosten, Kostenstellengemeinkosten und unechten Gemeinkosten?

Lösung:

a) Primäre Gemeinkosten sind Kosten für von außen bezogene Kostengüter, die sich nicht eindeutig einem Kostenträger zuordnen lassen. Sie werden von der Kostenartenrechnung an die Kostenstellenrechnung weitergeleitet und in einem ersten Schritt auf die Hilfs- und Hauptkostenstellen verteilt. Die dabei auf den Hilfskostenstellen gesammelten Kosten für die von diesen erbrachten innerbetrieblichen Leistungen werden als sekundäre Gemeinkosten bezeichnet; sie werden in der innerbetrieblichen Leistungsverrechnung als zweitem Schritt der Kostenstellenrechnung auf die Hauptkostenstellen verteilt.

b) Bei der Verteilung der primären Gemeinkosten kommt zunächst das Verursachungsprinzip zur Anwendung: Jeder Kostenstelle werden die Kosten zugerechnet, die sie eindeutig verursacht hat. Da eine Reihe von Fixkosten jedoch nicht für eine einzige Kostenstelle, sondern wie z.B. die Gebäudekosten für mehrere in einem Gebäude untergebrachte Kostenstellen anfallen, führt das Verursachungsprinzip zu einer Teilkostenrechnung.

Um zu einer Vollkostenrechnung zu gelangen, müssen sämtliche primären Gemeinkosten auf die Kostenstellen umgelegt werden. Daher kommt in den Fällen, in denen das Verursachungsprinzip nicht greift, das Durchschnittsprinzip zur Anwendung, das die entsprechenden Kosten mit Hilfe von Schlüsselgrößen, die sich möglichst proportional zu dem Kosten verursachenden Güterverzehr verhalten sollen, auf die Kostenstellen verteilt.

c) Bei Kostenstelleneinzelkosten kommt keine Schlüsselung zur Anwendung, da sich diese direkt einer Kostenstelle zurechnen lassen. Bei Kostenstellengemeinkosten ist eine Schlüsselung erforderlich, da sich diese nur mehreren Kostenstellen gemeinsam eindeutig zurechnen lassen. Unechte Gemeinkosten sind Kosten, die sich im Prinzip den Kostenträgern direkt als Einzelkosten zurechnen ließen, die man jedoch wegen ihres geringen Werts aus Vereinfachungsgründen wie Gemeinkosten behandelt. Da sie sich in der Regel einer bestimmten Kostenstelle zurechnen lassen, ist keine Schlüsselung erforderlich.

Kostenrechnung

Aufgabe K17: Innerbetriebliche Leistungsverrechnung

a) Welche Aufgaben hat die innerbetriebliche Leistungsverrechnung?
b) Welche Verfahren der innerbetrieblichen Leistungsverrechnung sind Ihnen bekannt? Stellen Sie die Voraussetzungen dieser Verfahren und ihr Vorgehen kurz dar. Unter welchen Voraussetzungen führen diese Verfahren zu denselben Ergebnissen?
c) In die Betriebsabrechnung werden die drei Hauptkostenstellen 1, 2 und 3 und die beiden Hilfskostenstellen I und II einbezogen. Die primären Gemeinkosten und die Gesamtleistung der Kostenstellen sind gegeben durch:

Kostenstelle	Gesamtleistung	primäre Gemeinkosten
I	2.000 h	2.000 €
II	3.000 h	4.000 €
1	2.400 h	16.000 €
2	2.000 h	8.000 €
3	1.600 h	20.000 €

Die Leistungen der Hilfskostenstellen verteilen sich wie folgt auf die Hauptkostenstellen:

Liefernde Stelle \ Empfangende Stelle	I	II	1	2	3
I	–	200	400	800	600
II	400	–	800	1.000	800

Führen Sie die innerbetriebliche Leistungsverrechnung nach dem Anbauverfahren, dem Stufenleiterverfahren und dem Gleichungsverfahren durch (Verrechnungssätze auf vier Stellen genau).

Lösung:

a) Die Aufgabe der innerbetrieblichen Leistungsverrechnung besteht in der Umlage der sekundären Gemeinkosten, die für die Inanspruchnahme der Hilfskostenstellen anfallen, auf die Hauptkostenstellen. Da Hilfskostenstellen nicht nur für Hauptkostenstellen, sondern auch für andere Hilfskostenstellen tätig werden, sind diese Interdependenzen bei der Bestimmung der Verrechnungssätze zu berücksichtigen.

b) Die Verfahren der innerbetrieblichen Leistungsverrechnung unterscheiden sich hinsichtlich des Ausmaßes, in dem sie den Leistungsaustausch zwischen den Hilfskostenstellen berücksichtigen:

- Das Anbauverfahren geht davon aus, daß keinerlei Leistungsbeziehungen zwischen den Hilfskostenstellen bestehen. Es ermittelt den Verrechnungssatz einer Hilfskostenstelle, indem die dort angefallenen primären Gemeinkosten durch den Umfang der an die Hauptkostenstellen abgegebenen Leistungen dividiert werden.

- Das Stufenleiterverfahren kann den innerbetrieblichen Leistungsaustausch nur in einer Richtung berücksichtigen. Daher wird versucht, die Hilfskostenstellen so anzuordnen, daß die jeweils abzurechnende Kostenstelle Leistungen nur von bereits abgerechneten Kostenstellen empfängt und nur für noch nicht abgerechnete Kostenstellen erbringt. Ist diese Voraussetzung erfüllt, liefert das Verfahren die korrekten Verrechnungspreise.

- Das Gleichungsverfahren ist hingegen in der Lage, beliebige innerbetriebliche Leistungsbeziehungen explizit zu berücksichtigen. Für jede Kostenstelle wird eine lineare Gleichung formuliert, die nach dem Prinzip der exakten Kostenüberwälzung die bewerteten Leistungen der Kostenstelle dem Wert der von ihr in Anspruch genommenen primären Kostengüter und innerbetrieblichen Leistungen gegenüberstellt. Bei der Lösung dieses Gleichungssystems werden simultan sämtliche Verrechnungspreise exakt bestimmt.

Die drei Verfahren kommen immer dann zu demselben Ergebnis, wenn tatsächlich kein innerbetrieblicher Leistungsaustausch besteht. Je intensiver sich die Kostenstellen gegenseitig beliefern, desto größer sind die Abweichungen von den exakten Verrechnungspreisen, die sich bei Anwendung der beiden Näherungsverfahren ergeben.

c) Die innerbetriebliche Leistungsverrechnung nach dem Anbauverfahren geht wie folgt vor:

Verrechnungssatz der Hilfskostenstelle I: $p_I = \dfrac{2.000}{2.000-200} = 1,1111$

Verrechnungssatz der Hilfskostenstelle II: $p_{II} = \dfrac{4.000}{3.000-400} = 1,5385$

Mit Hilfe dieser Verrechnungspreise werden den Hauptkostenstellen die von ihnen in Anspruch genommenen Leistungen der Hilfskostenstellen in Rechnung gestellt. Das Ergebnis ist in der nachfolgenden Tabelle dargestellt:

Stelle	I	II	1	2	3	Summe
primäre Gemeinkosten	2.000	4.000	16.000	8.000	20.000	50.000
Umlage Kostenstelle I	-2.000	–	444,44	888,89	666,67	–
Umlage Kostenstelle II	–	-4.000	1.230,80	1.538,50	1.230,80	–
Gesamtkosten	0	0	17.675,24	10.427,39	21.897,47	50.000

Trotz der auf vier Stellen hinter dem Komma berechneten Verrechnungspreise ergeben sich geringfügige Rundungsdifferenzen.

Innerbetriebliche Leistungsverrechnung nach dem Stufenleiterverfahren, die Hilfskostenstelle I wird zuerst abgerechnet:

Verrechnungssatz der Hilfskostenstelle I: $P_I = \dfrac{2.000}{2.000} = 1$

Verrechnungssatz der Hilfskostenstelle II: $P_{II} = \dfrac{4.000 + 200 \cdot 1}{3.000 - 400} = 1,6154$

Während bei der zuerst abgerechneten Hilfskostenstelle die gesamten primären Gemeinkosten durch die gesamte abgegebene Leistung dividiert werden, sind bei der als zweites abgerechneten Hilfskostenstelle die primären Gemeinkosten im Zähler um die von der zuerst abgerechneten Kostenstelle empfangenen Leistungen zu erhöhen; diese Kosten werden auf die Leistungsabgabe an die noch nicht abgerechneten Stellen umgelegt, daher ist im Nenner die Leistung an die bereits abgerechnete Stelle zu subtrahieren.

Stelle	I	II	1	2	3	Summe
primäre Gemeinkosten	2.000	4.000	16.000	8.000	20.000	50.000
Umlage Kostenstelle I	-2.000	200	400	800	600	0
Umlage Kostenstelle II	–	-4.200	1.292,32	1.615,40	1.292,32	0
Gesamtkosten	–	–	17.692,32	10.415,40	21.892,32	50.000

Innerbetriebliche Leistungsverrechnung nach dem Stufenleiterverfahren, die Hilfskostenstelle II wird zuerst abgerechnet:

Verrechnungssatz der Hilfskostenstelle II: $P_{II} = \dfrac{4.000}{3.000} = 1,3333$

Verrechnungssatz der Hilfskostenstelle I: $P_I = \dfrac{2.000 + 400 \cdot 1,3333}{2.000 - 200} = 1,4074$

Stelle	I	II	1	2	3	Summe
primäre Gemeinkosten	2.000	4.000	16.000	8.000	20.000	50.000
Umlage Kostenstelle I	- 2.533,32	–	562,96	1.125,92	844,44	0
Umlage Kostenstelle II	533,32	-4.000	1.066,64	1.333,33	1.066,64	0
Gesamtkosten	–	–	17.629,60	10.459,25	21911,08	50.000

Innerbetriebliche Leistungsverrechnung nach dem Gleichungsverfahren:

Gleichung für Hilfskostenstelle I: $2.000\, p_I = 2.000 + 400\, p_{II}$

Gleichung für Hilfskostenstelle II: $3.000\, p_{II} = 4.000 + 200\, p_I$

Die Lösung dieses Gleichungssystems ergibt folgende Verrechnungspreise:

$p_I = 1,2838$

$p_{II} = 1,4189$

Stelle	I	II	1	2	3	Summe
primäre Gemeinkosten	2.000	4.000	16.000	8.000	20.000	50.000
Umlage Kostenstelle I	-2.567,60	256,76	513,52	1.027,04	770,28	–
Umlage Kostenstelle II	567,56	-4.256,70	1.135,12	1.418,90	1.135,12	–
Gesamtkosten	0,04	0,06	17.648,64	10.445,94	21.905,40	50.000

Die Ergebnisse zeigen, daß die Verrechnungspreise der Hilfskostenstellen in Abhängigkeit von dem benutzten Verfahren recht stark schwanken. Der korrekten Lösung am nächsten kommt in diesem Fall das Stufenleiterverfahren, wenn die Hilfskostenstelle II zuerst abgerechnet wird.

> Aufgabe K18: Kostenträgerrechnung
>
> a) Welche Bedeutung hat die Kostenträgerrechnung im Rahmen der Kostenrechnung?
> b) Erläutern Sie kurz die Voraussetzungen, die Gemeinsamkeiten und die Unterschiede der verschiedenen Kalkulationsverfahren!
> c) Ordnen Sie diese Kalkulationsverfahren den verschiedenen Fertigungstypen zu!

Lösung:

a) Die Kostenträgerrechnung ist die letzte Stufe einer ausgebauten Kostenrechnung. Sie führt die Kalkulation durch, d.h. sie ermittelt die Herstell- bzw. die Selbstkosten der im Betrieb erzeugten Produkte. Dazu werden die aus der Kostenartenrechnung direkt an die Kostenträgerrechnung weitergeleiteten Einzelkosten mit den durch die Kostenstellenrechnung gezogenen Gemeinkosten zusammengeführt. Die Ergebnisse der Kostenträgerrechnung dienen zum einen zur Ermittlung von Preisuntergrenzen für die Produkte, zum anderen als Ausgangspunkt für die anschließend durchgeführte kurzfristige Erfolgsrechnung.

b) Es lassen sich verschiedene Verfahren der Kostenträgerrechnung unterscheiden: Die Verfahren der Divisionskalkulation, zu denen die einfache und die mehrstufige Divisionskalkulation sowie die Äquivalenzziffernrechnung zählen, setzen keine Kostenstellenrechnung voraus. Während die summarische Zuschlagskalkulation ebenfalls ohne Kostenstellenrechnung auskommt, bauen verschiedene Varianten der Bezugsgrößen- und der Zuschlagskalkulation auf den Ergebnissen der Kostenstellenrechnung auf und verrechnen entsprechend der Inanspruchnahme der Hauptkostenstellen Gemeinkostenzuschläge auf die Produkte. Die Verfahren zur Kalkulation von Kuppelprodukten setzen eine verbundene Produktion voraus, bei der mehrere Produkte zwangsläufig gleichzeitig entstehen.

c) Für die Massenfertigung homogener Produkte ist die einfache Divisionskalkulation geeignet, bei der Sortenfertigung von fertigungstechnisch verwandten Produkten ist die Äquivalenzziffernkalkulation heranzuziehen. Bei der Einzel- und der Serienfertigung werden verschiedene Produkte auf denselben Maschinen gefertigt; dies läßt sich am besten durch die Zuschlags- bzw. die Bezugsgrößenkalkulation erfassen. Für die Kalkulation von Kuppelprodukten kommen spezielle Verfahren zur Anwendung.

Aufgabe K19: Divisionskalkulation

Für die Produktion von gemahlenem Zement auf verschiedenen Fertigungsstufen fallen in einer Zementfabrik folgende Daten an, wobei zwischen den einzelnen Fertigungsstufen Bestandsveränderungen auftreten können:

Stufe I 10.800 t Rohmaterial werden gefördert und in die Aufbereitungsanlage eingesetzt; Gesamtkosten auf Stufe I: 21.600 €

Stufe II Die 10.800 t Rohmaterial werden zu 10.000 t Rohmehl verarbeitet; Bearbeitungskosten auf dieser Stufe: 25.000 €

Stufe III 7.500 t Rohmehl werden im Brennofen eingesetzt zu 5.000 t Klinker gebrannt; Bearbeitungskosten auf dieser Stufe: 75.000 €

Stufe IV 5.700 t Klinker und 300 t Gips werden zu 6.000 t Zement vermahlen; Bearbeitungskosten auf dieser Stufe und Kosten des eingesetzten Gipses: 30.000 €

Stufe V 7.000 t gemahlener Zement werden verpackt und verladen; Bearbeitungskosten dieser Stufe: 14.000 €

a) Führen Sie eine Divisionskalkulation nach der Veredelungsmethode durch.

b) Führen Sie eine Divisionskalkulation nach der Durchwälzmethode durch.

Lösung:

Für beide Varianten der Divisionskalkulation sind zunächst aus den angegebenen Mengenbeziehungen die für die vorliegende Produktion relevanten Produktionskoeffizienten zu berechnen. Es gilt:

1 t Zement $\hat{=}$ 0,95 t Klinker und 0,05 t Gips

1 t Klinker $\hat{=}$ 1,5 t Rohmehl

1 t Rohmehl $\hat{=}$ 1,08 t Rohmaterial

$\Rightarrow$ 1 t Klinker $\hat{=}$ 1/0,95 = 1,0526 t Zement

$\Rightarrow$ 1 t Rohmehl $\hat{=}$ 1/1,5 = 0,6667 t Klinker

$\hat{=}$ 0.6667 · 1,0526 = 0,7017 t Zement

$\Rightarrow$ 1 t Rohmaterial $\hat{=}$ 1/1,08 = 0,9259 t Rohmehl

$\hat{=}$ 0,9259 · 0,7017 = 0,6497 t Zement

a) Divisionskalkulation nach der Veredelungsmethode: Zunächst werden die auf jeder Fertigungsstufe anfallenden Durchschnittskosten je t Zement ermittelt. Die Voraussetzung einer linearen Produktionsstruktur ist bei dem Zementwerk offensichtlich erfüllt.

Produktionsstufe I: 10.800 t Rohmaterial $\hat{=}$ 7.017,8 t Zement

$$k_I = \frac{K_I}{x_I} = \frac{21.600}{7.017,8} = 3,0779 \text{ € Rohmaterialkosten je t Zement}$$

Produktionsstufe II: 10.000 t Rohmehl $\hat{=}$ 7.017 t Zement

$$k_{II} = \frac{K_{II}}{x_{II}} = \frac{25.000}{7.017} = 3,5628 \text{ € Rohmehlkosten je t Zement}$$

Produktionsstufe III: 7.500 t Klinker $\hat{=}$ 7.894,5 t Zement

$$k_{III} = \frac{K_{III}}{x_{III}} = \frac{75.000}{7.894,5} = 9,5003 \text{ € Klinkerkosten je t Zement}$$

Produktionsstufe IV:

$$k_{IV} = \frac{K_{IV}}{x_{IV}} = \frac{30.000}{6.000} = 5 \text{ € Kosten für Gips und Bearbeitung je t Zement}$$

Produktionsstufe V:

$$k_V = \frac{K_V}{x_V} = \frac{14.000}{7.000} = 2 \text{ € Verpackungskosten je t Zement}$$

Die Stückkosten einer t Zement ergeben sich durch Addition der auf den einzelnen Stufen ermittelten Stückkosten.

$$k = \sum_{i=I}^{V} k_i = 3,0779 + 3,5628 + 9,5003 + 5 + 2 = 23,141 \text{ €}$$

b) Divisionskalkulation nach der Durchwälzmethode: Jede Stufe gibt ihr Produkt zu den bis dahin entstandenen Kosten an die nachfolgende Stufe ab.

$$k_I^* = \frac{K_I}{x_I} = \frac{21.600}{7.017,8} = 3,0779 \text{ €}$$

$$k_{II}^* = k_I^* + \frac{K_{II}}{x_{II}} = 3,0779 + \frac{25.000}{7.017} = 6,6407 \text{ €}$$

$$k_{III}^* = k_{II}^* + \frac{K_{III}}{x_{III}} = 6,6407 + \frac{75.000}{7.894,5} = 16,141 \text{ €}$$

$$k_{IV}^* = k_{III}^* + \frac{K_{IV}}{x_{IV}} = 16,141 + \frac{30.000}{6.000} = 21,141 \text{ €}$$

$$k_V^* = k_{IV}^* + \frac{K_V}{x_V} = 21,141 + \frac{14.000}{7.000} = 23,141 \text{ €}$$

Die rekursive Vorgehensweise der Durchwälzmethode führt zu den gleichen Stückkosten je Endprodukteinheit in Höhe von 23,141 €.

Aufgabe K20: Äquivalenzziffernrechnung

In einem Walzwerk werden drei Blechsorten mit unterschiedlicher Dicke in einem zweistufigen Prozeß – dem Walzen und dem Glühen – hergestellt. Die Gemeinkosten der Walzstraße betragen 500.000 €, die der Conti-Glühstraße 300.000 €. Die übrigen Daten sind in der folgenden Tabelle zusammengestellt:

	Sorte 1	Sorte 2	Sorte 3
Einzelkosten	500	490	480
Walzstraße			
Leistung	500	230	275
Äquivalenzziffer	1,0	1,1	0,9
Conti-Glühstraße			
Leistung	450	200	290
Äquivalenzziffer	1,0	1,2	0,9

a) Bestimmen Sie die Durchschnittskosten der einzelnen Sorten auf den beiden Produktionsstufen mit Hilfe der Äquivalenzziffernkalkulation!

b) Bestimmen Sie die Kosten je Produkteinheit mit Hilfe der Veredlungsmethode!

Lösung:

a) Bestimmung der Durchschnittskosten auf der Walzstraße:

Als Einheitssorte wird die Sorte 1 festgelegt, da sie eine Äquivalenzziffer von 1,0 aufweist. Die Umrechnung der Produktionsmengen in diese Einheitssorte ergibt:

$$x_1^0 = 1,0 \cdot 500 = 500$$
$$x_2^0 = 1,1 \cdot 230 = 253$$
$$x_3^0 = 0,9 \cdot 275 = 247,5$$

Die Durchschnittskosten der Einheitssorte betragen:

$$k^0 = \frac{K}{x_1 + x_2 + x_3} = \frac{500.000}{1.000,5} = 499,75$$

Daraus ergeben sich als Stückkosten der einzelnen Produkte auf der Walzstraße:

$$k_1 = k^0 \cdot a_1 = 499,75 \cdot 1,0 = 499,75$$

$k_2 = 499{,}75 \cdot 1{,}1 = 549{,}725$

$k_3 = 499{,}75 \cdot 0{,}9 = 449{,}775$

Bestimmung der Durchschnittskosten in der Conti-Glühstraße:
Als Einheitssorte wird wiederum die Sorte 1 festgelegt, da sie eine Äquivalenzziffer von 1,0 aufweist. Die Umrechnung der Produktionsmengen in diese Einheitssorte ergibt:

$x_1^0 = 1{,}0 \cdot 450 = 450$

$x_2^0 = 1{,}2 \cdot 200 = 240$

$x_3^0 = 0{,}9 \cdot 290 = 261$

Die Durchschnittskosten der Einheitssorte betragen:

$$k^0 = \frac{K}{x_1 + x_2 + x_3} = \frac{300.000}{951} = 315{,}4574$$

Daraus ergeben sich als Stückkosten der einzelnen Produkte in der Conti-Glühstraße:

$k_1 = k^0 \cdot a_1 = 315{,}4575 \cdot 1{,}0 = 315{,}4574$

$k_2 = 315{,}4574 \cdot 1{,}2 = 378{,}5489$

$k_3 = 315{,}4574 \cdot 0{,}9 = 283{,}9117$

b) Die Kosten je Produkteinheit setzen sich nach der Veredelungsmethode additiv zusammen aus den Einzelkosten der verschiedenen Sorten und ihren Durchschnittskosten auf den beiden Produktionsstufen:

$k_1^{ges} = 500 + 499{,}75 + 315{,}4574 = 1.315{,}21$ €

$k_2^{ges} = 490 + 549{,}725 + 378{,}5489 = 1.418{,}27$ €

$k_3^{ges} = 480 + 449{,}775 + 283{,}9117 = 1.213{,}69$ €

Aufgabe K21: Zuschlagskalkulation

In einem Teilbetrieb mit eigener Kostenrechnung werden zwei Produkte bearbeitet. In der Abrechnungsperiode wurden folgende Daten erfaßt:

	Produkt I	Produkt II	Gemeinkosten
Produktionsmenge	100 St.	150 St.	–
Materialkosten / St.	300 €	1.200 €	2.000 €
Lohnkosten / St.	1.000 €	3.000 €	8.000 €
Verwaltungskosten / St.	–	–	5.000 €
Vertriebskosten / St.	100 €	50 €	2.000 €

Die Einzelkosten für Material, Löhne und Vertrieb sind auf die gesamte Ausbringungsmenge des jeweiligen Produkts bezogen.

Führen Sie eine Zuschlagskalkulation durch und bestimmen Sie die Stückkosten der beiden Produkte auf Vollkostenbasis!

Lösung:

Zunächst werden die Zuschlagssätze ermittelt, anhand derer die Gemeinkosten zu verteilen sind:

- Die 2.000 € Materialgemeinkosten werden anhand der Einzelmaterialkosten von insgesamt 1.500 € verteilt, so daß sich ein Zuschlagssatz von 133,33% ergibt.
- Die 8.000 € Fertigungsgemeinkosten werden anhand der Einzellohnkosten von insgesamt 4.000 € verteilt, so daß sich ein Zuschlagssatz von 200% ergibt.
- Die 5.000 € Verwaltungsgemeinkosten sind anhand der Herstellkosten zu verteilen. Diese betragen insgesamt 15.500 €, so daß sich ein Zuschlagssatz von 32,26% ergibt.
- Die 2.000 € Vertriebsgemeinkosten sind ebenfalls anhand der Herstellkosten zu verteilen, so daß sich ein Zuschlagssatz von 12,903% ergibt.

Nach dem Kalkulationsschema für die summarische Zuschlagskalkulation ergeben sich als Selbstkosten für die beiden Produktarten:

	Produkt 1	Produkt 2
Einzelmaterialkosten	300,00	1.200,00
+ Materialgemeinkosten	400,00	1.600,00
Materialkosten	700,00	2.800,00

	Produkt 1	Produkt 2
Einzellohnkosten	1.000,00	3.000,00
+ Fertigungsgemeinkosten	2.000,00	6.000,00
Fertigungskosten	3.000,00	9.000,00
Materialkosten	700,00	2.800,00
+ Fertigungskosten	3.000,00	9.000,00
Herstellkosten	3.700,00	11.800,00
+ Verwaltungsgemeinkosten	1.193,62	3.806,68
Herstellungskosten	4.893,62	15.606,68
+ Vertriebsgemeinkosten	477,42	1.522,58
+ Sondereinzelkosten des Vertriebs	100,00	50,00
Selbstkosten	5.471,04	17.179,26

Die Stückkosten der beiden Produkte erhält man, indem man die Selbstkosten der Produktarten durch die hergestellte Stückzahl dividiert:

$$k_1 = \frac{5.470,97}{100} = 54,71 \ \euro$$

$$k_2 = \frac{17.179,03}{150} = 114,53 \ \euro$$

Aufgabe K22: Bezugsgrößenkalkulation

a) Was versteht man unter der Bezugsgrößenkalkulation?

b) Drei Kostenstellen I, II, III sind je 200 Maschinenstunden mit der Herstellung der Produkte A, B, C beschäftigt. Die primären und sekundären Gemeinkosten dieser Kostenstellen sowie die zur Herstellung einer Einheit der Produkte benötigten Leistungen der Kostenstellen (gemessen in Zeiteinheiten) sind gegeben durch:

	I	II	III	Einzelkosten
Primäre Gemeinkosten	8.000	4.000	10.000	–
Sekundäre Gemeinkosten	3.000	3.400	24.000	–
Produkt A	1	2	0,4	20
Produkt B	2	4	2	24
Produkt C	6	4	2	12

Berechnen Sie die Kostenstellensätze für die drei Hauptkostenstellen und kalkulieren Sie die Kosten der Produkte!

Lösung:

a) Die Bezugsgrößenkalkulation nimmt gegenüber der Zuschlagskalkulation eine differenziertere Verrechnung der Gemeinkosten, vor allem im Fertigungsbereich, vor. Als Zuschlagsbasis werden keine Wertgrößen, sondern Mengengrößen, z.B. Ausbringungsmengen oder Maschinenstunden, herangezogen. Die Kosten der Hauptkostenstellen werden – ähnlich der Verteilung der primären Gemeinkosten in der Kostenstellenrechnung – möglichst verursachungsgerecht auf die Kostenträger verteilt. Die Bezugsgrößenkalkulation ist das umfassendste Kalkulationsverfahren, in dem alle anderen Verfahren als Spezialfälle enthalten sind.

b) Da keine Lieferbeziehungen zwischen den drei Hauptkostenstellen bestehen, lassen sich ihre Kostenstellensätze analog zum Anbauverfahren der innerbetrieblichen Leistungsverrechnung berechnen, indem die Summe aus primären und sekundären Gemeinkosten durch die Maschinenstunden als Bezugsgröße dividiert werden:

$$q_I = \frac{11.000}{200} = 55$$

$$q_{II} = \frac{7.400}{200} = 37$$

$$q_{III} = \frac{34.000}{200} = 170$$

Die Kosten der einzelnen Produkte ergeben sich durch Addition ihrer Einzelkosten und der mit dem jeweiligen Kostenstellensatz bewerteten Inanspruchnahme der Hauptkostenstellen je Produkteinheit:

$$k_i = e_i + \sum_{j=I}^{III} h_{ij} \cdot q_j$$

$$k_A = 20 + 1 \cdot 55 + 2 \cdot 37 + 0{,}4 \cdot 170 = 217$$

$$k_B = 24 + 2 \cdot 55 + 4 \cdot 37 + 2 \cdot 170 = 622$$

$$k_C = 12 + 6 \cdot 55 + 4 \cdot 37 + 2 \cdot 170 = 830$$

Wie man an diesen Ergebnissen sieht, ergibt sich eine wesentlich differenziertere Verteilung der Fertigungsgemeinkosten als bei der einfachen Zuschlagskalkulation.

Kostenrechnung

Aufgabe K23: Kalkulation von Kuppelprodukten

a) Was versteht man unter Kuppelproduktion? Welches Problem ergibt sich bei der Kalkulation von Kuppelprodukten? Welche Verfahren zur Kalkulation von Kuppelprodukten kennen Sie?

b) In einem Prozeß der Chemie AG fallen zwei Kuppelprodukte an. Im laufenden Monat werden 200 Mengeneinheiten des Produkts A und 100 Mengeneinheiten des Produkts B erzeugt. Während das Kuppelprodukt A marktgängig ist, muß das Produkt B noch weiter bearbeitet werden. Die vorliegende Produktionsstruktur ist in der folgenden Abbildung wiedergegeben:

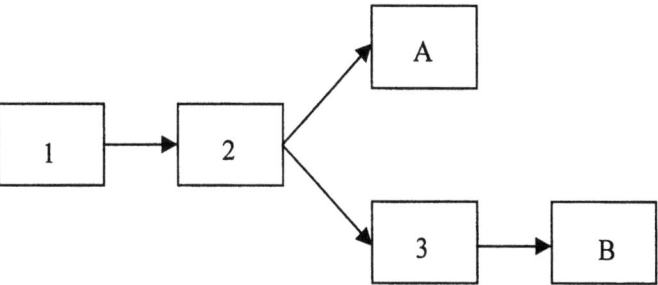

In der Kostenstelle 1 entstehen Kosten in Höhe von 5.000 €/Monat, in der Kostenstelle 2 Kosten in Höhe von 3.000 €/Monat und in der Kostenstelle 3 Kosten in Höhe von 1.000 €/Monat. Der Preis für Produkt A beträgt 75 € je Mengeneinheit, für Produkt B 50 € je Mengeneinheit.

Kalkulieren Sie die Gesamtkosten und die Stückkosten der Produkte A und B nach der Restwertmethode!

Lösung:

a) Bei Kuppelproduktion entstehen in einem Produktionsprozeß zwangsläufig mehrere Produktarten in konstanten oder variablen Mengenrelationen, ohne daß auf eine von ihnen vollständig verzichtet werden könnte. Wenn die Kuppelprodukte einzeln marktfähig sind, ergibt sich das Problem, daß die Kosten bis zum Split-off-Point, von dem an die Produkte getrennt bearbeitet werden, nur dem Kuppelproduktbündel als ganzem angelastet und nicht verursachungsgerecht auf die einzelnen Kuppelprodukte verteilt werden können. Daher ist auf das Durchschnitts- oder das Tragfähigkeitsprinzip zurückzugreifen. Eine Zurechnung nach dem Durchschnittsprinzip nimmt die Verteilungsmethode vor, die die gemeinsamen Kosten mit Hilfe von Äquivalenzziffern auf die Produkte aufteilt. Wird die Verteilung anhand des Gewinns oder des Deckungsbeitrags vorgenommen, so findet das Tragfähigkeitsprinzip Anwendung. Auch die Restwertmethode basiert auf dem Tragfähigkeitsprinzip. Hierbei wird angenommen, daß das Produktbündel aus einem Hauptprodukt und einem oder mehreren Nebenprodukten besteht. Den Nebenprodukten wird so viel von den gemeinsamen Kosten zugerechnet, wie ihre Erlöse abzüglich der nach der Vereinzelung anfallenden Kosten tragen können. Die verbleibenden gemeinsamen Kosten werden dem Hauptprodukt angelastet.

b) Sieht man das Produkt B als Nebenprodukt an, so sind von den 5.000 € Erlös zunächst die für die Weiterverarbeitung anfallenden 1.000 € abzuziehen. Subtrahiert man von den verbleibenden 4.000 € die für beide Produkte gemeinsam anfallenden Kosten von 8.000 €, so verbleiben 4.000 €, die das Produkt A abdecken muß. Da Produkt A einen Erlös von 15.000 € erwirtschaftet, ergibt sich ein Gewinn von 11.000 €. Die Stückkosten von Produkt A betragen 4.000/200 = 20 €, bei Produkt B 5.000/100 = 50 €.

Aufgabe K24: Integrierte Kostenstellen- und Kostenträgerrechnung

Ein Betrieb ist in fünf Kostenstellen gegliedert, in denen die folgenden primären Gemeinkosten angefallen sind:

Kostenstelle	Primäre Gemeinkosten
1	9.000
2	4.400
3	29.800
4	11.400
5	7.400

Folgende Leistungen der Kostenstellen i wurden durch die Kostenstellen j in Anspruch genommen:

i \ j	1	2	3	4	5	Gesamtleistung
1	–	–	–	–	–	15.000
2	20.000	–	–	–	5.000	25.000
3	1.000	–	–	–	200	2.700
4	500	–	–	–	–	3.500
5	250	30	10	80	–	370

Kostenrechnung

a) Ermitteln Sie die Verrechnungspreise für alle fünf Stellen und führen Sie die innerbetriebliche Leistungsverrechnung durch!

b) Es wird ein einziges Produkt hergestellt. Für jede Einheit dieses Produkts werden benötigt:

10 Leistungseinheiten der Kostenstelle 1

1 Leistungseinheit der Kostenstelle 3

2 Leistungseinheiten der Kostenstelle 4

An Einzelkosten fallen an:

Einzelmaterialkosten   10

Einzellohnkosten   15

Sondereinzelkosten der Fertigung   2

Führen Sie die Kalkulation für dieses Produkt durch!

Lösung:

a) Da die Kostenstellen sich gegenseitig beliefern, müssen die Verrechnungspreise mit Hilfe des Gleichungsverfahrens bestimmt werden. Die Gleichungen für die einzelnen Kostenstellen lauten:

$15.000 \, q_1 = 9.000 + 20.000 \, q_2 + 1.000 \, q_3 + 500 \, q_4 + 250 \, q_5$

$25.000 \, q_2 = 4.400 + 30 \, q_5$

$2.700 \, q_3 = 29.800 + 10 \, q_5$

$3.500 \, q_4 = 11.400 + 80 \, q_5$

$370 \, q_5 = 7.400 + 5.000 \, q_2 + 200 \, q_3$

Daraus ergeben sich die folgenden Verrechnungspreise:

$q_1 = 2,23553$

$q_2 = 0,210644$

$q_3 = 11,14396$

$q_4 = 3,917036$

$q_5 = 28,87031$

Die innerbetriebliche Leistungsverrechnung liefert folgende Gesamtkosten für die einzelnen Kostenstellen:

Stelle	1	2	3	4	5	Produkt
PGK	9.000	4.400	29.800	11.400	7.400	0,00
Umlage 1	-33.532,95	0,00	0,00	0,00	0,00	33.532,95
Umlage 2	4.212,89	-5.266,11	0,00	0,00	1.053,22	0,00
Umlage 3	11.143,96	0,00	-30.088,70	0,00	2.228,79	16,715,95
Umlage 4	1.958,52	0,00	0,00	-13.709,62	0,00	11.751,11
Umlage 5	7.217,58	866,11	288,70	2.309,62	-10.682,01	0,00
Summe	0,00	0,00	0,00	0,00	0,00	62.000

b) Die Stückkosten des Produkts setzen sich aus seinen Einzelkosten und den Kosten für die Inanspruchnahme der verschiedenen Hauptkostenstellen zusammen:

$$k = 10 + 15 + 2 + 10 \cdot 2,23553 + 1 \cdot 11,14396 + 2 \cdot 3,917036 = 68,33$$

Aufgabe K25: Kurzfristige Erfolgsrechnung

Stellen Sie die Vor- und Nachteile der kurzfristigen Erfolgsrechnung nach dem Gesamtkostenverfahren bzw. dem Umsatzkostenverfahren dar!

Lösung:

Die kurzfristige Erfolgsrechnung ermittelt den Erfolg der betrieblichen Tätigkeit durch Gegenüberstellung von in der Abrechnungsperiode angefallenen Kosten und Erlösen. Die durch die Analyse des Periodenerfolgs gewonnenen Erkenntnisse sollen als Grundlage für kurz- und mittelfristige Entscheidungen wie die Sortimentsplanung genutzt werden. Man unterscheidet zwei Verfahren der kurzfristigen Erfolgsrechnung, die letztlich zum gleichen Ergebnis führen, aber unterschiedliche Aussagekraft besitzen:

Das Gesamtkostenverfahren stellt die gesamten, nach Kostenarten gegliederten Kosten dem Nettoerlös der Abrechnungsperiode gegenüber. Falls in der Periode Lagerbestandsveränderungen bei Endprodukten oder aktivierte Eigenleistungen angefallen sind, muß der Erlös entsprechend korrigiert werden. Für die Bewertung dieser Leistungen ist dann allerdings eine Kostenträgerrechnung sowie eine regelmäßige Inventur erforderlich. Das Gesamtkostenverfahren erlaubt im wesentlichen Aussagen über die Entwicklung der Kostenstruktur des Betriebs. Aufgrund der unterschiedlichen Gliederungskriterien für die Erlöse (Kostenträger) und die Kosten (Kostenarten) ist keine eindeutige Zuordnung von Kosten auf Kostenträger möglich.

Das Umsatzkostenverfahren stellt die Nettoerlöse einer Abrechnungsperiode den dafür entstandenen Kosten gegenüber. Daher sind als Voraussetzung sowohl eine Kostenstellen- als auch eine Kostenträgerrechnung erforderlich. Die Berechnung kann nicht nur für den Gesamtbetrieb, sondern insbesondere für bestimmte Kostenträger durchgeführt werden. Daneben ist auch eine Analyse des Erfolgs einzelner Produktgruppen, Absatzgebiete, Kundengruppen oder betriebliche Verantwortungsbereiche sowohl auf Vollkosten- als auch auf Teilkostenbasis möglich. Dadurch sind die Quellen des Erfolgs eindeutig identifizierbar.

Aufgabe K26: Vollkostenrechnung

Beschreiben Sie die Vorgehensweise der Betriebsabrechnung bei einer Vollkostenrechnung und stellen Sie den Zusammenhang zwischen den Teilbereichen graphisch dar. Geben Sie die Buchungssätze im Gemeinschaftskontenrahmen der Industrie an!

Lösung:

Bei einer Betriebsabrechnung auf Vollkostenbasis werden sämtliche Kosten bis auf die Kostenträger durchgerechnet. Die Rechnung erfolgt auf drei Stufen:

- In der Kostenartenrechnung werden die nach Kostenarten erfaßten Kosten in Einzelkosten, die direkt den Kostenträgern zugerechnet werden können, und Gemeinkosten, die an die Kostenstellenrechnung weitergeleitet werden, getrennt.

- In der Kostenstellenrechnung werden die in der Kostenartenrechnung erfaßten primären Gemeinkosten zunächst direkt (Kostenstelleneinzelkosten) oder mit Hilfe von Schlüsselungen (Kostenstellengemeinkosten) auf die Kostenstellen verteilt, anschließend erfolgt in der innerbetrieblichen Leistungsverrechnung eine Umlage der sekundären Gemeinkosten, d.h. der Kosten der Hilfskostenstellen, auf die auch Leistungen nach außen abgebenden Hauptkostenstellen. Diese Rechnungen erfolgen in der Regel im Rahmen des Betriebsabrechnungsbogens.

- In der Kostenträgerrechnung werden die auf den Hauptkostenstellen gesammelten Kosten auf die von ihnen bearbeiteten Produkte oder Aufträge als Kostenträger abgerechnet und mit den aus der Kostenartenrechnung weitergeleiteten Einzelkosten zu den Gesamtkosten der Kostenträger zusammengeführt. Dieser Ablauf ist in der nachstehenden Abbildung dargestellt:

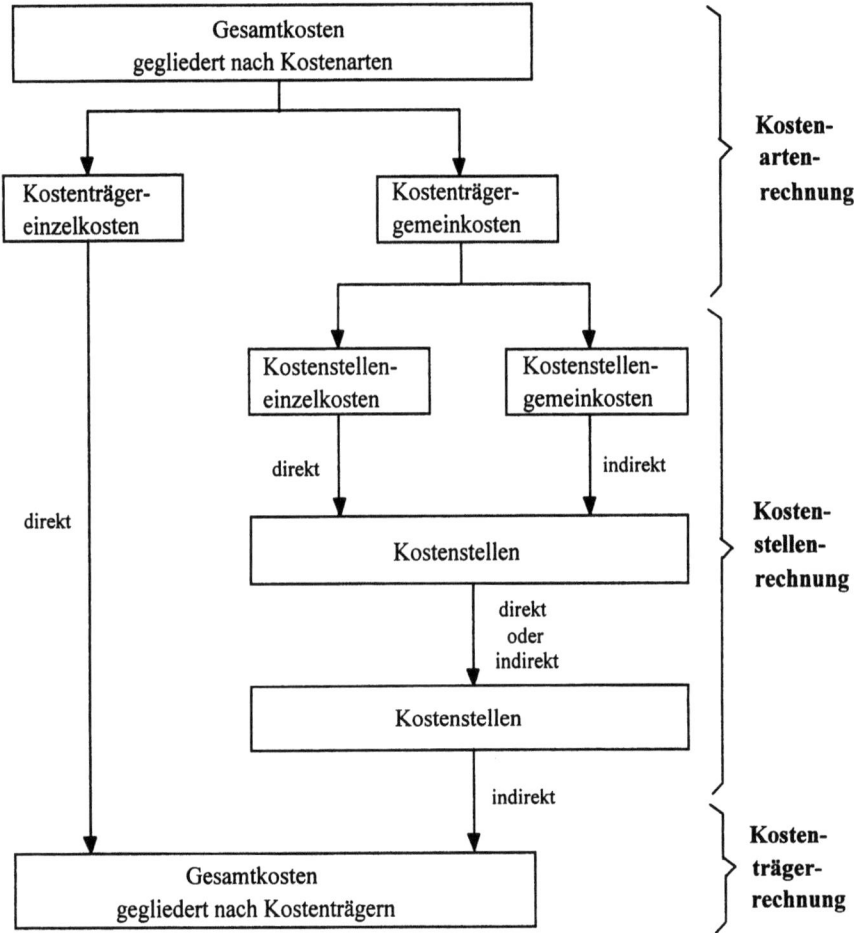

Im Gemeinschaftskontenrahmen der Industrie werden folgende Buchungen vorgenommen:

In der Kostenartenrechnung werden zunächst Kosten von den jeweiligen Aufwandskonten auf die entsprechenden Konten der Kontenklasse 4 eingebucht und dann, soweit es sich um Einzelkosten handelt, an die Kontenklasse 7, die Gemeinkosten an die Kontenklasse 5 verrechnet. Die zugehörigen Buchungssätze lauten:

per Kontenklasse 4 an Kontenklasse 1: Löhne und Fremdleistungen
Kontenklasse 2: kalkulatorische Kosten
Kontenklasse 3: Materialkosten

per Kontenklasse 7   Einzelkosten
per Kontenklasse 5 an Kontenklasse 4: Gemeinkosten

In der Kostenstellenrechnung werden die Gemeinkosten von den Hilfs- und Hauptkostenstellen der Kontenklasse 5 in den Betriebsabrechnungsbogen übernommen, dort verrechnet und den Hauptkostenstellen in der Kontenklasse 6 angelastet:

per BAB an Kontenklasse 5: Übernahme der Kosten in den BAB

per Kontenklasse 6 an BAB: Belastung der Hauptkostenstellen

In der Kostenträgerrechnung werden die Einzelkosten aus der Kontenklasse 4 und die verrechneten Gemeinkosten aus der Kontenklasse 6 auf den Bestandskonten der Kostenträger in der Kontenklasse 7 zusammengeführt:

per Kontenklasse 7 an Kontenklasse 4: Einzelkosten
          Kontenklasse 6: Gemeinkosten

Für die kurzfristige Erfolgsrechnung, die sich an diese drei Stufen der Kostenrechnung anschließt, werden die Erlöse aus den Finanzkonten der Kontenklasse 1 zunächst auf die Ertragskonten der Kontenklasse 8 gebucht. Dann werden im Rahmen der Abschlußbuchungen sowohl die Kosten der Kostenträger aus Kontenklasse 7 als auch die Erlöse aus Kontenklasse 8 auf das Betriebsergebniskonto gebucht und dort gegenübergestellt:

per Kontenklasse 1 an Kontenklasse 8: Erlöse

per BEK an Kontenklasse 7: Kosten der Kostenträger

per Kontenklasse 8 an BEK: Erlöse

Aufgabe K27: Voll- und Teilkostenrechnung

Ein Hausgeräteshersteller hat die Möglichkeit, drei Produkttypen in den folgenden Mengen und zu den folgenden Preisen und Kosten abzusetzen:

Produkt	Menge	Preis	Stückkosten	variable Stückkosten
Waschmaschinen	1.000	1.400 €	1.200 €	1.100 €
Trockner	500	900 €	950 €	750 €
Geschirrspüler	600	1.000 €	900 €	850 €

a) Bestimmen Sie das optimale Produktionsprogramm und das zugehörige Betriebsergebnis mit Hilfe der Vollkostenrechnung!

b) Bestimmen Sie das optimale Produktionsprogramm und das zugehörige Betriebsergebnis mit Hilfe der Teilkostenrechnung, wenn die Fixkosten 230.000 € betragen!

c) Begründen Sie, warum Sie unter a) und b) unterschiedliche Ergebnisse erzielt haben! Welche Vorgehensweise würden Sie vorziehen?

Lösung:

a) Bei der Vollkostenrechnung wird die Vorteilhaftigkeit eines Produkts ermittelt, indem seine Stückkosten dem Stückerlös gegenübergestellt werden. Alle Produkte, deren Stückerlös die Stückkosten übersteigt, werden in der vorgegebenen Menge produziert. In dem oben angegebenen Beispiel ergibt sich:

Waschmaschinen: 1.400 – 1.200 = 200 €   ⇒ produzieren

Trockner: 900 – 950 = –50 €   ⇒ nicht produzieren

Geschirrspüler: 1.000 – 900 = 100 €   ⇒ produzieren

Das optimale Produktionsprogramm besteht aus 1.000 Waschmaschinen und 600 Geschirrspülern, die Trockner werden nicht produziert. Das zugehörige Betriebsergebnis bei der Vollkostenrechnung müßte betragen:

$$1.000 \cdot 200 + 600 \cdot 100 = 260.000 \ €$$

b) Bei der Teilkostenrechnung werden den Stückerlösen nicht die gesamten Stückkosten, sondern die variablen Stückkosten gegenübergestellt; die Fixkosten werden später bei der Ermittlung des Betriebsergebnisses berücksichtigt. Die Differenz aus Stückerlös und variablen Stückkosten gibt den Stückdeckungsbeitrag eines Produkts an, und es werden alle Produkte mit positiven Stückdeckungsbeiträgen in der vorgegebenen Menge produziert. Das optimale Produktionsprogramm setzt sich wie folgt zusammen:

Waschmaschinen: 1.400 – 1.100 = 300 €   ⇒ produzieren

Trockner: 900 – 750 = 150 €   ⇒ produzieren

Geschirrspüler: 1.000 – 850 = 150 €   ⇒ produzieren

Das optimale Produktionsprogramm besteht aus 1.000 Waschmaschinen, 500 Trocknern und 600 Geschirrspülern. Damit wird der folgende Deckungsbeitrag erzielt:

$$1.000 \cdot 300 + 500 \cdot 150 + 600 \cdot 150 = 465.000 \ €$$

Nach Abzug der Fixkosten von 230.000 € verbleibt ein Betriebsergebnis von 215.000 €.

c) Ein Vergleich der Lösungen aus a) und b) läßt auf den ersten Blick das bei der Teilkostenrechnung ermittelte Betriebsergebnis als geringer erscheinen als das der Vollkostenrechnung. Tatsächlich würde das Unternehmen jedoch, wenn es die in der Vollkostenrechnung ermittelte Entscheidung umsetzt, nicht 260.000 €, sondern nur 160.000 € als Ergebnis erzielen. Dies läßt sich damit begründen, daß bei einem Verzicht auf die Produktion von Trocknern, der nicht gleichzeitig mit dem Abbau der zugehörigen Anlagen verbunden ist, die in der Vollkostenrechnung dieser Produktart zugerechneten Fixkosten weiterhin anfallen und nunmehr von den beiden anderen Produktarten mit getragen werden müssen. Diese Fixkosten betragen offensichtlich 100.000 €, da bei einer geplanten Produktionsmenge von 500 Stück der Unterschied zwischen den variablen Stückkosten und den Stückkosten bei Vollkostenrechnung 200 € beträgt.

Wie die Teilkostenrechnung zeigt, weist die Produktart Trockner einen positiven Stückdeckungsbeitrag in Höhe von 200 € auf, d.h. jede hergestellte und verkaufte Produkteinheit erzielt einen Erlös, der um 200 € über den ihr eindeutig zurechenbaren Stückkosten liegt. Ein Verzicht auf die Produktion von Trocknern würde damit gleichzeitig einen Verzicht auf diese Deckungsbeiträge bedeuten, so daß die beiden anderen Produktarten die noch nicht abgebauten Fixkosten zusätzlich tragen müßten. Daher führt die Vorgehensweise der Vollkostenrechnung, die eine nicht verursachungsgerechte Schlüsselung von Fixkosten durchführt, zu einem falschen Ergebnis.

Aufgabe K28: Kalkulation

Eine Gärtnerei bietet im Frühjahr 5.000 Geranien zu einem Preis von 2,50 € je Pflanze an. Für die Setzlinge zahlt sie 0,50 € je Stück, zusätzlich werden je Pflanze Blumenerde für 0,20 € und Wasser für 0,10 € benötigt. Die Blumentöpfe kosten 0,05 € je Stück. Zum Eintopfen der Pflanzen ist für 500 € eine Maschine gemietet. Diese Maschine schafft es, 100 Pflanzen je Stunde einzutopfen und verbraucht 10 Liter Treibstoff zu 0,60 € je Stunde. Das Gewächshaus kostet während der Anzuchtzeit 2.000 € Miete. Zum Verkauf werden die Geranien in Papier eingewickelt, dies kostet zusätzlich 0,05 € je Pflanze.

a) Führen Sie für die Gärtnerei eine Voll- und eine Teilkostenkalkulation durch.

b) Wie hoch sind dabei
- die Selbstkosten
- die Herstellkosten

- der Deckungsbeitrag
- die kurzfristige Preisuntergrenze
- die langfristige Preisuntergrenze
- die Gemeinkosten
- die Einzelkosten
- die variablen Kosten
- die Fixkosten?

c) Wieviele Pflanzen muß die Gärtnerei verkaufen, um den Break-Even-Punkt zu erreichen?

Lösung:

a) Für die Vollkostenrechnung sind folgende Fixkostenpositionen zu berücksichtigen:

Fixkosten des Gewächshauses:	2.000 €
Fixkosten der Maschine:	500 €
Summe der Fixkosten:	2.500 €

Dies ergibt anteilige Fixkosten je Pflanze von 0,50 €. Die variablen Kosten je Pflanze betragen:

Preis je Setzling:	0,50 €
Blumenerde:	0,20 €
Wasser:	0,10 €
Blumentopf:	0,05 €
Treibstoff:	0,06 €
Papier:	0,05 €
Summe:	0,96 €

Somit ergibt die Vollkostenrechnung Durchschnittskosten von 1,46 €, während die in der Teilkostenrechnung ermittelten variablen Stückkosten 0,96 € betragen.

b) Die Selbstkosten der Gärtnerei betragen 1,46 €. Für die Ermittlung der Herstellkosten können die Kosten des Einwickelpapiers als Sondereinzelkosten des Vertriebs abgezogen werden; sie betragen somit 1,41 €. Der Deckungsbeitrag je Pflanze beläuft sich auf 1,54 €. Die kurzfristige Preisuntergrenze entspricht den variablen Stückkosten, d.h. sie beträgt 0,96 €. Die langfristige Preisuntergrenze entspricht den gesamten Durchschnittskosten von 1,46 €. An Gemeinkosten fallen die Miete des Gewächshauses und der Eintopfmaschine sowie der Treibstoff an, insgesamt 2.000 + 500 + 300 = 2.800 €. Die

Kostenrechnung

Einzelkosten je Pflanze belaufen sich auf 0,90 €. Die variablen Kosten betragen insgesamt 2.400 €, und die Fixkosten belaufen sich auf 2.500 €.

c) Der Break-Even-Punkt ist die kritische Absatzmenge, bei der der Deckungsbeitrag gerade die Fixkosten abdeckt. Er liegt in diesem Beispiel bei:

$$x^0 = \frac{2.500}{1,54} = 1.623,38 \text{ Stück}$$

Das bedeutet, daß die Gärtnerei mindestens 1.624 Geranien, d.h. 32,5% der herangezogenen Menge absetzen muß, um in die Gewinnzone zu kommen.

3. Die Teilkostenrechnung

Aufgabe K29: Behandlung der Fixkosten

a) Was versteht man unter Fixkosten und Gemeinkosten? Was ist diesen Begriffen gemeinsam, worin unterscheiden sie sich?

b) An welchen Stellen erfolgt in der Vollkostenrechnung eine Schlüsselung von Fixkosten nach dem Durchschnittsprinzip?

c) Wie werden Fixkosten in der Teilkostenrechnung behandelt? Auf welchen Stufen der Kostenverrechnung werden Fixkostenbestandteile erkannt und verrechnet?

Lösung:

a) Während sich die Einteilung der Kosten in Fixkosten und variable Kosten auf die Entscheidungsabhängigkeit einer Kostenart bezieht, stellt die Einteilung in Gemeinkosten und Einzelkosten auf die Art der Verrechnung ab. Fixkosten werden auch als Kosten der Betriebsbereitschaft bezeichnet, dazu gehören z.B. Gebäudekosten, Abschreibungen auf Anlagen, Gehälter. Fixkosten fallen insbesondere auch dann an, wenn keine einzige Einheit produziert wird, d.h. sie sind ausbringungsmengenunabhängige Kosten. Als Gemeinkosten bezeichnet man Kosten, die sich nicht eindeutig nach dem Verursachungsprinzip einer einzelnen Ausbringungseinheit zurechnen lassen, z.B. Energiekosten, Kosten für Betriebsstoffe, Wartungskosten. Sie werden daher über die Kostenstellenrechnung verrechnet. Fixkosten sind immer Gemeinkosten, Gemeinkosten hingegen können fix oder auch variabel sein, d.h. in Abhängigkeit von der Ausbringungsmenge steigen oder fallen.

b) Bei der Vollkostenrechnung werden sämtliche Kosten, auch die Fixkosten, bis auf die Kostenträger durchkalkuliert. Immer dann, wenn sich eine Kostenart nicht eindeutig nach dem Verursachungsprinzip einem Kostenträger oder einer Kostenstelle zurechnen läßt, ist eine Schlüsselung erforderlich, bei der die angefallenen Kosten dann nach dem Durchschnittsprinzip proportional zu einer Schlüsselgröße, die möglichst in proportionaler Beziehung zur tatsächlichen Kostenverursachung stehen soll, verteilt werden. Schlüsselungen finden demnach statt:

1. bei der Verteilung der Kostenstellengemeinkosten auf Kostenstellen

2. als Schlüsselung von Fixkosten der Hilfskostenstellen im Rahmen der innerbetrieblichen Leistungsverrechnung

3. als Schlüsselung der Fixkosten der Hauptkostenstellen bei der Umlage der Kosten der Hauptkostenstellen auf die Kostenträger

c) Die Teilkostenrechnung nimmt die Fixkosten aus der Verrechnung heraus und leitet sie an der Kostenstellen- und Kostenträgerrechnung vorbei direkt auf das Betriebsergebniskonto. Eine Kostenauflösung in fixe und variable Bestandteile findet bei der Verteilung der primären Gemeinkosten sowie bei der Abrechnung der Hilfskostenstellen in der innerbetrieblichen Leistungsverrechnung statt.

Aufgabe K30: Einzelkosten- und Deckungsbeitragsrechnung

a) Was versteht man in der Einzelkosten- und Deckungsbeitragsrechnung unter der „Relativierung des Einzelkostenbegriffs"? Wie wird zu diesem Zweck vorgegangen?

b) Beschreiben Sie Zweck und Aufbau einer Grundrechnung der Kosten!

Lösung:

a) Die Begriffe „Einzelkosten" und „Gemeinkosten" beziehen sich auf die Art der Verrechnung: Einzelkosten lassen sich einem Zurechnungsobjekt direkt zuordnen, Gemeinkosten nicht. Während in der herkömmlichen Kostenrechnung als Zurechnungsobjekte lediglich Kostenträger und Kostenstellen berücksichtigt werden, führt RIEBEL in seiner relativen Einzelkosten- und Deckungsbeitragsrechnung eine Hierarchie von Zurechnungsobjekten ein, durch die sich jede Kostenart auf der entsprechenden Hierarchiestufe als Einzelkosten erfassen läßt. Gemeinkosten sind dabei Kosten, die sich erst einer höheren Hierarchiestufe als Einzelkosten zurechnen lassen. So sind z.B. Energiekosten Gemeinkosten auf der Ebene der einzelnen Produkte, während sie sich – in Abhängigkeit von der Art der Erfassung – entweder einer Maschine oder einer Werkstatt als Einzelkosten zurechnen lassen. Die Kosten für die Gebäudeversicherung sind Gemeinkosten aus Sicht der Produkte, der Kostenstellen, der Abteilungen usw., erst dem Zurechnungsobjekt Gebäude lassen sie sich als Einzelkosten zurechnen.

Die Rechnung mit relativen Einzelkosten ist stark entscheidungsorientiert, anstelle des Verursachungsprinzips wird das Identitätsprinzip in den Vordergrund gestellt, das einem Entscheidungsobjekt diejenigen Kosten als Einzelkosten zuordnet, die mit ihm in direktem Entscheidungszusammenhang stehen, d.h. wegfallen, wenn die Entscheidung nicht getroffen wird. Durch diese Vorgehensweise soll eine Schlüsselung von Gemeinkosten vermieden werden, alle Kosten werden als Einzelkosten auf einer möglichst niedrigen Hierarchiestufe erfaßt.

b) Anstelle einer Kostenträgerrechnung führt RIEBEL eine tabellarisch aufgebaute Grundrechnung ein, in der alle Kosten als relative Einzelkosten erfaßt werden. Mit dieser Grundrechnung, in der die Kostendaten ohne Schlüsselung oder Aggregation erfaßt werden, lassen sich sowohl die regelmäßige Betriebsabrechnung als auch unregelmäßig anfallende Sonderauswertungen durchführen.

Die Grundrechnung ist wie folgt aufgebaut: Zeilenweise werden die Kostenarten erfaßt, die sich nach verschiedenen Kriterien gliedern lassen. Eine erste Gliederung erfolgt in Leistungskosten und Bereitschaftskosten. Die Leistungskosten werden weiter unterteilt in absatzabhängige, erzeugnisabhängige, beschaffungsabhängige und von sonstigen Faktoren abhängige Kosten, die Bereitschaftskosten in mittel- bzw. langfristig disponible und irreversibel vordisponierte Kosten. In den Spalten der Tabelle werden die Zurechnungsobjekte, auf die die Kosten verrechnet werden sollen, systematisch zusammengestellt. Hier werden die Fertigungsbereiche hierarchisch gegliedert in Kostenstellen, Kostenstellenbereiche, Teilbetriebe und das Gesamtunternehmen, Erzeugnisse werden nach Produkten, Losen, Aufträgen und Produktgruppen gegliedert, zeitliche Zurechnungsobjekte werden danach unterschieden, über welchen Zeitraum die entsprechenden Kosten abgebaut werden können. Die Rechnung ist offen für die Einführung weiterer Kostenkategorien und Zurechnungsobjekte, z.B. aus dem Vertriebsbereich. Jede einzelne Kostenart wird nach dem Identitätsprinzip der niedrigsten hierarchischen Stufe, auf der sie als Einzelkosten darstellbar ist, zugeordnet.

Aufgabe K31: Blockkostenrechnung

a) Stellen Sie die Grundgedanken der Blockkostenrechnung von RUMMEL dar!

b) Wie ist der Break-Even-Punkt im Ein- bzw. Mehrproduktfall charakterisiert?

c) Was ist ein spezifischer Deckungsbeitrag? In welcher Entscheidungssituation wird er als Kriterium herangezogen?

Lösung:

a) Der Grundgedanke der Blockkostenrechnung von RUMMEL besteht darin, daß eine strikte Teilkostenrechnung durchgeführt wird, bei der die Fixkosten geschlossen – als Block – auf das Betriebsergebniskonto gebucht und dort mit den variablen Kosten und den Erlösen zusammengeführt werden. Eine Analyse dieses Fixkostenblocks ist nicht vorgesehen. Dies wird damit begründet, daß Fixkosten als Kosten der Betriebsbereitschaft kurzfristig nicht beeinflußbar sind und daher auch nicht in der kurzfristigen Verantwortung der Kostenstellenleiter stehen.

b) Die einzige Analyse, der der Fixkostenblock unterzogen werden kann, ist die Gewinnschwellenanalyse. Im Einproduktfall läßt sich der Break-Even-Punkt als diejenige Ausbringungsmenge bestimmen, die erzeugt und verkauft werden muß, damit die Deckungsbeiträge des Produkts den Fixkostenblock abdecken. Bei konstanten Erlösen und variablen Stückkosten ergibt sich diese kritische Menge als Quotient aus Fixkosten und Stückdeckungsbeitrag. Bei geringeren Mengen befindet sich das Unternehmen in der Verlustzone, mit Überschreiten der kritischen Menge gelangt es in die Gewinnzone.

Im Mehrproduktfall läßt sich die Gewinnschwelle nicht mehr für ein einzelnes Produkt, sondern lediglich für das Produktionsprogramm insgesamt formulieren, da ein geringer Deckungsbeitrag bei einem Produkt durch hohe Deckungsbeiträge bei anderen Produkten ausgeglichen werden kann. Fixkostendeckung ist genau dann gegeben, wenn die Summe der Deckungsbeiträge den Fixkosten entspricht:

$$\sum_{j=1}^{m} d_j \cdot x_j = K_F$$

Ist die Summe der Deckungsbeiträge geringer als die Fixkosten, so befindet sich das Unternehmen in der Verlustzone, übersteigen die Deckungsbeiträge die Fixkosten, erwirtschaftet das Unternehmen einen Gewinn.

c) Der spezifische Deckungsbeitrag eines Produkts ist definiert als der Quotient aus seinem Stückdeckungsbeitrag und seinem Produktionskoeffizienten auf einer Engpaßmaschine:

$$d_j^0 = \frac{d_j}{a_j}$$

Er gibt an, welcher Deckungsbeitrag je Einheit der knappen Kapazität erwirtschaftet werden kann, wenn die Maschine für die Herstellung von Produkt j eingesetzt wird. Der spezifische Deckungsbeitrag wird als Entscheidungskriterium bei der Planung des Produktionsprogramms herangezogen, wenn genau ein Engpaß zu berücksichtigen ist. In diesem Fall werden die Produkte sukzessiv in der Reihenfolge ihrer spezifischen Deckungsbeiträge mit der maximal absetzbaren Menge in das Produktionsprogramm aufgenommen, bis die Engpaßkapazität erschöpft ist. Bei Existenz mehrerer relevanter Engpässe läßt sich dieses Verfahren nicht anwenden, da sich für verschiedene Engpaßmaschinen in der Regel unterschiedliche Rangfolgen der spezifischen Deckungsbeiträge ergeben. In diesem Fall ist das optimale Produktionsprogramm mit Hilfe der linearen Programmierung zu bestimmen.

Aufgabe K32: Stufenweise Fixkostendeckung

a) Was ist die Zielsetzung des Systems der stufenweisen Fixkostendeckung nach AGHTE?

b) Welche Information liefert der Restdeckungsbeitrag II?

c) Welche Probleme treten bei der retrograden Vorgehensweise auf?

Lösung:

a) Das Ziel der stufenweisen Fixkostendeckung besteht darin, den Fixkostenblock nach Entscheidungsebenen aufzuspalten und den jeweiligen Entscheidungsobjekten zuzurechnen. Es erfolgt eine Gliederung in:

- erzeugnisfixe Kosten
- erzeugnisgruppenfixe Kosten
- kostenstellenfixe Kosten
- bereichsfixe Kosten
- unternehmensfixe Kosten

Der Deckungsbeitrag einer Produktart wird sukzessiv den auf diesen Ebenen anfallenden Fixkosten gegenübergestellt. Dadurch läßt sich feststellen, ob der jeweilige Restdeckungsbeitrag ausreicht, um die bis zu der Ebene entstandenen Fixkosten abzudecken.

b) Der Restdeckungsbeitrag II ist die Summe der Restdeckungsbeiträge aller Erzeugnisgruppen. Er liefert die Information, ob die Erzeugnisgruppen insgesamt die ihnen zurechenbaren Fixkosten, d.h. die erzeugnisfixen Kosten und die erzeugnisgruppenfixen Kosten, abdecken können.

c) Die retrograde Vorgehensweise führt immer dann zu Schwierigkeiten, wenn eine Produktionsstelle von mehreren anderen Stellen beliefert wird, da sich ihr Deckungsbeitrag nicht eindeutig auf die liefernden Stellen aufteilen läßt.

Aufgabe K33: Opportunitätskosten

a) Was versteht man unter Opportunitätskosten?

b) Eine Maschine hat eine Kapazität von 90 Maschinenstunden. Auf der Anlage können drei Produkte $j = 1,2,3$ hergestellt werden. Die Preise p_j, die variablen Stückkosten k_j, die maximal absetzbaren Mengen $\bar{x}_j$ und die Inanspruchnahme der Maschinenkapazität a_j je Einheit der Produkte $j = 1,2,3$ sind gegeben durch:

j	p_j	k_j	$\bar{x}_j$	a_j
1	50	25	5	20
2	40	15	1	50
3	60	20	2	30

Bestimmen Sie den optimalen Produktionsplan und geben Sie die Opportunitätskosten der Maschine an!

c) Wie ändern sich die Opportunitätskosten, wenn die Maschinenkapazität durch Überstunden auf 100 erhöht werden kann? Berücksichtigen Sie dabei, daß 10 €/Std. für Überstundenzuschläge gezahlt werden müssen!

Lösung:

a) Opportunitätskosten entsprechen dem entgangenen Gewinn bei der besten nicht mehr realisierten Verwendung einer knappen Ressource; sie spiegeln daher die innerbetriebliche Knappheit der Ressource wider. Ist die Ressource in beliebigen Mengen am Markt beschaffbar, entsprechen die Opportunitätskosten ihrem Marktpreis, andernfalls ergeben sie sich aus innerbetrieblichen Kalkülen, z.B. als Schattenpreise der knappen Ressource in der linearen Programmierung.

b) Da in der vorliegenden Situation lediglich ein innerbetrieblicher Engpaß relevant ist, kann die Produktionsplanung mit Hilfe der spezifischen Deckungsbeiträge vorgenommen werden. Diese lauten:

$$d_1^0 = \frac{p_1 - k_1}{a_1} = \frac{50 - 25}{20} = 1{,}25$$

$$d_2^0 = \frac{p_2 - k_2}{a_2} = \frac{40 - 15}{50} = 0{,}5$$

$$d_3^0 = \frac{p_3 - k_3}{a_3} = \frac{60 - 20}{30} = 1{,}\overline{3}$$

Am vorteilhaftesten ist die Produktion von Produkt 3, das daher bis zur maximalen Absatzmenge von 2 Einheiten gefertigt wird. Damit ist eine Kapazitätsinanspruchnahme von $2 \cdot 30 = 60$ Stunden verbunden, es verbleiben 30 Stunden für die weitere Fertigung.

Den zweithöchsten spezifischen Deckungsbeitrag weist Produkt 1 auf. Mit der Restkapazität von 30 Stunden können 1,5 Einheiten von diesem Produkt gefertigt werden. Produkt 2 kann damit gar nicht mehr gefertigt werden. Der optimale Produktionsplan lautet somit:

$$x_1 = 1{,}5 \qquad x_2 = 0 \qquad x_3 = 2$$

Die Opportunitätskosten der Maschine betragen 1,25 €/Std., d.h. sie entsprechen dem spezifischen Deckungsbeitrag des nicht mehr vollständig produzierten Produkts 1. Eine Ausweitung bzw. Einschränkung der Maschinenkapazität um eine Stunde wäre mit einer Zunahme bzw. Abnahme des Deckungsbeitrags um 1,25 € verbunden.

c) Durch eine Erhöhung der Kapazität um 10 Stunden könnten 0,5 Einheiten von Produkt 1 mehr hergestellt werden, d.h. die Opportunitätskosten betragen immer noch 1,25 €/Std. Unter Berücksichtigung eines Überstundenzuschlags von 10 €/Std. wäre diese Ausweitung der Kapazität jedoch ökonomisch nicht vorteilhaft.

Aufgabe K34: Kalkulation von Zusatzaufträgen

Ein Unternehmen stellt drei Produkte her, folgende Daten sind hierfür gegeben:

	Produkt 1	Produkt 2	Produkt 3
Verkaufspreis	10 €	20 €	12 €
Produktionsmenge	1.000 St.	800 St.	2.000 St.
variable Stückkosten	5 €	10 €	5 €
Inanspruchnahme der Maschinenkapazität	0,5 Std./St.	2 Std./St.	1 Std./St.

Kostenrechnung

a) Ein Kunde bietet an, zusätzliche 1.000 Stück von Produkt 1 abzunehmen und ist bereit, einen Preis von 8 € je Stück zu zahlen. Wie ist dieses Angebot zu beurteilen
- bei einer Kapazität der Maschine von 5.000 Stunden,
- bei einer Kapazität der Maschine von 4.100 Stunden?

Begründen Sie Ihre Antwort und erläutern Sie dabei die Begriffe „spezifischer Deckungsbeitrag" und „Opportunitätskosten".

b) Welche Preisuntergrenze ergibt sich für Produkt 1? Bis zu welcher Abnahmemenge ist diese Preisuntergrenze gültig?

c) Wie läßt sich die Preisuntergrenze allgemein charakterisieren?

Lösung:

a) Es handelt sich um ein Problem der Produktionsprogrammplanung bei einer knappen Ressource. Daher sind zunächst die spezifischen Deckungsbeiträge der Produkte zu ermitteln, die angeben, welcher Deckungsbeitrag durch die Produktion von Produkt j je Maschinenstunde erwirtschaftet werden kann.

$$d_1^0 = \frac{p_1 - k_1}{a_1} = \frac{10-5}{0,5} = 10$$

$$d_2^0 = \frac{p_2 - k_2}{a_2} = \frac{20-10}{2} = 5$$

$$d_3^0 = \frac{p_3 - k_3}{a_3} = \frac{12-5}{1} = 7$$

Die Rangfolge der Produkte lautet: 1 – 3 – 2. Um das gegebene Produktionsprogramm zu produzieren, sind 4.100 Maschinenstunden erforderlich. Der erwirtschaftete Deckungsbeitrag beläuft sich auf:

$(10-5) \cdot 1.000 + (20-10) \cdot 800 + (12-5) \cdot 2.000 = 27.000$ €

Durch das Angebot des Kunden, weitere Einheiten von Produkt 1 zu 8 € je Stück abzunehmen, verringert sich der spezifische Deckungsbeitrag dieses Produkts auf 6. Wenn 5.000 Maschinenstunden zur Verfügung stehen, kann dieser Zusatzauftrag im Umfang von 500 Stunden mit der freien Kapazität bewältigt werden, der Gesamtdeckungsbeitrag erhöht sich um 3.000 € auf 30.000 €. Stehen hingegen nur 4.100 Maschinenstunden zur Verfügung, so kann der Kundenauftrag nur bearbeitet werden, wenn das bisherige Produktionsprogramm so reduziert wird, daß die hierfür benötigte Kapazität freigesetzt wird. In diesem Fall müßte die Produktion von Produkt 2, das mit 5 €/Std. einen geringeren spezifischen Deckungsbeitrag als der Kundenauftrag aufweist, um 250 Stück reduziert werden. Der neue Deckungsbeitrag beläuft sich auf:

$$27.000 - 10 \cdot 250 + 3 \cdot 1.000 = 27.500 \ €$$

Aufgrund der Knappheitssituation weist die Maschine nunmehr Opportunitätskosten in Höhe des entgangenen Deckungsbeitrags von Produkt 2, d.h. von 5 €/Std., auf. Da der spezifische Deckungsbeitrag des Zusatzauftrags mit 6 €/Std. höher als diese Opportunitätskosten liegt, ist die Annahme des Auftrags immer noch vorteilhaft.

b) Die Preisuntergrenze für einen Zusatzauftrag von Produkt 1 liegt dort, wo der Erlös gerade den variablen Stückkosten zuzüglich der Opportunitätskosten je Stück entspricht. In der Situation mit ausreichender Kapazität betragen die Opportunitätskosten der Maschine Null, daher entspricht die Preisuntergrenze den variablen Stückkosten von 5 €. Diese Preisuntergrenze gilt solange, bis die Kapazität ausgeschöpft ist, in diesem Fall bis zu einer Produktionsmenge von 1.800 zusätzlichen Einheiten von Produkt 1.

In der Knappheitssituation muß das Produkt zusätzlich zu den 5 € variable Stückkosten $5 \cdot 0,5 = 2,5$ € an Opportunitätskosten erwirtschaften, d.h. die Preisuntergrenze liegt bei 7,5 €. Sie gilt solange, bis die Produktion von Produkt 2 vollständig durch den Zusatzauftrag substituiert wurde, d.h. bis zu einer Produktionsmenge von 3.200 Stück. Eine weitere Ausweitung der Produktion von Produkt 1 ist nur möglich, wenn die Produktion von Produkt 3 mit einem spezifischen Deckungsbeitrag von 7 € zurückgefahren wird, dadurch erhöht sich die Preisuntergrenze auf 8,5 €.

c) Die Preisuntergrenze ist durch die variablen Stückkosten gegeben, die mittels einer Teilkostenrechnung bestimmt werden können. Sie kommt bei der Entscheidung über die Annahme von Zusatzaufträgen zur Anwendung, da dabei die Fixkosten nicht entscheidungsrelevant sind. Es ist jedoch zu beachten, daß man nur kurzfristig und bei einzelnen Produkten Preiszugeständnisse bis hin zu den variablen Stückkosten machen darf, da durch das Produktionsprogramm insgesamt die Fixkosten abgedeckt werden müssen.

Kostenrechnung

Aufgabe K35: Produktionsprogrammplanung

Für einen Betrieb seien die nachfolgenden Daten gegeben. Dabei geben die Produktionskoeffizienten die benötigten Zeiteinheiten zur Produktion einer Produkteinheit auf Maschine 1 bzw. Maschine 2 an.

Produkt	Preis	variable Stückkosten	Absatzgrenze	Produktions-koeffizient 1	Produktions-koeffizient 2
1	15	13	1.500	3	5
2	19	19	2.000	4	10
3	11	6	800	10	6
4	23	22	1.000	3	4
5	17	19	1.300	5	5

a) Ermitteln Sie das deckungsbeitragsmaximale Produktionsprogramm ohne Berücksichtigung von Kapazitätsengpässen und geben Sie den erzielbaren Deckungsbeitrag an.

b) Ermitteln Sie das deckungsbeitragsmaximale Produktionsprogramm bei einer Kapazitätsvorgabe von 12.000 Zeiteinheiten für Maschine 1 und unbeschränkter Kapazität bei Maschine 2 und geben Sie auch hier den erzielbaren Deckungsbeitrag an.

c) Wie lautet das lineare Programm, mit dem das deckungsbeitragsmaximale Produktionsprogramm ermittelt werden kann, wenn für Maschine 2 zusätzlich eine Kapazitätsvorgabe von 10.000 Zeiteinheiten zu beachten ist? Geben Sie den daraus resultierenden Produktionsplan sowie den zugehörigen Deckungsbeitrag an!

Lösung:

a) Ohne Berücksichtigung von Kapazitätsengpässen ergibt sich das deckungsbeitragsmaximale Produktionsprogramm, indem man sämtliche Produkte mit positivem Stückdeckungsbeitrag bis zur Absatzgrenze produziert. Das sind in diesem Fall die Produkte 1, 3 und 4. Produkt 5 weist einen negativen Deckungsbeitrag auf, und Produkt 2 einen Deckungsbeitrag von Null, d.h. es ist irrelevant, in welcher Menge es produziert wird. Das deckungsbeitragsmaximale Produktionsprogramm lautet somit:

    1.500 Stück von Produkt 1
      800 Stück von Produkt 3
    1.000 Stück von Produkt 4

Der zugehörige Deckungsbeitrag lautet:

$$D = 2 \cdot 1.500 + 5 \cdot 800 + 1 \cdot 1.000 = 8.000$$

b) Bei einem relevanten Kapazitätsengpaß ist die Produktionsprogrammentscheidung auf Basis der spezifischen Deckungsbeiträge zu treffen. Diese lauten:

$$d_1^0 = \frac{15-13}{3} = 0,\overline{6}$$

$$d_3^0 = \frac{11-6}{10} = 0,5$$

$$d_4^0 = \frac{23-22}{3} = 0,\overline{3}$$

Die Produktion von Produkt 1 mit dem höchsten spezifischen Deckungsbeitrag bis zu seiner Absatzgrenze von 1.500 Stück erfordert 4.500 Zeiteinheiten auf der Engpaßmaschine, es verbleibt eine freie Kapazität von 7.500 Zeiteinheiten. Diese können zur Produktion von 750 Stück von Produkt 3 genutzt werden, das den nächsthöheren spezifischen Deckungsbeitrag aufweist. Produkt 4 kann aufgrund der Engpaßsituation nicht produziert werden. Der erzielbare Deckungsbeitrag beläuft sich auf:

$$D = 2 \cdot 1.500 + 5 \cdot 750 = 6.750$$

c) Bei mehreren Engpässen muß die Produktionsprogrammplanung mit Hilfe der linearen Programmierung erfolgen. Das zugehörige lineare Programm lautet:

$$\max DB = 2 x_1 + 5 x_3 + x_4$$

u.d.N.: $\quad 3 x_1 + 10 x_3 + 3 x_4 \leq 12.000$

$\quad\quad\quad\; 5 x_1 + 6 x_3 + 4 x_4 \leq 10.000$

$\quad\quad\quad\; 0 \leq x_1 \leq 1.500$

$\quad\quad\quad\; 0 \leq x_3 \leq 800$

$\quad\quad\quad\; 0 \leq x_4 \leq 1.000$

Mit Hilfe eines geeigneten Verfahrens zur Lösung linearer Programme erhält man die folgende optimale Lösung:

$$x_1^0 = 1.040 \quad\quad\quad\quad x_4^0 = 0$$
$$x_3^0 = 800$$

Der zugehörige Deckungsbeitrag beträgt 6.080 €.

Kostenrechnung

> Aufgabe K36: Grenzerfolgssätze
>
> a) Was versteht man unter Grenzerfolgssätzen? Wie können diese berechnet werden?
>
> b) Stellen Sie das Grundmodell der Produktionsprogrammplanung auf und erklären Sie die Grenzerfolgssätze anhand des Preistheorems von KOOPMANS! Wie können die Grenzerfolgssätze für die Produktionsplanung verwendet werden?

Lösung:

a) Grenzerfolgssätze sind die Opportunitätskosten der knappen Maschinenkapazitäten bzw. der Absatzbeschränkungen. Sie geben an, um welchen Betrag sich der optimale Zielfunktionswert verändert, wenn die betreffende Restriktion in genügend kleinen Schritten variiert wird. Weiter wird durch sie eine Aufteilung des Deckungsbeitrags auf die Kapazitäten und die Absatzmöglichkeiten vorgenommen. Die Grenzerfolgssätze ergeben sich in einem linearen Programm zur Produktionsprogrammplanung als Dualvariablen des Produktionsmodells bzw. als Lösung des Bewertungsmodells.

b) Das Grundmodell der Produktionsprogrammplanung lautet:

$$\max D = \sum_{j=1}^{m} d_j \cdot x_j$$

u.d.N.:
$$\sum_{j=1}^{m} a_{ij} \cdot x_j \leq b_i \qquad i = 1,\ldots,n$$

$$x_j \leq A_j \qquad j = 1,\ldots,m$$

$$0 \leq x_j \qquad j = 1,\ldots,m$$

Gemäß dem Preistheorem der linearen Programmierung gilt:

Zu einer optimalen Lösung $\underline{x}^0$ dieses Produktionsmodells gibt es ein System von Preisen $\underline{w}^0$ bzw. $\underline{v}^0$, die optimale Lösung des dazu dualen Bewertungsmodells sind und den folgenden Bedingungen genügen:

$$\sum_{j=1}^{m} a_{ij} \cdot x_j^0 \begin{Bmatrix} = \\ < \end{Bmatrix} b_i \quad \Rightarrow \quad w_i^0 \begin{Bmatrix} \geq \\ = \end{Bmatrix} 0 \qquad \text{für alle } i = 1,\ldots,n$$

$$x_j^0 \begin{Bmatrix} = \\ < \end{Bmatrix} A_j \quad \Rightarrow \quad v_j^0 \begin{Bmatrix} \geq \\ = \end{Bmatrix} 0 \qquad \text{für alle } j = 1,\ldots,m$$

Das bedeutet, daß sich ein positiver Grenzerfolgssatz nur dann ergeben kann, wenn die zugehörige Restriktion ausgeschöpft ist. Umgekehrt gilt:

$$\sum_{i=1}^{n} a_{ij} \cdot w_i^0 + v_j^0 \begin{Bmatrix} = \\ > \end{Bmatrix} d_j \Rightarrow x_j^0 \begin{Bmatrix} \geq \\ = \end{Bmatrix} 0 \quad \text{für alle } j = 1,\ldots,m$$

Eine positive Produktion des Produkts j kommt nur dann in Betracht, wenn sein Deckungsbeitrag hoch genug ist, um die mit den Grenzerfolgssätzen bewertete Nutzung der Maschinenkapazitäten sowie der Absatzbeschränkung zu kompensieren.

Aufgabe K37: Simultane Produktionsprogrammplanung

Zur Herstellung der 6 Produkte $j = 1,\ldots,6$ werden 3 Maschinen $i = 1,\ldots,3$ eingesetzt. Die Kapazitäten der Maschinen sind gegeben durch:

$r_1 = 1.600 \qquad r_2 = 1.800 \qquad r_3 = 1.070$

Die Deckungsbeiträge, die mit den einzelnen Produkten erwirtschaftet werden können, betragen:

$d_1 = 1 \qquad d_2 = 2 \qquad d_3 = 2$
$d_4 = 4 \qquad d_5 = 2 \qquad d_6 = 1$

Die Produktionskoeffizienten a_{ij} (Maschinenstunden/Ausbringungseinheit) sind gegeben durch:

$$\underline{A} = \begin{pmatrix} 1 & 4 & 1 & 2 & 3 & 2 \\ 4 & 1 & 3 & 4 & 1 & 2 \\ 2 & 1 & 4 & 2 & 2 & 4 \end{pmatrix}$$

a) Stellen Sie das Produktionsmodell und das Bewertungsmodell auf.

b) Die optimale Lösung des Produktionsmodells ist gegeben durch:

$x_1 = 0 \qquad x_2 = 172 \qquad x_3 = 9$
$x_4 = 390 \qquad x_5 = 41 \qquad x_6 = 0$

Die optimale Lösung des Bewertungsmodells ist gegeben durch:

$w_1 = 0,4 \qquad w_2 = 0 \qquad w_3 = 0,4$
$v_1 = 0 \qquad v_2 = 0 \qquad v_3 = 0$
$v_4 = 2,4 \qquad v_5 = 0 \qquad v_6 = 0$

Interpretieren Sie die Lösung des Bewertungsmodells und zeigen Sie, daß diese dem Preistheorem der linearen Programmierung genügt!

c) Das Unternehmen kann einen Auftrag hereinnehmen, 20 Stück eines weiteren Produkts herzustellen, das von jeder der Kapazitäten 1 Stunde je Stück in Anspruch nimmt. Wie hoch muß der Deckungsbeitrag mindestens sein, damit das Unternehmen dieses Produkt in sein Programm aufnimmt?

Lösung:

a) Das Produktionsmodell lautet:

$$\max D = x_1 + 2x_2 + 2x_3 + 4x_4 + 2x_5 + x_6$$

u.d.N.: $\quad x_1 + 4x_2 + x_3 + 2x_4 + 3x_5 + 2x_6 \leq 1.600$

$\quad\quad\quad 4x_1 + x_2 + 3x_3 + 4x_4 + x_5 + 2x_6 \leq 1.800$

$\quad\quad\quad 2x_1 + x_2 + 4x_3 + 2x_4 + 2x_5 + 4x_6 \leq 1.070$

$\quad\quad\quad x_1, x_2, x_3, x_4, x_5, x_6 \geq 0$

Das dazu duale Bewertungsmodell ergibt sich als:

$$\min Z = 1.600 w_1 + 1.800 w_2 + 1.070 w_3$$

u.d.N.: $\quad w_1 + 4w_2 + 2w_3 \geq 1$

$\quad\quad\quad 4w_1 + w_2 + w_3 \geq 2$

$\quad\quad\quad w_1 + 3w_2 + 4w_3 \geq 2$

$\quad\quad\quad 2w_1 + 4w_2 + 2w_3 \geq 4$

$\quad\quad\quad 3w_1 + w_2 + 2w_3 \geq 2$

$\quad\quad\quad 2w_1 + 2w_2 + 4w_3 \geq 1$

$\quad\quad\quad w_1, w_2, w_3 \geq 0$

b) Die Lösungen w_i des Bewertungsmodells geben die Grenzerfolgssätze bzw. die Opportunitätskosten der Maschinenkapazitäten an. Da diese nur für die erste und dritte Maschine positive Werte annehmen, ist davon auszugehen, daß diese beiden Maschinen Engpässe darstellen, während die Kapazität der zweiten Maschine durch das Produktionsprogramm zwar ausgeschöpft wird, aber noch keinen Engpaß darstellt. Ihr Schlupf beträgt:

$$1.800 - (4 \cdot 0 + 1 \cdot 172 + 3 \cdot 9 + 4 \cdot 390 + 1 \cdot 41 + 2 \cdot 0) = 0$$

Für die beiden anderen Maschinen gilt:

$1 \cdot 0 + 4 \cdot 172 + 1 \cdot 9 + 2 \cdot 390 + 3 \cdot 41 + 2 \cdot 0 = 1.600 \quad \Rightarrow w_1 \geq 0$

$2 \cdot 0 + 1 \cdot 172 + 4 \cdot 9 + 2 \cdot 390 + 2 \cdot 41 + 4 \cdot 0 = 1.070 \quad \Rightarrow w_2 \geq 0$

Der erste Teil des Preistheorems ist somit erfüllt. Weiter muß nach dem zweiten Teil des Preistheorems gelten, daß nur solche Produkte produziert werden, deren Deckungsbeitrag ausreicht, um ihre mit den Grenzerfolgssätzen bewertete Kapazitätsinanspruchnahme abzudecken:

$1 \cdot 0{,}4 + 4 \cdot 0 + 2 \cdot 0{,}4 = 1{,}2 > d_1 \qquad x_1 = 0$

$4 \cdot 0{,}4 + 1 \cdot 0 + 1 \cdot 0{,}4 = 2 = d_2 \qquad x_2 \geq 0$

$1 \cdot 0{,}4 + 3 \cdot 0 + 4 \cdot 0{,}4 = 2 = d_3 \qquad x_3 \geq 0$

$2 \cdot 0{,}4 + 4 \cdot 0 + 2 \cdot 0{,}4 = 1{,}6 < d_4 \qquad x_4 \geq 0$

$3 \cdot 0{,}4 + 1 \cdot 0 + 2 \cdot 0{,}4 = 2 = d_5 \qquad x_5 \geq 0$

$2 \cdot 0{,}4 + 2 \cdot 0 + 4 \cdot 0{,}4 = 2{,}4 > d_6 \qquad x_6 = 0$

Die Lösung erfüllt auch den zweiten Teil des Preistheorems. Wie auch schon der positive Wert von v_4 zeigt, erwirtschaftet nur das Produkt 4 einen Erfolg, der seine bewertete Kapazitätsinanspruchnahme übersteigt.

c) Der Deckungsbeitrag des neuen Produkts muß mindestens so hoch sein wie seine mit den Grenzerfolgssätzen bewertete Kapazitätsinanspruchnahme:

$$d \geq 1 \cdot w_1 + 1 \cdot w_2 + 1 \cdot w_3 = 1 \cdot 0{,}4 + 1 \cdot 0 + 1 \cdot 0{,}4 = 0{,}8$$

Wenn der Stückdeckungsbeitrag mindestens 0,8 beträgt, ist es für das Unternehmen vorteilhaft, das neue Produkt herzustellen.

Aufgabe K38: Ziele der Kostenrechnung

Diskutieren Sie, inwieweit die Voll- bzw. die Teilkostenrechnung geeignet sind

a) zur Wirtschaftlichkeitskontrolle,

b) zur Erfolgskontrolle,

c) für die Produktionsplanung,

d) für die Kalkulation,

e) zur Ermittlung von Daten für den Jahresabschluß.

Lösung:

a) Die Kontrolle der Wirtschaftlichkeit der Leistungserstellung in den Kostenstellen ist eine wesentliche Aufgabe der Kostenrechnung. Dabei werden die Istkosten mit der jeweiligen Kostenvorgabe verglichen und die auftretenden

Abweichungen hinsichtlich ihrer Ursachen analysiert. Bei der Vollkostenrechnung werden den Kostenstellen sowohl die direkt zurechenbaren Kostenstelleneinzelkosten als auch über Schlüsselungen Anteile der Kostenstellengemeinkosten sowie der Fixkosten der Hilfskostenstellen zugewiesen. Dies erschwert die Kostenkontrolle, da sich Veränderungen bei den Bereitschaftskosten oder Schwankungen der Beschäftigung in Abweichungen der Verrechnungssätze niederschlagen, die nicht in die Verantwortung der Kostenstelle fallen. Diese Probleme vermeidet die Teilkostenrechnung, da sie den Kostenstellen nur die variablen Kostenanteile zuweist und weiterverrechnet. Die Kostenstellensätze werden durch Beschäftigungsschwankungen nicht in dem Maße beeinflußt wie bei der Vollkostenrechnung, daher ist die Teilkostenrechnung für die Wirtschaftlichkeitskontrolle besser geeignet.

b) Bei der Erfolgskontrolle werden die Erlöse der Produkte ihren Stückkosten gegenübergestellt. Die auf Vollkostenbasis ermittelten Stückkosten enthalten proportionalisierte Fixkostenbestandteile. Dabei werden zwar insgesamt die Fixkosten vollständig auf die Produkte umgelegt, jedoch schwanken die Stückkosten der einzelnen Produkte insbesondere aufgrund der Fixkostendegression stark in Abhängigkeit von der Ausbringungsmenge. Der auf dieser Basis berechnete Erfolgsbeitrag ist daher nur bedingt zur Steuerung geeignet. Die Teilkostenrechnung verzichtet auf die Verrechnung der Fixkosten auf die Produkte und verrechnet nur die variablen Kosten auf die Produkte. Die Differenz von Stückerlös und variablen Kosten ergibt den als Steuerungsgröße relevanten Stückdeckungsbeitrag. Weiter ist im Rahmen der Erfolgskontrolle – gegebenenfalls auf mehreren Stufen – zu prüfen, ob die Summe der Deckungsbeiträge ausreicht, um die Fixkosten abzudecken.

c) Die Produktionsplanung trifft die Entscheidungen über das aktuelle Produktionsprogramm, über die Aufteilung knapper Kapazitäten auf die Produkte und über die Annahme von Zusatzaufträgen. Dabei orientiert sich die Vollkostenrechnung wiederum an den unter Schlüsselung von Fixkosten ermittelten Stückkosten der Produkte: Es werden nur die Produkte hergestellt, deren Stückerlöse über den Stückkosten liegen, bei knappen Kapazitäten werden diejenigen Produkte mit den geringsten Stückgewinnen zuerst aus dem Produktionsprogramm eliminiert, auch bei der Entscheidung über Zusatzaufträge wird der – für diese Entscheidung irrelevante Fixkostenanteile enthaltende – Stückgewinn herangezogen. Die Teilkostenrechnung hingegen orientiert sich an den als Differenz von Stückerlös und variablen Stückkosten ermittelten Deckungsbeiträgen der Produkte. Dadurch werden den einzelnen Produkten nur die Kosten zugerechnet, die direkt durch sie verursacht werden, es findet keine willkürliche Schlüsselung von Fixkosten auf die Produkte statt. Bei ausreichenden Kapazitäten werden alle Produkte mit positiven Deckungsbeiträgen hergestellt, auch wenn sie ihre Vollkosten nicht abdecken. Bei knappen Kapazitäten werden die Deckungsbeiträge in Relation zur Ressourcenbeanspruchung gesetzt. Ein Zusatzauftrag wird angenommen, wenn er einen positiven Deckungsbeitrag aufweist bzw. bei knappen Kapazitäten je Engpaßstunde einen höheren Deckungsbeitrag erwirtschaftet als das zuvor am wenigsten vorteilhafte Produkt.

d) Die Kalkulation dient der Bestimmung von Angebotspreisen bzw. Preisuntergrenzen. Bei Vollkostenrechnung wird die Preisuntergrenze in Höhe der Stückkosten, gegebenenfalls zuzüglich eines Gewinnzuschlags, ermittelt. Da in den Stückkosten proportionalisierte Fixkostenanteile enthalten sind, kommt es zu folgender Fehlentscheidung: Durch einen Nachfragerückgang nach einem Produkt steigen aufgrund der umgekehrten Fixkostendegression seine Stückkosten, d.h. das Unternehmen reagiert in dieser Situation mit steigenden anstelle von fallenden Preisen. Die Preisfindung auf der Basis von Vollkosten hat allerdings immer noch eine große Bedeutung bei der Kalkulation öffentlicher Aufträge.

Auch die in der Teilkostenrechnung ermittelte Preisuntergrenze in Höhe der variablen Stückkosten, die bei proportionalem Kostenverlauf mit den Grenzkosten übereinstimmen, ist nur bedingt für die Preisfindung geeignet: Zum einen darf ein Unternehmen allenfalls einzelne Produkte kurzfristig zu Grenzkosten anbieten, denn zur Gewinnerzielung ist es notwendig, daß durch das Sortiment insgesamt auch die Fixkosten abgedeckt werden. Zum anderen läßt eine ausschließlich an den Kosten orientierte Preisbildung außer acht, daß auch die Marktseite für die Absatz- und damit die Gewinnsituation eine wichtige Rolle spielt.

e) Auch wenn die Kostenrechnung in erster Linie eine interne Rechnung ist, liefert sie eine Reihe von Informationen für den an externe Adressaten gerichteten Jahresabschluß: Die Bewertung selbsterstellter Anlagegüter sowie der Bestände an Zwischen- und Endprodukten baut auf den in der Kostenrechnung ermittelten Werten auf. Gemäß den Vorschriften des Handelsgesetzbuchs kann dafür sowohl die Voll- als auch die Teilkostenrechnung eingesetzt werden, da die Einzelkosten als Untergrenze und die Vollkosten als Obergrenze für den Wertansatz vorgesehen sind. Nach Einkommensteuerrecht ist hingegen eine Kalkulation zu Vollkosten vorgeschrieben. Für Unternehmen, die aus systematischen Gründen die für die zuvor diskutierten Zwecke besser geeignete Teilkostenrechnung einführen wollen, resultiert daraus der Zwang, parallel eine Vollkostenrechnung durchzuführen, um diese Daten in der vorgeschriebenen Weise ermitteln zu können.

4. Die Plankostenrechnung

> Aufgabe K39: Entwicklung der Kostenrechnung
> a) Worin unterscheiden sich Istkostenrechnung, Normalkostenrechnung und Plankostenrechnung?
> b) Worin unterscheiden sich starre und flexible Plankostenrechnung sowie die Grenzplankostenrechnung voneinander?

Lösung:

a) Die genannten Systeme der Kostenrechnung unterscheiden sich hinsichtlich des Zeitbezugs der Kosten: Istkosten sind die in der Abrechnungsperiode tatsächlich entstandenen Kosten, die sich an den historischen Anschaffungspreisen orientieren. Da die Istkostenrechnung in jeder Periode die aktuellen Kostendaten ermitteln muß, ist sie recht schwerfällig und hängt stark von Schwankungen beim Mengen- oder Wertgerüst der Kosten ab. Sie eignet sich im wesentlichen für die Nachkalkulation, da auf der Basis von Vergangenheitswerten keine zukunftsorientierte Kostenplanung möglich ist.

Die Normalkostenrechnung verwendet für die Bewertung der Istverbrauchsmengen feste Verrechnungspreise, die sich als Durchschnittswerte aus den Istkosten mehrerer Abrechnungsperioden ergeben. Dadurch wird zunächst die Abrechnung wesentlich vereinfacht, weiter ist durch den Vergleich von vorgegebenen Normalkosten und realisierten Istkosten eine Kostenkontrolle möglich.

Plankosten schließlich sind ex ante ermittelte Kostenvorgaben, bei denen sowohl das Mengengerüst als auch die Wertansätze geplante Größen sind. Dabei basieren die Mengenvorgaben auf den bei effizienter Leistungserstellung benötigten Verbrauchsmengen und die Faktorpreise auf den günstigsten Bezugsmöglichkeiten, so daß die Kostenvorgabe für die Verantwortlichen ein anspruchsvolles Ziel darstellt. Eine Kostenkontrolle kann nur erfolgen, indem die nachträglich ermittelten Istkosten den Plankosten gegenübergestellt werden.

b) Die genannten Varianten der Plankostenrechnung stellen verschiedene Entwicklungsstufen dar. Die starre und die flexible Plankostenrechnung werden auf Vollkostenbasis durchgeführt, während die Grenzplankostenrechnung eine Teilkostenrechnung ist. Bei der starren Plankostenrechnung wird das Mengengerüst der Kosten auf Basis einer vorgegebenen Planbeschäftigung festgelegt, so daß sich Kostenabweichungen nicht weiter aufspalten lassen. Eine sinnvolle Kostenkontrolle ist daher nur möglich, wenn Ist- und Planbeschäftigung übereinstimmen.

Die flexible Plankostenrechnung nimmt eine Aufteilung der Plankosten in ihre fixen und variablen Bestandteile vor. Dadurch läßt sich für jeden Beschäftigungsgrad eine Kostenvorgabe ableiten, auftretende Kostenabweichungen lassen sich in ihre Bestandteile – Beschäftigungsabweichung, Verbrauchsabweichung und Preisabweichung – aufspalten und dementsprechend den Verantwortlichen zurechnen.

Die Grenzplankostenrechnung betrachtet nur die variablen Bestandteile der Sollkosten, die Differenz von variablen Istkosten und Plankosten entspricht daher unmittelbar der Verbrauchsabweichung. Dabei werden die bei der Vollkostenrechnung auftretenden Probleme einer Proportionalisierung von Fixkosten vermieden.

Aufgabe K40: Sollkostenkurve

Die Planbeschäftigung einer Kostenstelle beträgt 200 Stunden, die Plankosten bei Planbeschäftigung belaufen sich auf 20.000 €, davon sind 15.000 € Fixkosten.

a) Geben Sie die Planverrechnungssätze für diese Kostenstelle an.

b) Konstruieren Sie die Sollkostenkurve und stellen Sie diese – ebenso wie die Kurve der verrechneten Gemeinkosten – dar.

c) Die Istkosten der Abrechnungsperiode betragen 22.500 €, die Istbeschäftigung 210 Stunden. Bestimmen Sie die Beschäftigungs- und die Verbrauchsabweichung analytisch und graphisch!

Lösung:

a) Der Planverrechnungssatz wird ermittelt, indem man die Plankosten durch die Planbeschäftigung dividiert:

$$k^P = \frac{K^P}{x^P} = \frac{20.000}{200} = 100 \text{ €}$$

Für die flexible Plankostenrechnung ergibt sich der Sollkostensatz als Quotient aus den variablen Plankosten und der Planbeschäftigung:

$$k_v^P = \frac{K^P - K_F^P}{x^P} = \frac{20.000 - 15.000}{200} = 25 \text{ €}$$

b) Die Sollkostenkurve gibt die Kostenvorgabe in Abhängigkeit vom Beschäftigungsgrad an. Sie lautet:

$$K^S(x) = K_F^P + k_v^P \cdot x = 15.000 + 25\, x$$

Die Kurve der verrechneten Gemeinkosten nimmt eine vollständige Proportionalisierung der Fixkosten vor. Bei der Planbeschäftigung liefern beide Funktionen denselben Wert von 20.000 €.

$$K^V(x) = k^P \cdot x = 100\, x$$

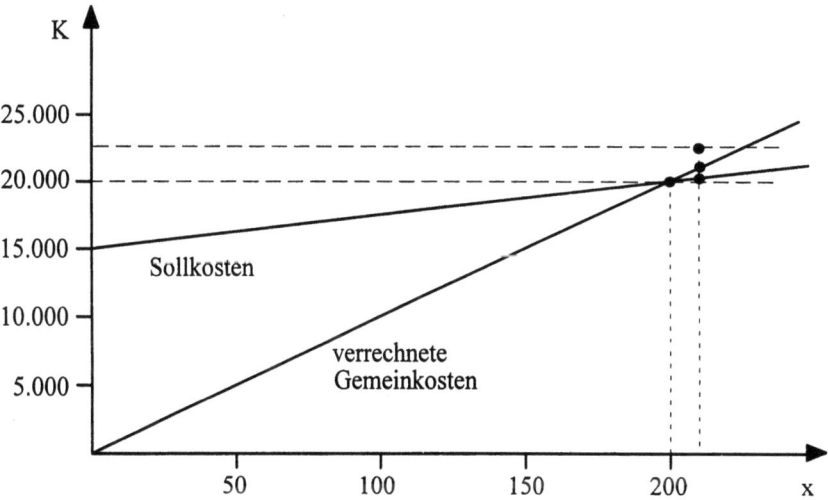

c) Die Gesamtabweichung von Istkosten und Plankosten beträgt 2.500 €. Diese läßt sich wie folgt aufspalten:

Die Sollkosten für die Istbeschäftigung von 210 Stunden belaufen sich auf:

$15.000 + 25 \cdot 210 = 20.250$ €

Damit beträgt die in die Verantwortung des Kostenstellenleiters fallende Verbrauchsabweichung

$22.500 - 20.250 = 2.250$ €

und die Beschäftigungsabweichung wegen der Überbeschäftigung

$2.500 - 2.250 = 250$ €.

> **Aufgabe K41**: Abweichungsanalyse
>
> Die Planbeschäftigung einer Kostenstelle ist mit 200 Stunden pro Monat vorgegeben. Für diese sind Plankosten in Höhe von 40.000 € angesetzt, in denen Fixkosten in Höhe von 10.000 € enthalten sind.
>
> a) Bestimmen Sie den Verlauf der verrechneten Gemeinkosten und der Sollkosten in Abhängigkeit von der Beschäftigung.
>
> b) Bei einer Istbeschäftigung von 150 Stunden sind Istkosten in Höhe von 36.000 € entstanden. Bestimmen Sie die Höhe der Gesamtabweichung, der Verbrauchsabweichung und der Beschäftigungsabweichung. Erläutern Sie Ihr Vorgehen und interpretieren Sie diese Größen.
>
> c) Welche dieser Abweichungen können zur Beurteilung der Wirtschaftlichkeit der Kostenstelle herangezogen werden? Begründen Sie Ihre Antwort.

Lösung:

a) Man erhält die Funktion der verrechneten Gemeinkosten, indem man die gesamten Plankosten proportionalisiert:

$$K^V(x) = \frac{K^P}{x^P} \cdot x = \frac{40.000}{200} x = 200\,x$$

Für die Bestimmung der Sollkostenkurve werden die Plankosten in ihre fixen und variablen Bestandteile aufgeteilt:

$$K^S(x) = K_F^P + \frac{K^P - K_F^P}{x^P} \cdot x = 10.000 + \frac{30.000}{200} x = 10.000 + 150\,x$$

b) Die verrechneten Gemeinkosten bei einer Beschäftigung von 150 Stunden betragen:

$$K^V(150) = 200 \cdot 150 = 30.000\ \text{€}$$

Die gesamte Kostenabweichung beträgt also 6.000 €.

Die Sollkosten bei einer Beschäftigung von 150 Stunden betragen:

$$K^S(150) = 10.000 + 150 \cdot 150 = 32.500\ \text{€}$$

Die Differenz zwischen den Istkosten und den Sollkosten in Höhe von 3.500 € entspricht der Verbrauchsabweichung, als Beschäftigungsabweichung verbleiben somit 2.500 €.

c) Zur Beurteilung der Wirtschaftlichkeit der Kostenstelle kann lediglich die Verbrauchsabweichung herangezogen werden, da die Beschäftigungsabweichung auf der willkürlichen und nicht entscheidungsrelevanten Proportionalisierung der Fixkosten beruht. Die Verbrauchsabweichung zeigt auf, um wieviel die Vorgabe der variablen Kosten z.B. aufgrund von Unwirtschaftlichkeiten bei der Leistungserstellung überschritten wurde, und fällt somit in die Verantwortlichkeit des Kostenstellenleiters.

Aufgabe K42: Abweichungsinterdependenz

a) Was versteht man unter Abweichungsinterdependenz? Unter welchen Bedingungen tritt diese auf?

b) Zeigen Sie die Bedeutung der Abweichungsinterdependenz am Beispiel der Preis- und Verbrauchsabweichungen auf!

c) Wie behandelt man Abweichungsinterdependenzen in der Praxis der Plankostenrechnung? Zeigen Sie das Vorgehen anhand der Interdependenz von Preis- und Verbrauchsabweichungen. Kritisieren Sie die Vorgehensweise!

Lösung:

a) Abweichungsinterdependenzen ergeben sich bei der Abweichungsanalyse immer dann, wenn die Kosteneinflußgrößen nicht separabel sind, so daß sich die einzelnen Kostenabweichungen nicht voneinander trennen lassen.

Bezeichnet man mit $z_k (k=1,...,s)$ die Kosteneinflußgrößen, dann hat die Kostenfunktion die Form:

$$K = f(z_1,...,z_s)$$

Für geplante Werte der Kosteneinflußgrößen z_k^P erhält man die Kostenfunktion:

$$K^P = f(z_1^P,...,z_s^P)$$

Für Ist-Werte z_k^I der Kosteneinflußgrößen gilt hingegen:

$$K^I = f(z_1^I,...,z_s^I)$$

Die Gesamtabweichung zwischen Plan- und Ist-Werten ist dann gegeben durch:

$$\Delta K = K^I - K^P = f\left(z_1^I,...,z_s^I\right) - f\left(z_1^P,...,z_s^P\right)$$

Ziel der Abweichungsanalyse ist es nun, diese Gesamtabweichung aufzuspalten und sie auf Teilabweichungen zurückzuführen, die durch die Abweichungen der einzelnen Einflußgrößen gegeben sind. Das ist allerdings nur dann möglich, wenn die Kostenfunktion separabel in den einzelnen Einflußgrößen ist, d.h. wenn sie wie folgt geschrieben werden kann:

$$K = f(z_1,...,z_s) = f_1(z_1) + ... + f_s(z_s)$$

b) Dieses Problem läßt sich anhand der Preis- und Verbrauchsabweichung darstellen. Unter der Voraussetzung, daß die Kosten nur von den Verbrauchsmengen $r_i (i = 1,...,n)$ und den Faktorpreisen $q_i (i = 1,...,n)$ abhängen, gilt:

$$\Delta K = K^I - K^P = \sum_{i=1}^{n} \left[r_i^I \cdot q_i^I - r_i^P \cdot q_i^P \right] =$$

$$= \sum_{i=1}^{n} \left[(r_i^P + \Delta r_i) \cdot (q_i^P + \Delta q_i) - r_i^P \cdot q_i^P \right] =$$

$$= \sum_{i=1}^{n} \left[\Delta r_i \cdot q_i^P + \Delta q_i \cdot r_i^P + \Delta r_i \cdot \Delta q_i \right]$$

Neben den Verbrauchsabweichungen, bewertet mit Planpreisen $\Delta r_i \cdot q_i^P$, und den Preisabweichungen, gewichtet mit den Planmengen $\Delta q_i \cdot r_i^P$, treten gemischte Abweichungen bzw. Abweichungen höherer Ordnung $\Delta r_i \cdot \Delta q_i$ auf, die sich aus Abweichungen der Mengen wie auch der Preise zusammensetzen. Eine Trennung in Teilabweichungen ist nicht möglich, weil Mengen und Preise multiplikativ und nicht additiv miteinander verknüpft sind.

c) Bei der alternativen Abweichungsanalyse werden die Verbrauchs- und die Preisabweichungen näherungsweise bestimmt, indem jeweils eine als Planwert, die anderen als Ist-Werte angesetzt werden. Die Mengenabweichung wird nach der folgenden Formel berechnet:

$$\Delta K_q = \sum_{i=1}^{n} \left[r_i^I \cdot q_i^I - r_i^I \cdot q_i^P \right]$$

Die Preisabweichung wird folgendermaßen bestimmt:

$$\Delta K_r = \sum_{i=1}^{n} \left[r_i^I \cdot q_i^I - r_i^P \cdot q_i^I \right]$$

Bei diesem Umlageverfahren werden die Abweichungen höherer Ordnung mehrfach verrechnet.

Bei der kumulativen Abweichungsanalyse wird zunächst die Reihenfolge festgelegt, in der die Abweichungen bestimmt werden. Dann werden die Abweichungen höherer Ordnung der jeweils zuerst bestimmten Abweichung zugerechnet. Bei der Bestimmung der Preis- und Verbrauchsabweichungen wird die Umlage mit Hilfe folgender Formeln durchgeführt:

$$\Delta K_q = \sum_{i=1}^{n}\left[r_i^I \cdot q_i^I - r_i^I \cdot q_i^P\right]$$

$$\Delta K_r = \sum_{i=1}^{n}\left[r_i^I \cdot q_i^I - r_i^P \cdot q_i^P\right]$$

Bei dieser Methode werden zwar die Abweichungen höherer Ordnung nur einmal verrechnet, das Ergebnis hängt aber von der Reihenfolge der Verrechnung ab.

Bei der summarischen Abweichungsanalyse werden die Abweichungen höherer Ordnung proportional zur Höhe der primären Abweichungen umgelegt. Zur Berechnung der Preis- und Verbrauchsabweichung ergeben sich folgende Formeln:

$$\Delta K_q = \sum_{i=1}^{n} \Delta q_i \cdot r_i^P \cdot \left[1 + \frac{\sum_{i=1}^{n} \Delta r_i \cdot \Delta q_i}{\sum_{i=1}^{n}\left(\Delta r_i \cdot q_i^P + \Delta q_i \cdot r_i^P\right)}\right]$$

$$\Delta K_r = \sum_{i=1}^{n} \Delta r_i \cdot q_i^P \cdot \left[1 + \frac{\sum_{i=1}^{n} \Delta r_i \cdot \Delta q_i}{\sum_{i=1}^{n}\left(\Delta r_i \cdot q_i^P + \Delta q_i \cdot r_i^P\right)}\right]$$

Die so ermittelten Abweichungen sind zwar eindeutig bestimmt, es läßt sich jedoch nicht begründen, warum die Abweichungen höherer Ordnung proportional verrechnet werden.

Aufgabe 43: Preisabweichungen

Gegeben sind folgende Lagerbewegungen:

Buchungs-Nr.	Zugangsdatum	Menge in kg	Preis in €
(1)	01.07.	40	10
(2)	03.07.	100	11
(3)	10.07.	30	12
(4)	15.07.	100	9
(5)	20.07.	10	11
(6)	25.07.	50	10

Buchungs-Nr.	Abgangsdatum	Einsatzmenge in kg
(7)	02.07.	50
(8)	05.07.	100
(9)	08.07.	10
(10)	15.07.	100
(11)	25.07.	50
(12)	28.07.	75

Der Planpreis beträgt 10 €. Das Materialbestandskonto wird in Planpreisen geführt, der Anfangsbestand hat einen Wert von 1.200 €. Das Preisdifferenzenbestandskonto hat einen Anfangsbestand von 850 € im Soll.

Verbuchen Sie diese Lagerbewegungen im Rahmen einer Plankostenrechnung, die die Preisdifferenzen bei Lagerzugang erfaßt und bestimmen Sie die Preisdifferenz des Materialeinsatzes.

Lösung:

Es werden folgende Konten geführt:

Materialbestand zu Planpreisen
Materialkosten zu Planpreisen
Preisdifferenzenbestand

Das Materialbestandskonto wird mit einem Anfangsbestand von 1.200 € eröffnet, das Preisdifferenzenbestandskonto mit einem Soll-Bestand von 850 € begonnen.

Die Materialeingänge werden im Soll des Preisdifferenzenbestandskonto zu Ist-Preisen gebucht; die Gegenbuchung erfolgt in einem Konto der Kontenklasse 1 in der Finanzbuchhaltung (Buchungen (1)–(6)).

Materialbestand (zu Planpreisen)

Anfangsbestand	1.200	(8)	500
(1a)	400	(9)	1.000
(2a)	1.000	(10)	100
(3a)	300	(11)	1.000
(4a)	1.000	(12)	500
(5a)	100	(13)	750
(6a)	500	Endbestand	650
	4.500		4.500

Preisdifferenzenbestand

Anfangsbestand	850	(1a)	400
(1)	400	(2a)	1.000
(2)	1.100	(3a)	300
(3)	360	(4a)	1.000
(4)	900	(5a)	100
(5)	110	(6a)	500
(6)	500	Preisdifferenz Materialeinsatz	608
		Endbestand	_112_
	_4.220_		_4.220_

Auf dem Materialbestandskonto werden die Materialeingänge zu Planpreisen im Soll verbucht, die Gegenbuchung erfolgt auf dem Preisdifferenzenbestandskonto (1a)–(6a).

Materialeinsatz (zu Planpreisen)

(8)	500	Materialkosten	3.800
(9)	1.000	(auf Kosten-	
(10)	100	träger)	
(11)	1.000		
(12)	500		
(13)	_750_		
	_3.800_		_3.800_

Der Materialeinsatz wird auf dem Materialeinsatzkonto zu Planpreisen verbucht, die Gegenbuchung erfolgt im Haben des Materialbestandskontos.

Der Saldo, der sich beim vorläufigen Abschluß des Preisdifferenzenbestandskontos (720 €) ergibt, setzt sich aus den auf den Endbestand und den auf den Materialeinsatz entfallenden Preisdifferenzen zusammen. Um diese auf die beiden Komponenten aufzuteilen, bestimmt man den Preisdifferenzprozentsatz, indem man den Vorsaldo des Preisdifferenzenbestandskontos durch die Summe des Materialbestandskontos dividiert, die sich aus dem Anfangsbestand und den Lieferungen zusammensetzt:

$$\text{Preisdifferenzprozentsatz} = \frac{\text{Vorsaldo des Preisdifferenzenbestandskontos}}{\text{Summe des Materialbestandskontos}} \cdot 100$$

$$= \frac{720}{4500} \cdot 100 = 16\%$$

Der auf den Materialeinsatz entfallende Teil der Preisdifferenz entspricht 16% von 3.800 €, d.h. 608 €; dieser Teil der Preisdifferenz wird in die Kostenträgerrechnung übernommen, der Rest in Höhe von 112 € entspricht der in dem Materialbestand enthaltenen Preisdifferenz und wird auf die neue Rechnung übertragen.

Aufgabe K44: Vollkosten- und Grenzplankostenrechnung

Eine Fertigungshauptstelle kann bei Einschichtbetrieb bis zu 1.600 Fertigungsstunden leisten. Das erfordert planmäßig 40 Monteurstunden für Instandhaltung, wovon 20% als fix anzusehen sind. Sie werden von der Hilfskostenstelle „Wartung und Instandhaltung" geleistet.

Diese Stelle hat eine Kapazität von 480 Monteurstunden, für die an Personalkosten 12.000 € geplant sind, weiter sieht die Kostenplanung dafür noch 2.400 € an Reparaturmaterial (zu Einstandspreisen) und 3.600 € an sonstigen Kostenarten vor. Die Personalkosten und die sonstigen Kosten sind zu 25% fix, die Materialkosten voll variabel. Leistungen anderer Hilfskostenstellen benötigt „Wartung und Instandhaltung" nicht. Der Materialgemeinkostenzuschlag beträgt 10%. Überstunden sind nicht vorgesehen.

Eine größere Betriebsstörung bei der Hauptkostenstelle führt zu einer Istbeschäftigung von 1.500 Stunden und einem Bedarf von 120 Monteurstunden für Instandhaltung. Bestimmen Sie die Verbrauchsabweichungen der Instandhaltungskosten für die Hauptstelle

a) bei Vollkostenrechnung,
b) bei Grenzplankostenrechnung!

Lösung:

a) Bei einer Vollkostenrechnung wird der Verrechnungssatz der Instandhaltungsstelle wie folgt bestimmt:

Personalkosten	12.000
Materialkosten	2.400
Materialgemeinkosten	240
sonstige Kosten	3.600
Gesamtkosten	18.240

Bezieht man die Gesamtkosten von 18.240 € auf die Zahl der Monteurstunden, dann erhält man einen Stundensatz von 38 €.

Auf der Grundlage dieses Verrechnungspreises erhält man als geplante Instandhaltungskosten der Fertigungsstelle

$$K^P = 40 \cdot 38 = 1.520 \ €$$

Dividiert man die geplanten Instandhaltungskosten in Höhe von 1.520 € durch die geplante Beschäftigung der Fertigungsstelle in Höhe von 1.600 Stunden, dann erhält man als Verrechnungssatz für die Instandhaltungskosten der Fertigungsstelle 0,95 €/h.

Der Fixkostenanteil der Instandhaltungskosten beträgt 20% bzw. 304 €. Daraus folgt für die Sollkostenkurve in Abhängigkeit von der Beschäftigung x der Fertigungsstelle:

$$K_S(x) = 304 + \frac{1520 - 304}{1600} \cdot x = 304 + 0{,}76 \cdot x$$

Die verrechneten Instandhaltungskosten bei Ist-Beschäftigung betragen:

$$K_V^I = 1.500 \cdot 0{,}95 = 1.425 \ €$$

Die Sollkosten bei Ist-Beschäftigung sind gegeben durch:

$$K_S^I = 304 + 0{,}76 \cdot 1.500 = 1.444 \ €$$

Die Ist-Kosten ergeben sich als:

$$K^I = 120 \cdot 38 = 4.560 \ €$$

Die Gesamtabweichung beträgt:

$$GA = K^I - K_V^I = 4.560 - 1.425 = 3.135 \ €$$

Die Beschäftigungsabweichung ergibt sich als:

$$BA = K_S^I - K_V^I = 1.444 - 1.425 = 19 \ €$$

Als Verbrauchsabweichung bei den Instandhaltungskosten der Fertigungsstelle erhält man schließlich:

$$VA = K^I - K_S^I = 4.560 - 1.444 = 3.116 \ €$$

b) Bei der Grenzplankostenrechnung werden sowohl bei der Instandhaltungsstelle als auch bei der Fertigungsstelle nur die variablen Anteile der Kosten verrechnet. Der Teilkostensatz für die Verrechnung der Leistungen der Instandhaltungsstelle ergibt sich aus folgenden Berechnungen:

variable Personalkosten	9.000
Materialkosten	2.400
Materialgemeinkosten	240
sonstige variable Kosten	2.700
variable Gesamtkosten	14.340

Dividiert man die variablen Gesamtkosten durch die Planleistung der Instandhaltungsstelle, erhält man als Verrechnungssatz für deren variable Kosten 29,875 €. Hierbei wird unterstellt, daß die Materialgemeinkosten ebenso wie die Materialkosten in vollem Umfang proportional zu den Monteurstunden sind.

Um die Plankosten der variablen Instandhaltungskosten der Fertigungsstelle zu ermitteln, multipliziert man den variablen Anteil der geplanten Monteurstunden mit diesem Verrechnungssatz:

$$K^P = 0{,}8 \cdot 40 \cdot 29{,}875 = 956 \text{ €}$$

Dividiert man durch die geplante Leistung der Fertigungsstelle, dann erhält man als Verrechnungssatz 0,5975 €/h.

Die verrechneten Teilkosten als Sollkosten der Fertigungsstelle bei Ist-Beschäftigung ergeben sich als:

$$K_V^I = 1.500 \cdot 0{,}5975 = 896{,}25 \text{ €}$$

Die variablen Ist-Kosten der Instandhaltung in der Fertigungsstelle sind gegeben durch

$$K^I = 0{,}8 \cdot 120 \cdot 29{,}875 = 2.868 \text{ €}$$

Schließlich ergibt sich als Verbrauchsabweichung bei Teilkostenrechnung:

$$VA = K^I - K_V^I = 1.971{,}75 \text{ €}$$

5. Weiterentwicklungen der Kostenrechnung

Aufgabe K45: Prozeßkostenrechnung

a) Welches Problem bei der traditionellen Vollkostenrechnung führte zur Entwicklung der Prozeßkostenrechnung?

b) Stellen Sie kurz die Ziele und das Vorgehen der Prozeßkostenrechnung dar!

c) Erläutern Sie die folgenden Begriffe:
- leistungsmengenneutrale Kosten
- leistungsmengeninduzierte Kosten
- Prozeß
- Kostentreiber
- Prozeßkostensatz

Lösung:

a) Die Prozeßkostenrechnung wurde Ende der 80er Jahre entwickelt, da die aufgrund des immer stärkeren Anstiegs der Gemeinkosten im Fertigungsbereich inzwischen erreichten Zuschlagssätze von mehreren hundert oder sogar tausend Prozent bei der traditionellen Zuschlagskalkulation keine sinnvolle Kalkulationsgrundlage mehr darstellten: Bereits kleine Schwankungen bei den Material- oder Fertigungseinzelkosten führen dann zu erheblichen Ausschlägen bei den kalkulierten Kosten. Auslöser dieser Entwicklung waren zum einen die immer weiter fortschreitende Automatisierung der Produktion, zum anderen der steigende Anteil indirekter Betriebsbereiche, wie Materialwirtschaft, Verwaltung, Vertrieb, Forschung und Entwicklung, an der Kostenverursachung.

b) Das Hauptziel der Prozeßkostenrechnung ist eine verursachungsgerechte Verteilung der Gemeinkosten der indirekten Bereiche. Dazu werden – ausgehend von nicht weiter zerlegbaren Elementaroperationen – in den einzelnen Kostenstellen kostenverursachende Prozesse definiert, für die sich anhand von einfach zu identifizierenden Kostentreibern Prozeßkostensätze ermitteln lassen.

c) Bei leistungsmengenneutralen Kosten läßt sich keine Bezugsgröße identifizieren, die eine proportionale Beziehung zwischen der Inanspruchnahme eines Prozesses und seinen Kosten herstellt.

Bei leistungsmengeninduzierten Kosten besteht eine solche direkte Beziehung zwischen der Leistungsabgabe eines Prozesses und seinen Kosten.

Ein Prozeß ist eine Folge von Elementaroperationen, die immer wieder gemeinsam durchgeführt werden. Man unterscheidet Planungs-, Betreuungs- und Abwicklungsprozesse.

Ein Kostentreiber ist eine Bezugsgröße, anhand derer die durch einen Prozeß verursachten Kosten gemessen werden können. Der Kostentreiber muß für alle einem Prozeß zugeordneten Operationen identisch sein.

Der Prozeßkostensatz wird zur Abrechnung der von einem Prozeß verursachten Kosten auf die Leistungen benötigt. Für leistungsmengeninduzierte Kosten wird der Prozeßkostensatz ermittelt, indem man die Kosten durch die durch den Kostentreiber gemessene Leistungsmenge dividiert. Bei den leistungsmengenneutralen Kosten, bei denen keine derartige Abhängigkeit von einem Kostentreiber besteht, erfolgt eine Umlage proportional zu den leistungsmengeninduzierten Kosten.

Aufgabe K46: Target Costing

a) Was versteht man beim Target Costing unter Zielkosten?

b) Welche Möglichkeiten der Zielkostenbestimmung kennen Sie?

c) Wo liegen die Ansatzpunkte für eine Annäherung der derzeitigen Kosten an die Zielkosten?

Lösung:

a) Zielkosten sind in diesem Zusammenhang eine vom möglichen oder vorgesehenen Verkaufspreis abgeleitete Vorgabe der Kosten, die ein Produkt im Wertschöpfungsprozeß maximal verursachen darf, um die ökonomischen Ziele des Unternehmens zu erreichen. Im Gegensatz zur traditionellen Kostenrechnung werden die Kosten eines Produkts nicht im nachhinein ermittelt, sondern bereits vor der Konstruktion bzw. der Fertigung vorgegeben.

b) Zur Bestimmung der für ein Produkt relevanten Zielkosten kommen mehrere Möglichkeiten in Betracht:

- Market into Company: Die Zielkosten werden aus dem potentiellen Marktpreis abgeleitet.
- Out of Company: Die Zielvorgabe orientiert sich an den im Unternehmen als realistisch angesehenen Kosten.

- Into and out of Company: Die beiden vorher genannten Verfahren werden mittels einer Zielvereinbarungsdiskussion kombiniert.
- Out of Competitor: Die Zielkosten werden näherungsweise aus den Kosten der bereits im Markt etablierten Konkurrenten hergeleitet.
- Out of Standard Costs: Als Zielkosten werden die um einen Abschlag reduzierten Sollkosten herangezogen.

c) Liegen die derzeitigen oder geplanten Kosten über den Zielkosten, so ist nach Ansatzpunkten zur Kostenreduktion zu suchen. Diese liegen vor allem im Bereich der Produktentwicklung. Mit Hilfe der Wertanalyse wird ermittelt, welchen Beitrag zum Kundennutzen und welchen Kostenanteil die verschiedenen harten und weichen Funktionen des Produkts leisten. Harte Funktionen sind dabei vorwiegend technische Merkmale, während weiche Funktionen sich auf die Benutzerfreundlichkeit beziehen. Der Quotient aus Nutzenanteil und Kostenanteil liefert den Zielkostenindex einer Funktion. Liegt dieser unter 1, so ist die zugehörige Komponente zu aufwendig ausgestaltet und bietet ein Kostensenkungspotential. Bei Werten über 1 sollte die Komponente besser ausgestaltet werden, da sie wesentlich zum Kundennutzen beiträgt.

3. Teil: Der Jahresabschluß
1. Einleitung

> Aufgabe J1: Einordnung des Jahresabschlusses
> In welchem Verhältnis stehen Jahresabschluß und Kostenrechnung? Wo liegen ihre Gemeinsamkeiten und Unterschiede?

Lösung:

Die Kostenrechnung hat als internes Rechnungswesen eines Unternehmens die Aufgabe, die durch die betriebliche Tätigkeit verursachten Kosten detailliert und systematisch zu erfassen und zu gliedern. Sie liefert die Daten für die kurzfristige Erfolgsermittlung und bildet die Basis für zahlreiche interne Planungs- und Kontrollrechnungen.

Der Jahresabschluß hingegen bildet zusammen mit der Buchführung das externe Rechnungswesen des Unternehmens. Seine Aufgabe besteht unter anderem darin, ausgehend von den in der Buchführung gesammelten Daten und Informationen, die Vermögens-, Finanz- und Ertragslage des Unternehmens zum Bilanzstichtag festzustellen.

Die Gemeinsamkeiten der beiden Rechenwerke bestehen im wesentlichen darin, daß sie sich auf dieselben betrieblichen Vorgänge beziehen und in weiten Teilen auf die Finanzbuchhaltung als gemeinsame Datenbasis zugreifen. Dem steht eine ganze Reihe von Unterschieden gegenüber:

- Während der Jahresabschluß gesetzlich vorgeschrieben ist und einer Reihe von formellen und materiellen Vorschriften genügen muß, erfolgt die Einführung einer Kostenrechnung freiwillig und kann daher auch frei gestaltet werden.
- Adressaten des Jahresabschlusses sind vor allem externe Anspruchsgruppen, die Informationen aus der Kostenrechnung hingegen sind ausschließlich für unternehmensinterne Entscheidungsträger bestimmt.
- Die für den Jahresabschluß relevanten Daten sind die der Reinvermögensebene zuzurechnenden Aufwendungen und Erträge einer Abrechnungsperiode, während sich die Kostenrechnung mit den auf der Betriebsvermögensebene angesiedelten Kosten und Betriebserträgen befaßt.

Jahresabschluß

> Aufgabe J2: Ziele des Jahresabschlusses
>
> a) Welche Ziele werden mit dem Jahresabschluß verfolgt? Zeigen Sie auf, wie diese Ziele erreicht werden können und erörtern Sie kritisch die Möglichkeiten, diese gemeinsam zu erreichen!
>
> b) Welche Aufgaben weist das HGB dem Jahresabschluß zu? Gehen Sie dabei insbesondere auf die Unterschiede zwischen Kapitalgesellschaften und anderen Rechtsformen ein.

Lösung:

a) Durch den Jahresabschluß sollen folgende Ziele erreicht werden:

- Dokumentation der in der Buchführung gesammelten Daten durch nachvollziehbare Aufzeichnungen zum Schutz gegen nachträgliche Veränderungen

- Bereitstellung von Informationen über die Vermögens-, Ertrags- und Finanzlage des Unternehmens für interne und externe Interessenten

- Ermittlung von am Bilanzgewinn anknüpfenden Bemessungsgrundlagen, wie ausschüttungsfähiger und besteuerbarer Gewinn und daraus abgeleitet Mindestausschüttung und Gewinnaufteilung

- Unterstützung des Gläubigerschutzes durch Vorschriften zur Publizitätspflicht und zur Kapitalerhaltung, durch die bei einem Verlustausweis eintretende Ausschüttungssperre und durch die Pflicht zur Konkurseröffnung bei Überschuldung

- Unterstützung des Anlegerschutzes durch Vorschriften über eine Mindestausschüttung

Es ist kaum möglich, mit einem einzigen Rechenwerk derart unterschiedliche Ziele gleichzeitig zu erreichen, da sie jeweils andere Anforderungen an die Bewertung und die Interpretation einzelner Bilanzpositionen stellen.

b) Die handelsrechtliche Buchführungspflicht ist im Dritten Buch des HGB, §§ 238 – 341 festgelegt. Während die für alle Kaufleute geltende Vorschrift des § 242 HGB lediglich festlegt, daß die Bilanz ein das Vermögen und die Schulden darstellender Abschluß ist, hat der Jahresabschluß von Kapitalgesellschaften gemäß § 264 Abs. 2 HGB unter Beachtung der Grundsätze ordnungsmäßiger Buchführung ein den tatsächlichen Verhältnissen entsprechendes Bild der Vermögens-, Finanz- und Ertragslage zu vermitteln. Die Aufgaben des Jahresabschlusses werden also für Kapitalgesellschaften konkretisiert, indem ein realistisches Bild von der Lage des Unternehmens zu ermitteln ist; sie werden erweitert, indem nicht nur das Vermögen und die Schulden, sondern darüber hinaus auch die Finanz- und Ertragslage darzustellen sind. Ohne daß dies explizit erwähnt wird, steht bei den Ansatz- und Bewertungsvorschriften des HGB der Gläubigerschutz im Vordergrund: Durch vorsichtige Bewertung und Beschränkung des Ansatzes von Aktiva auf solche Vermögensgegenstände, die mit einer gewissen Sicherheit verwertet werden können, wird ein niedriger Ausweis des Jahresüberschusses bezweckt. Zusammen mit einer Ausschüttungssperre für Kapitalgesellschaften (nur ausgewiesene Gewinne dürfen ausgeschüttet werden) soll erreicht werden, daß das Schuldendeckungspotential des Unternehmens nicht unangemessen verringert wird.

Aufgabe J3: Aufbau des Jahresabschlusses

a) Geben Sie die Grundstruktur einer Handelsbilanz für eine kleine Kapitalgesellschaft nach § 266 HGB an!

b) Welche weiteren Erleichterungen sieht das HGB für kleine Kapitalgesellschaften vor?

Lösung:

a) Die im folgenden angegebene Grundstruktur einer Handelsbilanz entspricht der verkürzten Fassung, wie sie von kleinen Kapitalgesellschaften aufzustellen ist:

Aktiva	Passiva
A. Anlagevermögen	A. Eigenkapital
I. Immaterielle Vermögensgegenstände	I. Gezeichnetes Kapital
II. Sachanlagen	II. Kapitalrücklage
III. Finanzanlagen	III. Gewinnrücklagen
B. Umlaufvermögen	IV. Gewinn-/Verlustvortrag
I. Vorräte	V. Jahresüberschuß/-fehlbetrag
II. Forderungen	B. Rückstellungen
III. Wertpapiere	C. Verbindlichkeiten
IV. Zahlungsmittel	D. Rechnungsabgrenzungsposten
C. Rechnungsabgrenzungsposten	

Die angegebenen Bilanzpositionen sind sämtlich und in der vorgeschriebenen Reihenfolge anzugeben, wobei im Gesetz eine weitere Untergliederung für mittelgroße und große Kapitalgesellschaften vorgesehen ist.

b) Neben der Möglichkeit zu einer verkürzten Bilanzgliederung gewährt der Gesetzgeber kleinen Kapitalgesellschaften folgende Erleichterungen:
- Verlängerung der Frist für die Aufstellung des Jahresabschlusses von drei auf sechs Monate
- Verzicht auf den Lagebericht
- keine Verpflichtung zur Abschlußprüfung
- Offenlegung des Jahresabschlusses allein durch Einreichung zum Handelsregister, keine Pflicht zur Veröffentlichung im Bundesanzeiger und in den Gesellschaftsblättern

---

Aufgabe J4: Größenklassen

Die Pflichten im Zusammenhang mit der Rechnungslegung (z.B. die Gliederung des Jahresabschlusses, die Berichtspflichten im Anhang, die Prüfung, die Offenlegung) sind insbesondere bei Kapitalgesellschaften auch von der Größe des Unternehmens abhängig. Erläutern Sie die Größenmerkmale und die daraus resultierende Klasseneinteilung nach HGB und PublG!

Lösung:

Die Größenklassen für Kapitalgesellschaften sind in § 267 HGB definiert. Danach liegt eine kleine Kapitalgesellschaft vor, wenn mindestens zwei der folgenden Merkmale erfüllt sind:
- Die Bilanzsumme beträgt weniger als 5.310.000 DM.
- Der Umsatz des letzten Geschäftsjahrs beträgt weniger als 10.620.000 DM.
- Im Jahresdurchschnitt werden weniger als 50 Arbeitnehmer beschäftigt.

Eine mittelgroße Kapitalgesellschaft liegt vor, wenn mindestens zwei der obigen Merkmale nicht erfüllt und gleichzeitig mindestens zwei der folgenden Merkmale erfüllt sind:
- Die Bilanzsumme beträgt weniger als 21.240.000 DM.
- Der Umsatz des letzten Geschäftsjahrs beträgt weniger als 42.480.000 DM.
- Im Jahresdurchschnitt werden weniger als 250 Arbeitnehmer beschäftigt.

Werden mindestens zwei der drei letztgenannten Merkmale nicht erfüllt, handelt es sich um eine große Kapitalgesellschaft.

Nach § 1 PublG liegt ein Großunternehmen vor, wenn mindestens zwei der drei folgenden Merkmale erfüllt sind:

- Die Bilanzsumme beträgt mehr als 125 Mio. DM.
- Der Umsatz des letzten Geschäftsjahrs beträgt mehr als 250 Mio. DM.
- Im Jahresdurchschnitt werden mehr als 5.000 Arbeitnehmer beschäftigt.

2. Bilanztheorie

> Aufgabe J5: Formale Bilanztheorie
> a) Was versteht man generell unter einer Bilanz? Geben Sie Beispiele an!
> b) Durch welche formalen und materiellen Eigenschaften sind Bilanzen gekennzeichnet?
> c) Welche Wertansätze kommen für die Bewertung in der Handelsbilanz in Betracht?

Lösung:

a) Eine Bilanz ist ein zweiseitiges Rechenwerk, in dem bestimmte Bestands- oder Stromgrößen unter zwei verschiedenen Aspekten dargestellt werden. So stellt die Handelsbilanz die Bestände an Vermögen und Schulden unter den beiden Aspekten der Kapitalverwendung und der Kapitalherkunft dar, die Gewinn- und Verlustrechnung ordnet die den Unternehmenserfolg beschreibenden Stromgrößen nach den beiden Aspekten Aufwand und Ertrag an.

Weitere Beispiele für Bilanzen sind Energiebilanzen, die den energetischen Input und Output einer Wirtschaftseinheit gegenüberstellen, und die Zahlungsbilanz eines Landes, die die Zu- und Abflüsse an Devisen erfaßt.

b) Formale Eigenschaften von Bilanzen sind:
   - Zweiteiligkeit
   - sinnvolle Bezeichnung der Bilanzseiten
   - Gliederung der Bilanzseiten in Bilanzglieder
   - Beschreibung der Bilanzglieder durch Maßzahlen
   - Bilanzgleichung
   - Zeitbezug

   Daneben weisen Bilanzen die folgenden materiellen Eigenschaften auf:
   - heterogene Beschaffenheit des Bilanzinhalts
   - Meßbarkeit der Bilanzglieder mit einem einheitlichen Maßstab
   - gleicher Zeitbezug aller Bilanzglieder

c) Die Bewertung in der Handelsbilanz erfolgt mittels Preisen, die sich nach dem Zeitbezug der ihnen zugrunde liegenden Größen gliedern lassen in
   - historische Preise (Anschaffungspreise, Herstellungskosten),
   - aktuelle Preise (Wiederbeschaffungspreise, Veräußerungspreise),
   - zukünftige Preise.

Aufgabe J6: Statische Bilanztheorie

a) Wie erklärt die statische Bilanztheorie den Bilanzinhalt?
b) Wie definiert die statische Bilanz den Begriff des Vermögens? Was charakterisiert einen Vermögensgegenstand?
c) In welchem Verhältnis stehen Abwicklungsbilanzen und regelmäßige Bilanzen im Rahmen der statischen Bilanzauffassung zueinander? Welche Konsequenzen ergeben sich daraus für die Frage nach der Bilanzierungsfähigkeit?
d) Welche Wertansätze werden im Rahmen der statischen Bilanztheorie vorgeschlagen? Inwieweit können diese der Aufgabe „Ermittlung des Schuldendeckungspotentials" gerecht werden?

Lösung:

a) Nach der statischen Bilanztheorie dient die Bilanz der Gegenüberstellung der Bestände an Vermögensgegenständen und der Schulden eines Unternehmens. In der der Bilanz untergeordneten Gewinn- und Verlustrechnung werden die während einer Periode aufgetretenen Veränderungen dieser Vermögenspositionen erfaßt.

b) Das Vermögen entspricht der Summe der Werte aller materiellen und immateriellen Güter, die im wirtschaftlichen Eigentum des Unternehmens stehen. Ein Vermögensgegenstand liegt vor, wenn ein Gut einzeln veräußerbar und einzeln bewertbar ist.

c) Die bei Auflösung des Unternehmens aufzustellende Abwicklungsbilanz, die einen Überblick über die Höhe der Ansprüche der Kapitalgeber des Unternehmens und die zu ihrer Befriedigung zur Verfügung stehenden Mittel gibt, ist der Ausgangspunkt der statischen Bilanztheorie. Die regelmäßig aufgestellten Bilanzen werden als vorweggenommene Abwicklungsbilanz interpretiert, d.h. es wird eine fiktive Abwicklung des Unternehmens unterstellt (Zerschlagungsstatik). Daher sind nur solche Vermögensgegenstände bilanzierungsfähig, die – wie oben angegeben – einzeln veräußerbar und bewertbar sind.

d) Ursprünglich wurde in der statischen Bilanztheorie der gemeine Wert, d.h. der Preis, der für einen Vermögensgegenstand im gewöhnlichen Geschäftsverkehr erzielt werden kann, zugrunde gelegt. Dies steht jedoch im Widerspruch zu dem hinter der statischen Bilanztheorie stehenden Abwicklungsgedanken, da in der Zerschlagungssituation in der Regel nicht damit gerechnet werden kann, für alle Vermögensgegenstände den gemeinen Wert zu erzielen.

Daher wurde u.a. von VEIT SIMON vorgeschlagen, diesen Wertansatz durch einen individuellen Fortführungswert zu ersetzen, bei dem auf die aus der weiteren Verwendung des Vermögensgegenstands zu erwartenden Erträge abgestellt wird. Dieser entspricht für zur Veräußerung bestimmte Vermögensgegenstände ihrem als voraussichtlicher Verkaufspreis definierten Realisationswert und für dem Unternehmen dauerhaft dienende Vermögensgegenstände ihrem Gebrauchswert, der sich aus dem um Abschreibungen korrigierten Anschaffungspreis ergibt. Dieser in Richtung eines Ertragswerts weisende Wertansatz ist besser als der Substanzwert geeignet, das Schuldendeckungspotential eines Unternehmens korrekt zu ermitteln.

Da bei der Ermittlung des individuellen Fortführungswerts z.T. erhebliche subjektive Bewertungsspielräume bestehen, werden bereits seit 1884 im Aktienrecht die Anschaffungs- bzw. Herstellungskosten als objektiv nachvollziehbare Obergrenze für die Bewertung eines Vermögensgegenstandes vorgeschrieben. Problematisch bei einem als Summe von derart ermittelten Einzelwerten bestimmten Unternehmenswert ist jedoch, daß zum einen nicht getrennt veräußerbare immaterielle Vermögensgegenstände wie Know How und Good Will, zum anderen die durch die unternehmensspezifische Kombination der Vermögensgegenstände auftretenden Synergieeffekte nicht berücksichtigt werden können.

Aufgabe J7: Neostatische Bilanztheorie

a) Wie werden die Bilanzpositionen in der neostatischen Bilanztheorie erklärt?

b) In welchem Verhältnis stehen nach dieser Auffassung Gründungsbilanz und regelmäßige Bilanz zueinander?

c) Welche Konsequenzen ergeben sich daraus für die Bilanzierungsfähigkeit und die Bewertung in der neostatischen Bilanztheorie?

Lösung:

a) Die neostatische Bilanztheorie interpretiert die Bilanz als fortgeführte Gründungsbilanz. Ihre Aufgabe besteht nach LE COUTRE darin, auf der Passivseite die Geldform des Kapitals, d.h. die Herkunft des dem Unternehmen zur Verfügung gestellten Gelds von verschiedenen Eigen- und Fremdkapitalgebern, und auf der Aktivseite die Sachform des Kapitals, d.h. die Verwendung der Geldbeträge in verschiedenen Vermögensgegenständen, darzustellen. Dabei werden die Bilanz als Bestandsrechnung und die Gewinn- und Verlustrechnung als Kapitaleinsatzrechnung gleichrangig behandelt.

b) Während die Gründungsbilanz die ursprünglichen Geldquellen und die anfängliche Verwendung des Gelds darstellt, ergeben sich die regelmäßigen Bilanzen aus der laufenden Buchführung durch Fortführung dieser Anfangsbestände. Dabei werden die Aufwendungen als Kapitalverzehr und die Erträge als Kapitalersatz interpretiert.

c) Bilanzierungsfähig sind alle Vermögensgegenstände und Kapitalpositionen, die entweder im Gründungszeitpunkt im Unternehmen vorhanden waren oder ihm in einer der folgenden Perioden zugeflossen sind, jedoch ergibt sich das Eigenkapital als definitorischer Ausgleichsposten und nicht als Fortführung des anfänglich von den Eigentümern zur Verfügung gestellten Betrags. Aufgrund des Abrechnungscharakters der Bilanz orientiert sich die Bewertung an tatsächlichen Zahlungen, insbesondere werden die Anschaffungskosten bei den Aktiva zugrunde gelegt. Da für im Unternehmen selbst erstellte Vermögensgegenstände keine Anschaffungskosten existieren und bei längerfristig genutzten Vermögensgegenständen der aktuelle Wert nicht mehr mit den Anschaffungskosten übereinstimmt, sind diese Werte aus der Kostenrechnung bzw. einer Theorie der Abschreibungen abzuleiten. In der Praxis ergeben sich jedoch aus der Tatsache, daß keine allgemein gültige Theorie der Abschreibungen existiert, Methodenwahlrechte, so daß die Wertansätze der neoklassischen Bilanztheorie nicht in allen Fällen eindeutig sind.

Aufgabe J8: Dynamische Bilanztheorie

a) Welche Aufgabe hat die Bilanz nach dynamischer Auffassung ?

b) Aus welchen Elementen erklärt SCHMALENBACH die Bilanz? Geben Sie zu jeder dieser Positionen ein Beispiel!

c) Aus welchen Elementen erklärt SCHMALENBACH die Gewinn- und Verlustrechnung? Geben Sie zu jeder dieser Positionen ein Beispiel!

d) In welchem Verhältnis stehen nach dynamischer Auffassung Bilanz und Gewinn- und Verlustrechnung?

e) Warum besteht für den derivativen Firmenwert ein Bilanzierungsverbot? Begründen Sie dieses Verbot mit Hilfe der dynamischen Bilanzierungstheorie!

Jahresabschluß

Lösung:

a) Nach der dynamischen Bilanzauffassung besteht die Aufgabe des Jahresabschlusses in erster Linie darin, durch Gegenüberstellung von Erträgen und Aufwendungen den Erfolg des abgelaufenen Geschäftsjahrs zu ermitteln, der zur Kontrolle der Wirtschaftlichkeit und zur Steuerung der zukünftigen Entwicklung des Unternehmens dienen soll.

b) Die dynamische Bilanz ist ein Abgrenzungskonto, das noch nicht abgeschlossene Transaktionen, d.h. transitorische und antizipative Posten, aufnimmt.

Auf der Aktivseite der dynamischen Bilanz finden sich folgende Positionen:
- Auszahlung, noch nicht Aufwand: z.B. Materialvorräte
- Auszahlung, noch nicht Einzahlung: z.B. Darlehen an Kunden
- Ertrag, noch nicht Aufwand: z.B. selbsterstellte Anlagen
- Ertrag, noch nicht Einzahlung: z.B. Bestände an Zwischenprodukten
- Kassenbestand

Die Passivseite der dynamischen Bilanz weist folgende Positionen auf:
- Einzahlung, noch nicht Ertrag: z.B. erhaltene Anzahlung für Großanlage
- Einzahlung, noch nicht Auszahlung: z.B. Kreditaufnahme
- Aufwand, noch nicht Ertrag: z.B. zurückgestellte Instandhaltung
- Aufwand, noch nicht Auszahlung: z.B. Verbindlichkeit gegenüber Lieferanten
- Eigenkapital

c) In der Gewinn- und Verlustrechnung werden Leistungsströme als Veränderungen des Reinvermögens und Zahlungsströme als Veränderungen des Geldvermögens zusammengestellt.

Auf der Aufwandsseite der Gewinn- und Verlustrechnung werden folgende Positionen ausgewiesen:
- Aufwand jetzt, Auszahlung jetzt: Mietzahlung
- Aufwand jetzt, Auszahlung früher: Anlagennutzung
- Aufwand jetzt, Auszahlung später: Verbrauch noch nicht bezahlter Vorräte
- Aufwand jetzt, Ertrag jetzt: Materialaufwand
- Aufwand jetzt, Ertrag früher: Abschreibungen auf selbsterstellte Anlagen
- Aufwand jetzt, Ertrag später: Kosten selbsterstellter Anlagen
- Gewinn

Die Ertragsseite der Gewinn- und Verlustrechnung setzt sich aus folgenden Positionen zusammen:
- Ertrag jetzt, Einzahlung jetzt: Leistung gegen Barzahlung
- Ertrag jetzt, Einzahlung früher: Lieferung angezahlter Waren

- Ertrag jetzt, Einzahlung später: Lieferung auf Ziel
- Ertrag jetzt, Aufwand jetzt: Aktivierung von Fertigprodukten
- Ertrag jetzt, Aufwand früher: nachgeholte Instandhaltung
- Ertrag jetzt, Aufwand später: Aktivierung selbsterstellter Anlagen
- Verlust

d) Der Schwerpunkt der dynamischen Bilanztheorie liegt bei der Gewinn- und Verlustrechnung, die die Zahlungs- und Leistungsströme des abgelaufenen Geschäftsjahrs enthält, während die Bilanz die aus schwebenden Geschäften resultierenden zeitlichen Verwerfungen zwischen Ein- und Auszahlungen und Erträgen und Aufwendungen ausweist.

e) Nach der dynamischen Bilanztheorie ist ein Sachverhalt dann bilanzierungsfähig, wenn ihm in der Vergangenheit zugeordnete Zahlungen eindeutig zugeordnet werden können und zukünftige Zahlungen mit hinreichender Sicherheit zurechenbar sind. Der derivative Firmenwert entspricht dem Betrag, um den der Kaufpreis eines Unternehmens über der Summe der Werte seiner Aktiva liegt. Er läßt sich als erwartete zukünftige Ertragskraft des Unternehmens interpretieren. Da sowohl die für den derivativen Firmenwert getätigte Auszahlung als auch die durch ihn in Zukunft erwarteten Einzahlungen nur sehr ungenau bestimmbar sind, darf er nach der dynamischen Bilanztheorie nicht in der Bilanz ausgewiesen werden.

Aufgabe J9: Bilanzpositionen in der dynamischen Bilanztheorie

Ordnen Sie folgende Positionen in das Schema der dynamischen Bilanz bzw. der zugehörigen Gewinn- und Verlustrechnung ein:

1. gekaufte Anlagen
2. selbsterstellte Anlagen
3. Fertigstellung einer selbsterstellten Anlage
4. Abschreibungen auf selbsterstellte Anlagen
5. Rückstellungen für unterlassene Instandhaltung
6. Nachholen von Wartungsmaßnahmen
7. Forderungen aus Warenlieferungen
8. Gewährung eines Darlehens
9. Einlagerung selbsterstellter Zwischenprodukte
10. Warenbestände an Endprodukten
11. Warenbestände an Zwischenprodukten
12. Lagerentnahme von Rohstoffen
13. Verkauf von Waren aus Lagerbestand

> 14. Lizenzen
> 15. Lieferung von Waren auf Ziel
> 16. Lieferantenkredit (Ware)
> 17. Bankkredit
> 18. Verbrauch kreditierter Vorräte
> 19. Kundenanzahlungen
> 20. Fertigstellung eines vorausbezahlten Kundenauftrags
> 21. Auslieferung eines Kundenauftrags gegen Barzahlung
> 22. Bankverbindlichkeiten
> 23. Rückstellungen für Bergschäden
> 24. Lohnzahlungen
> 25. Bildung einer Rückstellung für Pensionsverpflichtungen

Lösung:

Die Geschäftsvorfälle sind wie folgt einzuordnen:

1. gekaufte Anlagen: Aktivseite Bilanz; Auszahlung, noch nicht Aufwand
2. selbsterstellte Anlagen: Aktivseite Bilanz; Ertrag, noch nicht Aufwand
3. Fertigstellung einer selbsterstellten Anlage: GuV; Ertrag jetzt, Aufwand später
4. Abschreibungen auf selbsterstellte Anlagen: GuV; Aufwand jetzt, Ertrag früher
5. Rückstellungen für unterlassene Instandhaltung: Passivseite Bilanz; Aufwand, noch nicht Ertrag
6. Nachholen von Wartungsmaßnahmen: GuV; Ertrag jetzt, Aufwand früher
7. Lieferung von Waren auf Ziel: GuV; Ertrag jetzt, Einzahlung später
8. Gewährung eines Darlehens: Aktivseite Bilanz; Auszahlung, noch nicht Einzahlung
9. Einlagerung selbsterstellter Zwischenprodukte: GuV; Ertrag jetzt, Aufwand jetzt
10. Warenbestände an Endprodukten: Aktivseite Bilanz; Ertrag, noch nicht Einzahlung
11. Warenbestände an Zwischenprodukten: Aktivseite Bilanz; Ertrag, noch nicht Einzahlung
12. Lagerentnahme von Rohstoffen: GuV; Aufwand jetzt, Auszahlung früher
13. Verkauf von Waren aus Lagerbestand: GuV; Ertrag jetzt, Aufwand früher
14. Lizenzen: Aktivseite Bilanz; Aufwand, noch nicht Ertrag
15. Lieferung von Waren auf Ziel: GuV; Ertrag jetzt, Einzahlung später
16. Lieferantenkredit (Ware): Passivseite Bilanz; Aufwand, noch nicht Auszahlung

17. Bankkredit: Passivseite Bilanz; Einzahlung, noch nicht Auszahlung
18. Verbrauch kreditierter Vorräte: GuV; Aufwand jetzt, Auszahlung später
19. Kundenanzahlungen: Passivseite Bilanz; Einzahlung, noch nicht Ertrag
20. Fertigstellung eines vorausbezahlten Kundenauftrags: GuV; Ertrag jetzt, Einzahlung früher
21. Auslieferung eines Kundenauftrags gegen Barzahlung: GuV; Ertrag jetzt, Einzahlung jetzt
22. Bankverbindlichkeiten: Passivseite Bilanz; Einzahlung, noch nicht Auszahlung
23. Rückstellungen für Bergschäden: Passivseite Bilanz; Aufwand, noch nicht Ertrag
24. Lohnzahlungen: GuV; Aufwand jetzt, Auszahlung jetzt
25. Bildung einer Rückstellung für Pensionsverpflichtungen: GuV; Aufwand jetzt, Auszahlung später

---

Aufgabe J10: Bewertung in der dynamischen Bilanztheorie

a) Aus welchen Bewertungsprinzipien leitet SCHMALENBACH die Wertansätze für die Bilanz ab?

b) Welcher Wertansatz ist nach SCHMALENBACH für Gegenstände des Anlagevermögens grundsätzlich zu wählen? Welche Modifikationen dieses Wertansatzes sind nach SCHMALENBACH zu berücksichtigen? Welcher Bewertungsgrundsatz kann aus diesen Modifikationen hergeleitet werden?

Lösung:

a) Die grundlegenden Bewertungsprinzipien der dynamischen Bilanztheorie sind das Anschaffungskostenprinzip und das Vorsichtsprinzip. Nach dem Anschaffungskostenprinzip knüpft vor allem die Bewertung der transitorischen Bilanzpositionen an in der Vergangenheit geleisteten Zahlungen bzw. deren fortgeführten Werten an. Das Vorsichtsprinzip besagt, daß ein Kaufmann sich nicht reicher rechnen soll, als er ist. Dies wird dahingehend umgesetzt, daß Gewinne erst dann ausgewiesen werden dürfen, wenn sie am Markt realisiert worden sind, während Verluste bereits auszuweisen sind, wenn sie absehbar sind.

b) Grundsätzlich sind als Wertansatz für transitorische Posten die Anschaffungskosten zu wählen, für antizipative Posten die in Zukunft erwarteten Zahlungen. Für abnutzbare Gegenstände des Anlagevermögens sind die Anschaffungskosten um planmäßige Abschreibungen zu reduzieren, selbst erstellte Vermögensgegenstände sind mit ihren Herstellungskosten zu bilanzieren. Aus dem Vorsichtsprinzip folgt für diese Vermögensgegenstände das Niederstwertprinzip: Liegt der relevante Wertansatz, z.B. der Börsen- oder Marktpreis, unter den Anschaffungskosten, so ist dieser niedrigere Wertansatz zu wählen.

Aufgabe J11: Organische Bilanztheorie

a) Stellen Sie die Grundgedanken der organischen Bilanztheorie von F. SCHMIDT dar. Gehen Sie insbesondere auf seine Zielsetzung und Bewertungsregeln ein!

b) Welche Probleme treten auf, wenn durch die Bilanzrechnung die Wirkungen der Inflation eliminiert werden sollen?

c) Nehmen Sie kritisch zu der Bilanztheorie von SCHMIDT Stellung!

Lösung:

a) Ziel des Jahresabschlusses ist nach SCHMIDT die richtige Ermittlung des Vermögens und des Erfolgs zum Bilanzstichtag. Diese Informationen sollen zur optimalen Steuerung des Unternehmens als einem Organ der Volkswirtschaft dienen. Daher schlägt SCHMIDT eine Bewertung anhand der aktuellen Knappheitsrelationen vor, d.h. anstelle der historischen Anschaffungskosten werden Wiederbeschaffungspreise verwendet, um unabhängig von Geldwertschwankungen die reale Substanz des Unternehmens zu erhalten und die Ausschüttung von Scheingewinnen zu vermeiden. Im einzelnen werden in der Gewinn- und Verlustrechnung das eingesetzte Material und die verkauften Produkte mit ihrem Wiederbeschaffungspreis am Einsatz- bzw. Umsatztag bewertet, in der Bilanz werden Sachgüter mit ihrem Wiederbeschaffungspreis am Bilanzstichtag – gegebenenfalls korrigiert um Abschreibungen auf Basis des Wiederbeschaffungspreises – und Nominalgüter mit ihrem Nominalwert angesetzt.

b) Durch die Bewertung zu Wiederbeschaffungspreisen lassen sich zwar bei den Realgütern die auf eine Inflation zurückzuführenden Scheingewinne aus der Bilanz eliminieren, es bleibt jedoch der Effekt bestehen, daß mit steigendem Preisniveau der relative Wert der Nominalgüter sinkt. Diesem Effekt begegnet SCHMIDT mit Kapitaldispositionsregeln, die zum einen auf die Finanzierung von Nominalgütern durch Fremdkapital und von Sachgütern durch Eigenkapital abstellen, zum anderen die Anlage von Abschreibungsgegenwerten in Gütern gleicher Wertentwicklung fordern.

c) Die Bilanztheorie von SCHMIDT stößt auf eine Reihe von technischen und konzeptionellen Problemen: So ist es nicht möglich, beim Einsatz von Vorräten jeweils ihren Wiederbeschaffungspreis zu ermitteln; bei der Preisänderung von Anlagen lassen sich Geldwertschwankungen und Fortschrittseffekte nicht voneinander trennen. Die vorgeschlagenen Kapitaldispositionsregeln würden zwar zu einem formal „richtigen" Jahresabschluß führen, jedoch die Entscheidungsfreiheit des Unternehmers übermäßig einschränken: Wie die betriebliche Praxis zeigt, wird ein Teil des Anlagevermögens regelmäßig mit langfristigem Fremdkapital finanziert; die Abschreibungsgegenwerte werden nicht zur Ersatzbeschaffung verwendet, sondern gehen in den allgemeinen Kapitalfonds ein.

Aufgabe J12: Geldwertschwankungen

a) Wie werden Geldwertschwankungen in der organischen Bilanztheorie von F. SCHMIDT eliminiert?

b) Was sagt RIEGER zum Problem der Geldwertschwankungen in der Bilanz?

c) Welche Vorschläge macht SCHMALENBACH zur Eliminierung von Geldwertschwankungen in der Bilanz?

d) Welche Ansätze zur Berücksichtigung inflatorischer Wirkungen wurden in der angelsächsischen Bilanzlehre entwickelt?

Lösung:

a) In der organischen Tageswertbilanz von SCHMIDT werden alle Bilanzpositionen mit ihren Wiederbeschaffungspreisen am Bilanzstichtag bewertet, so daß auf eine Inflation zurückzuführende Wertänderungen am ruhenden Vermögen als Scheingewinne ausgewiesen werden können. Eine auf die Inflation zurückzuführende Verschiebung der Wertrelationen von Geld- und Sachvermögen wird durch Kapitaldispositionsregeln ausgeschaltet.

b) Nach RIEGER wird der Geldwert durch den Staat festgelegt, eine Inflation ist daher vom Staat gewollt, um die Tilgung seiner Schulden zu erleichtern. Er versucht nicht, die Effekte von Preisschwankungen aus der Bilanz zu eliminieren, sondern stellt vielmehr bei einer hohen Inflationsrate den Sinn eines als Geldrechnung durchgeführten Rechnungswesens in Frage, da bei stark schwankenden Preisen weder ein Jahresabschluß noch eine Totalrechnung einen sinnvollen Erfolgsausweis liefern.

c) Die folgenden Vorschläge SCHMALENBACHs sollen es ermöglichen, trotz Inflation einen vergleichbaren Gewinn zu ermitteln: Die Anschaffungskosten der Anlagegüter werden mit Hilfe eines Preisindex auf ein einheitliches Basisjahr umgerechnet, um sie unabhängig von Geldwertschwankungen vergleichen zu können. Der laufende Materialeinsatz wird mit aktuellen Preisen bewertet, der normalerweise nicht umgeschlagene „eiserne Bestand" hingegen mit einem von der Inflation unabhängigen Festwert bilanziert.

d) Während die deutsche Rechnungslegung dem Prinzip der Nominalwertrechnung verpflichtet ist, sind im angelsächsischen Bereich mit dem Inflation Accounting Ansätze entwickelt worden, die die Wirkungen einer Inflation eliminieren bzw. aufzeigen: Der Ansatz des Current Cost Accounting schlägt – ähnlich wie bereits SCHMIDT – vor, durch die Bewertung der Bilanzpositionen mit den am Bilanzstichtag gültigen Preisen und der Aufwendungen mit den Preisen am Einsatztag die andernfalls durch die Inflation hervorgerufenen Scheingewinne zu eliminieren. Beim General Price Level Accounting hingegen werden – ähnlich wie bei SCHMALENBACH – die Wertansätze mit Hilfe eines Preisindex auf den Bilanzstichtag umgerechnet. Der Index bezieht sich allerdings nicht auf ein Basisjahr, sondern auf das aktuelle Preisniveau.

Aufgabe J13: Synthetische Bilanz

Stellen Sie den Grundgedanken der synthetischen Bilanz nach ALBACH dar und grenzen Sie diese gegen die herkömmlichen Bilanztheorien ab!

Lösung:

Die synthetische Bilanz ist ein moderner Ansatz, der die Bilanz zukunftsbezogen interpretiert, indem für jede Bilanzposition der Kapitalwert der durch sie ausgelösten Zahlungen angesetzt wird. Dadurch wird der Grundgedanke RIEGERs, daß sich der Bilanzansatz eines Vermögensgegenstands an seinem Ertragswert zu orientieren habe, mit dem Wirtschaftlichkeitskonzept der Investitionstheorie verknüpft. Die Darstellung entspricht formal einer Handelsbilanz; auf der Aktivseite werden die Kapitalwerte der Vermögensgegenstände aufgeführt, auf der Passivseite die Kapitalwerte der Verbindlichkeiten und als Ausgleichsposten das Eigenkapital.

Die Gewinnermittlung erfolgt wie bei der statischen Bilanztheorie als Vergleich der Eigenkapitalbeträge zweier aufeinander folgender Perioden, der Erfolg wird jedoch nicht aus den Erträgen und Aufwendungen der vergangenen Periode hergeleitet, sondern aus der Abwicklung laufender und der Akquisition neuer Projekte sowie veränderter Prognosen hinsichtlich zukünftiger Entwicklungen, durch die sich die Kapitalwerte einzelner Bilanzpositionen ändern.

Problematisch ist hier wie auch bei den anderen Bilanztheorien der Versuch, den Unternehmenserfolg rechnerisch auf die Summe von Erfolgsbeiträgen einzelner Bilanzpositionen zurückzuführen, da eine Zuordnung künftiger Erträge zu einzelnen Vermögensgegenständen schwierig ist und die sich aus ihrer Kombination ergebenden Synergieeffekte vernachlässigt werden. Ein weiteres Problem liegt in der Prognose von zum Teil weit in der Zukunft liegenden Zahlungen.

Aufgabe J14: Theorie der Bilanzzwecke

Charakterisieren Sie die neuere Theorie der Bilanzzwecke. Worin unterscheidet sich diese von der klassischen Bilanztheorie?

Lösung:

Die klassische Bilanztheorie sieht den Jahresabschluß als ein Instrument zur Ermittlung des Vermögens und des Periodenerfolgs eines Unternehmens sowie zur Steuerung betrieblicher Entscheidungen an. Diese Ziele können jedoch durch die derzeitige Bilanzierungspraxis nur unzureichend erreicht werden.

Daher werden in der neueren Theorie der Bilanzzwecke primäre und sekundäre Ziele des Jahresabschlusses vorgegeben, die dieser auch tatsächlich erfüllen kann.

Die primären Jahresabschlußziele lauten:
- Bündelung und Sicherung von Buchführungsdaten
- Gläubigerschutz durch Zwang zur Selbstinformation
- Ausschüttungssperrfunktion
- Konkretisierung des Gewinnbegriffs
- Kompetenzverteilung bei der Gewinnverwendung

Daneben gelten die folgenden sekundären Jahresabschlußziele:
- Rechnungslegung als Rechenschaft nach außen
- Rechenschaft nach innen
- Bereitstellung von Daten für Entscheidungen
- Beurteilung der Kreditwürdigkeit des Unternehmens
- Bewertung von Gesellschaftsanteilen

3. Grundzüge des Bilanzrechts

Aufgabe J15: Allgemeine Vorschriften

a) Welche handelsrechtlichen Vorschriften sind von allen Kaufleuten bei der Aufstellung des Jahresabschlusses zu beachten?

b) Welche Vorschriften gelten zusätzlich für Kapitalgesellschaften? Warum sieht der Gesetzgeber für Kapitalgesellschaften diese zusätzlichen Vorschriften vor?

Lösung:

a) Die für alle Kaufleute gültigen Vorschriften für die Aufstellung des Jahresabschlusses finden sich im ersten Abschnitt des dritten Buchs des HGB, §§ 238 – 263. Diese umfassen im einzelnen:

- Vorschriften über die Buchführung und die Inventur in §§ 238 – 241 HGB

- allgemeine Vorschriften über die Pflicht zur Aufstellung und die Form des Jahresabschlusses in §§ 242 – 245 HGB

- Vorschriften über den Bilanzansatz, Bilanzinhalt, Bilanzierungsverbote, Rückstellungen und Rechnungsabgrenzungsposten in §§ 246 – 251 HGB

- Vorschriften für die Bewertung der verschiedenen Bilanzpositionen in §§ 252 – 256 HGB

- Vorschriften hinsichtlich der Aufbewahrung und der Pflicht zur Vorlage der Handelsbücher in §§ 257 – 261 HGB

b) Ergänzende Vorschriften für Kapitalgesellschaften finden sich im zweiten Abschnitt des dritten Buchs des HGB, §§ 264 – 289. Diesen Gesellschaften werden ergänzende Angaben sowie die Erstellung eines Anhangs und eines Lageberichts abverlangt, detailliertere Vorgaben hinsichtlich der Bilanzgliederung, des Ausweises und der Bewertung einzelner Bilanzpositionen gemacht und Fristen für die Aufstellung des Jahresabschlusses vorgegeben. Diese zusätzlichen Vorschriften dienen im Sinne des Gläubiger- und Aktionärsschutzes vor allem dazu, ein den tatsächlichen Verhältnissen entsprechendes Bild von der Vermögens-, Finanz- und Ertragslage der Gesellschaft zu vermitteln. Weitere Vorschriften betreffen den Jahresabschluß von Konzernen (§§ 290 – 315 HGB), die Prüfung des Jahresabschlusses durch einen Abschlußprüfer (§§ 316 – 324 HGB) sowie die der Publizität dienende Pflicht zur Veröffentlichung des Jahresabschlusses (§§ 325 – 329 HGB).

> Aufgabe J16: Maßgeblichkeit
>
> a) Was versteht man unter dem Maßgeblichkeitsprinzip?
> b) Was versteht man unter der Umkehrung dieses Prinzips? Welche Auswirkungen hat die Umkehrung der Maßgeblichkeit auf die Handelsbilanz?

Lösung:

a) Das Maßgeblichkeitsprinzip ist in § 5 Abs. 1 Satz 1 EStG formuliert; es regelt den materiellen Zusammenhang von Handels- und Steuerbilanz. Grundsätzlich gilt das Primat der Handelsbilanz, d.h. daß die nach handelsrechtlichen Vorschriften ermittelten Wertansätze auch als Ausgangspunkt für die steuerrechtliche Gewinnermittlung herangezogen werden. Durch das Maßgeblichkeitsprinzip soll vermieden werden, daß von den Unternehmen für handels- und steuerrechtliche Zwecke zwei separate Jahresabschlüsse aufgestellt werden müssen, und es soll eine willkürfreie Ermittlung der Steuerbemessungsgrundlage möglich werden.

b) Durch Entwicklungen im Steuerrecht ist es zu einer Umkehrung des Maßgeblichkeitsprinzips gekommen, d.h. daß bestimmte steuerliche Vorteile, insbesondere im Bereich der Abschreibungen und Rückstellungen, nur in Anspruch genommen werden dürfen, wenn entsprechende Ansätze in der Handelsbilanz gebildet worden sind (§ 5 Abs. 1 Satz 2 EStG). Diese Entwicklung wird durch § 254 und § 281 HGB sanktioniert. Die Handelsbilanz wird also de facto aus der Steuerbilanz abgeleitet. Dies bedeutet, daß die Wertansätze in der Handelsbilanz nicht ausschließlich nach kaufmännischem Sachverstand erfolgen, sondern durch steuerliche Aspekte dominiert werden. Damit ist der Jahresabschluß nicht mehr in der Lage, den in § 264 HGB geforderten realistischen Einblick in die Vermögens-, Ertrags- und Finanzlage der Gesellschaft zu geben; der Zweck des Aktionärsschutzes wird unterlaufen.

> Aufgabe J17: Grundsätze ordnungsmäßiger Bilanzierung
>
> a) Was versteht man unter den Grundsätzen ordnungsmäßiger Bilanzierung?
> b) Welche formellen und materiellen Ordnungsprinzipien der Grundsätze ordnungsmäßiger Bilanzierung kennen Sie, und wie haben diese im HGB ihren Niederschlag gefunden?
> c) Wie kann festgestellt werden, ob eine Bilanzierungspraxis den Grundsätzen ordnungsmäßiger Bilanzierung entspricht?

Jahresabschluß 323

Lösung:

a) Die Grundsätze ordnungsmäßiger Bilanzierung sind – ähnlich wie die Grundsätze ordnungsmäßiger Buchführung – Bilanzierungsgrundsätze, die aus dem Verhalten ordentlicher Kaufleute abgeleitet und teilweise im Handelsrecht kodifiziert worden sind. Durch den unbestimmten Rechtsbegriff in § 243 HGB lassen sich diese Bilanzierungsvorschriften flexibel an veränderte Rahmenbedingungen anpassen.

b) Die formellen Ordnungsprinzipien geben den Rahmen vor, innerhalb dessen der Jahresabschluß aufzustellen ist. Sie beziehen sich auf den Aufbau und den grundsätzlichen Inhalt der Bilanz. Man unterscheidet im einzelnen:

- Prinzip der Bilanzklarheit: § 243 HGB
- Prinzip der Vollständigkeit: § 246 HGB
- Prinzip der Bilanzverknüpfung
  - Bilanzidentität: § 252 Abs. 1 Nr. 1 HGB
  - Bilanzkongruenz
  - Bilanzkontinuität: § 252 Abs. 1 Nr. 6 HGB
- Stichtagsprinzip: § 242 Abs. 1 HGB

Die materiellen Ordnungsprinzipien beziehen sich auf die im Jahresabschluß verwendeten Wertansätze. Sie lauten:

- Nominalwertrechnung: § 244 HGB
- Periodenabgrenzung: § 252 Abs. 1 Nr. 5 HGB
- Vorsichtsprinzip: § 252 Abs. 1 Nr. 4 HGB
  - Realisationsprinzip
  - Imparitätsprinzip
  - Niederstwertprinzip
- Going Concern Prinzip: § 252 Abs. 1 Nr. 2 HGB

Wie dieser Überblick zeigt, sind die wichtigsten formellen und materiellen Grundsätze ordnungsmäßiger Bilanzierung in § 252 Abs. 1 HGB zusammengestellt.

c) Die Überprüfung einer Bilanzierungspraxis kann entweder induktiv oder deduktiv erfolgen. Beim induktiven Verfahren werden Erhebungen über das Vorgehen anderer Unternehmen durchgeführt und daraus Rückschlüsse über die ordnungsmäßige Bilanzierung gezogen. Damit sind zwei Schwächen verbunden: Zum einen bietet es den Unternehmen keinen Anhaltspunkt für das Vorgehen bei neu auftretenden Problemen, zum anderen fällt es schwer, auf rein empirischer Basis zwischen „guten" Handelsbräuchen, die den Grundsätzen ordnungsmäßiger Bilanzierung entsprechen, und „schlechten" Handelsbräuchen, die nicht ordnungsmäßig sind, zu differenzieren. Beim deduktiven Verfahren wird untersucht, welche Vorgehensweise zu einer zweckentsprechenden Rechnungslegung führt.

Aufgabe J18: GAAP

a) Was versteht man unter den „Generally Accepted Accounting Principles"? Welche Bedeutung haben sie?

b) Erläutern Sie die folgenden Begriffe:
- Consistency
- Materiality
- Money Measurement Concept
- Realization Concept

c) Was versteht man unter dem Matching Principle? Welche Auswirkungen hat das Matching Principle auf die Form der Gewinn- und Verlustrechnung?

d) Arbeiten Sie die formellen und materiellen Unterschiede zwischen GAAP und den Grundsätzen ordnungsmäßiger Bilanzierung heraus!

Lösung:

a) Die Generally Accepted Accounting Principles (GAAP) sind die für den angelsächsischen Sprachraum geltenden Grundsätze ordnungsmäßiger Bilanzierung. Sie geben die wesentlichen Leitlinien vor, die bei der Bilanzierung zu beachten sind, um als Hauptziel die Information der Kapitalgeber über den Zustand der Gesellschaft zu erreichen. Da sie in den USA nicht gesetzlich vorgegeben sind, wird ihre Einhaltung vor allem durch die Jahresabschlußprüfer und die Börsenaufsicht sichergestellt. Aufgrund der zunehmenden internationalen Verflechtung der Kapitalmärkte ist zu erwarten, daß die GAAP in Zukunft auch die Bilanzierungspraxis deutscher Kapitalgesellschaften stark beeinflussen werden.

b) Das Prinzip der Consistency besagt, daß eine einmal gewählte Bilanzierungsmethode so lange beibehalten werden muß, bis zwingende Gründe eine Abweichung nahelegen.

Jahresabschluß

Materiality bedeutet, daß unwesentliche Tatbestände, die den Ergebnisausweis verschleiern, nicht im Jahresabschluß zu berücksichtigen sind.

Das Money Measurement Concept führt den Jahresabschluß auf die Abbildung monetärer Transaktionen zurück, d.h. es werden nur solche Tatbestände erfaßt, die sich in Geldbeträgen messen lassen.

Nach dem Realization Concept ist der Betrag als Ertrag einer Transaktion auszuweisen, der mit hinreichender Sicherheit erzielt werden kann. Dies erlaubt insbesondere eine Teilgewinnrealisierung aus Aufträgen, deren Abwicklung den Abrechnungszeitraum überschreitet.

c) Das Matching Principle bezieht sich auf die Periodenabgrenzung für Aufwendungen. Der Abrechnungsperiode werden solche Aufwendungen zugerechnet, bei denen ein direkter Bezug zu Erträgen besteht (costs of goods sold), die allgemein der Tätigkeit der Periode zuzuordnen sind (overheads) oder für die kein Bezug zu Erträgen späterer Perioden besteht (sunk costs). Um die Beziehung zwischen Umsatzerlösen und den zugehörigen Kosten herstellen zu können, ist die Gewinn- und Verlustrechnung nach dem Umsatzkostenverfahren aufzustellen.

d) Der Vergleich von GAAP und den Grundsätzen ordnungsmäßiger Bilanzierung zeigt, daß neben einer Reihe von Gemeinsamkeiten auch erhebliche Unterschiede bestehen.

Der wesentliche formelle Unterschied besteht in der Bindungswirkung der beiden Systeme: Die Grundsätze ordnungsmäßiger Bilanzierung lassen eine Vielzahl von Wahlrechten zu und sind nur insoweit bindend, wie sie kodifiziert sind, während die GAAP auch ohne Kodifizierung von den Unternehmen strikt einzuhalten sind und grundsätzlich keine Wahlmöglichkeiten bieten.

Materielle Unterschiede bestehen z.B. beim Bilanzansatz: So steht die Materiality im Widerspruch zum Prinzip der Vollständigkeit. Weiter findet das Realisationsprinzip keine eindeutige Entsprechung, denn nach dem Realization Concept dürfen auch noch nicht realisierte Erträge bereits teilweise ausgewiesen werden. Ähnliches gilt für das Verhältnis von Vorsichtsprinzip und Conservatism.

Aufgabe J19: Bilanzgliederung

a) Warum ist eine Gliederung der Bilanz erforderlich? Welche Prinzipien für die Bilanzgliederung kennen Sie? Nennen Sie jeweils Beispiele!
b) Nennen Sie die Hauptgliederungspunkte des aktienrechtlichen Gliederungsschemas und geben Sie jeweils Beispiele an!
c) Inwieweit finden statische bzw. dynamische Vorstellungen beim aktienrechtlichen Gliederungsschema ihren Niederschlag?

Lösung:

a) Die Gliederung der Bilanz dient dazu, die Vermögensgegenstände und Schulden sowie das Eigenkapital des Unternehmens vollständig zu erfassen und so übersichtlich darzustellen, daß ein sachkundiger Leser die Angaben verstehen und auswerten kann. Die Bilanzgliederung orientiert sich an folgenden Prinzipien:

- Liquidität bzw. Fälligkeit: Vermögensgegenstände werden nach abnehmender Liquidität, Schulden nach dem Termin ihrer Fälligkeit gegliedert.

- Rechtsverhältnisse: Auf der Passivseite erfolgt eine Gliederung nach den Rechtsverhältnissen zwischen dem Unternehmen und den Kapitalgebern in Eigenkapital, Rückstellungen und Verbindlichkeiten.

- Ablaufprinzip: Bei den Vorräten wird eine Ablaufgliederung vorgenommen, d.h. man unterscheidet Roh-, Hilfs- und Betriebsstoffe, unfertige Erzeugnisse, fertige Erzeugnisse und Anzahlungen.

b) Die Hauptgliederungspunkte des aktienrechtlichen Gliederungsschemas entsprechen der Bilanzgliederung für kleine Kapitalgesellschaften:

Aktivseite:
A. Anlagevermögen
   I. Immaterielle Vermögensgegenstände: Patente, Lizenzen
   II. Sachanlagen: Maschinen, Gebäude
   III. Finanzanlagen: Beteiligungen an anderen Unternehmen, Wertpapieranlagen
B. Umlaufvermögen
   I. Vorräte: Rohstoffe, unfertige Erzeugnisse, Fertigerzeugnisse
   II. Forderungen und sonstige Vermögensgegenstände: Forderungen aus Lieferungen und Leistungen, Kautionen
   III. Wertpapiere: eigene Aktien, Finanzierungsschätze

Jahresabschluß

  IV. Schecks, Kassenbestand, Bundesbank- und Postgiroguthaben, Guthaben bei Kreditinstituten
  C. Rechnungsabgrenzungsposten: transitorische Posten, z.B. Disagio eines Kredits, vorausgezahlte Steuern und Zölle

Passivseite:
  A. Eigenkapital
    I. Gezeichnetes Kapital: Grundkapital bei Aktiengesellschaften, Stammkapital bei GmbH
    II. Kapitalrücklage: Agio auf Aktien
    III. Gewinnrücklage: gesetzliche und freie Rücklagen
    IV. Gewinnvortrag/Verlustvortrag: Übertrag aus dem Vorjahresabschluß
    V. Jahresüberschuß/Jahresfehlbetrag: definitorischer Ausgleichsposten in der Bilanz
  B. Rückstellungen: Pensionsrückstellungen, Rückstellungen für Gewährleistung oder Instandhaltung
  C. Verbindlichkeiten: Bankdarlehen, Lieferverbindlichkeiten
  D. Rechnungsabgrenzungsposten: transitorische Posten, z.B. vorausgezahlte Miete

c) Im aktienrechtlichen Gliederungsschema kommen sowohl Aspekte der statischen als auch der dynamischen Bilanztheorie zum Ausdruck: Die Angabe der am Bilanzstichtag vorhandenen Bestände an Vermögensgegenständen und Schulden entspricht der statischen Sichtweise, während in Rückstellungen und Rechnungsabgrenzungsposten – entsprechend der dynamischen Sichtweise – schwebende Positionen aus periodenübergreifenden Sachverhalten abgebildet werden.

Aufgabe J20: Einordnung von Geschäftsvorfällen

Ordnen Sie – soweit erforderlich – die folgenden Sachverhalte in das erweiterte, für große Kapitalgesellschaften geltende Bilanzgliederungsschema ein:

1. eine werkseigene Straße
2. ein entgeltlich erworbenes Patent
3. ein selbstgeschaffenes Warenzeichen
4. ein Computerprogramm (Software), das im Kundenauftrag durch eigene Fachleute im abgelaufenen Jahr noch nicht ganz fertiggestellt wurde (im folgenden Jahr wird die Fertigstellung der Software beendet und das Programm an den Kunden veräußert)

5. eine große Presse zur Blechverformung
6. der Dienstwagen des Geschäftsführers
7. eine Heftmaschine im Wert von 50,- €
8. Ausgaben für die Weiterbildung der Mitarbeiter
9. Obligationen, die der langfristigen Geldanlage dienen
10. Verbindlichkeiten aus einer Wandelschuldverschreibung
11. die in ihrer Höhe noch ungewisse Verpflichtung aus der Gewerbesteuer
12. voraussichtlicher Steuerentlastungsbetrag für nachfolgende Geschäftsjahre
13. ein Aktienpaket, das 30% der Anteile des anderen Unternehmens umfaßt und das auf Dauer gehalten werden soll
14. eine von der Gesellschaft gezahlte Versicherungsprämie, die das nächste Geschäftsjahr betrifft
15. junger, im abgelaufenen Jahr produzierter Weinbrand, der noch drei Jahre lagern soll, bis er verkauft wird
16. ein Gabelstapler, der im Fertigwarenlager benötigt wird
17. ein Wirtschaftslexikon auf CD-ROM im Wert von 98,- €
18. der Betrag, den die Gesellschaft vom ausstehenden Kapital eingefordert hat
19. eine aufgrund von Wertaufholungen gebildete Rücklage
20. Wertberichtigungen zu Forderungen
21. ein bisher nicht konkret gewordenes Risiko aus einer Bürgschaft
22. der Betrag, mit dem die Gesellschaft voraussichtlich aus Gewährleistungen in Anspruch genommen wird
23. die kurz vor Ende des Jahres bestellten Waren, die allerdings erst im folgenden Geschäftsjahr geliefert, berechnet und bezahlt werden
24. eingegangene Mieteinnahmen für das folgende Geschäftsjahr
25. rückständige Löhne und Gehälter

Lösung:

Die genannten Geschäftsvorfälle sind wie folgt einzuordnen:

1. eine werkseigene Straße: Aktivseite, A. II. 1.
2. ein entgeltlich erworbenes Patent: Aktivseite, A. I. 1.
3. ein selbstgeschaffenes Warenzeichen: nicht aktivierbar
4. ein Computerprogramm (Software), das im Kundenauftrag durch eigene Fachleute im abgelaufenen Jahr noch nicht ganz fertiggestellt wurde (im folgenden Jahr wird die Fertigstellung der Software beendet und das Programm an den Kunden veräußert): Aktivseite, B. I. 2.
5. eine große Presse zur Blechverformung: Aktivseite, A. II. 2.
6. der Dienstwagen des Geschäftsführers: Aktivseite, A. II. 3.
7. eine Heftmaschine im Wert von 50,- €: keine Aktivierung

8. Ausgaben für die Weiterbildung der Mitarbeiter: keine Aktivierung
9. Obligationen, die der langfristigen Geldanlage dienen: Aktivseite, A. III. 5.
10. Verbindlichkeiten aus einer Wandelschuldverschreibung: Passivseite, C. 1.
11. in der Höhe ungewisse Verpflichtung aus Gewerbesteuer: Passivseite, B. 2.
12. voraussichtlicher Steuerentlastungsbetrag für nachfolgende Geschäftsjahre: kein Ansatz
13. ein Aktienpaket, das 30% der Anteile des anderen Unternehmens umfaßt und das auf Dauer gehalten werden soll: Aktivseite, A. III. 3.
14. eine von der Gesellschaft gezahlte Versicherungsprämie, die das nächste Geschäftsjahr betrifft: Aktivseite, C.
15. junger, im abgelaufenen Jahr produzierter Weinbrand, der noch drei Jahre lagern soll, bis er verkauft wird: Aktivseite, B. I. 2.
16. ein Gabelstapler, der im Fertigwarenlager benötigt wird: Aktivseite, A. II. 2.
17. ein Wirtschaftslexikon auf CD-ROM im Wert von 98,- €: keine Aktivierung
18. der Betrag, den die Gesellschaft vom ausstehenden Kapital eingefordert hat: kein Ausweis
19. eine aufgrund von Wertaufholung gebildete Rücklage: Passivseite, A. III. 4.
20. Wertberichtigungen zu Forderungen: kein Ausweis
21. ein bisher nicht konkret gewordenes Risiko aus einer Bürgschaft: Eventualverbindlichkeit, Ausweis „unter dem Strich"
22. der Betrag, mit dem die Gesellschaft voraussichtlich aus Gewährleistungen in Anspruch genommen wird: Passivseite, B. 3.
23. die kurz vor Ende des Jahres bestellten Waren, die allerdings erst im folgenden Geschäftsjahr geliefert, berechnet und bezahlt werden: kein Ausweis
24. eingegangene Mieteinnahmen für das folgende Geschäftsjahr: Passivseite, D.
25. rückständige Löhne und Gehälter: Passivseite, C. 8.

Aufgabe J21: Bilanzansatz

a) Erklären Sie die Begriffe
- Bilanzierungsfähigkeit,
- Bilanzierungspflicht,
- Bilanzierungsverbot,
- Bilanzierungswahlrecht.

In welchem Verhältnis stehen diese Begriffe zueinander?

b) Ist das HGB durch die statische oder die dynamische Bilanztheorie geprägt? Zeigen Sie auf, in welchen Vorschriften diese Auffassungen ihren Niederschlag gefunden haben!

c) Von welchen Grundsätzen gehen das Handels- und das Steuerrecht bei der Prüfung der Frage des Bilanzansatzes „dem Grunde nach" aus? Worauf sind die Unterschiede zwischen aktien- und steuerrechtlichen Regelungen zurückzuführen?

Lösung:

a) Die genannten Begriffe beziehen sich auf den Bilanzansatz dem Grunde nach, d.h. auf die Frage, welche Tatbestände überhaupt in die Bilanz aufzunehmen und unter welcher Bilanzposition sie darzustellen sind. Ein Sachverhalt ist bilanzierungsfähig, wenn er prinzipiell in die Bilanz aufgenommen werden darf. Bilanzierungspflicht liegt vor, wenn ein Sachverhalt zwingend in der Bilanz abgebildet werden muß, bei einem Bilanzierungsverbot hingegen darf kein Bilanzansatz erfolgen. Ein Bilanzierungswahlrecht bedeutet, daß das Unternehmen selbst entscheiden darf, ob es den betreffenden Sachverhalt in seine Bilanz aufnimmt.

b) In den Bilanzierungsvorschriften des HGB spiegeln sich sowohl statische als auch dynamische Vorstellungen wider, wobei jedoch die in § 242 Abs. 1 zum Ausdruck kommende statische Sichtweise der Gegenüberstellung von Vermögen und Schulden zu einem bestimmten Zeitpunkt dominiert. Dynamische Überlegungen finden sich insbesondere bei folgenden Positionen: Rechnungsabgrenzungsposten (§ 250 HGB) dienen ausschließlich der Periodenabgrenzung, ohne daß ihnen eigenständige Vermögensgegenstände oder Zahlungsverpflichtungen gegenüberstehen; sie lassen sich daher nur dynamisch erklären. Rückstellungen (§ 249 HGB) sind in dynamischer Sicht zukünftige Auszahlungen, die als Aufwand der aktuellen Periode zugerechnet werden. Soweit ihnen rechtliche Verpflichtungen zugrunde liegen, lassen sie sich auch statisch als ungewisse Verbindlichkeiten interpretieren. Der derivative Firmenwert (§ 255 Abs. 4 HGB) ist in dynamischer Sicht ein transitorischer Rechnungsabgrenzungsposten, durch den einer bereits getätigten Auszahlung zukünftige Erträge zugeordnet werden. Auch die Aktivierung von Aufwendungen für die Ingangsetzung und Erweiterung des Geschäftsbetriebs von Kapitalgesellschaften (§ 269 HGB) läßt sich nur dynamisch als Aufwendungen, die in der Zukunft zu Erträgen führen werden, begründen. Schließlich sind auch die latenten Steuern (§ 273 HGB), die aus einer zeitlichen Abweichung des Gewinnausweises in Handels- und Steuerbilanz resultieren, ein dynamisches Element des Jahresabschlusses.

c) Während das Handelsrecht auf der Aktivseite den Begriff des Vermögensgegenstands in den Vordergrund stellt, knüpfen die steuerrechtlichen Vor-

Jahresabschluß

schriften an den Begriff des Wirtschaftsguts an. Ein Vermögensgegenstand muß im wirtschaftlichen Eigentum des Unternehmens stehen und einzeln veräußerbar und bewertbar sein. Das Wirtschaftsgut hingegen ist weiter gefaßt; es zählen auch immaterielle Wirtschaftsgüter sowie Rückstellungen und Verbindlichkeiten als „negative Wirtschaftsgüter" dazu.

Aufgabe J22: Bilanzansatz

a) Wodurch wird die Bilanzierungsfähigkeit nach statischer und dynamischer Auffassung begründet?
b) In welchem Verhältnis stehen grundsätzlich die Bilanzierungsfähigkeit und die Bilanzierungspflicht? Wodurch wird dieser Grundsatz modifiziert?
c) Welche Bilanzierungsverbote führt das HGB explizit auf?
d) Welche Bilanzierungswahlrechte kennen Sie?

Lösung:

a) Nach der statischen Bilanztheorie sind auf der Aktivseite Vermögensgegenstände, die einzeln veräußerbar und bewertbar sind, bilanzierungsfähig, und auf der Passivseite die Verbindlichkeiten als eindeutig feststehende zukünftige Zahlungen sowie die Rückstellungen als Zahlungsverpflichtungen, die zwar dem Grunde nach bestehen, aber deren Höhe, Fälligkeit oder Gläubiger noch nicht feststehen. In dynamischer Sicht sind Aktiva Auszahlungen oder Aufwendungen der Vergangenheit, denen zukünftige Einzahlungen oder Erträge gegenüberstehen, und Passiva Einzahlungen oder Aufwendungen der Vergangenheit, die in Zukunft zu Auszahlungen oder Erträgen führen werden.

b) Grundsätzlich gilt gemäß dem in § 246 HGB aufgestellten Grundsatz der Vollständigkeit, daß für alle bilanzierungsfähigen Bilanzpositionen auch eine Bilanzierungspflicht besteht. Ausnahmen, die zu Bilanzierungswahlrechten oder Bilanzierungsverboten führen, müssen ausdrücklich durch das Handelsrecht angeordnet sein.

c) Explizite Bilanzierungsverbote bestehen für Aufwendungen für die Unternehmensgründung und die Beschaffung von Eigenkapital (§ 248 Abs. 1 HGB), für unentgeltlich erworbene Gegenstände des Anlagevermögens (§ 248 Abs. 2 HGB), für Aufwendungen für den Abschluß von Versicherungsverträgen (§ 248 Abs. 3 HGB) sowie gemäß § 249 Abs. 3 HGB für Rückstellungen, die nicht ausdrücklich in § 249 Abs. 1 und 2 zugelassen sind.

d) Ein Bilanzierungswahlrecht ist ein Ansatzwahlrecht, d.h. der Bilanzierende darf entscheiden, ob er einen Sachverhalt in die Bilanz aufnimmt oder nicht. Das HGB läßt Bilanzierungswahlrechte zu für Rückstellungen für unterlassene Instandhaltung, die später als im ersten Vierteljahr des neuen Geschäftsjahrs erfolgen soll (§ 249 Abs. 1 HGB), für bestimmte Aufwandrückstellungen (§ 249 Abs. 2 HGB), für bestimmte Rechnungsabgrenzungsposten (§ 250 HGB), für Aufwendungen für die Ingangsetzung und Erweiterung des Geschäftsbetriebs bei Kapitalgesellschaften (§ 269 HGB), für den derivativen Firmenwert (§ 255 Abs. 4 HGB), für Sonderposten mit Rücklageanteil (§ 247 Abs. 3 HGB), für aktive latente Steuern bei Kapitalgesellschaften (§ 274 Abs. 2 HGB), für Vermögensgegenstände, bei denen die wirtschaftliche Zugehörigkeit rechtlich nicht eindeutig ist, für geringwertige Wirtschaftsgüter und im Bereich der Abgrenzung von Betriebs- und Privatvermögen bei personenbezogenen Unternehmen. Diese Bilanzierungswahlrechte bestehen nur für die Handelsbilanz, in der Steuerbilanz gelten für die entsprechenden Positionen Aktivierungsgebote bzw. Passivierungsverbote.

Aufgabe J23: Bilanzausweis

Ein Bauunternehmer schließt im Januar mit einer Mineralölgesellschaft einen Vertrag über den Bau einer Tankstelle ab. Vereinbart wird ein Festpreis von 500.000 €. Der Bauunternehmer rechnet mit Kosten in Höhe von 520.000 €, will aber den Verlust in Kauf nehmen, um mit dem Kunden ins Geschäft zu kommen. Im April wird der Bau begonnen. Ende Juni sind nach der laufenden Kalkulation der Baufirma 260.000 € Kosten entstanden. Im Juli zeigt sich, daß die von dem Bauunternehmer erwarteten Lohnerhöhungen vorerst ausbleiben. Auch einige andere Kosten sind niedriger als erwartet, so daß die Baufirma auf Kosten von 490.000 € und somit auf einen Gewinn von 10.000 € an dem Projekt kommt. Die Tankstelle wird am 1. September abgerechnet und dem Bauherrn übergeben. Wie ist der Sachverhalt beim Bauunternehmer zu bilanzieren, wenn

a) der 28. Februar
b) der 30. Juni
c) der 31. August

Bilanzstichtag ist und die Bilanz jeweils drei Monate nach dem Stichtag fertiggestellt wird?

Jahresabschluß 333

Lösung:

a) Am 28. Februar ist lediglich der Vertrag abgeschlossen, aber noch keine Bautätigkeit begonnen worden. Die erwartete Einnahme darf daher noch nicht als Ertrag verbucht werden. Um den erwarteten Verlust aus dem Geschäft zu antizipieren, muß auf der Passivseite eine Rückstellung für Drohverluste in Höhe von 20.000 € gebildet werden.

b) Bis zum 30. Juni sind 260.000 € an Aufwendungen für den Bau entstanden, die als unfertiges Erzeugnis aktiviert werden dürfen. Eine Rückstellung für Drohverluste ist nicht erforderlich, da – im Gegensatz zum Bilanzstichtag – bei der Aufstellung der Bilanz bereits absehbar ist, daß das Geschäft zu einem Gewinn führen wird.

c) Am 31. August ist der Bau abgeschlossen, aber noch nicht abgerechnet. Bilanziert werden daher fertige Erzeugnisse in Höhe der entstandenen Herstellungskosten von 490.000 €.

Aufgabe J24: Sonderposten mit Rücklageanteil

a) Was versteht man unter einem Sonderposten mit Rücklageanteil, welche Formen kennen Sie? Erläutern Sie diese und nennen Sie die rechtliche Grundlage!

b) Bei einem Einbruch in ein Unternehmen wird eine Produktionsanlage mit einem Buchwert von 100.000 € völlig zerstört. Zum Glück war die Anlage zum Wiederbeschaffungswert versichert, die Versicherung zahlt 200.000 €. Stellen Sie kurz die Bilanzierung dieser Vorgänge vor und nach dem Kauf einer neuen Maschine dar.

Lösung:

a) Ein Sonderposten mit Rücklageanteil ist nach § 247 Abs. 3 HGB eine Passivposition, deren Ansatz sich aus der Umkehrung der Maßgeblichkeit der Handelsbilanz für die Steuerbilanz ergibt, da sie ausschließlich der Inanspruchnahme von bestimmten Steuervergünstigungen dient. Derartige Posten werden z.B. gebildet, um die bei der Veräußerung oder dem sonstigen Abgang von bestimmten Gütern des Anlagevermögens aufgedeckten stillen Reserven steuerfrei auf andere, später anzuschaffende Anlagegüter übertragen zu können. Andere Sonderposten mit Rücklageanteil können aufgrund aktueller steuerrechtlicher Regelungen zu wirtschaftspolitischen Zwecken gebildet werden.

b) Da die Versicherung einen Betrag gezahlt hat, der weit über dem Buchwert der Anlage liegt, wäre die Differenz im Prinzip als außerordentlicher Ertrag auszuweisen und beim nächsten Jahresabschluß zu versteuern. Alternativ darf in dieser Höhe ein Sonderposten mit Rücklageanteil gebildet werden, so daß nunmehr zunächst erfolgsneutral – anstelle einer Maschine im Wert von 100.000 € auf der Aktivseite – 200.000 € Bankguthaben auf der Aktivseite und 100.000 € Sonderposten mit Rücklageanteil auf der Passivseite ausgewiesen werden. Beim Kauf der Ersatzanlage wird der Sonderposten mit Rücklageanteil aufgelöst und auf die neue Anlage übertragen, d.h. diese wird mit 100.000 € unter ihrem Anschaffungspreis aktiviert.

Aufgabe J25: Wertansätze

a) Welcher Wertansatz ist nach dynamischer Bilanzauffassung grundsätzlich geboten? Welche Modifikationen ergeben sich aus dem Vorsichtsprinzip?

b) Welche Wertansätze kennt das deutsche Handelsrecht? Wie ist die Wahl zwischen diesen Ansätzen geregelt?

c) Welche Ansatzpunkte zur Manipulation von Bilanzdaten bietet das Handelsrecht? Erläutern Sie die hierdurch eröffneten Spielräume!

Lösung:

a) In der dynamischen Bilanztheorie erfolgt die Bewertung von transitorischen Posten aufgrund von tatsächlichen Zahlungen bzw. deren weitergeführten Werten und von antizipativen Posten grundsätzlich anhand der in Zukunft erwarteten Zahlungen. Das Vorsichtsprinzip besagt, daß ein Kaufmann sich nicht reicher rechnen soll, als er tatsächlich ist. Daraus folgt, daß nach dem Realisationsprinzip Gewinne erst ausgewiesen werden dürfen, wenn sie am Markt realisiert worden sind, daß nach dem Imparitätsprinzip Verluste bereits auszuweisen sind, wenn sie absehbar sind und für Vermögensgegenstände nach dem Niederstwertprinzip, daß aus mehreren alternativen Wertansätzen stets der geringste auszuwählen ist.

b) Nach dem HGB kommen für die Bewertung von Aktivpositionen die folgenden Wertmaßstäbe zur Anwendung:

- Anschaffungskosten oder Herstellungskosten (§ 253 Abs. 1 Satz 1 HGB)
- um planmäßige Abschreibungen verringerte Anschaffungs- oder Herstellungskosten (§ 253 Abs. 2 Satz 1 und 2 HGB)
- Börsen- oder Marktpreis (§ 253 Abs. 3 Satz 1 HGB)
- der dem Vermögensgegenstand am Abschlußstichtag beizulegende Wert (§ 253 Abs. 2 Satz 3 bzw. Abs. 3 Satz 2 HGB)
- der im Rahmen vernünftiger kaufmännischer Beurteilung ermäßigte Wert (§ 253 Abs. 4 HGB)
- der im Hinblick auf künftige Wertschwankungen ermäßigte Wert (§ 253 Abs. 3 Satz 3 HGB)
- ein steuerrechtlich zulässiger Wertansatz (§ 254 Satz 1 HGB)

Für die Bewertung der Passiva sind folgende Wertansätze zu wählen:
- Rückzahlungsbetrag von Verbindlichkeiten
- Rentenbarwert für Pensionsrückstellungen
- ein nach vernünftiger kaufmännischer Beurteilung notwendiger Betrag für Rückstellungen
- Nennbetrag für das gezeichnete Kapital von Kapitalgesellschaften

Grundsätzlich besteht keine Wahl zwischen diesen Wertansätzen, sondern es ist nach dem Festwertprinzip der vom Handelsrecht jeweils vorgegebene Ansatz zu verwenden. Dabei gilt für das Umlaufvermögen das strenge und für das Anlagevermögen das gemilderte Niederstwertprinzip.

c) Eine Manipulation von Bilanzdaten und damit des Gewinnausweises ist möglich, indem die dem Bilanzierenden vom HGB eingeräumten Wahlrechte ausgenutzt werden. Man unterscheidet Bewertungswahlrechte, die eine Wahl aus mehreren Wertansätzen erlauben, und Methodenwahlrechte, die verschiedene Bewertungsmethoden zur Wahl stellen. Bewertungswahlrechte erlauben den Ansatz eines niedrigeren Werts für bestimmte Vermögensgegenstände; Methodenwahlrechte bestehen insbesondere bei der Wahl der Abschreibungsmethode und bei der Berechnung der Herstellungskosten.

Soweit es durch die Ausnutzung dieser Spielräume zu einem geringeren Wertansatz kommt, wird der ausgewiesene Erfolg verringert. Daher sind im Steuerrecht nur sehr stark eingeschränkte Wahlrechte gegeben, die sich aufgrund der Umkehrung der Maßgeblichkeit wiederum auf die Wahlmöglichkeiten in der Handelsbilanz auswirken.

> Aufgabe J26: Niederstwertprinzip
>
> a) Welche Ausprägungen des Niederstwertprinzips kennt das Handelsrecht?
> b) In welchen Vorschriften ist das Niederstwertprinzip mit seinen verschiedenen Ausprägungen im Handelsrecht niedergelegt?

Lösung:

a) Das HGB kennt zwei Ausprägungen des Niederstwertprinzips: Für Gegenstände des Umlaufvermögens gilt das strenge Niederstwertprinzip, nach dem anstelle der Anschaffungs- oder Herstellungskosten der aktuelle Börsen- oder Marktpreis bzw. der beizulegende Wert anzusetzen ist, falls dieser geringer ist. Für Gegenstände des Anlagevermögens hingegen gilt das gemilderte Niederstwertprinzip, nach dem lediglich bei andauernder Wertminderung der niedrigere am Abschlußstichtag beizulegende Wert anstelle der um planmäßige Abschreibungen verminderten Anschaffungs- oder Herstellungskosten anzusetzen ist.

b) Das Niederstwertprinzip ist in § 253 HGB aufgenommen, und zwar in seiner strengen Version in § 253 Abs. 2 und in seiner gemilderten Version in § 253 Abs. 3.

> Aufgabe J27: Bewertungsprobleme
>
> a) Wie sind die Anschaffungskosten bei unentgeltlichem Erwerb und bei Tauschgeschäften in handels- und steuerrechtlicher Sicht zu beurteilen?
> b) Welche Probleme treten bei der Abgrenzung von Herstellungs- und Erhaltungsaufwand auf? Unter welchen Bedingungen sind die Abbruchkosten für alte Gebäude als Anschaffungskosten des Grundstücks oder als Herstellungskosten der neuen Gebäude zu aktivieren?
> c) Wie ist der Teilwert definiert? Welche Probleme treten bei seiner Ermittlung auf und welche Lösungsmöglichkeiten wurden durch die Rechtsprechung entwickelt?
> d) Nennen Sie Beispiele für immaterielle Gegenstände des Anlagevermögens! Worin unterscheidet sich die Behandlung des derivativen Firmenwerts in steuer- und handelsrechtlicher Sicht?

Jahresabschluß

Lösung:

a) Da weder beim Tausch noch bei unentgeltlichem Erwerb Zahlungen für den erhaltenen Vermögensgegenstand fließen, sind im Prinzip lediglich die mit dem Geschäft verbundenen Anschaffungsnebenkosten bilanzierungsfähig. Beim Tausch ist davon auszugehen, daß die Werte von Leistung und Gegenleistung einander entsprechen, daher ist im Handelsrecht für den erhaltenen Vermögensgegenstand der Wertansatz des abgegebenen beizubehalten. Bei einer Erbschaft oder Schenkung von materiellen Vermögensgegenständen ist der Ansatz fiktiver Anschaffungskosten auf Basis von Börsen- oder Marktpreisen sinnvoll, für immaterielle Vermögensgegenstände besteht jedoch gemäß § 248 Abs. 2 HGB ein Bilanzierungsverbot.

Anders stellt sich die steuerrechtliche Behandlung derartiger Sachverhalte dar: Beim Tausch sind beide Vermögensgegenstände mit ihren aktuellen Werten zu bewerten und ein eventuell dadurch entstehender Tauschgewinn oder -verlust auszuweisen. Beim unentgeltlichen Erwerb sind die Vermögensgegenstände ebenfalls mit ihren aktuellen Preisen anzusetzen.

b) Die Abgrenzung von Herstellungs- und Erhaltungsaufwand ist relevant, da ersterer aktiviert und über die Nutzungsdauer des Vermögensgegenstands abgeschrieben werden muß, letzterer hingegen sofort als Aufwand der Periode verrechnet werden darf. Herstellungsaufwand liegt vor, wenn der Vermögensgegenstand in seiner Substanz vermehrt wird oder sein Wert durch die Maßnahme erheblich erhöht wird. Als Erhaltungsaufwand sind regelmäßig durchgeführte Maßnahmen anzusehen, die den Vermögensgegenstand funktionstüchtig erhalten, ohne eine wesentliche Verbesserung oder Erweiterung vorzunehmen, wobei Modernisierungen durchaus zulässig sind. Probleme treten im Grenzbereich auf, z.B. bei Umbaumaßnahmen an neu erworbenen Vermögensgegenständen.

Für die Abbruchkosten eines Gebäudes gilt, daß diese zu den Anschaffungskosten des Grundstücks zählen, wenn der Abbruch bereits beim Kauf des Grundstücks geplant wurde. Erweist sich der Abbruch hingegen erst zu einem späteren Zeitpunkt als notwendig, so zählen die Abbruchkosten zu den Herstellungskosten des neuen Gebäudes und sind mit diesen abzuschreiben.

c) Der Begriff des Teilwerts wurde durch das Steuerrecht geprägt. Er ist als der Betrag definiert, den ein Erwerber des Betriebs unter der Annahme der Fortführung der Geschäfte für ein einzelnes Wirtschaftsgut im Rahmen des Gesamtkaufpreises zahlen würde. Zur Ermittlung des Teilwerts wird entweder die Differenzmethode, bei der der Firmenwert mit und ohne das Wirtschaftsgut verglichen wird, oder die Repartitionsmethode, bei der der Firmenwert proportional anhand der Buchwerte auf die Wirtschaftsgüter aufgeteilt wird, herangezogen. Beide Methoden erweisen sich als problematisch, da sich der Firmenwert nicht additiv als Summe der Werte einzelner Wirtschaftsgüter bestimmen läßt, sondern wesentlich auf Synergieeffekten beruht, die durch den gemeinsamen Einsatz von materiellen und immateriellen Faktoren entstehen.

d) Immaterielle Gegenstände des Anlagevermögens sind z.B. Patente, Lizenzen, Gebrauchsmuster, soweit sie entgeltlich erworben wurden, sowie der derivative Firmenwert, der sich als Differenz aus dem Kaufpreis eines Unternehmens und seinem Buchwert ergibt. Während im Handelsrecht (§ 255 Abs. 4 HGB) ein Ansatzwahlrecht besteht, besteht für die Steuerbilanz eine Aktivierungspflicht für den derivativen Firmenwert.

Aufgabe J28: Abschreibungen

a) Was sind Abschreibungen nach dynamischer und statischer Bilanzauffassung?

b) Welche Vermögensgegenstände unterliegen einer planmäßigen Abschreibung?

c) Zählen Sie die Abschreibungsursachen nach GUTENBERG auf!

d) Welche Abschreibungsverfahren sind handels- und steuerrechtlich zulässig?

e) Was sind Zuschreibungen, und in welcher Situation können diese vorgenommen werden?

Lösung:

a) Abschreibungen sind in dynamischer Sicht Aufwandspositionen, denen eine bereits früher erfolgte Auszahlung gegenübersteht. Sie dienen der Periodenabgrenzung durch Verteilung der Anschaffungs- oder Herstellungskosten einer Anlage auf ihre Nutzungsdauer. In statischer Sicht entspricht die Abschreibung der in der Periode durch Nutzung oder Zeitablauf angefallenen Verringerung des Werts einer Anlage oder eines anderen abnutzbaren Vermögensgegenstands.

b) Planmäßige Abschreibungen sind vorzunehmen auf abnutzbare Sachanlagen, z.B. Gebäude, Maschinen, Fahrzeuge sowie die Betriebs- und Geschäftsausstattung, auf entgeltlich erworbene, befristete immaterielle Vermögensgegenstände wie Patente, Konzessionen, Lizenzen und gewerbliche Schutzrechte, auf das Disagio bei langfristigen Verbindlichkeiten und auf den derivativen Firmenwert.

c) Die Abschreibungsursachen lassen sich wie folgt klassifizieren: Zu den verbrauchsbedingten Abschreibungen, die die Abnahme des Nutzungspotentials einer Anlage durch ihren betrieblichen Einsatz abbilden, zählen der technische Verschleiß, die Substanzverringerung und der Katastrophenverschleiß. Als wirtschaftlich bedingte Abschreibungen, die die wertmäßige Abnahme des Nutzungspotentials erfassen, gelten die technische und die wirtschaftliche Veralterung, Fehlinvestitionen und Abschreibungen aus bilanzpolitischen Gründen. Zeitlich bedingte Abschreibungen bilden den Wertverlust einer Anlage aufgrund des Ablaufs von Nutzungsrechten ab, z.B. durch Ablauf eines Mietvertrags vor dem Ende der Nutzungsdauer der Anlage oder durch Ablauf von Schutzrechten, Patenten, Konzessionen.

Neben diesen planmäßigen Abschreibungen können außerplanmäßige Abschreibungen vorgenommen werden, um gegebenenfalls den Buchwert eines Vermögensgegenstands auf den durch das Niederstwertprinzip geforderten niedrigeren Wertansatz zu reduzieren.

d) Nach Handelsrecht sind alle Abschreibungsverfahren zulässig, die die Anschaffungs- oder Herstellungskosten eines Vermögensgegenstands sinnvoll auf die geplante Nutzungsdauer verteilen, z.B. die lineare Abschreibung, die geometrisch-degressive Abschreibung, die digitale Abschreibung, gemischte Abschreibungen und verbrauchsabhängige Abschreibungen. Im Steuerrecht ist als Methode für die Ermittlung der Absetzung für Abnutzung (AfA) grundsätzlich die lineare Methode vorgesehen. Für bewegliche Wirtschaftsgüter des Anlagevermögens ist auch die geometrisch-degressive Abschreibung zulässig, wobei der Abschreibungssatz nicht mehr als das Dreifache der linearen Abschreibung und höchstens 30% betragen darf. Ein Wechsel von der geometrisch-degressiven zur linearen Abschreibung ist jederzeit möglich, jedoch nicht umgekehrt. Weiter ist die nutzungsabhängige Abschreibung zulässig, falls sich eindeutig ermitteln läßt, welcher Anteil am Nutzungspotential einer Anlage auf die einzelnen Geschäftsjahre entfällt.

e) Als Zuschreibung bezeichnet man die Erhöhung des Buchwerts eines Vermögensgegenstands. Die Zuschreibung führt zu einem außerordentlichen Ertrag. Sie ist zulässig, um eine vorherige außerplanmäßige Abschreibung rückgängig zu machen, wenn der Grund dafür weggefallen ist, z.B. wenn sich der zuvor gesunkene Börsenwert einer Beteiligung wieder über den Kaufpreis erholt hat.

> Aufgabe J29: Anschaffungs- und Herstellungskosten
>
> a) Aus welchen Bestandteilen setzen sich nach dem HGB die Anschaffungskosten zusammen?
>
> b) Wie definiert das HGB den Begriff der Herstellungskosten? Welche Kostenbestandteile müssen in die Herstellungskosten aufgenommen werden? Für welche besteht ein Wahlrecht bzw. ein Bilanzierungsverbot?
>
> c) Worin unterscheidet sich dieser Kostenbegriff von demjenigen des Bilanzsteuerrechts?

Lösung:

a) Anschaffungskosten sind nach § 255 Abs. 1 HGB Aufwendungen, die für den Erwerb eines Vermögensgegenstands oder die Versetzung in einen betriebsbereiten Zustand erfolgen und diesem einzeln zugerechnet werden können. Dazu zählen außer dem um Skonti, Rabatte und andere Preisnachlässe reduzierten Anschaffungspreis die Anschaffungsnebenkosten wie Transportkosten, Installationskosten, die Kosten einer Transportversicherung und auch nachträgliche Anschaffungskosten für Reparaturen und Umbauten, die im Zusammenhang mit der Anschaffung stehen.

b) Herstellungskosten sind nach § 255 Abs. 2 HGB die Aufwendungen, die für den Einsatz von Produktionsfaktoren und die Inanspruchnahme von Dienstleistungen entstehen, um einen Vermögensgegenstand herzustellen, zu erweitern oder ihn über den ursprünglichen Zustand hinaus wesentlich zu verbessern. Zu den Herstellungskosten gehören in jedem Fall die dem Vermögensgegenstand eindeutig zurechenbaren Einzelkosten, d.h. die Materialeinzelkosten, Fertigungseinzelkosten und Sondereinzelkosten der Fertigung. Weiter besteht ein Wahlrecht für die Verrechnung bestimmter Gemeinkosten, die auf den Zeitraum der Herstellung entfallen. Dazu zählen angemessene Teile der notwendigen Material- und Fertigungsgemeinkosten und des fertigungsbedingten Werteverzehrs am Anlagevermögen sowie Anteile der allgemeinen Verwaltungskosten, der Kosten für soziale Einrichtungen, freiwillige soziale Leistungen und die betriebliche Altersversorgung, jedoch grundsätzlich keine Fremdkapitalzinsen. Für diese besteht ein Bilanzierungsverbot, für Zinsen auf Fremdkapital, das zur Finanzierung der Herstellung eines Vermögensgegenstands aufgenommen worden ist, besteht allerdings ein Bilanzierungswahlrecht, soweit sie auf den Zeitraum der Herstellung entfallen.

c) In steuerrechtlicher Sicht gehören zu den Herstellungskosten eines Wirtschaftsguts die Materialkosten einschließlich der notwendigen Materialgemeinkosten, die Fertigungskosten einschließlich der notwendigen Fertigungsgemeinkosten, die Sondereinzelkosten der Fertigung und der durch die Herstellung des Wirtschaftsguts verursachte Wertverzehr am Anlagevermögen. Für die hier genannten Gemeinkostenbestandteile besteht somit kein Bilanzierungswahlrecht, sondern Bilanzierungspflicht. Ein Ansatzwahlrecht besteht für die anteiligen Kosten der allgemeinen Verwaltung, die Kosten für soziale Einrichtungen, freiwillige soziale Leistungen und die betriebliche Altersversorgung.

Aufgabe J30: Gewinn- und Verlustrechnung

a) Geben Sie das Schema der Gewinn- und Verlustrechnung nach deutschem Handelsrecht an!

b) Worin liegen die Unterschiede zwischen dem Gesamtkosten- und dem Umsatzkostenverfahren? Zeigen Sie diese anhand des Schemas der Gewinn- und Verlustrechnung nach HGB auf!

c) Geben Sie das Schema des angelsächsischen Income Statement an. Nach welchem der beiden oben genannten Prinzipien ist dieses aufgebaut?

Lösung:

a) Das Schema für die Gewinn- und Verlustrechnung von Kapitalgesellschaften ist in § 275 Abs. 2 bzw. Abs. 3 HGB vorgeschrieben. Es besteht ein Wahlrecht bezüglich der Verwendung des Gesamtkosten- oder des Umsatzkostenverfahrens.

Bei Anwendung des Gesamtkostenverfahrens sind folgende Positionen auszuweisen:

1. Umsatzerlöse
2. Erhöhungen oder Verminderungen des Bestands an fertigen und unfertigen Erzeugnissen
3. andere aktivierte Eigenleistungen
4. sonstige betriebliche Erträge
5. Materialaufwand
   a) Aufwendungen für Roh-, Hilfs- und Betriebsstoffe und für bezogene Waren
   b) Aufwendungen für bezogene Leistungen
6. Personalaufwand
   a) Löhne und Gehälter

b) soziale Abgaben und Aufwendungen für Altersversorgung und Unterstützung
　　　davon für Altersversorgung
7. Abschreibungen
　　a) auf immaterielle Vermögensgegenstände des Anlagevermögens und Sachanlagen sowie auf aktivierte Aufwendungen für die Ingangsetzung und Erweiterung des Geschäftsbetriebs
　　b) auf Vermögensgegenstände des Umlaufvermögens, soweit diese die in der Kapitalgesellschaft üblichen Abschreibungen überschreiten
8. sonstige betriebliche Aufwendungen
9. Erträge aus Beteiligungen
　　davon aus verbundenen Unternehmen
10. Erträge aus anderen Wertpapieren und Ausleihungen des Finanzanlagevermögens
　　davon aus verbundenen Unternehmen
11. sonstige Zinsen und ähnliche Erträge
　　davon aus verbundenen Unternehmen
12. Abschreibungen auf Finanzanlagen und auf Wertpapiere des Umlaufvermögens
13. Zinsen und ähnliche Aufwendungen
　　davon an verbundene Unternehmen
14. Ergebnis der gewöhnlichen Geschäftstätigkeit
15. außerordentliche Erträge
16. außerordentliche Aufwendungen
17. außerordentliches Ergebnis
18. Steuern vom Einkommen und vom Ertrag
19. sonstige Steuern
20. Jahresüberschuß / Jahresfehlbetrag

Bei Anwendung des Umsatzkostenverfahrens sind hingegen die folgenden Positionen auszuweisen:

1. Umsatzerlöse
2. Herstellungskosten der zur Erzielung der Umsatzerlöse erbrachten Leistungen
3. Bruttoergebnis vom Umsatz
4. Vertriebskosten
5. allgemeine Verwaltungskosten
6. sonstige betriebliche Erträge
7. sonstige betriebliche Aufwendungen
8. Erträge aus Beteiligungen
　　davon aus verbundenen Unternehmen

9. Erträge aus anderen Wertpapieren und Ausleihungen des Finanzanlagevermögens
   davon aus verbundenen Unternehmen
10. sonstige Zinsen und ähnliche Erträge
    davon aus verbundenen Unternehmen
11. Abschreibungen auf Finanzanlagen und auf Wertpapiere des Umlaufvermögens
12. Zinsen und ähnliche Aufwendungen
    davon an verbundene Unternehmen
13. Ergebnis der gewöhnlichen Geschäftstätigkeit
14. außerordentliche Erträge
15. außerordentliche Aufwendungen
16. außerordentliches Ergebnis
17. Steuern vom Einkommen und vom Ertrag
18. sonstige Steuern
19. Jahresüberschuß / Jahresfehlbetrag

b) Die Unterschiede zwischen den beiden Schemata liegen in der Berechnung des Betriebsergebnisses, d.h. in den Positionen 1 bis 7 bzw. 8: Während das Umsatzkostenverfahren von den Umsatzerlösen zunächst die Herstellungskosten der abgesetzten Leistungen abzieht und anschließend das dadurch ermittelte Bruttoergebnis vom Umsatz um die Vertriebs- und Verwaltungskosten und sonstigen betrieblichen Erträge und Aufwendungen korrigiert, werden nach dem Gesamtkostenverfahren zunächst die Ertragspositionen (Umsatzerlöse, Bestandsveränderungen, aktivierte Eigenleistungen, sonstige betriebliche Erträge) und dann die Aufwandspositionen (Materialaufwand, Personalaufwand, Abschreibungen, sonstige betriebliche Aufwendungen) der Abrechnungsperiode zusammengestellt.

c) Das angelsächsische Income Statement ist nach dem Umsatzkostenverfahren gegliedert. Es sind dabei folgende Positionen aufzuführen:

  Net sales (Operating revenues)
  ·/· Cost of sales (Cost of goods sold)
  = Gross profit (Gross margin)
  ·/· Selling, general and administrative expenses
  = Operating income / loss
  + Interest income
  ·/· Interest expenses
  + Other income
  ·/· Other expenses
  = Income / loss from continuing operations before taxes

·/· Provisions for income taxes
   (Income taxes)
= Income / loss from continuing operations
± Non continuing items (net of taxes)
  - Discontinued operations
  - Extraordinary items
  - Cumulative effect of changes in accounting principles
= Net income / loss (net earnings)

Aufgabe J31: Gewinn- und Verlustrechnung

a) Welche Aufgaben hat die Gewinn- und Verlustrechnung?
b) Wie ist die Gewinn- und Verlustrechnung formal aufgebaut?
c) Worin bestehen die Unterschiede beim Erfolgsausweis nach deutschem Aktienrecht und angelsächsischen Bilanzierungsgepflogenheiten?

Lösung:

a) Die Gewinn- und Verlustrechnung hat im Zusammenhang mit dem Jahresabschluß zwei wesentliche Funktionen:

- Zum einen hat sie die Aufgabe, den Periodenerfolg zu berechnen, indem auf dem Gewinn- und Verlustkonto die Salden der Erfolgskonten erfaßt werden. Der Saldo des Gewinn- und Verlustkontos gibt den Periodenerfolg an, er entspricht gleichzeitig der in der Bilanz ermittelten Veränderung des Eigenkapitals.

- Die zweite Aufgabe der Gewinn- und Verlustrechnung ist die übersichtliche Darstellung der Quellen des Periodenerfolgs. Dies wird durch die detaillierte Aufstellung der einzelnen Ertrags- und Aufwandsarten aus dem Gewinn- und Verlustkonto erreicht.

b) Die Gewinn- und Verlustrechnung ist in Staffelform aufzustellen. Zunächst wird das Ergebnis der betrieblichen Tätigkeit entweder nach dem Gesamtkosten- oder dem Umsatzkostenverfahren ermittelt, durch Hinzufügen des finanzwirtschaftlichen Ergebnisses erhält man das Ergebnis der gewöhnlichen Geschäftätigkeit, durch Hinzufügen des außerordentlichen Ergebnisses und nach Abzug der Steuern ergibt sich der Jahresüberschuß bzw. Jahresfehlbetrag. Die Gliederung der Gewinn- und Verlustrechnung für große Kapitalgesellschaften ist in § 275 Abs. 2 HGB für das Gesamtkostenverfahren und in § 275 Abs. 3 HGB für das Umsatzkostenverfahren angegeben.

c) Das im angelsächsischen Sprachraum aufzustellende Income Statement wird immer in Staffelform nach dem Umsatzkostenverfahren erstellt. Die Vorgehensweise entspricht im wesentlichen der Darstellung in § 275 Abs. 3 HGB; ein Unterschied besteht in der Reihenfolge, in der die Positionen aufgeführt werden: Während nach HGB das Ergebnis der gewöhnlichen Geschäftstätigkeit zunächst um außerordentliche Erträge und Aufwendungen und dann um Steuerzahlungen korrigiert wird, werden im Income Statement zunächst die Steuerrückstellungen abgezogen und das Ergebnis der gewöhnlichen Geschäftstätigkeit nach Steuern ermittelt, anschließend wird durch Berücksichtigung der außerordentlichen Aufwendungen und Erträge der Jahresüberschuß ermittelt. Ein weiterer Unterschied besteht darin, daß zusätzlich zu den Gesamtdaten auch die auf eine Aktie entfallenden Anteile am Ergebnis der gewöhnlichen Geschäftstätigkeit, den außerordentlichen Aufwendungen und Erträgen und dem Jahresüberschuß ausgewiesen werden.

Aufgabe J32: Anhang und Lagebericht

a) In welchen Fällen und warum fordert das HGB eine Ergänzung von Bilanz und Gewinn- und Verlustrechnung um Anhang und Lagebericht?

b) Welche Aufgaben kommen dabei dem Anhang zu, durch welche Angaben werden diese erreicht?

c) Aus welchen Teilen besteht der Lagebericht? Welche Informationen sind darin enthalten?

Lösung:

a) Nach § 264 Abs. 1 HGB sind Kapitalgesellschaften verpflichtet, ihren Jahresabschluß um einen Anhang zu ergänzen und einen Lagebericht hinzuzufügen. Diese haben die Aufgabe, über die eher abrechnungstechnischen Zwecke der Bilanz und der Gewinn- und Verlustrechnung hinaus ein realistisches Bild von der Vermögens-, Finanz- und Ertragslage der Gesellschaft zu vermitteln, indem z.B. die Inanspruchnahme von Methoden-, Ansatz- und Bewertungswahlrechten erläutert wird und Daten und Entwicklungen, die sich nicht in den Abschlußpositionen erfassen lassen, zusammengestellt und kommentiert werden.

b) Der Anhang soll die Aussagekraft von Bilanz und Gewinn- und Verlustrechnung durch zusätzliche Informationen hinsichtlich der Vermögens-, Finanz- und Ertragslage des Unternehmens verbessern. Dies geschieht durch die Interpretation, Korrektur, Entlastung und Ergänzung der beiden Rechenwerke.

- Die Interpretation des Jahresabschlusses wird nach § 284 HGB durch Angaben hinsichtlich der bei der Aufstellung der Gewinn- und Verlustrechnung verwendeten Bilanzierungs- und Bewertungsmethoden erreicht, z.B. Abschreibungsmethoden und die Höhe der Abschreibungssätze, Kalkulationsverfahren bei der Bewertung selbsterstellter Güter, Währungsumrechnungsverfahren, Nutzung von Ansatz- und Bewertungswahlrechten, Wechsel von Bilanzierungs- und Bewertungsmethoden, Erläuterungen zur Art und Höhe von außerordentlichen Aufwendungen und Erträgen.

- Eine Korrektur von Bilanzdaten erfolgt durch die Angabe der Auswirkungen einer Änderung bei den Bilanzierungs- und Bewertungsmethoden, der Abweichungen aufgrund von Bewertungsvereinfachungsverfahren und der Auswirkungen der Umkehrung der Maßgeblichkeit.

- Eine Entlastung der Bilanz und der Gewinn- und Verlustrechnung wird dadurch erreicht, daß im Anhang bestimmte Positionen detaillierter dargestellt und aufgeschlüsselt werden können, z.B. die Laufzeiten von Verbindlichkeiten, die Material- und Personalaufwendungen bei Anwendung des Umsatzkostenverfahrens, die Umsätze nach Geschäftsfeldern, die Bezüge von Geschäftsführung und Aufsichtsrat, der Anlagenspiegel.

- Schließlich ist eine Ergänzung der Bilanz möglich um nicht bilanzierungsfähige Sachverhalte, die dennoch Einfluß auf die Vermögens-, Finanz- und Ertragslage haben, wie Verpflichtungen zu künftigen Aufwendungen, die Zahl der Arbeitnehmer, die Mitglieder der Geschäftsführung, der Umfang von Beteiligungen.

c) Der Lagebericht besteht nach § 289 HGB aus vier Teilen:

- Darstellung des Geschäftsverlaufs im abgelaufenen Geschäftsjahr mit der Entwicklung und der Lage des Unternehmens
- Darstellung von relevanten Ereignissen seit dem Bilanzierungsstichtag im Nachtragsbericht
- Informationen über die voraussichtliche Entwicklung der Gesellschaft im Prognosebericht
- Informationen über die Grundlagenforschung, die angewandte Forschung und die experimentelle Entwicklung in der Gesellschaft im Forschungs- und Entwicklungsbericht

4. Konzernbilanzen

> **Aufgabe J33**: Konzernbegriff
>
> a) Was versteht man unter einem Konzern? Welche Konzernformen unterscheidet das Aktiengesetz?
> b) Wie ist die Bilanzierung von Konzernen im Handelsgesetzbuch geregelt?

Lösung:

a) Ein Konzern ist der Zusammenschluß von mehreren rechtlich selbständigen Unternehmen unter einheitlicher Leitung. Im Aktiengesetz werden der Unterordnungskonzern mit einem herrschenden und einem oder mehreren abhängigen Unternehmen und der Gleichordnungskonzern, bei dem zwar eine einheitliche Leitung vorliegt, aber keine Abhängigkeiten zwischen den Unternehmen bestehen, unterschieden.

b) Die Bilanzierung von Konzernen ist in den §§ 290 – 315 HGB geregelt. Neben den Einzelbilanzen der Konzernunternehmen ist eine Konzernbilanz nach einheitlichen Bilanzierungsgrundsätzen aufzustellen; dadurch ist gegebenenfalls eine Modifikation der Einzelbilanzen erforderlich. Grundlage der handelsrechtlichen Vorschriften zur Konzernbilanz ist die Einheitstheorie, die den Konzern als wirtschaftliche Einheit ansieht. Konzerninterne Austauschvorgänge und Beziehungen werden bei der Konsolidierung der Einzelbilanzen aufgerechnet. Der Konzernabschluß umfaßt eine Konzernbilanz, eine Konzern-Gewinn- und Verlustrechnung und einen Konzernanhang.

> **Aufgabe J34**: Konsolidierungspflicht
>
> a) Was ist eine konsolidierte Bilanz?
> b) Wer muß eine konsolidierte Bilanz erstellen?
> c) Was versteht man unter dem Konsolidierungskreis?

Lösung:

a) Eine konsolidierte Bilanz ist die Bilanz eines Konzerns, die aus den Bilanzen der Einzelunternehmen hergeleitet wird.

b) Grundsätzlich muß jedes Mutterunternehmen, das ein oder mehrere Tochterunternehmen beherrscht, eine konsolidierte Bilanz erstellen. Jedoch sind nach § 293 Abs. 1 HGB kleine Konzerne – ähnlich wie kleine Kapitalgesellschaften – von der Erstellung eines Konzernabschlusses befreit. Weiter ist es bei mehrstufigen Konzernen unter bestimmten Bedingungen möglich, daß ein Mutterunternehmen einen befreienden Konzernabschluß erstellt, der seine Tochterunternehmen, die ihrerseits Mutter eines Teilkonzerns sind, von der Erstellung eines eigenen Konzernabschlusses freistellt.

c) Der Konsolidierungskreis umfaßt sämtliche in den Konzernabschluß eines Mutterunternehmens einzubeziehenden Unternehmen, d.h. alle unmittelbaren und mittelbaren Tochterunternehmen, unabhängig von deren Rechtsform und Sitz. Jedoch besteht ein Einbeziehungsverbot, wenn sich die Tätigkeit eines Tochterunternehmens derart von denen der anderen unterscheidet, daß bei einer Konsolidierung die tatsächliche Vermögens-, Finanz- und Erfolgslage des Konzerns stark verschleiert würde. Weiter besteht ein Konsolidierungswahlrecht, wenn das Tochterunternehmen nur von untergeordneter Bedeutung ist, die erforderlichen Angaben nicht oder nur schwer zu erhalten sind oder die Anteile demnächst wieder verkauft werden sollen.

Aufgabe J35: Handelsbilanz II

a) Was versteht man unter der Handelsbilanz II? Warum ist ihre Aufstellung erforderlich?

b) Welche Grundsätze sind bei der Aufstellung der Handelsbilanz II zu beachten?

c) Welche Korrekturen sind bei der Aufstellung der Handelsbilanz II erforderlich?

d) Wie wird die Währungsumrechnung bei der Aufstellung der Handelsbilanz II vorgenommen?

Lösung:

a) Die Handelsbilanz II wird aus der Handelsbilanz eines Konzernunternehmens abgeleitet, um diese an die konzerneinheitlichen Bilanzierungs- und Bewertungsregeln anzupassen. Diese Anpassung ist erforderlich, um anschließend die Einzelbilanzen zur Konzernbilanz konsolidieren zu können.

b) Bei der Aufstellung der Handelsbilanzen II ist dafür zu sorgen, daß die Bilanzstichtage aller in den Konzernabschluß einbezogenen Unternehmen übereinstimmen und daß einheitliche Regelungen für den Bilanzansatz und für die Bewertung der einzelnen Bilanzpositionen angewendet werden. Dabei sind die bei der Muttergesellschaft geltenden Regelungen zugrunde zu legen. Durch die Verwendung einheitlicher Richtlinien für den Bilanzansatz und die Bewertung innerhalb des Konzerns läßt sich der mit der Konsolidierung verbundene Aufwand verringern.

c) Um abweichende Bilanzstichtage anzugleichen, muß das Tochterunternehmen eine auf den Stichtag des Mutterunternehmens bezogene Zwischenbilanz erstellen. In die Handelsbilanz II des Tochterunternehmens sind alle Positionen aufzunehmen, die in der Konzernbilanz bilanzierungsfähig sind; Bilanzierungsverbote beim Mutterunternehmen sind zu beachten, Bilanzierungswahlrechte sind nach konzerneinheitlichen Regeln auszuüben. Die Bewertungsverfahren sind anzugleichen und Bewertungswahlrechte wie in der Bilanz des Mutterunternehmens auszuüben.

Durch die Modifikation von Bilanz- oder Wertansätzen entsteht ein Saldo, der entweder erfolgsneutral oder erfolgswirksam zu verrechnen ist. Bei erfolgsneutraler Verrechnung erfolgt eine Saldierung z.B. mit der Gewinnrücklage, so daß der Jahresüberschuß unverändert bleibt; bei erfolgswirksamer Verrechnung wird der Jahresüberschuß durch den jeweiligen Ertrag oder Aufwand verändert.

d) Bei ausländischen Tochterunternehmen, die ihre Bilanz in einer Fremdwährung aufstellen, ist eine Umrechnung in die Währung des Mutterunternehmens erforderlich. Diese Umrechnung kann nach verschiedenen Methoden erfolgen: Bei der Stichtagsmethode werden alle Bilanzpositionen und die Positionen in der Gewinn- und Verlustrechnung der Tochterunternehmen mit dem Devisen-Mittelkurs am Bilanzstichtag umgerechnet. Dabei ergeben sich innerhalb des jeweiligen Einzelabschlusses keine Differenzen, jedoch schwanken die Werte der Bilanzpositionen in der Währung des Mutterunternehmens mit den Wechselkursen, woraus sich Schwankungen des Eigenkapitals als Ausgleichsposten ergeben.

Bei der Zeitbezugsmethode hingegen werden Vergangenheitswerte mit ihrem historischen Kurs und aktuelle Werte mit dem Kurs am Bilanzstichtag umgerechnet, wobei das Niederstwertprinzip zu beachten ist. Daraus resultierende Umrechnungsdifferenzen werden erfolgswirksam verbucht. Um keine Erhöhung des Ergebnisses aus der Umrechnung zu erhalten, wird diese gegebenenfalls durch eine Rückstellung für Währungsrisiken kompensiert.

> Aufgabe J36: Konsolidierung
> a) Was versteht man unter Konsolidierung?
> b) Welche vorbereitenden Maßnahmen sind bei der Erstellung einer Konzernbilanz zu treffen?
> c) In welchen Schritten erfolgt die Konsolidierung?

Lösung:

a) Unter Konsolidierung versteht man die Zusammenfassung der Einzelbilanzen von Konzernunternehmen zu einer einheitlichen Konzernbilanz. Nach der Einheitstheorie soll diese einen Einblick in die Vermögens-, Ertrags- und Finanzlage des Konzerns geben.

b) Zur Vorbereitung werden zunächst in den Handelsbilanzen II die Einzelbilanzen der Konzernunternehmen aufeinander abgestimmt. Hierzu werden die Einzelbilanzen auf den Bilanzstichtag der Muttergesellschaft umgerechnet und die Bilanzansätze und die Bewertung entsprechend den für die Muttergesellschaft geltenden Vorschriften und Prinzipien vereinheitlicht. Bei ausländischen Tochtergesellschaften sind die Bilanzen in die Währung, in der die Bilanz der Muttergesellschaft erstellt ist, umzurechnen. Im Anschluß daran werden die Handelsbilanzen II zu einer Summenbilanz zusammengefaßt, indem die einzelnen Bilanzpositionen addiert werden.

c) Die Konsolidierung vollzieht sich in drei Schritten:

1. Im Rahmen der Kapitalkonsolidierung werden die Beteiligungen der Muttergesellschaft gegen die Eigenkapitalanteile der Tochtergesellschaften aufgerechnet.

2. Bei der Schuldenkonsolidierung werden die gegenseitigen Forderungen und Verbindlichkeiten der Konzerngesellschaften saldiert.

3. Bei der Zwischenerfolgskonsolidierung ist eine Umbewertung der Bestände aus Lieferungen zwischen Konzernunternehmen durchzuführen, um konzerninterne Gewinnrealisationen zu eliminieren.

> Aufgabe J37: Erfolgswirksame Konsolidierung
> a) Was versteht man unter der erfolgswirksamen Erstkonsolidierung nach der Erwerbsmethode? Wie geht man dabei vor, wenn die Buchwertmethode angewendet werden soll?
> b) Wie erfolgt die Folgekonsolidierung nach der Erwerbsmethode?

Lösung:

a) Die Erwerbsmethode geht von der Fiktion aus, daß bei dem Erwerb einer Beteiligung die Vermögensgegenstände einzeln erworben und dabei stille Reserven bzw. verdeckte Verluste aufgedeckt werden. Dieses zeigt sich darin, daß eine Differenz zwischen den Anschaffungskosten und dem Eigenkapital auftritt, die zunächst zu einem aktiven bzw. einem passiven Ausgleichsposten aus der Kapitalerhöhung führt. Im Rahmen der erfolgswirksamen Erstkonsolidierung soll dieser soweit wie möglich den einzelnen Vermögensgegenständen und Passiva zugerechnet werden.

Ergibt sich ein aktiver Ausgleichsposten, dann sind bei der Buchwertmethode die Vermögensgegenstände und die Rückstellungen mit den ihnen am Tage des Erwerbs beizulegenden Werten neu zu bewerten. Dabei ist zu beachten, daß bei der Neubewertung die Erhöhung der Aktiva und die Verringerung der Passiva die Höhe des Ausgleichspostens nicht übersteigt. Reicht der Ausgleichsposten nicht aus, um die Neubewertung der Aktiva und der Passiva abzudecken, dann sind diese Posten anteilig zu kürzen, weil stille Reserven nur im Umfang des Ausgleichspostens aufgedeckt wurden. Gelingt es nicht, den Ausgleichsposten durch die Neubewertung völlig aufzulösen, dann ist der Restbetrag in der Konzernbilanz als Geschäftswert auszuweisen.

Bei einem passiven Ausgleichsposten sind im Rahmen der hierdurch vorgegebenen Grenzen die Ansätze überbewerteter Aktiva zu reduzieren und die Werte unterbewerteter Passiva zu erhöhen. Gelingt es nicht, den passiven Ausgleichsposten zu beseitigen, dann ist der Restbetrag im Fall eines im Verhältnis zum Wert des Unternehmens günstigen Kaufpreises bei den Kapitalrücklagen auszuweisen; im Fall der Reduktion des Kaufpreises wegen ungünstiger Zukunftserwartungen ist eine entsprechende Rückstellung zu bilden.

b) Ausgangspunkt für die Konsolidierung von Beteiligungen in den Folgeperioden sind die bei der Erstkonsolidierung festgelegten Neubewertungen der Aktiva und Passiva der Tochtergesellschaft. Sie dienen insbesondere als Grundlage für die Abschreibungen. Stille Reserven, die bei der Erstkonsolidierung aufgedeckt und in den Folgejahren verbraucht werden, führen zu einer entsprechenden Erhöhung des Konzernaufwands. Da die Konzernabschlüsse der Folgejahre nicht auf den Abschlüssen der Vorjahre beruhen, sondern aus den Einzelabschlüssen des jeweiligen Jahres hergeleitet werden, müssen bei den Handelsbilanzen II der Tochtergesellschaften bei den Folgekonsolidierungen entsprechende Änderungen vorgenommen werden.

Aufgabe J38: Schuldenkonsolidierung

a) Was ist die Aufgabe der Schuldenkonsolidierung? Woraus ergeben sich die Probleme bei der Schuldenkonsolidierung?

b) Wie erfolgt die Erstkonsolidierung eines Darlehens der Muttergesellschaft an die Tochtergesellschaft, wenn das Darlehen mit einem Disagio ausgezahlt wurde?

c) Was ist in diesem Fall bei der Schuldenkonsolidierung in den Folgejahren zu beachten?

Lösung:

a) Aufgabe der Schuldenkonsolidierung ist es, die Forderungen und Verbindlichkeiten der Tochtergesellschaft gegen die entsprechenden Positionen bei der Muttergesellschaft aufzurechnen. Wären die Wertansätze bei beiden Gesellschaften gleich, würden sich hierbei keine Probleme ergeben. Neben formalen Gründen für Abweichungen bei einander entsprechenden Positionen bei beiden Gesellschaften – z.B. einer Lieferung durch die eine Gesellschaft vor dem Bilanzstichtag, deren Eingang bei der anderen Gesellschaft nach diesem Tag erfolgt, oder einer Überweisung vor dem Bilanzstichtag, die erst danach dem Empfänger gutgeschrieben wird – ergeben sich Differenzen zwischen der Höhe der gegenseitigen Forderungen und Schulden der Konzerngesellschaften aus folgenden Gründen:

- Bildung von Rückstellungen für ungewisse Verbindlichkeiten gegenüber Konzernunternehmen, die ihrerseits noch keine Forderung ausweisen

- Abzinsung einer Forderung gegenüber einem Konzernunternehmen, dessen Verbindlichkeiten mit dem Rückzahlungsbetrag auszuweisen sind

- Abschreibungen auf zweifelhafte Forderungen gegenüber einem Konzernunternehmen, dessen Verbindlichkeiten mit dem Rückzahlungsbetrag auszuweisen sind

- Ausweis des Disagios auf ein konzerninternes Darlehen beim Darlehensgeber, das vom Darlehensnehmer zum Rückzahlungsbetrag zu bilanzieren ist

b) Bei der Muttergesellschaft steht das Darlehen im Jahr der Vergabe mit dem Auszahlungsbetrag, bei der Tochter mit dem Rückzahlungsbetrag zu Buche. Bei der Konsolidierung entsteht ein Differenzbetrag in Höhe des Disagios, der in der Konzernbilanz in einer gesonderten Gewinnposition, z.B. dem Gewinnvortrag, ausgewiesen wird.

c) Das Disagio wurde bereits bei der Erstkonsolidierung der Verbindlichkeit erfolgswirksam aufgelöst. Andererseits wird das Disagio bei der Tochtergesellschaft in den Folgejahren abgeschrieben. Bei der Folgekonsolidierung wird daher der in dem Gewinnvortrag ausgewiesene Differenzenbestand entsprechend der Abschreibung des Disagios aufgelöst.

Aufgabe J39: Erfolgskonsolidierung

Eine Konzerngesellschaft liefert 1.000 Stück eines Zwischenprodukts zum Listenpreis von 500 € an eine andere Konzerngesellschaft. Die Herstellungskosten betragen 300 €, die Transportkosten je Stück belaufen sich auf 20 €. Das empfangende Unternehmen setzt 800 Stück in der Produktion ein und nimmt 200 Stück auf Lager. Diese werden auch in der Folgeperiode nicht verbraucht.
Wie ist dieser Vorgang in der Konzernbilanz und in der Gewinn- und Verlustrechnung des Konzerns zu behandeln?

Lösung:

In der Handelsbilanz II ist der Lagerbestand in Höhe von 200 Stück mit dem Listenpreis von 500 € bewertet; in der Konzernbilanz sind hingegen nur die Konzern-Herstellungskosten in Höhe von 320 € anzusetzen. In der Konzernbilanz sind also diese Bestände mit einem Wert von 64.000 € anzusetzen, während sie in der Einzelbilanz mit einem Wert von 100.000 € zu Buche stehen. Die Differenz in Höhe von 36.000 € ist mit dem Bilanzgewinn erfolgswirksam zu verrechnen. In der Folgeperiode sind diese Bestände nicht mehr erfolgswirksam zu konsolidieren, weil der Bilanzgewinn bereits in der Vorperiode entsprechend gekürzt wurde. Die Differenz zwischen dem Ansatz in der Konzernbilanz und der Einzelbilanz ist vielmehr zusammen mit den sich aus anderen Beständen ergebenden Differenzen in einem „Sonstigen Ausgleichsposten" zu erfassen.

Während der Materialeinsatz von 800 Stück in der Gewinn- und Verlustrechnung der Einzelgesellschaft mit 400.000 € angesetzt wird, darf er in der Gewinn- und Verlustrechnung des Konzerns nur mit 256.000 € berücksichtigt werden. Der Konzerngewinn muß also um 144.000 € gekürzt werden. Da die Auswirkungen der Bestandsveränderungen auf den Konzerngewinn bereits bei der Konsolidierung des Zwischenerfolgs in der Bilanz berücksichtigt wurden und zu einer entsprechenden Verringerung des Konzerngewinns geführt haben, sind sie in der Gewinn- und Verlustrechnung des Konzerns nicht noch einmal zu erfassen.

5. Bilanzanalyse

> Aufgabe J40: Aufgaben der Bilanzanalyse
> a) Welchen externen und internen Informationsinteressen soll durch die Bilanzanalyse Rechnung getragen werden?
> b) Welche Teilbereiche der Bilanzanalyse lassen sich unterscheiden, und welche Bedeutung kommt ihnen zu?
> c) In welchem Verhältnis stehen Bilanzanalyse und Bilanzpolitik zueinander?

Lösung:

a) Mit Hilfe der Bilanzanalyse werden die Daten des Jahresabschlusses so aufbereitet, daß die verschiedenen internen und externen Interessengruppen zusätzliche, für sie relevante Informationen über das Unternehmen erhalten. Dabei stehen den internen Interessengruppen – z.B. Unternehmensleitung, bedeutende Anteilseigner, Arbeitnehmervertretung – zusätzliche Informationsquellen zur Verfügung, anhand derer sich die wirtschaftliche Lage und finanzielle Stabilität des Unternehmens sowie die Nachhaltigkeit seiner Ertragskraft und seiner Erfolgsquellen beurteilen lassen. Externe Interessenten – wie Kreditgeber, Kunden, Lieferanten, potentielle Anleger und die interessierte Öffentlichkeit – sind bei der Beurteilung dieser Sachverhalte auf die ihnen zugänglichen veröffentlichten Materialien angewiesen, insbesondere auf den Jahresabschluß sowie Medieninformationen.

b) Bei der Bilanzanalyse werden folgende Teilbereiche untersucht: Die Strukturanalyse gewinnt durch die Untersuchung der Bilanzstruktur, d.h. der Zusammensetzung der Aktiv- und der Passivseite, zusätzliche Erkenntnisse über die Vermögens- und die Kapitalstruktur des Unternehmens. In der Liquiditätsanalyse werden aus der Berechnung und Interpretation von Liquiditätsgraden Aussagen über die finanzwirtschaftliche Situation des Unternehmens gewonnen. Bei der Erfolgsanalyse wird mit Hilfe von aus den Jahresabschlußdaten abgeleiteten Erfolgsindikatoren ein möglichst differenziertes und aussagekräftiges Bild von der Ertragskraft des Unternehmens ermittelt. Im Rahmen der Wertschöpfungsanalyse werden Produktivitätskennziffern berechnet, die den Anteil der verschiedenen Produktionsfaktoren an der betrieblichen Wertschöpfung widerspiegeln.

c) Unter der Bilanzpolitik versteht man die Ausnutzung von rechtlich zulässigen Spielräumen bei der Aufstellung des Jahresabschlusses, um damit bestimmte wirtschaftliche Ziele zu erreichen. Da die Interessengruppen sich bei ihren

Jahresabschluß

Entscheidungen an den in der Bilanzanalyse ermittelten Kennzahlen orientieren, kann auch die positive Ausgestaltung bestimmter Bilanzpositionen, die die Lage des Unternehmens verschleiert und zu einem besonders günstigen Wert der relevanten Kennzahlen führt, Gegenstand der Bilanzpolitik sein. Umgekehrt muß die Bilanzanalyse versuchen, derartige bilanzpolitische Maßnahmen zu erkennen und bei der Aufbereitung der Abschlußdaten zu berücksichtigen.

Aufgabe J41: Aufbereitung der Bilanzdaten

a) Warum ist eine Aufbereitung der Daten der Bilanz und der Gewinn- und Verlustrechnung erforderlich?

b) In welchen Schritten erfolgt die Aufbereitung der Bilanzdaten?

c) Wie wird der in der Gewinn- und Verlustrechnung ausgewiesene Gesamterfolg aufgeteilt?

Lösung:

a) Da die im Jahresabschluß vorhandenen Daten entsprechend den gesetzlichen Bilanzierungsvorschriften und nicht zum Zweck der Bilanzanalyse zusammengestellt worden sind, ist eine auf den Erkenntniszweck der Bilanzanalyse abgestellte Aufbereitung der Bilanzdaten erforderlich. Dabei können auch sonstige Informationen, die nicht im Jahresabschluß enthalten sind, aber für die Bilanzanalyse Bedeutung haben, berücksichtigt und hinzugefügt werden. Die verschiedenen Informationen werden so zusammengefaßt und aufbereitet, wie sie im Rahmen der Bilanzanalyse benötigt werden.

b) Bei der Aufbereitung der Bilanzdaten werden folgende Schritte durchgeführt:

- Um die tatsächlichen Vermögensbestände zu erhalten, werden die Aktivpositionen der Bilanz mit den ihnen zugehörigen Wertberichtigungen saldiert.

- Entsprechend wird das ausgewiesene Nennkapital mit ausstehenden Einlagen saldiert, um das tatsächlich im Unternehmen vorhandene Eigenkapital zu erkennen.

- Die Vermögenspositionen werden zu aussagekräftigen Positionen, wie immaterielle Vermögensgegenstände, Sachanlagevermögen, Finanzanlagen im Anlagevermögen bzw. monetäres Umlaufvermögen und Warenforderungen im Umlaufvermögen, aggregiert.

- Das betriebsnotwendige Vermögen wird ermittelt, indem vom Gesamtvermögen die vorwiegend außerbetrieblichen Zwecken dienenden Positionen Finanzanlagen, sonstige Vermögensgegenstände und Wertpapiere des Umlaufvermögens abgesetzt werden.

- Die verschiedenen ausgewiesenen Eigenkapitalpositionen werden zum bilanzierten Eigenkapital zusammengefaßt, dieses wiederum um bestimmte Hinzurechnungen und Kürzungen bereinigt, um zu dem für die Bilanzanalyse relevanten Eigenkapitalbegriff zu gelangen.

- Auf der Passivseite der Bilanz werden nach dem Kriterium der Fristigkeit die Positionen kurzfristiges, mittelfristiges und langfristiges Fremdkapital gebildet. Weiter wird das Gesamtkapital als Summe von bereinigtem Eigenkapital und den Fremdkapitalpositionen gebildet.

- Schließlich werden mit Hilfe des Anlagenspiegels und der Buchwerte die Nettoinvestitionen des Unternehmens im Geschäftsjahr berechnet.

c) Der Gesamterfolg wird für Analysezwecke aufgeteilt in das Betriebsergebnis, das aus der normalen Geschäftstätigkeit resultiert, das betriebsfremde Ergebnis, das die Erträge und Aufwendungen aus dem Finanzbereich umfaßt, und das außerordentliche Ergebnis, das außerhalb der Geschäftstätigkeit liegende Erträge und Aufwendungen widerspiegelt.

Aufgabe J42: Kennzahlen

a) Was versteht man unter einer Kennzahl? Welche Arten von Kennzahlen werden in der Bilanzanalyse eingesetzt?

b) Welche Kennzahlen werden im Rahmen der Strukturanalyse ermittelt? Wie werden diese interpretiert?

c) Welche Kennzahlen werden im Rahmen der Liquiditätsanalyse ermittelt? Wie werden diese interpretiert?

d) Welche Kennzahlen werden im Rahmen der Erfolgsanalyse ermittelt? Wie werden diese interpretiert?

e) Welche Kennzahlen werden im Rahmen der Wertschöpfungsanalyse ermittelt? Wie werden diese interpretiert?

Jahresabschluß

Lösung:

a) Eine Kennzahl ist eine absolute oder relative Zahl, die einen bestimmten, für die Analyse relevanten Sachverhalt abbildet. Man unterscheidet absolute Kennzahlen, die z.b. durch Aggregation von Einzelpositionen entstehen, und relative Kennzahlen, bei denen zwei oder mehr Größen zueinander ins Verhältnis gesetzt werden. Für die Bilanzanalyse sind relative Kennzahlen von größerer Bedeutung. Sie treten als Gliederungszahlen, Beziehungszahlen und Indexzahlen auf und lassen sich nicht nur isoliert betrachten, sondern auch im Zeit- oder Betriebsvergleich.

b) Bei der Strukturanalyse wird die Zusammensetzung der Aktiv- und Passivseite der Bilanz mit Hilfe geeigneter Kennzahlen untersucht. Bei der vertikalen Strukturanalyse werden Gliederungszahlen aus verschiedenen Aktiv- bzw. Passivpositionen ermittelt, mit deren Hilfe sich die Zusammensetzung des Vermögens bzw. des Kapitals beurteilen läßt. So geben die Quotienten aus Anlagevermögen und Gesamtvermögen, Umlaufvermögen und Gesamtvermögen sowie Anlagevermögen und Umlaufvermögen Aufschluß über die Fristigkeit der Vermögensbindung, die sich in bezug auf die Flexibilität des Unternehmens und die Kapazitätsauslastung interpretieren läßt. Auf der Passivseite werden entsprechend die Eigenkapitalquote als Quotient aus Eigen- und Gesamtkapital, die Fremdkapitalquote als Quotient aus Fremd- und Gesamtkapital und der Verschuldungsgrad als Quotient aus Eigen- und Fremdkapital ermittelt. Diese Kennzahlen geben Aufschluß über die Zusammensetzung des Kapitals und dienen zur Abschätzung von aus der Art der Finanzierung resultierenden Risiken.

Bei der horizontalen Strukturanalyse werden Kennzahlen aus Positionen der Aktiv- und der Passivseite gebildet, so der Anlagendeckungsgrad I als Quotient aus Eigenkapital und Anlagevermögen und der Anlagendeckungsgrad II als Quotient aus Eigenkapital zuzüglich langfristigem Fremdkapital und Anlagevermögen. Diese Anlagendeckungsgrade geben Aufschluß über die Finanzierung des Anlagevermögens und können Hinweise auf potentielle Liquiditätsengpässe liefern.

c) Im Rahmen der Liquiditätsanalyse wird anhand der Daten am Bilanzstichtag untersucht, inwieweit das Unternehmen auch in Zukunft seinen finanziellen Verpflichtungen wird nachkommen können. Dazu werden die Liquiditätsgrade erster, zweiter und dritter Ordnung ermittelt und vor allem im Vergleich mit Vergangenheitswerten oder Werten anderer Unternehmen interpretiert. Weitere Liquiditätskennzahlen sind das Working Capital als Differenz von Umlaufvermögen und kurz- und mittelfristigem Fremdkapital, die Working Capital Ratio als Quotient dieser beiden Positionen und die Effektivverschuldung als Differenz von Fremdkapital und monetärem Umlaufvermögen. Die Liquidität des Unternehmens gilt als um so besser, je höher die Werte der genannten Liquiditätskennzahlen sind.

d) Die Kennzahlen der Erfolgsanalyse sollen eine aussagekräftige Prognose hinsichtlich des in Zukunft zu erwartenden Unternehmenserfolgs ermöglichen. Der Cash-Flow gibt den aus der betrieblichen Tätigkeit resultierenden Überschuß der Einzahlungen über die Auszahlungen an und damit den finanziellen Spielraum des Unternehmens bzw. seine Verschuldungsfähigkeit. Auf Basis des Cash-Flow werden die Cash-Flow-Umsatzrate als Quotient von Cash-Flow und Umsatz ermittelt, der dynamische Verschuldungsgrad als Quotient aus Effektivverschuldung und Cash-Flow und der Innenfinanzierungsgrad als Quotient aus Cash-Flow und Zugängen zum Anlagevermögen. Diese Kennzahlen geben an, wie sich der Cash-Flow mit dem Umsatz entwickeln wird, über welchen Zeitraum das Unternehmen seine Schulden aus dem Cash-Flow decken kann bzw. welcher Anteil der getätigten Investitionen aus dem Cash-Flow bezahlt werden kann.

Weitere erfolgsbezogene Kennzahlen sind die Rentabilitätskennziffern wie die Eigenkapitalrentabilität als Quotient aus Erfolg und Eigenkapital, die Gesamtkapitalrentabilität als Quotient aus Erfolg plus Fremdkapitalzinsen und dem Gesamtkapital, die Umsatzrentabilität als Quotient aus dem Betriebsergebnis und dem Umsatz, der Gewinn je Aktie, die Price-Earnings-Ratio sowie der Return on Investment als Quotient aus dem Betriebsergebnis und dem betriebsnotwendigen Vermögen. Der ROI ist die Spitzenkennziffer des DuPont-Kennzahlensystems, das diese Größe in ihre Bestandteile zerlegt und damit den Einfluß verschiedener Jahresabschlußpositionen auf den Erfolg aufzeigt.

e) Gegenstand der Wertschöpfungsanalyse ist die Zurechnung des Unternehmenserfolgs auf die verschiedenen Produktionsfaktoren, durch die die Leistungsfähigkeit des Unternehmens innerhalb der Gesamtwirtschaft beurteilt werden soll. Als Wertschöpfung wird dabei der während des Geschäftsjahrs erwirtschaftete Beitrag des Unternehmens zum Bruttoinlandsprodukt verstanden. Im Rahmen der Wertschöpfungsanalyse werden als Produktivitätskennzahlen die Arbeitsproduktivität als Quotient aus der Wertschöpfung und der Zahl der Arbeitnehmer und die Kapitalproduktivität als Quotient aus der Wertschöpfung und dem Gesamtkapital berechnet. Weiter wird die prozentuale Verteilung der Wertschöpfung auf die Einkommensarten mit Hilfe der Lohnquote, der Kapitalquote und der Steuerquote ermittelt. Die Wertschöpfungsquote als Quotient aus der Wertschöpfung und der Gesamtleistung gibt Aufschluß über die im Unternehmen realisierte Fertigungstiefe.

MIX
Papier aus verantwortungsvollen Quellen
Paper from responsible sources
FSC® C105338

If you have any concerns about our products,
you can contact us on
ProductSafety@springernature.com

In case Publisher is established outside the EU,
the EU authorized representative is:
**Springer Nature Customer Service Center GmbH
Europaplatz 3, 69115 Heidelberg, Germany**

Printed by Libri Plureos GmbH
in Hamburg, Germany